# ANTIKE TEXTE
Band 2

Die Reihe *Antike Texte* bringt griechische und lateinische Originalschriften in einer verläßlichen Textgestalt und erschließt diese über einen Kommentar und Erläuterungen. Ziel ist es, die Studierenden ebenso wie die Lehrenden wieder an die Originalschriften und die Originalsprache heranzuführen, und zugleich eine verläßliche, editorisch aufbereitete Textfassung für das Studium und die Lehre antiker Werke zu liefern.

# Chariton
# of Aphrodisias'
# *Callirhoe*

A Critical Edition

Edited by
MANUEL SANZ MORALES

Universitätsverlag
WINTER
Heidelberg

Bibliografische Information der Deutschen Nationalbibliothek
Die Deutsche Nationalbibliothek verzeichnet diese Publikation
in der Deutschen Nationalbibliografie;
detaillierte bibliografische Daten sind im Internet
über *http://dnb.d-nb.de* abrufbar.

UMSCHLAGBILD

*Odysseus mit Polyphem*, archaisches Vasenbild
(Archäologisches Museum Argos). Photo: Zde, 25. Juni 2000,
Nutzung und Bildbearbeitung gemäß Creative-Commons-Lizenz
CC BY-SA 4.0,
https://commons.wikimedia.org/w/index.php?curid=55120585

ISBN 978-3-8253-6615-5

© 2020 Universitätsverlag Winter GmbH Heidelberg
Imprimé en Allemagne · Printed in Germany
Typesetting and layout: Juan Manuel Macías |
https://maciaschain.gitlab.io/lunotipia
Druck: Memminger MedienCentrum, 87700 Memmingen

Gedruckt auf umweltfreundlichem, chlorfrei gebleichtem
und alterungsbeständigem Papier.

Den Verlag erreichen Sie im Internet unter:
www.winter-verlag.de

# PREFACE*

Of the five ancient Greek novels that have come down to us in their complete form, that of Chariton was the last to be introduced to modern readers. It was not until 1750 that the *editio princeps* was published, by the Dutch scholar Jacob Philipp D'Orville (1696–1751) in Amsterdam. In it the Greek text was accompanied by an extensive commentary in Latin by D'Orville himself, along with a Latin translation by the eminent German Hellenist Johann Jakob Reiske (1716–1774).

D'Orville's edition was based on the text of the only manuscript containing the whole novel, Florentinus Laurentianus Conventi Soppressi 627 (F in the editions except for that of Molinié, who denotes it as L). With its 140 folios, this extremely important codex has handed down to us a considerable part of the corpus of the ancient Greek novel since it not only preserves the complete text of *Callirhoe* in ff. 48r–70r and constitutes the sole witness for approximately 95% of the work,[1] but is also the *codex unicus* for the whole of Xenophon of Ephesus and for Longus 1.12.4–1.17.4.[2] The provenance of the manuscript is unknown, with Melitene in Cappadocia, the area of Nicea, and even Constantinople itself having been put forward as the possible place of origin.[3] Nor is its dating certain. Editors seem to be in agreement

---

* English translation by Catriona F. Zoltowska. The material presented in this preface will also be dealt with in the section Textüberlieferung und Editionen of the introduction to the commentary I have written along with M. Baumbach (cf. Baumbach and Sanz Morales, forthcoming). Some repetition will be inevitable.

[1] The novel has traditionally been known under the title of *Chaereas and Callirhoe*, as in F, following the lines of the other known Greek novels, but at the end of book II P. Michael. 1 (published in 1952 and which I will mention later) has Χαρίτωνος Ἀφροδισιέως τῶν περὶ Καλλιρόην διηγημάτων λόγος β'. This colophon, together with Chariton's statement closing the novel, τοσάδε περὶ Καλλιρόης συνέγραψα, would seem to confirm that it was known by the name of its female protagonist, for which reason the title *Callirhoe* has attained predominance among specialists in recent times.

[2] On F, cf. Bianchi (2001), with copious information and bibliography. For a description of the complete codex, cf. Rostagno (1893: 172–176).

[3] Bianchi (2001:165–168). This author is in favour of the last-mentioned

in attributing it to the final decades of the 13th century, but the possibility of its being later cannot be ruled out completely: there have been proposals to date it to the 14th c., and even well into it. The only certain information is provided by the writings of Byzantine authors of the seventh decade of the 13th c. which form part of the codex. It would therefore seem prudent to recommend a *terminus post quem* of around 1270 or a few years earlier. There is no agreement on a more precise chronology.[4]

But D'Orville never saw the Florentian codex,[5] as his edition was based on the apograph copied by Antonio Cocchi between November 1727 and April 1728.[6] Cocchi intended to edit the novel but, eventually unable to carry out his plan, decided instead to sell the copied exemplar to the Dutch scholar. D'Orville's *editio princeps* therefore compounded the corruptions in the codex itself with the copying errors of Cocchi. Although the editor corrected them in part and a good number were also made good by Reiske in the textual notes D'Orville allowed him to incorporate into his own edition, the fact is that the text of Chariton left the printer's in a significantly corrupted state.

The editions that followed over the next two centuries did not solve the basic problem, since none of the editors were able or willing to examine the Florentian codex. Neither Christian Daniel Beck, for his reedition (1783) of D'Orville's text, to which he added textual

---

location, previously proposed by Vieillefond in his edition of Longus (Paris 1987, XXXVIII, n. 1; XL).

[4] The proposals include the year 1280 as *terminus ante quem* (Wilson), the end of the 13th c. or beginning of the 14th (Vitelli-Paoli), the beginning of the 14th (Treu), or even the third quarter of that century (Harlfinger). For all of this cf. Bianchi (2001: 162–163, esp. n. 8), who states no preference but says that the codex does not necessarily date from the 13th c. It is worth mentioning that some editors of the novel date it to the 13th c. with no explanation offered (Molinié, Goold); Blake prudently states "s. xiii vel xiv"; Reardon is more precise, dating it "ca. 1270–1280" (cf. his ed., p. VI, n. 5).

[5] For the gestation of D'Orville's edition and the vicissitudes of the 19th c. editions, consult the prefaces by Blake (1938) and Reardon (2004) to their own editions and in particular the account in Reardon (2001).

[6] Cocchi (1695–1758) was a physician but also devoted himself to philology. As the author of the *editio princeps* of Xenophon of Ephesus (London 1726) he was very familiar with the codex.

notes by himself and others, nor Wilhelm Adrian Hirschig for his *editio Didotiana* (1856), nor Rudolf Hercher for his Teubner edition (1859) visited Florence, so that they were unable to restore the correct readings transmitted by the medieval codex and distorted by the 18th c. apograph.

In 1842 the great Dutch scholar Carel Gabriel Cobet (1813–1889) collated the manuscript with the help of D'Orville's edition, but the progress his collation might have represented did not materialize. Cobet sent his collation to his friend Hirschig, who was preparing his own edition, but Hirschig mixed the corrections Cobet had made on the basis of his collation with his own conjectures for corrupt passages of the codex. The result was an extremely confusing text which fails to distinguish between readings supported by the manuscript tradition and readings *ope ingenii*.[7]

A specific problem affecting the beginning of the novel must be mentioned in relation to Cobet's work. The first page of F (f. 48r, from the beginning to 1.1.11) was damaged and difficult to read, which led Cobet while working on his collation to request permission from the library to apply a chemical reagent to it. He was thus able to read most of the first folio before it became completely illegible as a result of the use of this reagent. As a result, for the beginning of the novel we are still dependent today on Cobet's apograph, which the Biblioteca Nazionale Laurenziana preserves alongside the codex.[8]

The ostracism to which the Florentian codex was subjected came to an end in 1938, when Warren E. Blake published his critical Oxford edition after reading the manuscript, now no longer the only known witness for the novel. For the first time scholars had access to a reliable text, based on Blake's collation of F. Subsequently both Molinié (1979) and Reardon (2004) carried out their own *collatio* of the manuscript and helped to clear up a number of dubious readings. Other

---

[7] Cf. Blake (1931: 69–71) and Reardon (2001: 66–67). As a result the only useful part of Hirschig's edition is his own contributions to the text.

[8] Cobet's copy takes up the front and part of the back of a folio kept in an envelope stuck to the back cover of the codex. Folio 48r was digitized by Guida, but unfortunately it was not possible to make any progress with respect to Cobet's reading (Guida 2008: 177; the work includes two plates showing f. 48r before and after being treated).

scholars have also studied the Florentian codex,[9] making valuable critical contributions and improving our knowledge of it. In my view, the work of all these scholars made it unnecessary to collate F anew for the present edition. I did, however, judge it essential to consult the codex personally, which enabled me to confirm some doubtful readings and solve certain problems for which the photograph I had been working with was not sufficiently reliable.[10]

There are three apographs of F, one of them already mentioned.[11] They are witnesses of no value for the *constitutio textus* but their authors do provide some interesting conjectures.[12]

---

[9] Worthy of particular mention are Augusto Guida and Nunzio Bianchi.

[10] I carried out the consultation at the beginning of June 2018, during the final phase of my edition. As for the photograph, it is the same as the one previously requested and used for his own edition by Reardon, who kindly set me on the track of the negative. I wish to record my thanks to him for this, as well as to the Institut für Papyrologie of the University of Heidelberg for the digitized copy it supplied.

[11] Worthy of at least a note are two witnesses to Chariton's text which have not been preserved. The first is a copy of F made by Henri Estienne along with a transcription of Xenophon of Ephesus during one of his stays in Florence between 1547 and 1555, most likely with the intention of editing both novels (cf. Guida 1999: 278). Of greater interest is the "phantom" codex of Chariton which was supposedly to be found in the Biblioteca Vaticana in the mid-18th c. (on this, cf. Guida 2010). The main clue lies in a letter from Angelo Maria Bandini, director of the Bibl. Laurenziana and cataloguer of its Greek codices, to Tommaso Perelli (1704–1783), mathematician and professor of astronomy at the Studio Pisano, who in 1747 had conceived the project of editing and translating Chariton, a plan he abandoned after the publication of D'Orville's edition. In this letter, dated 24 April 1751, Bandini states that a collation has been made of the *editio princeps* against the ms. in question and sent to Holland. The recipient was D'Orville, but he died on 13 September that year, and there all trace of the collation is lost. Guida's research into the ms. and the collation has yielded no fruit. It should be pointed out that in D'Orville's collected letters, now in the Bodleian Library at Oxford, there is no mention of these witnesses.

[12] Furthermore, the Österreichische Nationalbibliothek of Vienna keeps a manuscript copy (Codex Vindobonensis Palatinus, Suppl. gr. 129) of the *editio princeps* by D'Orville, from the beginning of the novel to 2.10.1. This copy was made by Nicolas Joseph Jacquin in 1750 and does not include marginalia (cf. Roncali 2002: 103–140, with a facsimile of the entire copy).

In chronological order, the first is the ms. Marcianus cl. VIII 16 (1194), an apograph of F copied by Anton Maria Salvini (1653–1729) sometime before 9 November 1711.[13] Salvini, a teacher of Greek, transcribed the Florentian codex with a view to publishing an edition which never saw the light of day. We have a copy of the Chariton part of this apograph in Riccardianus 2482, with marginal notes by the renowned Tuscan scholar Giovanni Lami (1697–1770), a disciple of Salvini, up to the beginning of book II. Lami also had plans to publish the novel, along with Latin and Italian translations.[14] Finally there is the ms. Bodleianus D'Orville 319, the apograph by Antonio Cocchi referred to above as the basis for the *editio princeps*. All of which reveals significant scholarly undertakings surrounding the Florentian manuscript in the first half of the 18th century.[15] This activity is not wholly successful, since it gives rise to a number of frustrated attempts to produce an edition, but it does show the interest aroused at the time by the only known witness of Chariton.

The Laurentian codex contains the whole of Chariton's novel but, in addition, fragments of the text have come down to us thanks to three papyri of very similar dating. P. Fayûm 1,[16] probably written around the year 200, conserves part of book IV. The second papyrus, which can also be dated to between the second and third centuries and contains a part of book II, consists of two fragments published over half a century apart: P. Oxyrhynchus 1019[17] and P. Oxyrhynchus

---

[13] Guida (1999: 281–283 and n. 16).

[14] An indispensable study for this apograph is Guida (2005: esp. 137), who rediscovered it in the modern period. Ricc. 2482 contains a greater number of marginal annotations; however, these are not Lami's, but are copied from the notes made by Salvini in Marc. cl. VIII 16 (1194), the antigraph of Ricc. 2482 (Guida 2005: 139).

[15] Another example of this activity is the incomplete Latin translation (up to 5.2.7) contained in a codex preserved in Arezzo (Biblioteca Città di Arezzo, Fondo speciale "Biblioteca della Fraternità dei Laici", cod. 487) and published by Roncali (2002: 5–102), which Guida (2005: 139–140) has identified as the autograph manuscript of the above-mentioned Tommaso Perelli (see n. 11), who had also hoped to embark on the project of editing and translating the novel.

[16] Ed. Grenfell and Hunt (1900: 74–82).

[17] Ed. Hunt (1910: 143–146).

2948.[18] P. Michaelidae 1[19] contains the end of book II. This papyrus is the one that preserves the least text, but it is probably also the oldest witness of Chariton known to us. Its editor, Crawford, assigned it to the second century, Turner chose to date it to the second half of the same, and Edgar Lobel, under Turner's influence, suggested "later second century".[20]

Although not the only evidence, the papyri provide the most certain information for the dating of our author, as they place the *terminus ante quem* of the novel approximately in the second half of the second century, and undoubtedly near the year 200 (possibly slightly earlier). Three papyri is a not insignificant number of witnesses, especially in comparison with the other four complete novels we have,[21] and the fact that all three can be dated to a fairly narrow time frame, between the second half of the second century and the beginning of the third, reveals that in this period Chariton's novel enjoyed considerable popularity.

But *Callirhoe* continued to be read in the 7th (or perhaps 8th) century, as is shown by the fifth and final witness to the work. This is the copy made by Ulrich Wilcken of the *scriptura inferior* contained in four folios (at two columns per page) of a palimpsest acquired near the Egyptian Thebes and accordingly known as the *codex Thebanus*. These pages were destroyed in a fire which broke out on the boat which carried the German archaeological expedition back home, after it had anchored at the port of Hamburg. The text is therefore known to us only through the edition published by Wilcken in 1901 from his own

---

[18] Ed. Weinstein (1972: 12–14).

[19] Ed. Crawford (1955: 1–4).

[20] Turner expressed his opinion in a letter sent to Petri (cf. R. Petri, *Ueber den Roman des Chariton*, Meisenheim am Glan 1963, 47 and 51). As regards P. Fayûm 1 and P. Oxy. 1019 (P. Oxy. 2948 was as yet unknown), Turner coincides with the editors, although for P. Oxy. 1019 he is inclined to opt for a slightly earlier date than 200. For the text of the papyri, see the general studies of Zimmermann (1928b; only Π[1] and the first part of Π[2]) and Lucke (1985); for more specific problems, cf. Roncali (1999) and Sanz Morales (2002b and 2006c).

[21] Only for Achilles Tatius do we have a greater number of papyri; we have none for Xenophon of Ephesus, Longus or Heliodorus (for the last-mentioned we have only a tiny parchment fragment).

copy.[22] Before the unfortunate accident Wilcken had copied part of the passage preserved (8.5.9–8.7.3), although his copy unavoidably presented lacunae, since he was unable to read all of the text on the flesh side; the hair side was illegible owing to the conditions in which the papyrologist had to work.

The place of origin of the codex is unknown, but it might have belonged to the library of a monastery in Upper Egypt, since this was the source of the Coptic material offered to Wilcken. As regards the dating, Wilcken assigned it to the 7th century based on a comparison with other manuscripts, adding that the 8th century could not be ruled out completely.[23] This means that six or seven centuries after Chariton had written his novel, it was still in circulation and being read in the Greek cultural sphere. The nature of the text that was read is another matter, but we shall deal with this point later.[24]

As for the sigla used in this edition, while the majority of editors have used the sigla Theb., I have opted to denote it as W (from Wilckenus), as does Molinié, since the text we know is that of the exemplar copied by Wilcken (his edition, to be precise), which obviously may contain errors with respect to its antigraph, the *codex Thebanus deperditus*.

In this preface special mention should be made of the striking textual discrepancies between the witnesses, in particular between W and F, which have prompted several attempts to find an explanation.

Wilcken was the first to consider the problem, concluding that the *Thebanus* and F contained two completely independent versions, and that both were reworkings of Chariton's original text.[25] He also considered the two to be abbreviated versions of this original text, as in his opinion there were no cases in which the long version was

---

[22] Wilcken (1901: 232–238, text; 238–252, commentary).

[23] Wilcken (1901: 229). He states that his initial impression was that the hand could be dated to between the 6th and 7th centuries. This might explain why some editions and studies date the codex to this period.

[24] Indispensable on the text of the *codex Thebanus* as a whole, apart from Wilcken (1901), is the study by Zimmermann (1923); other works on more specific aspects or problems are Sanz Morales (2006a: 135–138), Conca (2010) and Martelli (2018).

[25] Wilcken (1901: 251–252).

inferior to the short one. He believed that F had been shortened much more than the Theban codex.

It is quite likely that Wilcken would have altered his conclusions had he been able to study the papyri, the text of which coincides substantially with that of F. In fact, after the discovery of P. Fayûm 1 and P. Oxy. 1019, Zimmermann established that the divergences between F and the two papyri were very slight in comparison with the differences between F and the *Thebanus*.[26] It was therefore possible now to consider the possibility that F and the papyri offered the original version (or at least one closer to the original than the version presented by W). As regards W, Zimmermann considered it to be an inferior witness to F, although it might be superior in some specific passages.[27]

As far as the basic considerations are concerned I agree with Zimmermann and think that the divergences in W might have arisen from a manipulation of the original text, especially through the presence of interpolations supposedly designed to make the text of the novel more attractive.[28] Passages such as the interpolation καὶ εὐνούχους καὶ παλλακίδας at 8.6.12 or the dialogue in 8.5.15 indicate, in my view, that the text of W has been manipulated, perhaps with the aim of making it more attractive to a certain type of reader, one who might take pleasure in the touches of oriental colouring which spoke of eunuchs or concubines, or who would appreciate over–sentimental passages like the moving conversation between Dionysius and his son, without stopping to consider the contradictions they might present in the internal logic of the narration. This does not mean that W does not contain a series of readings superior to those of F, but from the analysis carried out it can be deduced that the inferior readings of

---

[26] Zimmermann (1923). In fact, Zimmermann was able to assess the papyri with just as much precision as we can today, as there was only one of the three currently existing papyri that he had not seen, P. Michael. 1, by far the least valuable of the three because of its meagre amount of text. Nor had he seen the second part of the Oxyrhynchus papyrus (P. Oxy. 2948), though he was able to evaluate the text on the basis of the first.

[27] Zimmermann (1923: 380–381).

[28] Sanz Morales (2006a).

F can be explained as textual corruptions resulting from the normal vicissitudes of transmission.[29]

As for the papyri, those who have studied the text contained in them have considered it to be superior in general to that of F,[30] an opinion that has also been tacitly accepted by recent editors to judge by the text published in the editions themselves. But the matter does not stop here. Comparing the complete text of the papyri with that of F, I have reached the conclusion that the discrepancies in the papyri cannot simply be explained as mechanical copying errors.[31] Discrepancies, to mention the most striking, such as 4.2.4 γλυκύ F : δριμύ Π[1], 4.2.6 τῷ δεσπότῃ F : Μιθριδάτῃ Π[1], 4.2.9 αἵματος F : τολμ[ήματος] Π[1], 4.2.11 ἔχειν ἐκείνη γυναῖκα F : τῶν γυναικῶν Π[1], in the case of P. Fay. 1; or such as 2.3.6 ἀνεβόησεν ἵλεως εἴης F : εἴλεως ἔφη Π[2], 2.3.10 τὸ γεγονὸς F : om. Π[2], 2.3.10 om. F : ὁ Π[2], 2.3.10 om. F : αὐτομάτως Π[2], 2.3.10 om. F : αὐτῇ Π[2] (these various omissions in the same paragraph affect words that are superfluous), 2.4.10 ἐθεασάμην ...

---

[29] Two recent works examine aspects of the text of the *codex Thebanus*. Martelli (2018) offers a typological classification of the textual discrepancies between W and F; her assessment (Martelli 2018: 204) does not differ substantially from those of Zimmermann (1923) or Sanz Morales (2006a). For his part, Conca (2010) has studied the two passages (8.5.13–14 and 8.5.15) which in his opinion present the greatest variation between W and F, concluding that in these cases a reevaluation of the text of W is necessary (*contra* Baumbach and Sanz Morales, forthcoming, esp. *ad* 8.5.9–8.6.1 and 8.6.8–8.7.3). However, editors from Blake onwards coincide in attributing greater value to the text of F, as can be deduced in particular from the fact that in the passages with different wording they tend to follow the medieval codex. There are also editors who state this more or less explicitly: Blake, p. XI; Goold, p. 19 ("the vagaries of the Theban palimpsest"); Borgogno, p. 370, n. 389; Reardon, p. XII ("Thebanus porro tam frequenter variationes et errores praebet").

[30] Lucke (1985), Sanz Morales (2002b, 2009a); Roncali (1999) accords greater value to F (as against P. Fay. 1) in two specific passages, 4.2.4 and 4.2.9 (*contra* Baumbach and Sanz Morales, forthcoming, *ad loc.*). It should be pointed out that there is no absolute certainty that the three papyri offer the same version, since they are witnesses to different passages of the novel. Be that as it may, and with all due caution in the light of their brevity, especially in the case of P. Michael. 1, the papyri would appear to present a text that is very close to F.

[31] Sanz Morales (2009a).

ἔδοξε F (41 litt.) : ἐθεασάμην (lac. 14–17 litt. Π²) ἔδοξεν, i.e. ca. 24–27 litt. om. Π², seem to be signs that the papyri present a text that is not identical with that of F, although the difference is limited to small divergences of the verbal type. We would thus be dealing with the same text and not a text that has clearly been modified by means of the inclusion of phrases, or even of a short dialogue, as is the case in W. It is difficult to determine the exact reason for such discrepancies; as a possible explanation I have suggested[32] that the papyri present a rough copy, made with no desire to be absolutely exact; a dictated copy, with the omission of some words and a slightly different form of certain expressions could likewise be the reason, one not incompatible with the previously mentioned motive. The papyri and F would accordingly contain the same text, but with a few minor differences not attributable to normal copying errors.

In short, with regard to the text of Chariton that has come down to us it is possible to draw three conclusions:

1. In the transmission of Chariton's text two different versions can be detected. One of them, as witnessed by W, is a version that circulated in Egypt around the 7th (or perhaps 8th) century and which originated in the manipulation of a previous text (which would be the one that has reached us through F and the papyri, with the qualifications noted below), especially by means of the interpolation of expressions or phrases. The aim of this manipulation would have been to make the text more attractive for a readership which enjoyed the exotic or sentimental.

2. The text transmitted by F and the papyri is essentially the same (but see the following conclusion). This coincidence, together with the fact that this version is superior to that of W, permits us to assume that we have Chariton's original text before us, or at least a text that was already in circulation between the second and third centuries and was still preserved at the end of the 13th century.

3. The papyri contain a text that is less corrupt than that of F, but they also present certain readings which reflect some kind of

---

[32] Sanz Morales (2009a: 224–225).

copy made without aiming at literality, which makes it advisable
in these cases to adopt the text of the medieval codex.

The following editions of Chariton have appeared to date: J.P.
D'Orville (Amsterdam 1750 ; with commentary by the editor together
with *animadversiones* and Latin translation by J.J. Reiske; 2nd ed. by
C.A. Beck, Leipzig 1783) ; G.A. Hirschig (Paris 1856); R. Hercher
(Leipzig 1859); W.E. Blake (Oxford 1938); G. Molinié (Paris 1979;
2nd ed. revised by A. Billault, 1989); G.P. Goold (Cambridge Mass.
1995); B.P. Reardon (Munich 2004); A. Borgogno (Turin 2005); C.
Meckelnborg and K.H. Schäfer (Darmstadt 2006).[33]

Four of these editions warrant a few comments as they have marked
important stages in the history of Chariton's text.[34] Apart from being
the *editio princeps*, D'Orville's includes valuable textual annotations:
those of the editor himself and, in particular, those of Reiske.[35] It
was the only edition for more than a century. The second is that of
Hercher, whose profound mastery of Greek enabled him to publish a
text which improved its predecessor in quality even though he had no
direct knowledge of the indispensable text of the medieval manuscript.
Hercher's was the reference edition for almost 80 years, until the ap-
pearance of Blake's edition in 1938: as has been stated above, the first
whose author consulted the Florentian codex personally and there-

---

[33] The complete references can be found in the section Editiones, p. xxix.

[34] Hirschig's edition adds scarcely anything of interest to that of D'Orville, and
in addition it compounds the confusion surrounding the text offered by the
witnesses, as has been stated above. Molinié's edition falls short for a number
of reasons (cf. in particular the critical evaluation of Reardon 1982; also
Hägg 1981). Goold has a very selective critical apparatus, as is usually
the case with Loeb editions. Borgogno and Meckelnborg-Schäfer lack an
apparatus and include a list of divergent readings with respect to the edition
by Blake. There are also two translations that include a Greek text, but
without a critical apparatus or a list of textual discrepancies with regard to a
previous edition. Roncali (1996) reproduces the text of Molinié and Billault
and includes observations on textual criticism in her notes. Rojas Álvarez
(2014) does not mention which text she is using.

[35] For his second edition of 1783, Beck included in footnotes his own textual
proposals along with those previously published by Pierson and Abresch, but
without modifying the text of the first edition.

fore the only truly reliable edition up to then. It was also the first to incorporate three previously unknown witnesses: the El Fayûm papyrus, the first part of the Oxyrhynchus papyrus and the *codex Thebanus*. After 66 years during which Blake's text was the one used by virtually everyone, 2004 saw the publication of the Teubner edition by Reardon, a rigorous work incorporating the fresh contributions of other scholars in addition to the two most recently discovered witnesses (P. Oxy. 2948 and P. Michael. 1), and which has become the reference edition in recent years.

It is not easy to add significantly to the achievements of so many expert editors, but we can update our knowledge of the text with the contributions of the critics over the last 18 years.[36] This is what any edition should do, but in mine I have attempted to contribute something more in three aspects of particular interest. First of all, a more comprehensive critical apparatus than that of the editions of Chariton after Blake, since the conjectures of scholars worthy of at least appearing in the apparatus but which have hitherto been excluded from it ran the risk of falling unjustly into oblivion. In addition to this, a complementary apparatus is provided at the end of the edition, and before the Index Nominum, reflecting all the other corrections to the text, with the exception of those which are clearly erroneous as they are the result of a confusion of some kind.[37] Together with the apparatus criticus, this complementary apparatus may help to trace the history of the efforts made by scholars to correct Chariton's text over the years. Thirdly, I have included an *apparatus fontium* which in many cases contextualizes the relevant *locus*, in order to offer readers something more than a mere reference out of context, which in many cases may mean nothing to them.[38]

As regards the language used by our author, I limit myself here to

---

[36] The most recent publication Reardon was able to use for his edition is Dawe (2001).

[37] This has happened in particular with corrections to what were supposedly readings of F, which were later shown to be wrong after the ms. had been read correctly by Blake or subsequent editors.

[38] For example, when at 3.5.6 the mother of Chaereas embraces her son's knees and rips open her dress, exposing her breast to him, in an attempt to stop him from setting off on his dangerous voyage in search of Callirhoe, Chariton places on her lips the words spoken by Hecuba to Hector at *Il.* 22.82 ff. The

referring the reader to studies published in recent years which, even if not exhaustive, have improved our knowledge of this aspect.[39] A fairly full *conspectus* of the main aspects of the author's language will be available in the introduction to our commentary which is currently at press (Baumbach and Sanz Morales, forthcoming).[40] In any case, it is not too hazardous to claim (as supported by the studies in general) that Chariton's language can be characterized as being part of the Hellenistic literary koiné, which uses koiné as a basis, with the addition of forms taken from the classical prose writers. A language, however, that cannot yet be termed Atticizing and which some have called *classicizing* prose.[41]

As for the orthography, I have generally followed the criteria adopted by the editors since Blake, which are the same or very similar and basically consist in respecting the spellings of the ms., given that it is very difficult to determine precisely what the author's orthography might have been. In some cases the discrepancy between witnesses (which is also proof of the non-existence of spelling norms) makes it necessary to decide on the orthography of one of them: this is the case, for instance, with the Καλλιρόη transmitted by Π¹Π²W (perhaps also by Π³) and preferable to the Καλλιρρόη of F. The punctuation signs in the text likewise generally follow the later editions (basically the punctuation used by Blake), except where the sense calls for a different solution from that normally adopted.

The internal division of Chariton's work is the traditional one: into

---

intention to identify Chaereas here with the Trojan hero seems plain and the note in the apparatus is designed to make it patently clear.

[39] To be specific: for the phonology, cf. Sanz Morales (2014a); morphology, Sanz Morales (2015); syntax, in particular Papanikolaou (1973); lexis, Ruiz Montero (1991) and Hernández Lara (1994); and in general, see also Zanetto (1990). Extremely useful is the lexicon of the Greek novelists by Conca, Beta, De Carli and Zanetto (1983–1997).

[40] As far as the study by Heibges (1911) on Chariton's clausulae is concerned, I agree with Reardon, who in his edition (2004, p. XIV and n. 35, cf Editiones, p. xxix) points out that his arguments are ill-founded and the book of little use.

[41] The concept appears in Lasserre (1979) and has been accepted and used by later authors.

8 books in accordance with F, each book being divided into chapters following D'Orville, and each chapter into paragraphs following Hercher.

The present edition represents the work of many years. In the course of the project I have benefited from research stays in the departments or seminars of Classical Philology at the universities of Heidelberg, Zürich, Bochum, Bologna and the Complutense (Madrid), as well as at the Deutsches Archäologisches Institut in Rome.[42] I would like to record my gratitude to these institutions and in particular to their library staff, as well as to the many colleagues working in them who have offered me their assistance at specific moments.

Other colleagues who have read parts of this edition and contributed with suggestions or corrections I wish to name personally, apologizing in advance for any I might unwittingly have overlooked: Giovanna Alvoni, José Miguel Baños, Esteban Calderón, Enzo Degani†, Augusto Guida, Gabriel Laguna, Míriam Librán, Luis M. Macía, José B. Torres Guerra.

Of great value to me was the correspondence from 2004 on that enabled me to exchange information and opinions on the text of Chariton with Bryan Peter Reardon, whose death in 2009 left studies on the ancient novel irreparably orphaned. Needless to say, in our trading of philological armour I played Diomedes to his Glaucus.

With Manuel Baumbach I have spent so much time studying this novel, with Chariton present for endless hours in our conversations, that to express my thanks to him would be insufficiently generous: I prefer to say that this edition is in part his.

Cáceres, August 2019

---

[42] In addition to the facilities provided by these institutions, I wish to acknowledge the financial support received through research projects HUM2005-03090/FILO (Ministerio de Educación y Ciencia de España and European FEDER funds) and FFI2014-55244-P (Ministerio de Economía y Competitividad de España). The translation of this preface has been funded by the regional government of Extremadura (Junta de Extremadura, GR18144) and FEDER, through the research group HUM-015.

## Studies about Charito's text and language

Abresch, F.L. (1753), *Dilucidationes Thucydideae*, Trajecti ad Rhenum.

Albini, U. (1962), "Noterelle esegetiche", *PP* 17, 381–384.

Angelo, M.L. (1975), "Ad Charit. VIII,5,5", *SicGymn* 28 , 551–556.

Anon. Leid. (s.a.) = Anonymus Leidensis, *Collectanea Critica ad Scriptores Eroticos Graecos*, ms. chartaceus, B.P.L. 743, Lugduni-Batavorum s. XVIII, ff. 145–163.

Arnott, W.G. (1966), "Notes on Greek texts", *SO* 41, 79–80.

Baumbach, M. and M. Sanz Morales (forthcoming), *Chariton von Aphrodisias: Kallirhoe. Kommentar zu den Bücher I–IV*, Heidelberg.

Beck, C.A. (1783), *Charitonis Aphrodisiensis... Libri Octo*, Lipsiae. D'Orville's edition with notes by Beck and other scholars.

Bernard, J.S. (1750), *Bibliothèque raisonée des ouvrages des savans de l'Europe* 45, 331–349.

Beta, S., E. De Carli and G. Zanetto, cf. Conca, F., E. De Carli and G. Zanetto (1989–2004).

Bianchi, N. (2001), "Il codice Laur. Conv. Soppr. 627 (F): problemi e ipotesi di localizzazione", *AFLB* 44, 161–181.

— (2004), (a cura di). *Caritone e Senofonte Efesio. Inediti di Giovanni Lami*, Bari.

Blake, W.E. (1931), "The Overtrustful Editors of Chariton", *TAPA* 62, 68–77.

— (1933), "Some Conjectures for the Text of Chariton", *CPh* 28, 307–310.

— (1936), "Modal Usages in Chariton", *AJPh* 57, 10–23.

Borgogno, A. (2003a), "Note al testo di Caritone d'Afrodisia", *Eikasmós* 14, 129–132.

— (2003b), "Restauri testuali a tre romanzi greci", *Orpheus* 24, 7–13.

— (2004a), "Indice critico per gli *Erotici graeci* (su Caritone, Senofonte Efesio e Longo Sofista)", *GIF* 56, 23–41.

— (2004b), "Per il testo di Caritone d'Afrodisia", *Prometheus* 30, 246–252.

— (2005), "Note critiche al testo di Caritone e Senofonte romanzieri", *Sileno* 31, 239–252.

Brioso Sánchez, M. (1991), "Sobre Caritón 7.6.2 y 6.7 y sus lagunas", *Habis* 22, 263–272.

Browne, G.M. (1981), "Ad Charitonem 1.3.7", *AJPh* 102, 321.

— (1985), "Chariton and Coptic", *ICS* 10, 135–137.

Calderini, A. (1913), *Le avventure di Chaerea e Calliroe*, Torino.

Castiglioni, L. (1906), "Osservazioni critiche a Longo Sofista, Senofonte Efesio e Caritone", *RFIC* 34, 293–320.
— (1929), Review of Zimmermann 1923, *Gnomon* 5, 127–129.
Cobet, C.G. (1842), Marginalia exemplari editionis D'Orville, Lugduni-Batavorum, Bibliotheek der Rijksuniversiteit, B.P.L. 759 E 71.
— (1843), *Collatio manuscripta codicis Florentini Conventi Soppressi 627*, Lugduni-Batavorum, ms. chartaceus, Bibliotheek der Rijksuniversiteit, B.P.L. 1299 I k.
— (1847), *Oratio de Arte Interpretandi Grammatices et Critices Fundamentis Innixa Primario Philologi Officio*, Lugduni-Batavorum, 74–75, 128.
— (1858a), "Charitonis Loci Aliquot Emendati", *Mnemosyne* 7, 123–124.
— (1858b), *Novae lectiones quibus continentur observationes criticae in scriptores Graecos*, Lugduni-Batavorum, 372–373, 491, 559–560, 786 (repr. Hildesheim, Zürich and New York 2005).
— (1859), "Annotationes Criticae ad Charitonem", *Mnemosyne* 8, 229–303.
— (1873), *Variae lectiones quibus continentur observationes criticae in scriptores Graecos. Editio secunda auctior*, Lugduni-Batavorum, 167, 169–172 (repr. Hildesheim, Zürich and New York 2003).
Cocchi, A. Marginalia in his copy of F, 1727–1728 (cf. Sigla, Apogr.), Oxonii, Bibliotheca Bodleiana, ms. D'Orville 319 Auct. X.2.1.16 (17197).
Conca, F. (2010), "Il Codex Thebanus e i papiri: suggestioni sul testo di Caritone", in: G. Bastianini and A. Casanova (edd.), *I papiri del romanzo antico. Atti del Convegno Internazionale di Studi. Firenze 11–12 giugno 2009*, Firenze, 139–152.
Conca, F., E. De Carli and G. Zanetto (I–II), and S. Beta, E. De Carli and G. Zanetto (III–IV) (1989–2004), *Lessico dei Romanzieri Greci*, I–IV, Hildesheim, Zürich and New York (vol. I = Milano 1983).
Cramer, J.A. (1839–1841), *Anecdota Graeca e Codd. Manuscriptis Bibliothecae Regiae Parisiensis*, Oxonii, III, 451.
Crawford, D.S. (1955), *Papyri Michaelidae*, Aberdeen, 1–4.
Crönert, W. (1901), "Litterarische Texte mit Ausschluß der christlichen (Fortsetzung)", *APF* 1, 502–539 (528–529).
Dawe, R.D. (2001), "Some erotic suggestions. Notes on Achilles Tatius, Eustathius Macrembolites, Xenophon of Ephesus and Charito", *Philologus* 145, 291–311 (306–311).
Esposito Vulgo Gigante, G. (2002), "Un *hapax* omerico nel romanzo di Caritone", *SIFC* 20, 182–185.
Fuhr, K. (1911), Review of A.S. Hunt, *BPhW* 31, 889–895 (894).

Gärtner, T. (2009), "Vier Konjekturen zu griechischen Romanen", *ExClass* 13, 119–122.

Gasda, A. (1860), *Quaestiones Charitoneae*, Diss. Bratislaviae.

Gerschmann, K.–H. (1974), *Chariton-Interpretationen*, Diss. Münster.

Grenfell, B.P. and A.S. Hunt. (1900), "P. Fay. 1", in: B.P.G., A.S.H. and D.G. Hogarth, *Fayûm Towns and their Papyri*, London, 74–82.

Groeneboom, P. (1918), "Varia III", *Mnemosyne* n.s. 46, 165–171 (171).

Guida, A. (1978), "Note al testo di Caritone e di Senofonte Efesio", *RhM* 121, 195–196.

— (1999), "Un apografo sconosciuto di Caritone, un'ambigua nota del Pasquali e una fallita impresa editoriale del '700", in: V. Fera and A. Guida (edd.), *Vetustatis indagator. Scritti oferti a Filippo di Benedetto*, Messina and Firenze, 277–308.

— (2005), "Precisazioni su alcuni testimoni della fortuna di Caritone", *Prometheus* 31, 137–140.

— (2008), "Prove di restauro virtuale sul codice Laur. Conv. Soppr. 627", in: S. Lucà (ed.), *Libri palinsesti greci: conservazione, restauro digitale, studio*, Roma, 171–177.

— (2010), "Caritone in Vaticana", in: G. Bastianini and A. Casanova (edd.), *I papiri del romanzo antico. Atti del Convegno Internazionale di Studi. Firenze 11–12 giugno 2009*, Firenze, 153–163.

Hägg, T. (1981), Review ed. Molinié 1979, *Gnomon* 53, 698–700.

Haupt, M. (1871), "Coniectanea", *Hermes* 5, 321–322.

Headlam, W. (1895), "Various Conjectures III", *Journal of Philology* 23, 260–323 (266).

— (1910), "Emendations and Explanations", *Journal of Philology* 31, 1–13 (13).

Heibges, S. (1911), *De Clausulis Charitoneis*, Diss. Monasterii et Halis Saxonum.

Hercher, R. (1854), "Zu Eudoxia, Apollonius, S. Empiricus, Chariton", *Philologus* 9, 592.

— (1858), "Zur Litteratur der griechischen Erotiker", *Fleckeisen's Jbb. für class. Philologie* 77, 153ss.

— (1859), "Zu Chariton", *Philologus* 14, 549.

— (1867), "Zu Aeneas Tacticus und Chariton", *Hermes* 2, 72–75.

Hernández Lara, C. (1990), "Rhetorical aspects of Chariton of Aphrodisias", *GIF* 42, 267–274.

— (1994), *Estudios sobre el aticismo de Caritón de Afrodisias*, Amsterdam.

Hertlein, F.K. (1875), "Zur griechischen Prosaikern", *Hermes* 9, 363.

Heyse, T. (1866), "Zu Chariton", *Hermes* 1, 262.

Hilberg, I. (1874a), "Beiträge zur Textkritik des Charitons", *Philologus* 33, 693–695.

— (1874b), "Ein Blattverlust in Chariton", *Philologus* 33, 695–697.

— (1876), "Zur Textkritik des Charitons von Aphrodisias", *ZöGy* 27, 733.

Hirschig, W.A. (1851), "Selectae Emendationes in… Charitone Aphrodisiensi", in *Miscellanea Philologica et Paedagogica*, n.s. 2, 103–105.

Hunt, A.S. (1910), "P. Oxy. 1019", in B.P. Grenfell and A.S.H., *The Oxyrhynchus Papyri* VII, London, 143–146. (Facsimil of col. II in E.G. Turner, *Greek manuscripts of the ancient world*, Princeton 1971, 66, 110–111).

Jackson, J. (1935a), "The Greek Novelists. Miscellanea", *CQ* 29, 52–57.

— (1935b), "The Greek Novelists. Miscellanea-II", *CQ* 29, 96–112.

— (s.a), Marginalia in his copy of Hirschig's edition (*apud* ed. Goold), Oxford, The Queen's College (cf. ed. Goold 1995: viii).

Jacobs, F. (1821), *Achillis Tatii Alexandrini de Leucippes et Clitophontis Amoribus Libri Octo*, Lipsiae .

Jakob, J. (1903), *Studien zu Chariton dem Erotiker*, Aschaffenburg.

Koraís (1804) = Δ. Κοραῆς (ed.). Ἡλιοδώρου Αἰθιοπικῶν βιϐλία δέκα, Paris, II, 36.

Lami, G. (s.a.), Marginalia in Ricc. 2482 (up to the beginning of book 2), written perhaps before 1728 (cf. Sigla). Cf. Guida (1999: 305–306).

Lasserre, F. (1979), "Prose grecque classicisante", in: H. Flashar (ed.), *Le classicisme à Rome aux Iers siécles avant et après J.-C.*, Vandoeuvres-Genève, 135–163.

Lobeck, C.A. (1820), *Phrynichi Eclogae Nominum et Verborum Atticorum*, Lipsiae, 215, 380, 721.

Lucarini, C.M. (2007), "Osservazioni sulle nuove edizioni Teubneriane di Caritone e Senofonte Efesio e sul *Pap. Oxyr.* 4761", *Maia* 59, 65–72.

Lucke, C. (1985), "Zum Charitontext auf Papyrus", *ZPE* 58, 21–33.

Lucke, C. and K.H. Schäfer (1985), *Chariton. Kallirhoe*, Leipzig.

Martelli, M.F.A. (2018), "Clues from the Papyri: Structure and Style of Chariton's Novel", in: M.P. Futre Pinheiro, D. Konstan and B.D. MacQueen (Eds.), *Cultural Crossroads in the Ancient Novel*, Berlin and New York, 195–208.

Mehler, E. (1878), "Miscellanea - Ad S.A. Naber Epistola Critica", *Mnemosyne* n.s. 6, 393.

Mendelsohn, L. (1881), "Kleinigkeiten", *RhM* 36, 302–304.

Morel, W. (1939), "Some remarks on the text of Chariton", *CQ* 33, 212–213.

— (1963), "Zum Text der griechischen Romanschriftsteller", *Gymnasium* 70, 545–548.

Naber, S.A. (1878), "Adnotationes Criticae ad Charitonem", *Mnemosyne* n.s. 6, 190–214.

— (1901a), "Ad Charitonem", *Mnemosyne* n.s. 29, 92–99.

— (1901b), "Ad Charitonem", *Mnemosyne* n.s. 29, 141–144.

Papanikolaou, A.D. (1973), *Chariton-Studien: Untersuchungen zur Sprache und Chronologie der griechischen Romane*, Göttingen.

Pierson, J. (s.a.), *Studia Critica in Scriptores Graecos*, ms. chartaceus, Lugduni-Batavorum s. a., Bibliotheek der Rijksuniversiteit, B.P.L. 551, f. 224r.

— (1752), *Verisimilium Libri Duo*, Lugduni-Batavorum, 182.

Plepelits, K. (1976), *Chariton von Aphrodisias. Kallirhoe*, Stuttgart.

Praechter, K. (1903), "Textkritisches zu Chariton", *Philologus* 62, 227–233.

Rattenbury, R.M. (1928), "Charito I,3,5", *CR* 42, 219.

Reardon, B.P. (1982), "Une nouvelle édition de Chariton", *REG* 95, 157–173.

— (2001), "Les malheurs de *Callirhoé*", in: A. Billault (ed.), 'ΟΠΩΡΑ. *La belle saison de l'hellénisme. Études de littérature antique offertes au Recteur Jacques Bompaire*, Paris, 59–71.

Reeve, M.D. (1971), "Hiatus in the Greek novelists", *CQ* n.s. 21, 514–539.

— (2004), Personal communication *apud* ed. Reardon.

Reiske, J.J. (1750), "Emendationes et Conjecturae in Charitonem", *apud* ed. D'Orville.

— (1751), *Nova Acta Eruditorum*, Lipsiae, 97–114 (100–101).

— (1897), *Johann Jacob Reiske's Briefe* (ed. R. Foerster), Leipzig, 122–123, 397, 407.

Renehan, R. (2004), Personal communication *apud* ed. Reardon.

Richards, H. (1906), "Notes on the Erotici Graeci", *CR* 20, 20–23.

Rojas Álvarez, L. (2014), *Caritón de Afrodisias. Las aventuras de Quéreas y Calírroe*, México. Introducción, traducción y notas de L.R.Á.

Roncali, R. (1996), *Caritone di Afrodisia. Il romanzo di Calliroe*, Milano. Introduzione, traduzione e note di R.R.

— (1999), "Su due varianti del papiro Fayûm 1 di Caritone", *BollClass* s. 3, 20, 37–44.

— (2002), *Due nuovi testimoni per Caritone*, Bari.

Rose, H.J. (1939), "Some lacunae in Chariton", *CQ* 33, 30.

Rostagno, E. and N. Festa (1893), "Indici dei Codici Greci Laurenziani non compresi nel catalogo del Bandini, I. Conventi Soppressi", *SIFC* 1,

129–176 (172–176). Repr. in: A.M. Bandini, *Catalogus codicum manuscriptorum Bibliothecae Mediceae Laurentianae*, Lipsiae 1961, *Supplementa*, 28–30.

Ruiz Montero, C. (1991), "Aspects of the Vocabulary of Chariton of Aphrodisias", *CQ* n.s. 41, 484–490.

Salvini, A.M. (s.a.), Marginalia in his copy of F, before 1712 (cf. Sigla), Venetiis, Bibliotheca Marciana, Gr. viii, n. 16, 1194.

Sanz Morales, M. (1999), "Tre note critiche al testo di Caritone", *Eikasmós* 10, 143–146.

— (2002a), "A Textual Corruption in Chariton 1.7.1 and the Operational Base of the Pirate Theron", *Mnemosyne* s. 4, 55, 731–735.

— (2002b), "Textkritische Bemerkungen zum Chariton-Text auf Papyrus", *ZPE* 141, 111–115.

— (2004), "ἀνάπευσις, palabra inexistente, o el valor de una conjetura", *Eikasmós* 15, 241–244.

— (2006a), "The Copyist as Novelist: Multiple Versions in the Ancient Greek Novel", *Variants* 5, 129–146.

— (2006b), Review ed. Reardon 2004, *ExClass* n. s. 10, 447–468.

— (2006c), "Dos observaciones al texto de Caritón transmitido por los papiros", *PhaoS. Revista de Estudos Clássicos* 6, 51–56.

— (2007), "Konjekturen zu Chariton von Aphrodisias, Bücher I–IV", *Philologus* 151, 95–104.

— (2008), "Caritón, *Calírroe*: composición narrativa (II 8.6–III 2.5) y texto (III 1.7)", in: A. Cascón *et al.* (edd.), *Donum amicitiae. Estudios en homenaje al profesor Vicente Picón García*, Madrid, 403–415.

— (2009a), "Testimonio de los papiros y tradición medieval: ¿una versión diferente de la novela de Caritón?", in: M. Sanz Morales and M. Librán Moreno (edd.), *Verae lectiones. Estudios de crítica textual y edición de textos griegos*, Huelva and Cáceres, 203–226.

— (2009b), "Conjeturas al texto de Caritón de Afrodisias, libros V–VIII", *ExClass* n. s. 13, 95–118.

— (2011), "Un locus desperatus en Caritón de Afrodisias (III 10,1)", *Eikasmós* 22, 233–236.

— (2013), "Un problema textual en Caritón (5.3.4) y un improbable hipotexto para Jenofonte de Éfeso (1.1.1)", in: L.M. Pino Campos and G. Santana Henríquez (edd.), *Καλὸς καὶ ἀγαθὸς ἀνήρ· διδασκάλου παράδειγμα. Homenaje al profesor Juan Antonio López Férez*, Madrid, 771–773.

— (2014a), "La lengua de Caritón de Afrodisias: características fonológicas", in: Á. Martínez Fernández *et al.* (edd.), *Ágalma. Ofrenda desde la Filología Clásica a Manuel García Teijeiro*, Valladolid, 291–301.

— (2014b), "Zwei Interpunktionsprobleme bei Chariton von Aphrodisias (3.3.17, 3.10.8)", *MH* 71, 42–45.

— (2015), "La lengua de Caritón de Afrodisias: características morfológicas", *CFC(g)* 25, 39–66.

— (2018), "Copyists' Versions and the Readership of the Greek Novel", in: M.P. Futre Pinheiro, D. Konstan and B.D. MacQueen (Eds.), *Cultural Crossroads in the Ancient Novel*, Berlin and New York, 181–191.

Schmidt, F.W. (1882), "Kritische Studien zu den griechischen Erotikern", *JKPh* (Abteilung von *NJPhP*) 125, 185–204 (186–194).

Slings, S.R. (1997), Review ed. Goold 1995, *Mnemosyne* s. 4, 50, 107–111.

Stanford, W.B. (1938), "Notes on a New Edition of Chariton", *Hermathena* 51, 135–139.

Tilg, S. (2007), Review ed. Reardon 2004, *AAHG* 60, 73–78.

TLG = *Thesaurus Linguae Graecae® Digital Library*. Ed. Maria C. Pantelia. University of California, Irvine. `http://www.tlg.uci.edu`, last accessed December 2018.

Trzaskoma, S.M. (2005), Review ed. Reardon 2004, *BMCRev* 2005.09.63.

— (2009), "Aristophanes in Chariton (*Plu.* 744, *Eq.* 1244, *Eq.* 670)", *Philologus* 153, 351–353.

— (2010a), "Callirhoe, Concubinage, and a Corruption in Chariton 2.11.5", *ExClass* 14, 205–209.

— (2010b), "Chariton and Tragedy: Reconsiderations and New Evidence", *AJPh* 131, 219–231.

— (2011), "Aristophanes in Chariton Again (Plu. 1127)", *Philologus* 155, 367–368.

— (2018), "Citations of Xenophon in Chariton", in: K. Chew, J.R. Morgan, and S.M. Trzaskoma (Eds.), *Literary Currents and Romantic Forms. Essays in Memory of Bryan Reardon*, Groningen, 65–79.

Weinstein, M.E. (1972), "P. Oxy. 2948", in: G.M. Browne *et al.*, *The Oxyrhynchus Papyri* XLI, London, 12–14.

Wifstrand, A. (1945), *Eikota. Emendationen und Interpretationen zu griechischen Prosaikern der Kaiserzeit, V. Zu den Romanschriftstellern*, Lund 1945.

Wilamowitz-Moellendorff, U. von (1901), Review of B. Grenfell, A. Hunt and D. Hogarth, *Fayûm Towns and their Papyri* (London 1900), *GGA* 163, 30–45.

Wilcken, U. (1901), "Eine neue Roman-Handschrift", *APF* 1, 227–272 (227–254).

PREFACE

Zankogiannes (1893) = Δ.Κ. Ζαγγογιάννης. Κριτικαὶ παρατηρήσεις εἰς Χαρίτωνα Ἀφροδισιέα, Ἀθῆναι.

Zanetto, G. (1990), "La lingua dei romanzieri greci", *GIF* 42, 233–242.

— (2007), Review ed. Reardon 2004, *AN* 6, 150–157.

Zimmermann, F. (1923), "De Charitonis Codice Thebano", *Philologus* 78, 330–381.

— (1924a), "Charitonea", *PhW* 44, 609–616.

— (1924b), "Supplementa Charitonea", *Aegyptus* 5, 202–204.

— (1925a), "Drei Konjekturen zum Chariton-Roman", *Philologus* 80, 472–474.

— (1925b), "Zu Chariton II, 2, 1 = S. 28,21 (Hercher)", *Philologus* 80, 222.

— (1927), "Zu Chariton I, 14, 7", *PhW* 47, 766–768.

— (1928a), "Ein korrupter Medizinerausdruck bei Chariton", *Philologus* 83, 218–220.

— (1928b), "Zur Überlieferung des Chariton-Romanes", *Hermes* 63, 193–224.

— (1930), "Ein verkanntes Wortspiel bei Chariton I,1,2", *Philologus* 85, 482–484.

— (1953–1954), "Eine alte Crux im Codex Florentinus des Chariton-Romans (zu Char. 2,2,2 = S. 28,27–30 Hercher)", *WZLeipzig* 3, 437–438.

— (1957), "Chariton-Interpretationen", in: *Studi in onore di A. Calderini e R. Paribeni*, Milano, II, 137–145.

# AVCTORES ANTIQVI IN HOC VOLVMINE CITATI

A.T., Achilles Tatius
Aeschin., Aeschines
  *In Ctes.*, *In Ctesiphontem*
Ar., Aristophanes
  *Nu.*, *Nubes*
Ch., Charito
Com., Comici (ed. Kassel et Austin, *Poetae Comici Graeci*)
Dem., Demosthenes
  *De cor.*, *de Corona*
  *In Mid.*, *in Midiam*
  *Ol.*, *Olyntiaca*
Demad., Demades
Demetr., Demetrius Phalereus
  *Eloc.*, *de Elocutione*
D.C., Dio Cassius
D.S., Diodorus Siculus
E., Euripides
  *HF*, *Hercules Furens*
*Ev.Luc.*, *Evangelium Lucae*
*Ev.Matt.*, *Evangelium Matthaei*
Gal., Galenus
  *Hipp. Off. Med.*, *In Hipp. De Officina Medici*
Hdt., Herodotus
Hld., Heliodorus
Hom., Homerus
  *Il.*, *Ilias*
  *Od.*, *Odyssea*
Isoc., Isocrates
  *Arch.*, *Archidamus*
L., Longus
Luc., Lucianus
  *Anach.*, *Anacharsis*
Men., Menander
  *Dysc.*, *Δύσκολος*

*Her.*, Ἥρως
*Mis.*, Μισούμενος
*Pk.*, Περιχειρομένη
*Sam.*, Σαμία
Pl., Plato
   *Grg.*, *Gorgias*
   *R.*, *Respublica*
   *Smp.*, *Symposium*
Plb., Polybius
Plu., Plutarchus
   *Alex. fort. virt.*, *De Alexandri Magni fortuna aut virtute*
   *Apophth.*, *Regum et imperatorum apophthegmata*
   *Galb.*, *Galba*
S., Sophocles
   *Aj.*, *Ajax*
Sapph., Sappho
S.E., Sextus Empiricus
   *M.*, *adversus Mathematicos*
Th., Thucydides
Verg., Vergilius
   *Aen.*, *Aeneis*
X., Xenophon
   *An.*, *Anabasis*
   *Cyr.*, *Institutio Cyri* (*Cyropaedia*)
   *Eq. Mag.*, *de Equitum magistro*
   *HG*, *Historia Graeca* (*Hellenica*)
   *Mem.*, *Memorabilia*
   *Smp.*, *Symposium*
X.E., Xenophon Ephesius

# EDITIONES

D'Orville, J.P. Χαρίτωνος Ἀφροδισιέως τῶν περὶ Χαιρέαν καὶ Καλλιρρόην ἐρωτικῶν διηγημάτων λόγοι η᾽, Amstelodami 1750. Cum editoris commentatione. Translatio latina, emendationes et conjecturae in Charitonem a J.J. Reiske. Ed. altera C.D. Beck cum novis annotationibus, Lipsiae 1783.

Hirschig, G.A. *Erotici Scriptores*, Parisiis 1856, 415–503.

Hercher, R. *Erotici Scriptores Graeci*, tomus alter, Lipsiae 1859, III–XVI et 1–157.

Blake, W.E. *Charitonis Aphrodisiensis de Chaerea et Callirhoe Amatoriarum Narrationum Libri Octo*, Oxonii 1938.

Molinié, G. *Chariton. Le roman de Chairéas et Callirhoé*, Paris 1979. Ed. altera A. Billault 1989.

Goold, G.P. *Chariton. Callirhoe*, Cambridge (Mass.) et London 1995.

Borgogno, A. *Romanzi greci. Caritone d'Afrodisia. Senofonte Efesio. Longo Sofista*, Torino 2005, 71–78 et 95–379.

Meckelnborg, C. et K.H. Schäfer. *Chariton. Kallirhoe*, Darmstadt 2006.

Reardon, B.P. *Chariton Aphrodisiensis. De Callirhoe Narrationes Amatoriae*, Monachii et Lipsiae 2004.

# SIGLA

Π¹   = P. Fayûm 1, saec. II ex. vel III in.: fragmenta ex 4.2.3–4.3.2. Ed. Grenfell et Hunt 1900.

Π²   = P. Oxyrhynchus 1019 + P. Oxyrhynchus 2948, saec. II ex. vel III in.: fragmenta ex 2.3.5–2.4.2 et 2.4.5–2.5.1. Ed. Hunt 1910 (partem primam) et Weinstein 1972 (partem alteram).

Π³   = P. Michaelidae 1, saec. II dimidia pars altera ut vid.: fragmenta ex 2.11.4–2.11.6. Ed. Crawford 1955.

W   = codicis Thebani deperditi (saec. VII, fort. VIII) editio ab Ulrico Wilcken 1901 facta: fragmenta ex 8.5.9–8.7.3 (Wilcken 1901)

F   = codex Florentinus Laurentianus Conventi Soppressi 627, saec. XIII ex. (fort. saec. XIV), ff. 48r–70r.

F^Cob   = codicis F f. 48r a Cobet mense Iunio 1842 reagentiae chemicae subsidio transcriptum (hodie in Bibl. Laur. cum cod. F servatum)

Apogr.   = codicis Florentini apographum annis 1727–1728 ab Antonio Cocchi exaratum (vid. Cocchi, in Praefatione)

Salvini   = codicis Florentini apographum ante 1712 ab Antonio M. Salvini exaratum (vid. Salvini, in Praefatione)

Ricc.   = codex Florentinus Riccardianus 2482 (apographi Salviniani apographum ante 1728 exaratum, fort. annis 1712–1713, cf. Guida 1999, in Praefatione)

## VIRI DOCTI NOMINE CORREPTO IN APPARATV CRITICO CITATI

Bl.   = Blake
Cob.   = Cobet
D'Or.   = D'Orville
Her.   = Hercher
Rea.   = Reardon
Rei.   = Reiske
Sanz   = Sanz Morales
Zimm.   = Zimmermann

# ΧΑΡΙΤΩΝΟΣ ΑΦΡΟΔΙΣΙΕΩΣ ΤΑ ΠΕΡΙ ΚΑΛΛΙΡΟΗΝ
# ΕΡΩΤΙΚΑ ΔΙΗΓΗΜΑΤΑ

## Λόγος πρῶτος

Χαρίτων Ἀφροδισιεύς, Ἀθηναγόρου τοῦ ῥήτορος ὑπογραφεύς, **1**
5 πάθος ἐρωτικὸν ἐν Συρακούσαις γενόμενον διηγήσομαι.
Ἑρμοκράτης, ὁ Συρακοσίων στρατηγός, οὗτος ὁ νικήσας Ἀθη-
ναίους, εἶχε θυγατέρα Καλλιρόην τοὔνομα, θαυμαστόν τι χρῆμα
παρθένου καὶ ἄγαλμα τῆς ὅλης Σικελίας. ἦν γὰρ τὸ κάλλος οὐκ **2**
ἀνθρώπινον ἀλλὰ θεῖον, οὐδὲ Νηρηΐδος ἢ Νύμφης τῶν ὀρειῶν
10 ἀλλ᾽ αὐτῆς Ἀφροδίτης [παρθένου]. φήμη δὲ τοῦ παραδόξου θεά-
ματος πανταχοῦ διέτρεχε καὶ μνηστῆρες κατέρρεον εἰς Συρακού-
σας, δυνάσται τε καὶ παῖδες τυράννων, οὐκ ἐκ Σικελίας μόνον,
ἀλλὰ καὶ ἐξ Ἰταλίας καὶ Ἠπείρου καὶ ἐθνῶν τῶν ἐν ἠπείρῳ. ὁ **3**
δὲ Ἔρως ζεῦγος ἴδιον ἠθέλησε συμπλέξαι. Χαιρέας γάρ τις ἦν
15 μειράκιον εὔμορφον, πάντων ὑπερέχον, οἷον Ἀχιλλέα καὶ Νιρέα
καὶ Ἱππόλυτον καὶ Ἀλκιβιάδην πλάσται τε καὶ γραφεῖς ⟨ἀπο⟩δει-

---

4–5 Nomen auctoris ad principia Historiarum Herodoti et Thucydidis refert;
cf. 8.8.16

In multis locis in quibus F legi non potest, F^{Cob} observatur ‖ 1–3 Χαρίτωνος …
πρῶτος correxi ex Π³ (vid. in extremo libro secundo et praefatione) : χαρίτωνος
ἀφροδισιέως τῶν περὶ χαιρέαν καὶ καλλιρρόην ἐρωτικῶν διηγημάτων λόγος
α' F ‖ 5 Συρακούσαις Cob. : Συρρα- F, ut ubique ‖ 6 Συρακοσίων Cob. (sic
W, cf. 8.6.12) : Συρρα- F, ut ubique ‖ 7 Καλλιρόην Bl., ut ubique WΠ¹Π²
(cf. 8.5.10, 4.2.5, 2.3.5) : Καλλιρρόην F, sic semper ‖ 9 ὀρειῶν Apogr. :
ὀρείων F ‖ 10 secl. Her. (glossema non ad Ἀφρ., sed ad φήμη pertinere
mihi videtur) : Παρθένου corr. Bl. ‖ 13 Ἠπείρου corr. D᾽Or. et nonn. edd.
(i.e. Epirus et Graecia occidentalis, cf. X. HG 6.2.9) : ἠπείρου F | ἐν F : ἐπ᾽
Zankogiannes | ἠπείρῳ F (i.e. Asia, cf. 5.1.3, 6.8.4, 6.8.7) : Λιβύη Lucarini
(cf. 3.3.8) ‖ 14 ἠθέλησε Hirschig : ἐθελήσας F^{Cob} | συμπλέξαι Her. : συλλέξαι
F : συζεῦξαι Naber : συνάψαι Schmidt ‖ 16 τε καὶ F, secundum Bl. : καὶ
F^{Cob} ‖ 16sq. ⟨ἀπο⟩δεικνύουσι Zankogiannes : ⟨ … ⟩δεικνύουσι F^{Cob}

1

κνύουσι, πατρὸς Ἀρίστωνος τὰ δεύτερα ἐν Συρακούσαις μετὰ
Ἑρμοκράτην φερομένου. καί τις ἦν ἐν αὐτοῖς πολιτικὸς φθόνος,
4 ὥστε θᾶττον ἂν πᾶσιν ἢ ἀλλήλοις ἐκήδευσαν. φιλόνεικος δέ ἐστιν
ὁ Ἔρως καὶ χαίρει τοῖς παραδόξοις κατορθώμασιν· ἐζήτησε δὲ
τοιόνδε τὸν καιρόν. 5

Ἀφροδίτης ἑορτὴ δημοτελής, καὶ πᾶσαι σχεδὸν αἱ γυναῖκες
5 ἀπῆλθον εἰς τὸν νεών. τέως δὲ μὴ προϊοῦσαν τὴν Καλλιρόην προ-
ήγαγεν ἡ μήτηρ, ⟨καιροῦ⟩ κελεύσαντος προσκυνῆσαι τὴν θεόν.
τότε δὲ Χαιρέας ἀπὸ τῶν γυμνασίων ἐβάδιζεν οἴκαδε στίλβων
ὥσπερ ἀστήρ· ἐπήνθει γὰρ αὐτοῦ τῷ λαμπρῷ τοῦ προσώπου τὸ 10
6 ἐρύθημα τῆς παλαίστρας ὥσπερ ἀργύρῳ χρυσός. ἐκ τύχης οὖν
περί τινα καμπὴν στενοτέραν συναντῶντες περιέπεσον ἀλλήλοις,
τοῦ θεοῦ πολιτευσαμένου τήνδε τὴν ⟨συντυχίαν⟩, ἵνα ἑκά⟨τερος
ὑφ'⟩ ἑτέρ⟨ου⟩ ὀφθῇ. ταχέως οὖν πάθος ἐρωτικὸν ἀντέδωκαν ἀλ-
λήλοις ⟨ ... ⟩ τοῦ κάλλους ⟨...⟩γένει συνελθόντος. 15
7 Ὁ μὲν οὖν Χαιρέας οἴκαδε μετὰ τοῦ τραύματος μόλις ἀπῄει
καὶ ὥσπερ τις ⟨ἀρισ⟩τεὺς ἐν πολέμῳ τρωθεὶς καιρίαν, καὶ κατα-
πεσεῖν μὲν αἰδούμενος, στῆναι δὲ μὴ δυνάμενος. ἡ δὲ παρθένος
τῆς Ἀφροδίτης τοῖς ποσὶ προσέπεσε καὶ καταφιλοῦσα, "σύ μοι,
8 δέσποινα," εἶπε "δὸς ἄνδρα τοῦτον ὃν ἔδειξας." νὺξ ἐπῆλθεν ἀμ- 20

---

1 Ἀρίστωνος] Syracosiae classis gubernator ap. Th. 7.39.2

---

2 κᾳί τις F^{Cob}, spatio apto ad ca. 8 litt., ut iam ind. Bl. (πάλαι γὰρ e. g.
prop.) : an τοιοῦτος? ‖ 4 ἐζήτησε F : ἐτήρησε Cob. ‖ 6 post ἑορτὴ, ἦν add.
Cob. (idem prop. Richards, sed non indic. ubi) ‖ 8 καιροῦ scripsi (cf. 8.3.9) :
⟨5/6 litt.⟩ F : τοῦ πατρὸς Bl. dubit. (τοῦ πρὸς scriptum) : πατρὸς vel ἀνδρὸς
prop. Rea. : Ἔρωτος Gerschmann : ὀνείρου prop. Gärtner : τοῦ Ἑρμοκράτου
Cob. ‖ 10 ἐπήνθει edd. : ἐπίνθει F ‖ 13 suppl. Cob. : lac. ca. 8 litt. in F :
⟨ἀπάντησιν⟩ Zimm. : ⟨συνοδίαν⟩ Cob. (in collatione) : ⟨σύνοδον⟩ Lucarini ‖
13–14 ἑκά⟨τερος ὑφ'⟩ ἑτέρ⟨ου⟩ suppl. Zimm. : ἑκά⟨τερος τῷ⟩ ἑτέρ⟨ῳ⟩ Cob. ‖
15 lacuna ca. 7 litt. in F : ⟨συμμάχου⟩ Lucarini | τοῦ κάλλους F^{Cob} (correc-
tum ex τὸ κάλλος) | ⟨...⟩γένει F^{Cob} : ⟨τῇ εὐ⟩γενεί⟨ᾳ⟩ Cob. in collatione : ⟨τῷ⟩
γένει Lucarini | συνελθόντος F^{Cob} (ος supra α scriptum) ‖ 17 καὶ ὥσπερ τις
⟨ἀρισ⟩τεὺς F^{Cob} supr. l. ‖ 20 ὃν F^{Cob} supr. l.

φοτέροις δεινή· τὸ γὰρ πῦρ ἐξεκαίετο. δεινότερον ⟨δ'⟩ ἔπασχεν ἡ
παρθένος διὰ τὴν σιωπήν, αἰδουμένη κατάφωρος γενέσθαι. Χαι-
ρέας δὲ νεανίας εὐφυὴς καὶ μεγαλόφρων, ἤδη τοῦ σώματος αὐτῷ
φθίνοντος, ἀπετόλμησεν εἰπεῖν πρὸς τοὺς γονεῖς ὅτι ἐρᾷ καὶ οὐ
5  βιώσεται τοῦ Καλλιρόης γάμου μὴ τυχών. ἐστέναξεν ὁ πατὴρ         9
ἀκούσας καὶ "οἴχῃ δή μοι, τέκνον" ⟨ἔφη⟩· "δῆλον γάρ ἐστιν ὅτι
Ἑρμοκράτης οὐκ ἂν δοίη σοὶ τὴν θυγατέρα τοσούτους ἔχων μνη-
στῆρας πλουσίους καὶ βασιλεῖς. οὔκουν οὐδὲ πειρᾶσαί σε δεῖ,
μὴ φανερῶς ὑβρισθῶμεν." εἶθ' ὁ μὲν πατὴρ παρεμυθεῖτο τὸν παῖ-
10  δα, τῷ δ' ηὔξετο τὸ κακὸν ὥστε μηδὲ ἐπὶ τὰς συνήθεις προϊέναι
διατριβάς. ἐπόθει δὲ τὸ γυμνάσιον Χαιρέαν καὶ ὥσπερ ἔρημον    10
ἦν. ἐφίλει γὰρ αὐτὸν ἡ νεολαία. πολυπραγμονοῦντες δὲ τὴν αἰτί-
αν ἔμαθον τῆς νόσου, καὶ ἔλεος πάντας εἰσῄει μειρακίου καλοῦ
κινδυνεύοντος ἀπολέσθαι διὰ πάθος ψυχῆς εὐφυοῦς.

15  Ἐνέστη νόμιμος ἐκκλησία. συγκαθεσθεὶς οὖν ὁ δῆμος τοῦτο    11
πρῶτον καὶ μόνον ἐβόα "καλὸς Ἑρμοκράτης, μέγας στρατηγός,
σῶζε Χαιρέαν· τοῦτο πρῶτον τῶν τροπαίων. ἡ πόλις μνηστεύε-
ται τοὺς γάμους σήμερον ἀλλήλων ἀξίων." τίς ἂν ἑρμηνεύσειε    12
τὴν ἐκκλησίαν ἐκείνην, ἧς ὁ Ἔρως ἦν δημαγωγός; ἀνὴρ δὲ φιλό-
20  πατρις Ἑρμοκράτης ἀντειπεῖν οὐκ ἐδυνήθη τῇ πόλει δεομένῃ.
κατανεύσαντος δὲ αὐτοῦ πᾶς ὁ δῆμος ἐξεπήδησε τοῦ θεάτρου,
καὶ οἱ μὲν νέοι ἀπῇεσαν ἐπὶ Χαιρέαν, ἡ βουλὴ δὲ καὶ οἱ ἄρχοντες
ἠκολούθουν Ἑρμοκράτει· παρῆσαν δὲ καὶ αἱ γυναῖκες αἱ Συρακο-    13
σίων ἐπὶ τὴν οἰκίαν νυμφαγωγῆσαι. ὑμέναιος ᾔδετο κατὰ πᾶσαν

---

24sqq. ὑμέναιος ... μύροις] Sapph. fr. 44.25–30 L.-P. πάρ[θενοι ἄειδον μέλος
ἄγγ[ον ... πάνται δ' ἧς κὰτ ὄδο[ ... μύρρα καὶ κασία λίβανός τ' ὀνεμείχνυτο
(Hectoris et Andromachae epithalamium)

---

1 ἐξεκαίετο F ut disp. Bl. (hodie legi non potest) : ἐξεκάετο F^Cob | ⟨δ'⟩ Cob.
in coll. ‖ 3 αὐτῷ Cob. in coll. : αὐτοῦ F^Cob ‖ 6 add. Her. ‖ 8 πειρᾶσθαί Bl. :
πειρᾶσαι F : πειράσαι Cob. ‖ 18 ἀξίων. Her. : ἀξίως. F : ⟨ἀξίους⟩. ἀξίως D'Or. :
ἄξιοι. Reeve (pausa post σήμερον) | ἂν ἑρμηνεύσειε D'Or. : ἀνὴρ μηνύσειε F :
ἀνὴρ ⟨ἂν⟩ μηνύσειε D'Or. : ἂν μηνύσειε Her. ‖ 24 νυμφαγωγῆσαι Sanz (cf.
5.2.2, 6.7.7, 8.3.5) : νυμφαγωγοῦσαι F : νυμφαγωγήσουσαι prop. Lami, Her.

3

τὴν πόλιν· μεσταὶ δὲ αἱ ῥῦμαι στεφάνων, λαμπάδων· ἐρραίνετο
τὰ πρόθυρα οἴνῳ καὶ μύροις. ἥδιον ταύτην τὴν ἡμέραν ἤγαγον
14  οἱ Συρακόσιοι τῆς τῶν ἐπινικίων. ἡ δὲ παρθένος οὐδὲν εἰδυῖα
τούτων ἔρριπτο ἐπὶ τῆς κοίτης ἐγκεκαλυμμένη, κλαίουσα καὶ
σιωπῶσα. προσελθοῦσα δὲ ἡ τροφὸς τῇ κλίνῃ "τέκνον" εἶπε, "δι-  5
ανίστασο, πάρεστι γὰρ ἡ εὐκταιοτάτη πᾶσιν ἡμῖν ἡμέρα· ἡ πόλις
σε νυμφαγωγεῖ."
      Τῆς δ᾽ αὐτοῦ λύτο γούνατα καὶ φίλον ἦτορ·
οὐ γὰρ ᾔδει, τίνι γαμεῖται. ἄφωνος εὐθὺς ἦν καὶ σκότος αὐτῆς
τῶν ὀφθαλμῶν κατεχύθη καὶ ὀλίγου δεῖν ἐξέπνευσεν· ἐδόκει δὲ  10
15  τοῦτο τοῖς ὁρῶσιν αἰδώς. ἐπεὶ δὲ ταχέως ἐκόσμησαν αὐτὴν αἱ
θεραπαινίδες, τὸ πλῆθος ⟨τὴν⟩ ἐπὶ τῶν θυρῶν ἀπέλιπεν· οἱ δὲ
γονεῖς τὸν νυμφίον εἰσήγαγον πρὸς τὴν παρθένον. ὁ μὲν οὖν
Χαιρέας προσδραμὼν αὐτῇ κατεφίλει, Καλλιρόη δὲ γνωρίσασα
τὸν ἐρώμενον, ὥσπερ τι λύχνου φῶς ἤδη σβεννύμενον ἐπιχυθέντος  15
16  ἐλαίου πάλιν ἀνέλαμψε καὶ μείζων ἐγένετο καὶ κρείττων. ἐπεὶ
δὲ προῆλθεν εἰς τὸ δημόσιον, θάμβος ὅλον τὸ πλῆθος κατέλαβεν,
ὥσπερ Ἀρτέμιδος ἐν ἐρημίᾳ κυνηγέταις ἐπιστάσης· πολλοὶ δὲ
τῶν παρόντων καὶ προσεκύνησαν. πάντες δὲ Καλλιρόην μὲν
ἐθαύμαζον, Χαιρέαν δὲ ἐμακάριζον. τοιοῦτον ὑμνοῦσι ποιηταὶ  20
τὸν Θέτιδος γάμον ἐν Πηλίῳ γεγονέναι. πλὴν καὶ ἐνταῦθά τις
εὑρέθη βάσκανος δαίμων, ὥσπερ ἐκεῖ φασὶ τὴν Ἔριν.

---

8 (cf. etiam 3.6.3, 4.5.9) Novies in Homeri carminibus, sed cf. praecipue
*Od.* 23.205 (Penelope Ulixem agnoscit) ‖ 9–10 (etiam 2.7.4, 3.1.3, 3.9.10,
4.5.9) σκότος ... κατεχύθη] Vid. 2.7.4

---

2 ἥδιον Cob. in coll. : ἡδεῖαν F : ἡδίω Cocchi : ἡδίονα Her. | τὴν F^Cob dub. |
ἤγαγον F : διήγαγον Cob. (sed cf. 3.7.7, 5.3.11) ‖ 6 πᾶσιν F : πασῶν Apogr.
et F^Cob non recte (in F^Cob ab E. Rostagno correctum, ut ind. Rea.) ‖ 12 addidi
(cf. 4.3.3) | ἀπέλιπεν Sanz (22 loci sing. ap. Ch.) : ἀπέλιπον F : corruptum
cens. Lucke et Schäfer ‖ 14 αὐτῇ Sanz (cf. 1.4.11, 3.6.3, 5.8.1) : αὐτὴν F ‖
15 λύχνου D'Or. : λύχου F ‖ 19–20 Καλλιρόην ... Χαιρέαν Her. : χαιρέαν ...
καλλιρρόην F : Χαιρέαν μὲν ἐθ- ... Καλλιρόην δὲ ἐμ- Pierson

Οἱ γὰρ μνηστῆρες ἀποτυχόντες τοῦ γάμου λύπην ἐλάμβανον   **2**
μετ᾽ ὀργῆς. τέως οὖν μαχόμενοι πρὸς ἀλλήλους ὡμονόησαν τότε,
διὰ δὲ τὴν ὁμόνοιαν, ὑβρίσθαι δοκοῦντες, συνῆλθον εἰς βουλευ-
τήριον κοινόν· ἐστρατολόγει δὲ αὐτοὺς ἐπὶ τὸν κατὰ Χαιρέου
5   πόλεμον ὁ Φθόνος. καὶ πρῶτος ἀναστὰς νεανίας τις Ἰταλιώτης,   **2**
υἱὸς τοῦ Ῥηγίνων τυράννου, τοιαῦτα ἔλεγεν· "εἰ μέν τις ἐξ ἡ-
μῶν ἔγημεν, οὐκ ἂν ὠργίσθην, ὥσπερ ἐν τοῖς γυμνικοῖς ἀγῶσιν
ἕνα δεῖ νικῆσαι τῶν ἀγωνισαμένων· ἐπεὶ δὲ παρευδοκίμησεν ἡ-
μᾶς ὁ μηδὲν ὑπὲρ γάμου πονήσας, οὐ φέρω τὴν ὕβριν. ἡμεῖς δὲ   **3**
10  ἐτάκημεν αὐλείοις θύραις προσαγρυπνοῦντες, καὶ κολακεύον-
τες τίτθας καὶ θεραπαινίδας καὶ δῶρα πέμποντες τροφοῖς πόσον
χρόνον δεδουλεύκαμεν; καί, τὸ πάντων χαλεπώτατον, ὡς ἀντερα-
στὰς ἀλλήλους ἐμισήσαμεν. ὁ δὲ πόρνος καὶ πένης καὶ μηδενὸς
κρείττων βασιλέων ἀγωνισαμένων αὐτὸς ἀκονιτὶ τὸν στέφανον
15  ἤρατο. ἀλλὰ ἀνόνητον αὐτῷ γενέσθω τὸ ἆθλον καὶ τὸν γάμον   **4**
θάνατον τῷ νυμφίῳ ποιήσωμεν."
Πάντες οὖν ἐπήνεσαν, μόνος δὲ ὁ Ἀκραγαντίνων τύραννος
ἀντεῖπεν. "οὐκ εὐνοίᾳ δὲ" εἶπε "τῇ πρὸς Χαιρέαν κωλύω τὴν
ἐπιβουλήν, ἀλλὰ ἀσφαλεστέρῳ τῷ λογισμῷ· μέμνησθε γὰρ ὅτι
20  Ἑρμοκράτης οὐκ ἔστιν εὐκαταφρόνητος· ὥστε ἀδύνατος ἡμῖν
πρὸς αὐτὸν ἡ ἐκ τοῦ φανεροῦ μάχη, κρείττων δὲ ἡ μετὰ τέχνης·
καὶ γὰρ τὰς τυραννίδας πανουργίᾳ μᾶλλον ἢ βίᾳ κτώμεθα. χειρο-   **5**
τονήσατέ με τοῦ πρὸς Χαιρέαν πολέμου στρατηγόν· ἐπαγγέλλο-
μαι διαλύσειν τὸν γάμον· ἐφοπλιῶ γὰρ αὐτῷ Ζηλοτυπίαν, ἥτις
25  σύμμαχον λαβοῦσα τὸν Ἔρωτα μέγα τι κακὸν διαπράξεται· Καλ-   **6**
λιρόη μὲν οὖν εὐσταθὴς καὶ ἄπειρος κακοήθους ὑποψίας, ὁ δὲ
Χαιρέας, οἷα δὴ γυμνασίοις ἐντραφεὶς καὶ νεωτερικῶν ἁμαρτη-
μάτων οὐκ ἄπειρος, δύναται ῥᾳδίως ὑποπτεύσας ἐμπεσεῖν εἰς

---

10 ἐτάκημεν Beck (cf. 2.7.4, 4.2.5) : ἐτάθημεν F : παρετάθημεν Cob. post
D'Or. : ἐτάχθημεν Molinié | προσαγρυπνοῦντες dist. Wifstrand ‖ 11 τροφοῖς
πόσον Wifstrand : τροφοῖς. π- F ‖ 13 πόρνος F : ἄπορος Praechter : μόνος
vel πτωχὸς Jakob ‖ 14 ἀκονιτὶ Rei. (cf. 4.4.1) : ἀκόντων F ‖ 23 με F : ἐμὲ
Cob. ‖ 24 διαλύσειν F sec. Rea. (iam coni. Cob) : διαλύειν F teste Bl.

ἐρωτικὴν ζηλοτυπίαν· ἔστι δὲ καὶ προσελθεῖν ἐκείνῳ ῥᾷον καὶ λαλῆσαι."

Πάντες ἔτι λέγοντος αὐτοῦ τὴν γνώμην ἐπεψηφίσαντο καὶ τὸ ἔργον ἐνεχείρισαν ὡς ἀνδρὶ πᾶν ἱκανῷ μηχανήσασθαι. τοιαύτης οὖν ἐπινοίας ἐκεῖνος ἤρξατο.                                                                    5

3    Ἑσπέρα μὲν ἦν, ἧκε δὲ ἀγγέλλων τις ὅτι Ἀρίστων ὁ πατὴρ Χαιρέου πεσὼν ἀπὸ κλίμακος ἐν ἀγρῷ πάνυ ὀλίγας ἔχει τοῦ ζῆν τὰς ἐλπίδας. ὁ δὲ Χαιρέας ἀκούσας, καίτοι φιλοπάτωρ ὤν, ὅμως ἐλυπήθη πλέον ὅτι ἔμελλεν ἀπελεύσεσθαι μόνος· οὐ γὰρ οἷόν τε
2    ἦν ἐξάγειν ἤδη τὴν κόρην. ἐν δὲ τῇ νυκτὶ ταύτῃ φανερῶς μὲν  10
οὐδεὶς ἐτόλμησεν ἐπικωμάσαι, κρύφα δὲ καὶ ἀδήλως ἐπελθόντες σημεῖα κώμου †ἦσαν† καὶ κατέλιπον· ἐστεφάνωσαν τὰ πρόθυρα, μύροις ἔρραναν, οἴνου πηλὸν ἐποίησαν, δᾷδας ἔρριψαν ἡμικαύστους.

3    Διέλαμψεν ἡμέρα, καὶ πᾶς ὁ παριὼν εἱστήκει κοινῷ τινι πολυ-  15
πραγμοσύνης πάθει· Χαιρέας δὲ τοῦ πατρὸς αὐτοῦ ῥᾷον ἐσχηκό-τος ἔσπευδε πρὸς τὴν γυναῖκα. ἰδὼν δὲ τὸν ὄχλον πρὸ τῶν θυρῶν τὸ μὲν πρῶτον ἐθαύμασεν· ἐπεὶ δὲ ἔμαθε τὴν αἰτίαν, ἐνθουσιῶν
4    εἰστρέχει· καταλαβὼν δὲ τὸν θάλαμον ἔτι κεκλεισμένον, ἤρασ-σε μετὰ σπουδῆς. ἐπεὶ δὲ ἀνέῳξεν ἡ θεραπαινίς, ἐπιπεσὼν τῇ  20
Καλλιρρόῃ τὴν ὀργὴν μετέβαλεν εἰς λύπην καὶ περιρρηξάμενος ἔκλαιε. πυνθανομένης δὲ τί γέγονεν, ἄφωνος ἦν, οὔτε ἀπιστεῖν
5    οἷς εἶδεν οὔτε πιστεύειν οἷς οὐκ ἤθελε δυνάμενος. ἀπορουμένου δὲ αὐτοῦ καὶ τρέμοντος ἡ γυνὴ μηδὲν ὑπονοοῦσα τῶν γεγονό-των ἱκέτευεν εἰπεῖν τὴν αἰτίαν τοῦ χόλου· ὁ δὲ ὑφαίμοις τοῖς  25

---

6 ἑσπέρα ... τις] (cf. 8.1.5) Dem. 18.169 (De cor.) ad litteram ‖ 15 Διέλαμψεν ἡμέρα] Fort. Ar. Pl. 744

1 ἐρωτικὴν Her. : νεωτερικὴν F ‖ 3 τὴν γνώμην F : τῇ -ῃ Her. ‖ 6 ἀγγέλλων D'Or. : ἀγγέλων F ‖ 12 κώμου ἦσαν καὶ F : κωμασάντων Jacobs : ἐκώμισαν καὶ D'Or. : κ- εἶσαν καὶ Molinié : κ- ἦραν καὶ Rei. ‖ 13 ἔρραναν edd. : ἔραναν F | οἴνου F : οἶνον Rei. ‖ 15 εἱστήκει F : fort. εἱστήκει ⟨ἐκεῖ⟩ (vid. 2.3.10), sed cum hiatu ‖ 24 ὑπονοοῦσα Rei. : ἐπινοοῦσα F ‖ 25 χόλου F (disp. Bl.)

ὀφθαλμοῖς καὶ παχεῖ τῷ φθέγματι "κλαίω" φησὶ "τὴν ἐμαυτοῦ
τύχην, ὅτι μου ταχέως ἐπελάθου," καὶ τὸν κῶμον ὠνείδισεν. ἡ     6
δὲ οἷα θυγάτηρ στρατηγοῦ καὶ φρονήματος πλήρης πρὸς τὴν
ἄδικον διαβολὴν παρωξύνθη καὶ "οὐδεὶς ἐπὶ τὴν πατρῴαν οἰκί-
5  αν ἐκώμασεν" εἶπε, "τὰ δὲ σὰ πρόθυρα συνήθη τυχόν ἐστι τοῖς
κώμοις, καὶ τὸ γεγαμηκέναι σε λυπεῖ τοὺς ἐραστάς." ταῦτα εἰ-
ποῦσα ἀπεστράφη καὶ συγκαλυψαμένη δακρύων ἀφῆκε πηγάς.
εὔκολοι δὲ τοῖς ἐρῶσιν αἱ διαλλαγαὶ καὶ πᾶσαν ἀπολογίαν ἡδέως     7
ἀλλήλων προσδέχονται. μεταβαλλόμενος οὖν ὁ Χαιρέας ἤρξατο
10  κολακεύειν, καὶ ἡ γυνὴ ταχέως αὐτοῦ τὴν μετάνοιαν ἠσπάζε-
το. ταῦτα μᾶλλον ἐξέκαυσε τὸν ἔρωτα, καὶ οἱ ἀμφοτέρων αὐτῶν
γονεῖς μακαρίους αὐτοὺς ὑπελάμβανον τὴν τῶν τέκνων ὁρῶντες
ὁμόνοιαν.
Ὁ δὲ Ἀκραγαντῖνος διαπεπτωκυίας αὐτῷ τῆς πρώτης τέχνης     4
15  ἥπτετο λοιπὸν ἐνεργεστέρας †κατασκευῆς τι τοιοῦτον.† ἦν αὐτῷ
παράσιτος στωμύλος καὶ πάσης χάριτος ὁμιλητικῆς ἔμπλεως.
τοῦτον ἐκέλευσεν ὑποκριτὴν ἔρωτος γενέσθαι. τὴν ἄβραν γὰρ
τῆς Καλλιρόης καὶ τιμιωτάτην τῶν θεραπαινίδων προσπίπτων
φίλην ἐποίει. μόλις οὖν ἐνέκειτο πλὴν ὑπηγάγετο τὴν μείρακα     2
20  μεγάλαις δωρεαῖς τῷ τε λέγειν ἀπάγξεσθαι μὴ τυχὼν τῆς ἐπι-

---

8 εὔκολοι ... διαλλαγαὶ] Latere versum comicum suspicabatur Browne ∥
15 †κατασκευῆς τι τοιοῦτον† κτλ.] In argumento, usque ad 1.4.10, non-
nulli Lysiae primam orationem (De caede Erathostenis) subesse censent, sed
auctorem incertam comoediam secutum esse veri similius mihi videtur

---

12 αὐτοὺς Rei. : αὐτοὺς F ∥ 15 κατασκευῆς F : κ- ⟨ἐπενόησε δὲ⟩ vel κ- ⟨ἐστρα-
τήγησε δὲ⟩ Her. : κ- ⟨καὶ ἐπενόησε⟩ Cob. : κατασκευάσας Lucke et Schäfer ∥
16 στωμύλος edd. : στωμῦλος F ∣ ὁμιλητικῆς Rei. : ὁμιλητικοῖς F ∥ 17 ἄβραν
Cob. : ἄβραν F ∥ 18–19 προσπίπτων φίλην ἐποίει Naber (iam π- φίλην ποιοῦ
Abresch) : π- φιλεῖν ἐ- F : π- φιλεῖν προσεποιεῖτο vel προσπίπτοντα φιλεῖν
ἐποίει D'Or. ∥ 19 οὖν ἐνέκειτο scripsi post Bernard (ἐνέκειτο) : οὖν ἔκειτο
F : οὖν ἐκεῖνος Cob. : οὖν ἐπείθετο An. Leid. : οὖν ἔπειθε vel ἔπεισε D'Or. ∥
20 τῷ τε λέγειν Rei. : ποῖ τε λέγειν F : τότε λέγων D'Or.

θυμίας. γυνὴ δὲ εὐάλωτόν ἐστιν, ὅταν ἐρᾶσθαι δοκῇ. ταῦτ᾽ οὖν
προκατασκευασάμενος ὁ δημιουργὸς τοῦ δράματος ὑποκριτὴν
ἕτερον ἐξηῦρεν, οὐκέτι ὁμοίως εὔχαριν, ἀλλὰ πανοῦργον καὶ ἀξι-
3 όπιστον λαλῆσαι. τοῦτον προδιδάξας ἃ χρὴ πράττειν καὶ λέγειν,
ὑπέπεμψεν ἀγνῶτα τῷ Χαιρέᾳ. προσελθὼν δὲ ἐκεῖνος αὐτῷ περὶ       5
τὰς παλαίστρας ἀλύοντι "κἀμοὶ" φησὶν "υἱὸς ἦν, ὦ Χαιρέα, σὸς
ἡλικιώτης, πάνυ σε θαυμάζων καὶ φιλῶν, ὅτε ἔζη. τελευτήσαν-
τος δὲ αὐτοῦ σὲ υἱὸν ἐμαυτοῦ νομίζω, καὶ γὰρ εἶ κοινὸν ἀγαθὸν
4 πάσης Σικελίας εὐτυχῶν. δὸς οὖν μοι σχολάζοντα σεαυτὸν καὶ
ἀκούσῃ μεγάλα πράγματα ὅλῳ τῷ βίῳ σου διαφέροντα."           10
Τοιούτοις ῥήμασιν ὁ μιαρὸς ἐκεῖνος ἄνθρωπος τοῦ μειρακίου
τὴν ψυχὴν ἀνακουφίσας καὶ μεστὸν ποιήσας ἐλπίδος καὶ φόβου
καὶ πολυπραγμοσύνης, δεομένου λέγειν ὤκνει καὶ προεφασίζετο
μὴ εἶναι τὸν καιρὸν ἐπιτήδειον τὸν παρόντα, δεῖσθαι δὲ ἀναβο-
5 λῆς καὶ σχολῆς μακροτέρας. ἐνέκειτο μᾶλλον ὁ Χαιρέας, ἤδη       15
τι προσδοκῶν βαρύτερον· ὁ δὲ ἐμβαλὼν αὐτῷ τὴν δεξιὰν ἀπή-
γαγεν εἴς τι χωρίον ἠρεμαῖον, εἶτα συναγαγὼν τὰς ὀφρῦς καὶ
ὅμοιος γενόμενος λυπουμένῳ, μικρὸν δέ τι καὶ δακρύσας, "ἀη-
δῶς μὲν" εἶπεν, "ὦ Χαιρέα, σκυθρωπόν σοι πρᾶγμα μηνύω καὶ
πάλαι βουλόμενος εἰπεῖν ὤκνουν· ἐπεὶ δὲ ἤδη φανερῶς ὑβρίζῃ       20
καὶ θρυλλεῖται πανταχοῦ τὸ δεινόν, οὐχ ὑπομένω σιωπᾶν· φύ-
6 σει τε γὰρ μισοπόνηρός εἰμι καὶ σοὶ μάλιστα εὔνους. γίνωσκε
τοίνυν μοιχευομένην σου τὴν γυναῖκα, καὶ ἵνα τούτῳ πιστεύσῃς,
ἕτοιμος ἐπ᾽ αὐτοφώρῳ τὸν μοιχὸν δεικνύειν."

---

1 γυνὴ ... δοκῇ] Cf. Men. fr. 250 K.-A. καὶ φύσει πως εὐάγωγόν ἐστι πᾶς
ἀνὴρ ἐρῶν ‖ 8–9 εἶ ... εὐτυχῶν] Men. fr. 765 K.-A. κοινὸν ἀγαθόν ἐστι τοῦτο,
χρηστὸς εὐτυχῶν, ⟨πόλει⟩

---

6 κἀμοὶ Jacobs : καί μοι F ‖ 9 σεαυτὸν F : σαυ- Heibges ‖ 14 δεῖσθαι Lami,
Rei. : δεῖ F, postea spatium sex vel septem litt. : δεῖν D'Or. : an δεόμενον? ‖
16 αὐτῷ D'Or. : αὐτοῦ F ‖ 16–17 ἀπήγαγεν Zankogiannes : ἀπῆγεν F ‖
18–19 ἀηδῶς F : ἀηδῶ Cob. ‖ 19 μηνύω Lami, Rei. : μηνύων F ‖ 23 τούτῳ
F, sic (cf. 1.10.7) : τοῦτο Cob. (cf. 7.4.2)

Ὣς φάτο· τὸν δ' ἄχεος νεφέλη ἐκάλυψε μέλαινα,
ἀμφοτέρῃσι δὲ χερσὶν ἑλὼν κόνιν αἰθαλόεσσαν
χεύατο κὰκ κεφαλῆς, χαρίεν δ' ᾔσχυνε πρόσωπον.

Ἐπὶ πολὺ μὲν οὖν ἀχανὴς ἔκειτο, μήτε τὸ στόμα μήτε τοὺς    7
5  ὀφθαλμοὺς ἐπᾶραι δυνάμενος· ἐπεὶ δὲ φωνὴν οὐχ ὁμοίαν μὲν
ὀλίγην δὲ συνελέξατο, "δυστυχῆ μὲν" εἶπεν "αἰτῶ παρὰ σοῦ χά-
ριν αὐτόπτης γενέσθαι τῶν ἐμῶν κακῶν· ὅμως δὲ δεῖξον, ὅπως
εὐλογώτερον ἐμαυτὸν ἀνέλω· Καλλιρόης γὰρ καὶ ἀδικούσης φεί-
σομαι." "προσποίησαι" φησὶν "ὡς εἰς ἀγρὸν ἀπιέναι, βαθείας δὲ    8
10  ἑσπέρας παραφύλαττε τὴν οἰκίαν· ὄψει γὰρ εἰσιόντα τὸν μοιχόν."

Συνέθεντο ταῦτα, καὶ ὁ μὲν Χαιρέας πέμψας (οὐ γὰρ αὐτὸς
ὑπέμεινεν οὐδὲ εἰσελθεῖν) "ἄπειμι" φησὶν "εἰς ἀγρόν·" ὁ δὲ κα-
κοήθης ἐκεῖνος καὶ διάβολος συνέταττε τὴν σκηνήν. ἑσπέρας οὖν    9
ἐπιστάσης ὁ μὲν ἐπὶ τὴν κατασκοπὴν ἦλθεν, ὁ δὲ τὴν ἄβραν τῆς
15  Καλλιρρόης διαφθείρας ἐνέβαλεν εἰς τὸν στενωπόν, ὑποκρινόμε-
νος μὲν τὸν λαθραίοις ἔργοις ἐπιχειρεῖν προαιρούμενον, πάντα
δὲ μηχανώμενος ἵνα μὴ λάθοι. κόμην εἶχε λιπαρὰν καὶ βοστρύ-
χους μύρων ἀποπνέοντας, ὀφθαλμοὺς ὑπογεγραμμένους, ἱμάτιον
μαλακόν, ὑπόδημα λεπτόν· δακτύλιοι βαρεῖς ὑπέστιλβον. εἶτα
20  πολὺ περιβλεψάμενος τῇ θύρᾳ προσῆλθε, κρούσας δὲ ἐλαφρῶς
τὸ εἰωθὸς ἔδωκε σημεῖον. ἡ δὲ θεράπαινα καὶ αὐτὴ περίφοβος    10
ἠρέμα παρανοίξασα καὶ λαβομένη τῆς χειρὸς εἰσήγαγε. ταῦτα
θεασάμενος Χαιρέας οὐκέτι κατέσχεν ἀλλὰ εἰσέδραμεν ἐπ' αὐτο-
φώρῳ τὸν μοιχὸν ἀναιρήσων. ὁ μὲν οὖν παρὰ τὴν αὔλειον θύραν    11
25  ὑποστὰς εὐθὺς ἐξῆλθεν, ἡ δὲ Καλλιρόη καθῆστο ἐπὶ τῆς κλίνης
ζητοῦσα Χαιρέαν καὶ μηδὲ λύχνον ἅψασα διὰ τὴν λύπην· ψόφου

---

1-3 (cf. 5.2.4) Hom. Il. 18.22-24

---

3 κὰκ κεφαλῆς edd. : κακκεφαλῆς F ‖ 5 οὐχ ὁμοίαν corr. D'Or. : οὐχ ὁμίαν F :
οὐκ οἰκείαν prop. D'Or. : οὐκ οὐδεμίαν Rei. ‖ 7 δεῖξον D'Or. (cf. 1.13.3, 5.8.5,
5.2.4) : δεῖξαι F ‖ 9 ὡς secl. Cob. ‖ 11 συνέθεντο Rei. (cf. 1.13.6, 2.10.8) :
συνέθετο F ‖ 14 ἄβραν Cob. : ἄβραν F ‖ 16 τὸν Rei. : τὸ F ‖ 17 λάθοι F
: λάθῃ Her. ‖ 19 βαρεῖς Rei. : βαθεῖς F ‖ 24 ἀναιρήσων F : fort. αἱρήσων
Reeve ‖ 25 καθῆστο Her. : ἐκάθητο F

δὲ ποδῶν γενομένου πρώτη τοῦ ἀνδρὸς ᾔσθετο τὴν ἀναπνοὴν καὶ
12 χαίρουσα αὐτῷ προσέδραμεν. ὁ δὲ φωνὴν μὲν οὐκ ἔσχεν ὥστε
λοιδορήσασθαι, κρατούμενος δὲ ὑπὸ τῆς ὀργῆς ἐλάκτισε προσ-
ιοῦσαν. εὐστόχως οὖν ὁ ποῦς κατὰ τοῦ διαφράγματος ἐνεχθεὶς
ἐπέσχε τῆς παιδὸς τὴν ἀναπνοήν, ἐρριμμένην δὲ αὐτὴν αἱ θερα-   5
παινίδες βαστάσασαι κατέκλιναν ἐπὶ τὴν κοίτην.

5     Καλλιρόη μὲν οὖν ἄφωνος καὶ ἄπνους ἐπέκειτο νεκρᾶς εἰκόνα
πᾶσι παρέχουσα, Φήμη δὲ ἄγγελος τοῦ πάθους καθ᾽ ὅλην τὴν
πόλιν διέτρεχεν, οἰμωγὴν ἐγείρουσα διὰ τῶν στενωπῶν ἄχρι τῆς
θαλάττης· καὶ πανταχόθεν ὁ θρῆνος ἠκούετο, καὶ τὸ πρᾶγμα ἐῴ-   10
κει πόλεως ἁλώσει. Χαιρέας δὲ ἔτι τῷ θυμῷ ζέων δι᾽ ὅλης νυκτὸς
ἀποκλείσας ἑαυτὸν ἐβασάνιζε τὰς θεραπαινίδας, πρώτην δὲ καὶ
2 τελευταίαν τὴν ἄβραν. ἔτι δὲ καιομένων καὶ τεμνομένων αὐτῶν
ἔμαθε τὴν ἀλήθειαν. τότε ἔλεος αὐτὸν εἰσῆλθε τῆς ἀποθανούσης
καὶ ἀποκτεῖναι μὲν ἑαυτὸν ἐπεθύμει, Πολύχαρμος δὲ ἐκώλυε,   15
φίλος ἐξαίρετος, τοιοῦτος οἷον Ὅμηρος ἐποίησε Πάτροκλον Ἀχιλ-
λέως. ἡμέρας δὲ γενομένης οἱ ἄρχοντες ἐκλήρουν δικαστήριον τῷ
φονεῖ, διὰ τὴν πρὸς Ἑρμοκράτην τιμὴν ἐπισπεύδοντες τὴν κρίσιν.
3 ἀλλὰ καὶ ὁ δῆμος ἅπας εἰς τὴν ἀγορὰν συνέτρεχεν, ἄλλων ἄλλα
κεκραγότων· ἐδημοκόπουν δὲ οἱ τῆς μνηστείας ἀποτυχόντες καὶ   20
ὁ Ἀκραγαντῖνος ὑπὲρ ἅπαντας, λαμπρός τε καὶ σοβαρός, οἷον δι-
4 απραξάμενος ἔργον ὃ μηδεὶς ἂν προσεδόκησε. συνέβη δὲ πρᾶγμα
καινὸν καὶ ἐν δικαστηρίῳ μηδεπώποτε πραχθέν· ῥηθείσης γὰρ
τῆς κατηγορίας ὁ φονεὺς μετρηθέντος αὐτῷ τοῦ ὕδατος ἀντὶ τῆς
ἀπολογίας αὐτοῦ κατηγόρησε πικρότερον καὶ πρῶτος τὴν κατα-   25
δικάζουσαν ψῆφον ἤνεγκεν, οὐδὲν εἰπὼν τῶν πρὸς τὴν ἀπολογίαν
δικαίων, οὐ τὴν διαβολήν, οὐ τὴν ζηλοτυπίαν, οὐ τὸ ἀκούσιον,
ἀλλὰ ἐδεῖτο πάντων "δημοσίᾳ με καταλεύσατε· ἀπεστεφάνωσα
5 τὸν δῆμον. φιλάνθρωπόν ἐστιν ἂν παραδῶτέ με δημίῳ. τοῦτο

---

1 πρώτη F : πρῶτον Jakob : secl. Her. ǁ 5 ἐρριμμένην Apogr. : ἐριμμένην F ǁ
7 ἐπέκειτο F : ἔκειτο Cob. ǁ 13 ἄβραν Cob. : ἅβραν F | ἔτι F : ἐπεὶ Cob.,
qui post ἀλήθειαν virgula dist. ǁ 23 μηδεπώποτε D'Or. : μὴ δὲ πώποτε F ǁ
25 αὐτοῦ D'Or. : αὑτοῦ F

ὤφειλον παθεῖν, εἰ καὶ θεραπαινίδα Ἑρμοκράτους ἀπέκτεινα.
τρόπον ζητήσατε κολάσεως ἀπόρρητον. χείρονα δέδρακα ἱεροσύ-
λων καὶ πατροκτόνων. μὴ θάψητέ με, μὴ μιάνητε τὴν γῆν, ἀλλὰ
τὸ ἀσεβὲς καταποντώσατε σῶμα."

5   Ταῦτα λέγοντος θρῆνος ἐξερράγη, καὶ πάντες ἀφέντες τὴν     6
νεκρὰν τὸν ζῶντα ἐπένθουν. Ἑρμοκράτης συνηγόρησε Χαιρέᾳ
πρῶτος. "ἐγὼ" φησὶν "ἐπίσταμαι τὸ συμβὰν ἀκούσιον. βλέπω
τοὺς ἐπιβουλεύοντας ἡμῖν. οὐκ ἐφησθήσονται δυσὶ νεκροῖς, οὐ-
δὲ λυπήσω τεθνεῶσαν τὴν θυγατέρα. ἤκουσα λεγούσης αὐτῆς     7
10  πολλάκις ὅτι αὐτῆς μᾶλλον θέλει Χαιρέαν ζῆν. παύσαντες οὖν
τὸ περισσὸν δικαστήριον ἐπὶ τὸν ἀναγκαῖον ἀπίωμεν τάφον. μὴ
παραδῶμεν χρόνῳ τὴν νεκράν, μηδὲ ἄμορφον τῇ παρολκῇ ποιή-
σωμεν τὸ σῶμα. θάψωμεν Καλλιρόην ἔτι καλήν."
Οἱ μὲν οὖν δικασταὶ τὴν ἀπολύουσαν ψῆφον ἔθεσαν, Χαιρέ-     6
15  ας δὲ οὐκ ἀπέλυεν ἑαυτόν, ἀλλ' ἐπεθύμει θανάτου καὶ πάσας
ὁδοὺς ἐμηχανᾶτο τῆς τελευτῆς. Πολύχαρμος δὲ ὁρῶν ἄλλως ἀ-
δύνατον ἑαυτῷ τὴν σωτηρίαν "προδότα" φησὶ "τῆς νεκρᾶς, οὐδὲ
θάψαι Καλλιρόην περιμένεις; ἀλλοτρίαις χερσὶ τὸ σῶμα πιστεύ-
εις; καιρός ἐστί σοι νῦν ἐνταφίων ἐπιμελεῖσθαι πολυτελείας καὶ
20  τὴν ἐκκομιδὴν κατασκευάσαι βασιλικήν." ἔπεισεν οὗτος ὁ λόγος·     2
ἐνέβαλε γὰρ φιλοτιμίαν καὶ φροντίδα. τίς ἂν οὖν ἀπαγγεῖλαι δύ-
ναιτο κατ' ἀξίαν τὴν ἐκκομιδὴν ἐκείνην; κατέκειτο μὲν Καλλιρόη
νυμφικὴν ἐσθῆτα περικειμένη καὶ ἐπὶ χρυσηλάτου κλίνης μείζων
τε καὶ κρείττων, ὥστε πάντες εἴκαζον αὐτὴν Ἀριάδνῃ καθευδού-
25  σῃ. προῆεσαν δὲ τῆς κλίνης πρῶτοι μὲν οἱ Συρακοσίων ἱππεῖς     3
αὐτοῖς ἵπποις κεκοσμημένοι· μετὰ τούτους ὁπλῖται φέροντες ση-
μεῖα τῶν Ἑρμοκράτους τροπαίων· εἶτα ἡ βουλὴ καὶ ἐν μέσῳ τῷ
δήμῳ πά⟨ντες οἱ ἄρχο⟩ντες Ἑρμοκράτην δορυφοροῦντες. ἐφέρε-

---

3 θάψητέ corr. Beck : θάψετε F ‖ 7 post ἀκούσιον, ὃν add. Cob. ‖ 10 αὐτῆς
D'Or. : αὐτῆς F ‖ 14 ἔθεσαν F : an ἤνεγκαν? (quater ap. Ch., 1.5.4, etc.) ‖
17 ἑαυτῶ F (sic) : αὐτῷ Rea. ‖ 28 add. Goold post Lucke et Schäfer (⟨οἱ
ἄρχοντες⟩ πάντες) : πάντες ⟨οἱ⟩ Her. : ὁ δῆμος, pro τῷ δήμῳ Bl.

το δὲ καὶ Ἄριστων ἔτι νοσῶν, θυγατέρα καὶ κυρίαν Καλλιρόην
ἀποκαλῶν. ἐπὶ τούτοις αἱ γυναῖκες τῶν πολιτῶν μελανείμονες·
4 εἶτα πλοῦτος ἐνταφίων βασιλικός· πρῶτος μὲν ὁ τῆς φερνῆς χρυ-
σός τε καὶ ἄργυρος, ἐσθήτων κάλλος καὶ κόσμος (συνέπεμψε δὴ
Ἑρμοκράτης πολλὰ ἐκ τῶν λαφύρων), συγγενῶν τε δωρεαὶ καὶ 5
φίλων. τελευταῖος ⟨δ᾽⟩ ἐπηκολούθησεν ὁ Χαιρέου πλοῦτος· ἐπε-
θύμει γάρ, εἰ δυνατὸν ἦν, πᾶσαν τὴν οὐσίαν συγκαταφλέξαι τῇ
5 γυναικί. ἔφερον δὲ τὴν κλίνην οἱ Συρακοσίων ἔφηβοι, καὶ ἐπη-
κολούθει τὸ πλῆθος. τούτων δὲ θρηνούντων μάλιστα Χαιρέας
ἠκούετο. ἦν δὲ τάφος μεγαλοπρεπὴς Ἑρμοκράτους πλησίον τῆς 10
θαλάσσης, ὥστε καὶ τοῖς πόρρωθεν πλέουσι περίβλεπτος εἶναι·
τοῦτον ὥσπερ θησαυρὸν ἐπλήρωσεν ἡ τῶν ἐνταφίων πολυτέλεια.
τὸ δὲ δοκοῦν εἰς τιμὴν τῆς νεκρᾶς γεγονέναι μειζόνων πραγμά-
των ἐκίνησεν ἀρχήν.

7 Θήρων γάρ τις ἦν, πανοῦργος ἄνθρωπος, ἐκ Λυκίας πλέων τὴν 15
θάλασσαν καὶ λῃστὰς ἔχων ὑφορμοῦντας τοῖς λιμέσιν, ὀνόματι
πορθμείου πειρατήριον συγκροτῶν. οὗτος τῇ ἐκκομιδῇ παρατυ-
χὼν ἐπωφθάλμισε τῷ χρυσῷ καὶ νύκτωρ κατακλινεὶς οὐκ ἐκοι-
μᾶτο λέγων πρὸς ἑαυτὸν "ἀλλὰ ἐγὼ κινδυνεύω μαχόμενος τῇ
θαλάσσῃ καὶ τοὺς ζῶντας ἀποκτείνων ἕνεκα λημμάτων μικρῶν, 20
ἐξὸν πλουτῆσαι παρὰ μιᾶς νεκρᾶς; ἀνερρίφθω κύβος· οὐκ ἀφήσω
2 τὸ κέρδος. τίνας δ᾽ οὖν ἐπὶ τὴν πρᾶξιν στρατολογήσω; σκέψαι,
Θήρων, τίς ἐπιτήδειος ὧν οἶδας. Ζηνοφάνης ὁ Θούριος; συνετὸς
μὲν ἀλλὰ δειλός. Μένων ὁ Μεσσήνιος; τολμηρὸς μὲν ἀλλὰ προδό-

---

21 ἀνερρίφθω κύβος] Men. fr. 64.4 K.-A. ad litteram

1 ante κυρίαν, καὶ del. Dawe (sed cf. 2.7.2) ‖ 3 φερνῆς edd. : φέρνης F ‖
4 δὴ Borgogno : δὲ F ‖ 6 add. Cob. ‖ 9 τούτων F : πάντων Her. ‖ 10 ἑρ-
μοκράτους F : fort. Ἑρμοκράτει (cf. 5.1.8) ‖ 11 περίβλεπτος F, ν super ς
exarato ‖ 15 ἐκ Λυκίας Sanz (cf. 1.13.9) : ἐξ ἀδικίας F : ἐκ Κιλικίας prop.
Bl. ‖ 16 λῃστὰς F : ⟨συλ⟩λῃστὰς Her. (cf. 3.3.12) ‖ λιμέσιν, ὀνόματι dist.
Cob. : pausam ante πειρατήριον F ‖ 16–17 ὀνόματι πορθμείου Rei. : ὄνομα
πορθμίου F ‖ 18 κατακλινεὶς Cob. : κατὰ κλίνης F ‖ 23 οἶδας D'Or. : οἶδα
F ‖ 24 Μεσσήνιος Her. : μεσήνιος F

της." ἐπεξιὼν δὲ τῷ λογισμῷ καθέκαστον ὥσπερ ἀργυρογνώμων,   3
πολλοὺς ἀποδοκιμάσας, ὅμως ἔδοξέ τινας ἐπιτηδείους. ἔωθεν
οὖν διατρέχων εἰς τὸν λιμένα, ἕκαστον αὐτῶν ἀνεζήτει. εὖρε δὲ
ἐνίους μὲν ἐν πορνείοις, οὓς δ᾽ ἐν καπηλείοις, οἰκεῖον στρατὸν
5  τοιούτῳ στρατηγῷ. φήσας οὖν ἔχειν τι διαλεχθῆναι πρὸς αὐτοὺς   4
ἀναγκαῖον, κατόπιν τοῦ λιμένος ἀπήγαγε καὶ τούτων ἤρξατο τῶν
λόγων· "ἐγὼ θησαυρὸν εὑρὼν ὑμᾶς κοινωνοὺς εἱλόμην ἐξ ἀπάν-
των· οὐ γάρ ἐστιν ἑνὸς τὸ κέρδος, οὐδὲ πόνου πολλοῦ δεόμενον,
ἀλλὰ μία νὺξ δύναται ποιῆσαι πάντας ἡμᾶς πλουσίους. οὐκ ἄπει-   5
10 ροι δ᾽ ἐσμὲν τοιούτων ἐπιτηδευμάτων, ἃ παρὰ μὲν τοῖς ἀνοήτοις
ἀνθρώποις ἔχει διαβολήν, ὠφέλειαν δὲ τοῖς φρονίμοις δίδωσι."
συνῆκαν εὐθὺς ὅτι λῃστείαν ἢ τυμβωρυχίαν ἢ ἱεροσυλίαν καταγ-
γέλλει, καὶ "παῦσαι" ἔφασαν "τοὺς πεπεισμένους ἤδη ⟨πείθων⟩
καὶ μόνον μήνυε τὴν πρᾶξιν, καὶ τὸν καιρὸν μὴ παραπολλύω-
15 μεν." ὁ δὲ Θήρων ἔνθεν ἑλὼν "ἑωράκατε" φησὶ "⟨τὸν⟩ χρυσὸν   6
καὶ ἄργυρον τῆς νεκρᾶς. οὗτος ἡμῶν τῶν ζώντων δικαιότερον
γένοιτ᾽ ἄν. δοκεῖ δή μοι νυκτὸς ἀνοῖξαι τὸν τάφον, εἶ⟨τα πάν⟩τα
ἐνθεμένους τῷ κέλητι, πλεύσαντας ὅποι ποτ᾽ ἂν φέρῃ τὸ πνεῦμα
διαπωλῆσαι τὸν φόρτον ἐπὶ ξένης." ἤρεσε. "νῦν μὲν οὖν" φησὶ
20 "τρέπεσθε ἐπὶ τὰς συνήθεις διατριβάς· βαθείας δὲ ἑσπέρας ἕκα-
στος ἐπὶ τὸν κέλητα κατίτω κομίζων οἰκοδομικὸν ὄργανον."
Οὗτοι μὲν δὴ ταῦτα ἔπραττον· τὰ δὲ περὶ Καλλιρόην δευτέραν   8
ἄλλην ἐλάμβανε παλιγγενεσίαν, καί τινος ἀφέσεως ταῖς ἀπολη-

---

15 (cf. etiam 5.7.10, 8.7.9) ἔνθεν ἑλὼν] Hom. *Od.* 8.500, 14.74

---

2 ὅμως F : ὀλίγους Schmidt ‖ 4 οὓς F : τοὺς Cob. : fort. ἐνίους Her. ‖ 13 ἔ-
φασαν Hirschig : ἔφησαν F | τοὺς πεπεισμένους F : ὡς πεπεισμένους Abre-
sch : ὡς πεπεισμένων Hirschig | add. Cob. (cf. 3.1.5) : post ἔφασαν Her. :
⟨ἀναπείθων⟩ post ἔφασαν Bl. ‖ 14 καὶ τὸν F : ἵνα τὸν Naber ‖ 15 add. Her. ‖
16 δικαιότερον Cob. : δικαιότερος F ‖ 17 add. Sanz (cf. 3.4.14) ‖ 22–23 δευ-
τέραν ἄλλην F, suspectum : δεινοτέραν ἄλλην Bl. : del. Cob. : [δ-] ἄλλην
Rea. : an δ- ἄλλως? ‖ 23 ἀφέσεως Zimm. : αἱρέσεως F : ἀνέσεως D᾽Or. ‖
23sq. ἀποληφθείσαις Abresch : ἀπολειφθείσαις F

φθείσαις ἀναπνοαῖς ἐκ τῆς ἀσιτίας ἐγγενομένης, μόγις καὶ κατ᾽
ὀλίγον ἀνέπνευσεν· ἔπειτα κινεῖν ἤρξατο κατὰ μέλη τὸ σῶμα,
διανοίγουσα δὲ τοὺς ὀφθαλμοὺς αἴσθησιν ἐλάμβανεν ἐγειρομένης
2 ἐξ ὕπνου καὶ ὡς συγκαθεύδοντα Χαιρέαν ἐκάλεσεν. ἐπεὶ δὲ οὔτε
ὁ ἀνὴρ οὔτε αἱ θεραπαινίδες ἤκουον, πάντα δὲ ἦν ἐρημία καὶ     5
σκότος, φρίκη καὶ τρόμος τὴν παῖδα κατελάμβανεν οὐ δυναμέ-
νην τῷ λογισμῷ συμβαλεῖν τὴν ἀλήθειαν. μόλις δὲ ἀνεγειρομένη
στεφάνων προσήψατο καὶ ταινιῶν· ψόφον ἐποίει χρυσοῦ τε καὶ
3 ἀργύρου· πολλὴ δὲ ἦν ἀρωμάτων ὀσμή. τότ᾽ οὖν ἀνεμνήσθη τοῦ
λακτίσματος καὶ τοῦ δι᾽ ἐκεῖνο πτώματος, μόγις δὲ ⟨πρῶτον⟩     10
ἐκ τῆς ἀγωνίας ἐνόησε τάφον. ἔρρηξεν οὖν φωνήν, ὅσην ἐδύνα-
το, "ζῶ" ⟨βοῶ⟩σα καὶ "βοηθεῖτε." ἐπεὶ δὲ πολλάκις αὐτῆς κε-
κραγυίας οὐδὲν ἐγίνετο πλέον, ἀπήλπισεν ἔτι τὴν σωτηρίαν καὶ
ἐνθεῖσα τοῖς γόνασι τὴν κεφαλὴν ἐθρήνει λέγουσα "οἴμοι τῶν
κακῶν· ζῶσα κατώρυγμαι μηδὲν ἀδικοῦσα καὶ ἀποθνήσκω θάνα-     15
4 τον μακρόν. ὑγιαίνουσάν με πενθοῦσι. τίνα τις ἄγγελον πέμψει;
ἄδικε Χαιρέα, μέμφομαί σε οὐχ ὅτι με ἀπέκτεινας, ἀλλ᾽ ὅτι με
ἔσπευσας ἐκβαλεῖν τῆς οἰκίας. οὐκ ἔδει σε ταχέως θάψαι Καλλι-
ρόην οὐδ᾽ ἀληθῶς ἀποθανοῦσαν. ἀλλ᾽ ἤδη τάχα τι βουλεύῃ περὶ
γάμου."     20
9 Κἀκείνη μὲν ἐν ποικίλοις ἦν ὀδυρμοῖς· ὁ δὲ Θήρων φυλάξας
αὐτὸ τὸ μεσονύκτιον ἀφοφητὶ προσήει τῷ τάφῳ, κούφως ταῖς
κώπαις ἁπτόμενος τῆς θαλάσσης. ἐκβαίνων δὲ πρῶτος ἐπέταξε
2 τὴν ὑπηρεσίαν ⟨τὸν τρόπον⟩ τοῦτον. τέσσαρας μὲν ἀπέστειλεν ἐ-

---

1 μόγις F : μόλις Her. ‖ 5 ἐρημία Lami, Her. : ἔρημα F ‖ 8 post ταινιῶν, καὶ
add. Her. ‖ 9 ὀσμή corr. edd. ex ὀδμή Rei. : εὐνή F : εὐωδία Her. ‖ 10 μόγις
F : μόλις Her. | δὲ Bl. : τε F | ⟨πρῶτον⟩ scripsi : τὸν F : καὶ Bl. : τὸν ante τάφον
transp. Rei. ‖ 11 ἀγωνίας F : ἀφωνίας Jackson : ἀγνοίας Schmidt ‖ 12 ζῶ
⟨βοῶ⟩σα, καὶ Hilberg : ζῶσα καὶ F : post ζῶσα lac. stat. Jackson (e. g. ζῶσα⟨ν
ἐθάψατε· ζώσῃ⟩) : ζῶσα ⟨κατώρυγμαι⟩ Rei. : ζῶ. σώσατε καὶ D'Or. ‖ 16 τις
Cob. : τίς F | πέμψει F : πέμψῃ Zankogiannes ‖ 20 ante γάμου, ἄλλου add.
Naber : post γάμου, ἄλλου vel καινοῦ Schmidt ‖ 23 ἐκβαίνων Rei. : ἐμβαίνων
F | πρῶτος Her. : πρῶτον F ‖ 24 lac. suppl. Salvini : spatium 11–12 litt. in F

πὶ κατασκοπήν, εἴ τινες προσίοιεν εἰς τὸν τόπον, εἰ μὲν δύναιντο,
φονεύειν, εἰ δὲ μή, συνθήματι μηνύειν τὴν ἄφιξιν αὐτῶν· πέμ-
πτος δὲ αὐτὸς προσῄει τῷ τάφῳ. τοὺς δὲ λοιποὺς (ἦσαν γὰρ οἱ
σύμπαντες ἑκκαίδεκα) μένειν ἐπὶ τοῦ κέλητος ἐκέλευσε καὶ τὰς
5   κώπας ἔχειν ἐπτερωμένας, ἵνα, ἐάν τι αἰφνίδιον συμβαίνῃ, τα-
χέως τοὺς ἀπὸ γῆς ἁρπάσαντες ἀποπλεύσωσιν. ἐπεὶ δὲ μοχλοὶ     3
προσηνέχθησαν καὶ σφοδροτέρᾳ πληγῇ πρὸς τὴν ἀνάρρηξιν τοῦ
τάφου, τὴν Καλλιρόην κατελάμβανεν ὁμοῦ πάντα, φόβος, χαρά,
λύπη, θαυμασμός, ἐλπίς, ἀπιστία. "πόθεν ὁ ψόφος; ἆρά τις δαί-
10  μων κατὰ νόμον κοινὸν τῶν ἀποθνησκόντων ἐπ' ἐμὲ παραγίνεται
τὴν ἀθλίαν; ἢ ψόφος οὐκ ἔστιν, ἀλλὰ φωνὴ καλούντων με τῶν
ὑποχθονίων πρὸς αὐτούς; τυμβωρύχους μᾶλλον εἰκὸς εἶναι· καὶ
γὰρ τοῦτό μου ταῖς συμφοραῖς προσετέθη, πλοῦτος ἄχρηστος
νεκρῷ." ταῦτα ἔτι λογιζομένης αὐτῆς προύβαλε τὴν κεφαλὴν ὁ     4
15  λῃστὴς καὶ κατὰ μικρὸν εἰσεδύετο. Καλλιρόη δὲ αὐτῷ προσέπε-
σε, βουλομένη δεηθῆναι· κἀκεῖνος φοβηθεὶς ἐξεπήδησε, τρέμων
δὲ πρὸς τοὺς ἑταίρους ἐφθέγξατο "φεύγωμεν ἐντεῦθεν· δαίμων
γάρ τις φυλάττει τὰ ἔνδον καὶ εἰσελθεῖν ἡμῖν οὐκ ἐπιτρέπει."
κατεγέλασε Θήρων, δειλὸν εἰπὼν καὶ νεκρότερον τῆς τεθνεώ-       5
20  σης, εἶτα ἐκέλευσεν ἄλλον εἰσελθεῖν. ἐπεὶ δὲ οὐδεὶς ὑπέμενεν,
αὐτὸς εἰσῆλθε προβαλλόμενος τὸ ξίφος. λάμψαντος δὲ τοῦ σιδή-
ρου, δείσασα ἡ Καλλιρόη μὴ φονευθῇ, πρὸς τὴν γωνίαν ἐξέτεινεν
ἑαυτὴν κἀκεῖθεν ἱκέτευε, λεπτὴν ἀφεῖσα φωνήν, "ἐλέησον, ὅστις
ποτ' εἶ, τὴν οὐκ ἐλεηθεῖσαν ὑπὸ ἀνδρὸς οὐδὲ γονέων· μὴ ἀπο-
25  κτείνῃς ἣν σέσωκας." μᾶλλον ἐθάρρησεν ὁ Θήρων καὶ οἷα δεινὸς    6

1 post κατασκοπήν, ⟨καὶ⟩ Dawe (vel post τόπον) : ⟨κελεύσας⟩ Borgogno ‖
3 post λοιποὺς, ἑπτὰ (i. e. ζ') add. Cob., fort. recte ‖ 12 αὐτούς D'Or. : αὐτούς
F ‖ 13 προσετέθη, dist. Wifstrand : προσετέθη· F ‖ 15–16 προσέπεσε Her. :
προσπέσασα F : προσπεσοῦσα Cob. : προσπεσοῦσα ⟨τὰς χεῖρας ὤρεγε⟩ Jack-
son ‖ 20 ὑπέμενεν Abresch (cf. 1.4.8. etc.) : ἐπέμενεν F ‖ 23 ἑαυτὴν F : αὑ-
Heibges | ἀφεῖσα F : ἀφιεῖσα Her., fort. recte ‖ 25 σέσωκας. μᾶλλον dist.
Hirschig : post μᾶλλον F | ἐθάρρησεν Her. : ἐθάρσησεν F (nusquam ap. Ch.)

ἀνὴρ ἐνόησε τὴν ἀλήθειαν· ἔστη δὲ σύννους καὶ τὸ μὲν πρῶτον
ἐβουλεύσατο κτεῖναι τὴν γυναῖκα, νομίζων ἐμπόδιον ἔσεσθαι τῆς
ὅλης πράξεως· ταχεῖα δὲ διὰ τὸ κέρδος ἐγένετο μετάνοια καὶ
πρὸς αὑτὸν εἶπεν "ἔστω καὶ αὐτὴ τῶν ἐνταφίων μέρος· πολὺς
μὲν ἄργυρος ἐνταῦθα, πολὺς δὲ χρυσός, τούτων δὲ πάντων τὸ τῆς    5
7  γυναικὸς τιμιώτερον κάλλος." λαβόμενος οὖν τῆς χειρὸς ἐξήγα-
γεν αὐτήν, εἶτα καλέσας τὸν συνεργὸν "ἰδού" φησὶν "ὁ δαίμων
ὃν ἐφοβοῦ· καλός γε λῃστὴς φοβηθεὶς καὶ γυναῖκα. σὺ μὲν οὖν
φύλαττε ταύτην· θέλω γὰρ αὐτὴν ἀποδοῦναι τοῖς γονεῦσιν· ἡμεῖς
δὲ ἐκφέρωμεν τὰ ἔνδον ἀποκείμενα, μηκέτι μηδὲ τῆς νεκρᾶς αὐ-   10
τὰ τηρούσης."
10  Ἐπεὶ δὲ ἐνέπλησαν τὸν κέλητα τῶν λαφύρων, ἐκέλευσεν ὁ
Θήρων τὸν φύλακα μικρὸν ἀποστῆναι μετὰ τῆς γυναικός· εἶτα
βουλὴν προέθηκε περὶ αὐτῆς. ἐγένοντο δὲ αἱ γνῶμαι διάφοροι
2  καὶ ἀλλήλαις ὑπεναντίαι. πρῶτος γάρ τις εἶπεν "ἐφ' ἕτερα μὲν   15
ἤλθομεν, ὦ συστρατιῶται, βέλτιον δὲ τὸ παρὰ τῆς Τύχης ἀποβέ-
βηκε· χρησώμεθα αὐτῷ· δυνάμεθα γὰρ ἀκινδύνως ⟨ἔργον⟩ εἰργά-
σθαι. δοκεῖ δή μοι τὰ μὲν ἐντάφια κατὰ χώραν ἐᾶν, ἀποδοῦναι
δὲ τὴν Καλλιρόην ἀνδρὶ καὶ πατρί, φήσαντας ὅτι προσωρμίσθη-
μεν τῷ τάφῳ κατὰ συνήθειαν ἁλιευτικήν, ἀκούσαντες δὲ φωνὴν   20
ἠνοίξαμεν κατὰ φιλανθρωπίαν, ἵνα σώσωμεν τὴν ἔνδον ἀποκε-
3  κλεισμένην. ὁρκίσωμεν δὲ τὴν γυναῖκα πάντα ἡμῖν μαρτυρεῖν.
ἡδέως δὲ ποιήσει χάριν ὀφείλουσα τοῖς εὐεργέταις δι' ὧν ἐσώ-
θη. πόσης οἴεσθε χαρᾶς ἐμπλήσομεν τὴν ὅλην Σικελίαν; πόσας
ληψόμεθα δωρεάς; ἅμα δὲ καὶ πρὸς ἀνθρώπους δίκαια καὶ πρὸς   25
θεοὺς ὅσια ταῦτα ποιήσομεν."
4  Ἔτι δὲ αὐτοῦ λέγοντος ἕτερος ἀντεῖπεν "ἄκαιρε καὶ ἀνόητε,
νῦν ἡμᾶς κελεύεις φιλοσοφεῖν; ἆρά γε τὸ τυμβωρυχεῖν ἡμᾶς ἐ-

---

8–9 σὺ ... φύλαττε Her. : ὑμεῖς ... φυλάττετε F ‖ 14 προέθηκε Rei. : προσ-
έθηκε F ‖ 17–18 ⟨ἔργον⟩ εἰργάσθαι scripsi (cf. X.E. 3.8.2, A.T. 7.4.2, L.
4.7.5) : εἰργάσθαι F : ἐργάσασθαι Reeve post Schmidt (⟨τι⟩ ἐργάσασθαι vel
⟨τι⟩ κτᾶσθαι) : ἀργυρίσασθαι Naber ‖ 20 τάφῳ F : τόπῳ Her.

ποίησε χρηστούς; ἐλεήσομεν ἣν οὐκ ἠλέησεν ἴδιος ἀνὴρ ἀλλὰ
ἀπέκτεινεν; οὐδὲν γὰρ ἠδίκηκεν ἡμᾶς· ἀλλὰ ἀδικήσει τὰ μέγι-
στα. πρῶτον μὲν γάρ, ἂν ἀποδῶμεν αὐτὴν τοῖς προσήκουσιν,      5
ἄδηλον ἦν ἕξουσι γνώμην περὶ τοῦ γεγονότος, καὶ ἀδύνατον μὴ ὑ-
5    ποπτευθῆναι τὴν αἰτίαν δι’ ἣν ἤλθομεν ἐπὶ τὸν τάφον. ἐὰν δὲ καὶ
χαρίσωνται τὴν τιμωρίαν ἡμῖν οἱ τῆς γυναικὸς συγγενεῖς, ἀλλ’ οἱ
ἄρχοντες καὶ ὁ δῆμος αὐτὸς οὐκ ἀφήσει τυμβωρύχους ἄγοντας
καθ’ αὑτῶν τὸ φορτίον· τάχα δέ τις ἐρεῖ λυσιτελέστερον εἶναι      6
πωλῆσαι τὴν γυναῖκα· τιμὴν γὰρ εὑρήσει διὰ τὸ κάλλος. ἔχει
10   δὲ καὶ τοῦτο κίνδυνον. ὁ μὲν γὰρ χρυσὸς οὐκ ἔχει φωνήν, οὐδὲ ὁ
ἄργυρος ἐρεῖ πόθεν αὐτὸν εἰλήφαμεν. ἔξεστιν ἐπὶ τούτοις πλά-
σασθαι καὶ διήγημα. φορτίον δὲ ἔχον ὀφθαλμούς τε καὶ ὦτα καὶ      7
γλῶσσαν τίς ἂν ἀποκρύψαι δύναιτο; καὶ γὰρ οὐδὲ ἀνθρώπινον τὸ
κάλλος, ἵνα λάθωμεν. ὅτι ‘δούλην’ ἐροῦμεν; τίς αὐτὴν ἰδὼν τούτῳ
15   πιστεύσει; φονεύσωμεν οὖν αὐτὴν ἐνθάδε, καὶ μὴ περιάγωμεν
καθ’ αὑτῶν τὸν κατήγορον.”
     Πολλῶν δὲ τούτοις συντιθεμένων οὐδετέρα γνώμη Θήρων ἐ-      8
πεψήφισε. “σὺ μὲν γὰρ” εἶπε “κίνδυνον ἐπάγεις, σὺ δὲ κέρδος
ἀπολλύεις. ἐγὼ δὲ ἀποδώσομαι τὴν γυναῖκα μᾶλλον ἢ ἀπολέσω·
20   πωλουμένη μὲν γὰρ σιγήσει διὰ τὸν φόβον, πραθεῖσα δὲ κατηγο-
ρείτω τῶν μὴ παρόντων. οὐδὲ γὰρ ἀκίνδυνον βίον ζῶμεν. ἀλλ’
ἐμβαίνετε· πλέωμεν· ἤδη γάρ ἐστι πρὸς ἡμέραν.”
     Ἀναχθεῖσα δὲ ἡ ναῦς ἐφέρετο λαμπρῶς. οὐδὲ γὰρ ἐβιάζοντο      11
πρὸς κῦμα καὶ πνεῦμα τῷ μὴ προκεῖσθαί τινα πλοῦν ἴδιον αὐ-
25   τοῖς, ἀλλ’ ἅπας ἄνεμος οὔριος αὐτοῖς ἐδόκει καὶ κατὰ πρύμναν
εἱστήκει. Καλλιρόην δὲ παρεμυθεῖτο Θήρων, ποικίλαις ἐπινοίαις

---

8 καθ’ αὑτῶν Cob. (iam D’Or. dubit.), cf. 1.10.7 : κατ’ αὐτῶν F | φορτίον F :
fort. φώριον D’Or. (cf. 4.5.5) ‖ 9 εὑρήσει F : -σειν Cob. ‖ 14 λάθωμεν ...
ἐροῦμεν; dist. edd. : nulla pausa post λάθωμεν F | ὅτι F : ὅτε Rei. | τούτῳ F
(sic) : τοῦτο Cob. ‖ 16 τὸν F : τὴν Her. ‖ 17 οὐδετέρᾳ γνώμῃ F (sic) : -ραν
-μην Bl. ‖ 21 ante οὐδὲ lac. ind. Cob. | οὐδὲ ... ζῶμεν del. Her. : post φορτίον
(lin. 8) transp. Bl.

2   πειρώμενος ἀπατᾶν. ἐκείνη δὲ ἠσθάνετο ⟨μὲν⟩ τὰ καθ᾽ ἑαυτὴν
καὶ ὅτι ἄλλως ἐσώθη· προσεποιεῖτο δὲ μὴ νοεῖν, ἀλλὰ πιστεύειν,
δεδοικυῖα μὴ ἄρα καὶ ἀνέλωσιν αὐτὴν ὡς ὀργιζομένην. εἰποῦ-
σα δὲ μὴ φέρειν τὴν θάλασσαν, ἐγκαλυψαμένη καὶ δακρύσασα
"σὺ μὲν" ἔφη, "πάτερ, ἐν ταύτῃ τῇ θαλάσσῃ τριακοσίας ναῦς   5
Ἀθηναίων κατεναυμάχησας, ἥρπασε δέ σου τὴν θυγατέρα κέλης
3   μικρὸς καὶ οὐδέν μοι βοηθεῖς. ἐπὶ ξένην ἄγομαι γῆν καὶ δουλεύ-
ειν με δεῖ τὴν εὐγενῆ· τάχα δὲ ἀγοράσει τις τὴν Ἑρμοκράτους
θυγατέρα δεσπότης Ἀθηναῖος. πόσῳ μοι κρεῖττον ἦν ἐν τάφῳ
κεῖσθαι νεκράν· πάντως ἂν μετ᾽ ἐμοῦ Χαιρέας ἐκηδεύθη· νῦν δὲ   10
καὶ ζῶντες καὶ ἀποθανόντες διεζεύχθημεν."
4   Ἡ μὲν οὖν ἐν τοιούτοις ἦν ὀδυρμοῖς, οἱ δὲ λῃσταὶ νήσους μικρὰς
καὶ πόλεις παρέπλεον· οὐ γὰρ ἦν τὰ φορτία πενήτων, ἐζήτουν δὲ
πλουσίους ἄνδρας. ὡρμίσαντο δὴ καταντικρὺ τῆς Ἀττικῆς ὑπό
τινα χηλήν· πηγὴ δὲ ἦν αὐτόθι πολλοῦ καὶ καθαροῦ νάματος καὶ   15
5   λειμὼν εὐφυής. ἔνθα τὴν Καλλιρόην προαγαγόντες φαιδρύνα-
σθαι καὶ ἀναπαύσασθαι κατὰ μικρὸν ἀπὸ τῆς θαλάσσης ἠξίωσαν,
διασῴζειν θέλοντες αὐτῆς τὸ κάλλος· μόνοι δὲ ἐβουλεύοντο ὅποι
χρὴ τὸν στόλον ὁρμῆσαι. καί τις εἶπεν "Ἀθῆναι πλησίον, μεγά-
λη καὶ εὐδαίμων πόλις. ἐκεῖ πλῆθος μὲν ἐμπόρων εὑρήσομεν,   20
πλῆθος δὲ πλουσίων. ὥσπερ γὰρ ἐν ἀγορᾷ τοὺς ἄνδρας οὕτως ἐν
6   Ἀθήναις τὰς πόλεις ἔστιν ἰδεῖν." ἐδόκει δὴ πᾶσι καταπλεῖν εἰς
Ἀθήνας, οὐκ ἤρεσκε δὲ Θήρωνι τῆς πόλεως ἡ περιεργία· "μόνοι
γὰρ ὑμεῖς οὐκ ἀκούετε τὴν πολυπραγμοσύνην τῶν Ἀθηναίων; δῆ-
μός ἐστι λάλος καὶ φιλόδικος, ἐν δὲ τῷ λιμένι μυρίοι συκοφάνται   25
πεύσονται τίνες ἐσμὲν καὶ πόθεν ταῦτα φέρομεν τὰ φορτία. ὑπο-
7   ψία καταλήψεται πονηρὰ τοὺς κακοήθεις. Ἄρειος πάγος εὐθὺς
ἐκεῖ καὶ ἄρχοντες τυράννων βαρύτεροι. μᾶλλον Συρακοσίων Ἀθη-

---

1 add. Cob. (cf. 1.1.16, etc.) | ἑαυτὴν Cob. : ἑαυτῆς F ‖ 2 ἄλλως Her. :
ἄλλοις F | μὴ νοεῖν F (cf. 6.5.6) : μηδὲν ὑπονοεῖν Rei. ‖ 16–17 φαιδρύνασθαι
Gasda : φαιδρύνεσθαι F ‖ 18 ὅποι F : ὅπου Rei., lecto ὁρμίσαι ‖ 19 ὁρμῆσαι
Rei. : ὁρμίσαι F ‖ 24 Ἀθηναίων; dist. Richards : Ἀθηναίων, F

ναίους φοβηθῶμεν. χωρίον ἡμῖν ἐπιτήδειόν ἐστιν Ἰωνία, καὶ γὰρ
πλοῦτος ἐκεῖ βασιλικὸς ἐκ τῆς μεγάλης Ἀσίας ἄνωθεν ἐπιρρέων
καὶ ἄνθρωποι τρυφῶντες καὶ ἀπράγμονες· ἐλπίζω δέ τινας αὐτό-
θεν εὑρήσειν καὶ γνωρίμους." ὑδρευσάμενοι δὲ καὶ λαβόντες ἀπὸ     8
5  τῶν παρουσῶν ὁλκάδων ἐπισιτισμὸν ἔπλεον εὐθὺ Μιλήτου, τρι-
ταῖοι δὲ κατήχθησαν εἰς ὅρμον ἀπέχοντα τῆς πόλεως σταδίους
ὀγδοήκοντα, εὐφυέστατον εἰς ὑποδοχήν.
    Ἔνθα δὴ Θήρων κώπας ἐκέλευσεν ἐκφέρειν καὶ μονὴν ποι-    12
εῖν τῇ Καλλιρόῃ καὶ πάντα παρέχειν εἰς τρυφήν. ταῦτα δὲ οὐκ
10  ἐκ φιλανθρωπίας ἔπραττεν ἀλλ' ἐκ φιλοκερδίας, ὡς ἔμπορος
μᾶλλον ἢ λῃστής. αὐτὸς δὲ διέδραμεν εἰς ἄστυ παραλαβὼν δύο
τῶν ἐπιτηδείων. εἶτα φανερῶς μὲν οὐκ ἐβουλεύετο ζητεῖν τὸν
ὠνητὴν οὐδὲ περιβόητον τὸ πρᾶγμα ποιεῖν, κρύφα δὲ καὶ διὰ
χειρὸς ἔσπευδε τὴν πρᾶσιν. δυσδιάθετον δὲ ἀπέβαινεν· οὐ γὰρ
15  ἦν τὸ κτῆμα πολλῶν οὐδὲ ἑνὸς τῶν ἐπιτυχόντων, ἀλλὰ πλου-
σίου τινὸς καὶ βασιλέως, τοῖς δὲ τοιούτοις ἐφοβεῖτο προσιέναι.
γινομένης οὖν διατριβῆς μακροτέρας οὐκέτι φέρειν ὑπέμενε τὴν    2
παρολκήν· νυκτὸς δὲ ἐπελθούσης καθεύδειν μὲν οὐκ ἐδύνατο, ἔ-
φη δὲ πρὸς αὑτὸν "ἀνόητος, ὦ Θήρων, εἶ· ἀπολέλοιπας γὰρ ἤδη
20  τοσαύταις ἡμέραις ἄργυρον καὶ χρυσὸν ἐν ἐρημίᾳ, ὡς μόνος λῃ-
στής. οὐκ οἶδας ὅτι τὴν θάλασσαν καὶ ἄλλοι πλέουσι πειραταί;    3
ἐγὼ δὲ καὶ τοὺς ἡμετέρους φοβοῦμαι μὴ καταλιπόντες ἡμᾶς ἀ-
ποπλεύσωσιν· οὐ δήπου γὰρ τοὺς δικαιοτάτους ἐστρατολόγησας,
ἵνα σοι τὴν πίστιν φυλάττωσιν, ἀλλὰ τοὺς πονηροτάτους ἄνδρας
25  ὧν ᾔδεις. νῦν μὲν οὖν" εἶπεν "ἐξ ἀνάγκης κάθευδε, ἡμέρας δὲ    4
ἐπιστάσης διαδραμὼν ἐπὶ τὸν κέλητα ῥῖφον εἰς θάλασσαν τὴν
ἄκαιρον καὶ περιττήν σοι γυναῖκα καὶ μηκέτι φορτίον ἐπάγου

19.27–20.1 φορτίον ... δυσδιάθετον] Cf. 3.3.9

5 παρουσῶν F : παρορμουσῶν Naber ‖ 12 ἐβουλεύετο F : ἐβούλετο Lami, Rei.
dubit. ‖ 14 post ἀπέβαινε[ν], τὸ φορτίον add. Jackson ‖ 15 πολλῶν οὐδὲ ἑνὸς
F : ἑνὸς τῶν πολλῶν οὐδὲ Arnott ‖ 19 αὑτὸν D'Or. : αὐτὸν F ‖ 20 τοσαύταις
ἡμέραις F : -τας -ρας Naber. dubit | post ὡς, fort. ⟨ὧν⟩ Richards ‖ 26 ῥῖφον
Cob. : ῥίφον F

5 δυσδιάθετον." κοιμηθεὶς δὲ ἐνύπνιον εἶδε κεκλεισμένας τὰς θύ-
ρας. ἔδοξεν οὖν αὐτῷ τὴν ἡμέραν ἐκείνην ἐπισχεῖν. οἷα δὲ ἀλύ-
ων ἐπί τινος ἐργαστηρίου καθῆστο, ταραχώδης παντάπασι τὴν
6 ψυχήν. ἐν δὲ τῷ μεταξὺ παρήει πλῆθος ἀνθρώπων ἐλευθέρων
τε καὶ δούλων, ἐν μέσοις δὲ αὐτοῖς ἀνὴρ ἡλικίᾳ καθεστώς, με- 5
λανειμονῶν καὶ σκυθρωπός. ἀναστὰς οὖν ὁ Θήρων (περίεργον
γὰρ ἀνθρώπου φύσις) ἐπυνθάνετο ἑνὸς τῶν ἐπακολουθούντων
"τίς οὗτος;" ὁ δὲ ἀπεκρίνατο "ξένος εἶναί μοι δοκεῖς ἢ μακρόθεν
ἥκειν, ὃς ἀγνοεῖς Διονύσιον πλούτῳ καὶ γένει καὶ παιδείᾳ τῶν
7 ἄλλων Ἰώνων ὑπερέχοντα, φίλον τοῦ μεγάλου βασιλέως." "διατί 10
τοίνυν μελανειμονεῖ;" "τέθνηκε γὰρ αὐτοῦ ἡ γυνὴ ἧς ἤρα." ἔτι
μᾶλλον εἴχετο τῆς ὁμιλίας ὁ Θήρων, εὑρηκὼς ἄνδρα πλούσιον
καὶ φιλογύναιον. οὐκέτ᾽ οὖν ἀνῆκε τὸν ἄνδρα ἀλλ᾽ ἐπυνθάνετο
8 "τίνα χώραν ἔχεις παρ᾽ αὐτῷ;" κἀκεῖνος ἀπεκρίνατο "διοικητής
εἰμι τῶν ὅλων, τρέφω δὲ αὐτῷ καὶ τὴν θυγατέρα, παιδίον νήπιον, 15
μητρὸς ἀθλίας πρὸ ὥρας ὀρφανόν." [Θήρων] "τί σὺ καλῇ;" "Λε-
ωνᾶς." "εὐκαίρως" φησίν, "ὦ Λεωνᾶ, συνεβάλομεν. ἔμπορός εἰμι
καὶ πλέω νῦν ἐξ Ἰταλίας, ὅθεν οὐδὲν οἶδα τῶν ἐν Ἰωνίᾳ. γυνὴ δὲ
Συβαρῖτις, εὐδαιμονεστάτη τῶν ἐκεῖ, καλλίστην ἅβραν ἔχουσα
9 διὰ ζηλοτυπίαν ἐπώλησεν, ἐγὼ δὲ αὐτὴν ἐπριάμην. σοὶ οὖν γενέ- 20
σθω τὸ κέρδος, εἴτε σεαυτῷ θέλεις τροφὸν κατασχεῖν τοῦ παιδίου
(πεπαίδευται γὰρ ἱκανῶς) εἴτε καὶ ἄξιον ὑπολαμβάνεις χαρίσα-

8–9 ξένος ... ἥκειν] Hom. Od. 9.273 (Polyphemus Ulixem interrogat)

1 post εἶδε, lac. stat. Jackson | κεκλεισμένας Rei. : κεκλιμένας F : κεκλημένας
Cob. ‖ 2–3 ἀλύων Jacobs : ἀλγῶν F ‖ 7 ἀνθρώπου φύσις F : ἄνθρωπος φύσει
Cob. ‖ 11 τέθνηκε ... ἡ γυνὴ F : ἡ γυνὴ ... τέθνηκεν Reeve dub. | αὐτοῦ F :
-τῷ Cob. ‖ 16 post ὀρφανόν, fort. ⟨τί καλῇ;⟩ (verba Leonae) Bl. post D'Or.
⟨τίς καλῇ;⟩ | secl. Rei. | τί σὺ Bl. post D'Or. et Cob. : τίς F : τί Cob. : fort. τίς
καλῇ, ⟨καὶ σύ⟩; (verba Theronis) D'Or. ‖ 17 συνεβάλομεν Reeve : συνέβαλον
F : ⟨σοὶ⟩ σ- Cob. : ante φησίν, ⟨σοὶ⟩ Wifstrand ‖ 19 Συβαρῖτις Cob. : συβαρίτις
F | ἅβραν Cob. : ἄβραν F ‖ 22 καὶ ἄξιον F : καὶ ἀξίαν D'Or. : κατ᾽ ἀξίαν
Zimm. | ὑπολαμβάνεις Cob. : ὑπολαμβάνοις F

σθαι τῷ δεσπότῃ. λυσιτελεῖ δή σοι μᾶλλον ἀργυρώνητον ἔχειν
αὐτόν, ἵνα μὴ τῇ τροφίμῃ σου μητρυιὰν ἐπαγάγηται." τούτων ὁ        10
Λεωνᾶς ἤκουσεν ἀσμένως καὶ "θεός μοί τις" εἶπεν "εὐεργέτην
σε κατέπεμψεν· ἃ γὰρ ὠνειροπόλουν ὕπαρ μοι δεικνύεις· ἐλθὲ
τοίνυν εἰς τὴν οἰκίαν καὶ φίλος ἤδη γίνου καὶ ξένος· τὴν δὲ περὶ        5
τῆς γυναικὸς αἵρεσιν ἡ ὄψις κρινεῖ, πότερον δεσποτικόν ἐστι τὸ
κτῆμα ἢ καθ' ἡμᾶς."
    Ἐπεὶ δὲ ἦκον εἰς τὴν οἰκίαν, ὁ μὲν Θήρων ἐθαύμαζε τὸ μέγεθος        13
καὶ τὴν πολυτέλειαν (ἦν γὰρ εἰς ὑποδοχὴν τοῦ Περσῶν βασιλέως
παρεσκευασμένη), Λεωνᾶς δὲ ἐκέλευσε περιμένειν αὐτὸν περὶ        10
τὴν θεραπείαν τοῦ δεσπότου πρῶτον ⟨γενόμενον⟩. ἔπειτα ἐκεῖνον        2
λαβὼν ἀνήγαγεν εἰς τὴν οἴκησιν τὴν ἑαυτοῦ σφόδρα ἐλευθέρι-
ον οὖσαν, ἐκέλευσε δὲ παραθεῖναι τράπεζαν. καὶ ὁ Θήρων, οἷα
πανοῦργος ἄνθρωπος καὶ πρὸς πάντα καιρὸν ἁρμόσασθαι δεινός,
ἥπτετο τροφῆς καὶ ἐφιλοφρονεῖτο ταῖς προπόσεσι τὸν Λεωνᾶν,        15
τὰ μὲν ἁπλότητος ἐνδείξει, τὸ δὲ πλέον κοινωνίας πίστει. μεταξὺ        3
δὲ ὁμιλία περὶ τῆς γυναικὸς ἐγίνετο πολλή, καὶ ὁ Θήρων ἐπή-
νει τὸν τρόπον μᾶλλον τῆς γυναικὸς ἢ τὸ κάλλος, εἰδὼς ὅτι τὸ
μὲν ἄδηλον συνηγορίας ἔχει χρείαν, ἡ δὲ ὄψις αὐτὴν συνίστησιν.
"ἀπίωμεν οὖν" ἔφη Λεωνᾶς, "καὶ δεῖξον αὐτήν." ὁ δὲ "οὐκ ἐν-        4        20
ταῦθά ἐστιν" ἀπεκρίνατο, "διὰ γὰρ τοὺς τελώνας περιέστημεν
τὴν πόλιν, ἀπὸ ὀγδοήκοντα δὲ σταδίων τὸ πλοῖον ὁρμεῖ," καὶ τὸν
τόπον ἔφραζεν. "ἐν τοῖς ἡμετέροις" φησὶ "χωρίοις ὡρμίσασθε."
"καὶ τοῦτο βέλτιον, ἤδη τῆς τύχης ἡμᾶς ἀγούσης ἐπὶ Διονύσιον."
"ἀπίωμεν οὖν εἰς τὸν ἀγρόν, ἵνα καὶ ἐκ τῆς θαλάσσης αὐτοὺς        5        25

---

1 δή Bl. : δέ F ‖ 3 ἀσμένως F : ἄσμενος Her. (sed cf. 3.8.1, 4.6.2) ‖ 5 γίνου
F : γενοῦ Her. | ξένος Her. (cf. 5.6.2, 5.7.7) : ξεῖνος F ‖ 11 ⟨γενόμενον⟩ prop.
Her., qui etiam ⟨γενησόμενον⟩ cogitavit, sed ⟨ ... ⟩ edidit : ⟨γιγνόμενον⟩ (γιν-
corrigas) vel ⟨μέλλοντα γενήσεσθαι⟩ Slings ‖ 19 αὐτὴν D'Or. : αὐτὴν F ‖
23 ἡμετέροις D'Or. : ὑμετέροις F | ὡρμίσασθε Rei. : ὁρμίσασθαι F ‖ 24 καὶ ...
Διονύσιον Theroni tribui (cf. 2.1.8) : sine designatione personae loquentis in
F : Leonae trib. edd., ὑμᾶς (Her.) pro ἡμᾶς scribentes | ἡμᾶς F : ὑμᾶς Her. ‖
25 αὐτοὺς D'Or. : αὐτοὺς F

ἀναλάβητε· ἡ γὰρ πλησίον ἔπαυλις κατεσκεύασται πολυτελῶς."

6 ἥσθη μᾶλλον ὁ Θήρων, εὐκολωτέραν ἔσεσθαι τὴν πρᾶσιν οὐκ
ἐν ἀγορᾷ νομίζων ἀλλ᾽ ἐν ἐρημίᾳ, καὶ "ἔωθεν" φησὶν "ἀπίωμεν,
σὺ μὲν εἰς τὴν ἔπαυλιν, ἐγὼ δὲ εἰς τὴν ναῦν, κἀκεῖθεν ἄξω τὴν
γυναῖκα πρὸς σέ." συνέθεντο ταῦτα καὶ δεξιὰς ἀλλήλοις ἐμβα-  5
λόντες ἀπηλλάγησαν. ἀμφοτέροις δὲ ἡ νὺξ ἐδόκει μακρά, τοῦ
μὲν δὴ σπεύδοντος ἀγοράσαι, τοῦ δὲ πωλῆσαι.

7 Τῇ δὲ ὑστεραίᾳ ὁ μὲν Λεωνᾶς παρέπλευσεν εἰς τὴν ἔπαυλιν,
ἅμα καὶ ἀργύριον κομίζων ἵνα προκαταλάβῃ τὸν ἔμπορον· ὁ δὲ
Θήρων ἐπὶ τὴν ἀκτὴν καὶ σφόδρα ποθοῦσιν ἐπέστη τοῖς συνερ-  10
γοῖς, διηγησάμενος δὲ τὴν πρᾶξιν αὐτοῖς Καλλιρόην κολακεύειν
8 ἤρξατο. "κἀγὼ" φησί, "θύγατερ, εὐθὺς μὲν ἤθελόν σε πρὸς τοὺς
σοὺς ἀπαγαγεῖν· ἐναντίου δὲ ἀνέμου γενομένου διεκωλύθην ὑπὸ
τῆς θαλάσσης· ἐπίστασαι δὲ πόσην σου πεποίημαι πρόνοιαν· καὶ
τὸ μέγιστον, καθαρὰν ἐτηρήσαμεν· ἀνύβριστον ἀπολήψεταί σε  15
9 Χαιρέας, ὡς ἐκ θαλάμου τοῦ τάφου σωθεῖσαν δι᾽ ἡμᾶς. νῦν μὲν
οὖν ἀναγκαῖόν ἐστιν ἡμῖν μέχρι Λυκίας διαδραμεῖν, οὐκ ἀναγ-
καῖον δὲ καὶ σὲ μάτην ταλαιπωρεῖν καὶ ταῦτα χαλεπῶς ναυτιῶ-
σαν· ἐνταῦθα δὲ δὴ παραθήσομαί σε φίλοις πιστοῖς, ἐπανιὼν δὲ
παραλήψομαι καὶ μετὰ πολλῆς ἐπιμελείας ἄξω λοιπὸν εἰς Συ-  20
ρακούσας. λαβὲ τῶν σῶν εἴ τι δ᾽ ἂν θέλῃς· σοὶ γὰρ καὶ τὰ λοιπὰ
τηροῦμεν."

10 Ἐπὶ τούτῳ πρὸς αὐτὴν ἐγέλασε Καλλιρόη, καίτοι σφόδρα λυ-
πουμένη (παντελῶς αὐτὸν ἀνόητον ὑπελάμβανεν)· ἤδη ⟨γὰρ⟩
πωλουμένη ἠπίστατο, τῆς δὲ παλιγγενεσίας τὴν πρᾶσιν εὐτυχε-  25

---

8 τῇ δὲ ὑστεραίᾳ F (sic) : τῆς δὲ -ίας Jackson ‖ 11 πρᾶξιν F : πρᾶσιν Rea.
post D'Or., qui iam vocis mentionem facit ‖ 15 ante ἐτηρήσαμεν, σε add.
Schmidt ‖ 18 δὲ del. Zankogiannes (cf. 2.7.1) ‖ 21 λαβὲ edd. : λάβε F | εἴ
τι δ᾽ F : ὅ τι δ᾽ Apogr. : ὅ τι [δ᾽] Her. ‖ 22 τηροῦμεν Cocchi : πληροῦμεν F ‖
23 αὐτὴν F post corr. : αὐτὴν F ante corr. ut vid. ‖ 23–24 post λυπουμένη,
⟨καὶ⟩ Rei. : ⟨ὅτι⟩ D'Or. ‖ 24 ἤδη ⟨γὰρ⟩ Her. : ἡ δὲ F ‖ 25 post πωλουμένη,
μὲν add. Cob. | παλιγγενεσίας Rea. : πάλαι εὐγενείας F : ταλαιπωρίας Cob. :
lac. stat. Jakob

στέραν ὑπελάμβανεν, ἀπαλλαγῆναι θέλουσα λῃστῶν. καὶ "χάριν
σοι" φησὶν "ἔχω, πάτερ, ὑπὲρ τῆς εἰς ἐμὲ φιλανθρωπίας· ἀποδοῖ-
εν δὲ" ἔφη "πᾶσιν ὑμῖν οἱ θεοὶ τὰς ἀξίας ἀμοιβάς. χρήσασθαι δὲ    11
τοῖς ἐνταφίοις δυσοιώνιστον ὑπολαμβάνω. πάντα μοι φυλάξατε
5   καλῶς· ἐμοὶ δὲ ἀρκεῖ δακτυλίδιον μικρόν, ὃ εἶχον καὶ νεκρά."
εἶτα συγκαλυψαμένη τὴν κεφαλὴν "ἄγε με" φησίν, "ὦ Θήρων,
ὅποι ποτὲ θέλεις· πᾶς γὰρ τόπος θαλάσσης καὶ τάφου κρείσσων."
   Ὡς δὲ πλησίον ἐγένετο τῆς ἐπαύλεως, ὁ Θήρων ἐστρατήγησέ    **14**
τι τοιοῦτον. ἀποκαλύψας τὴν Καλλιρόην καὶ λύσας αὐτῆς τὴν
10  κόμην, διανοίξας τὴν θύραν, πρώτην ἐκέλευσεν εἰσελθεῖν. ὁ δὲ
Λεωνᾶς καὶ πάντες οἱ ἔνδον ἐπιστάσης αἰφνίδιον κατεπλάγησαν,
οἷα δὴ δοκοῦντες θεὰν ἑωρακέναι· καὶ γὰρ ἦν τις λόγος ἐν τοῖς
ἀγροῖς Ἀφροδίτην ἐπιφαίνεσθαι. καταπεπληγμένων δὲ αὐτῶν    2
κατόπιν ὁ Θήρων ἑπόμενος προσῆλθε τῷ Λεωνᾷ καὶ "ἀνάστα"
15  φησὶ "καὶ γενοῦ περὶ τὴν ὑποδοχὴν τῆς γυναικός· αὕτη γάρ ἐ-
στιν ἣν θέλεις ἀγοράσαι." χαρὰ καὶ θαυμασμὸς ἐπηκολούθησε
πάντων. τὴν μὲν οὖν Καλλιρόην ἐν τῷ καλλίστῳ τῶν οἰκημάτων    3
κατακλίναντες εἴασαν ἡσυχάζειν· καὶ γὰρ ἐδεῖτο πολλῆς ἀνα-
παύσεως ἐκ λύπης καὶ καμάτου καὶ φόβου· Θήρων δὲ τῆς δεξιᾶς
20  λαβόμενος τοῦ Λεωνᾶ "τὰ μὲν παρ' ἐμοῦ σοι" φησὶ "πιστῶς πε-
πλήρωται, σὺ δὲ ἔχε μὲν ἤδη τὴν γυναῖκα (φίλος γὰρ εἶ λοιπόν),
ἧκε δὲ εἰς ἄστυ καὶ λάμβανε τὰς καταγραφὰς καὶ τότε μοι τιμήν,
ἣν θέλεις, ἀποδώσεις." ἀμείψασθαι δὲ θέλων ὁ Λεωνᾶς "οὐ μὲν    4
οὖν" φησίν, "ἀλλὰ καὶ ἐγώ σοι τὸ ἀργύριον ἤδη πιστεύω πρὸ τῆς
25  καταγραφῆς," ἅμα δὲ καὶ προκαταλαβεῖν ἤθελε, δεδιὼς μὴ ἄρα
μετάθηται· πολλοὺς γὰρ ἐν τῇ πόλει γενέσθαι τοὺς ἐθέλοντας
ὠνεῖσθαι. τάλαντον οὖν ἀργυρίου προκομίσας ἠνάγκαζε λαβεῖν, ὁ    5
δὲ Θήρων ἀκκισάμενος λαμβάνει. κατέχοντος δὲ ἐπὶ δεῖπνον αὐ-

---

8 ἐγένετο F : ἐγένοντο Zankogiannes ‖ 12 οἷα δὴ Zimm. : οἱ μὲν F : secl. Her. |
post ἑωρακέναι, οἱ δὲ καὶ προσκυνήσαντες add. Rea. post Rei., qui lac. susp. ‖
13 καταπεπληγμένων corr. edd. : καταπεπεπληγμένων F ‖ 23–24 οὐ μὲν
οὖν corr. edd. : οὔμενουν F ‖ 26 post γάρ, ⟨ἂν⟩ Her. : ⟨ἤδει⟩ Rei. | γενέσθαι
F : γενήσασθαι Bl.

τὸν τοῦ Λεωνᾶ (καὶ γὰρ ἦν ὀψὲ τῆς ὥρας) "βούλομαι" φησὶν "ἀφ᾽
ἑσπέρας εἰς τὴν πόλιν πλεῦσαι, τῆς δ᾽ ὑστεραίας ἐπὶ τῷ λιμένι
συμβαλοῦμεν."

6　Ἐπὶ τούτοις ἀπηλλάγησαν. ἐλθὼν δὲ ἐπὶ τὴν ναῦν ὁ Θήρων
ἐκέλευσεν ἀραμένους τὰς ἀγκύρας ἀνάγεσθαι τὴν ταχίστην, πρὶν　5
ἐκπύστους γενέσθαι. καὶ οἱ μὲν ἀπεδίδρασκον ἔνθα τὸ πνεῦμα
ἔφερε, μόνη δὲ Καλλιρόη γενομένη ἤδη μετ᾽ ἐξουσίας τὴν ἰδί-
αν ἀπωδύρετο τύχην. "ἰδοὺ" φησὶν "ἄλλος τάφος, ἐν ᾧ Θήρων

7　με κατέκλεισεν, ἐρημότερος ἐκείνου μᾶλλον· πατὴρ γάρ μοι ἂν
ἐκεῖ προσῆλθε καὶ μήτηρ, καὶ Χαιρέας ἐπέσπεισε δακρύων· ἠ-　10
σθόμην ἂν καὶ τεθνεῶσα. τίνα δὲ ἐνταῦθα καλέσω; †γινώσκεις†
Τύχη βάσκανε, διὰ γῆς καὶ θαλάσσης τῶν ἐμῶν κακῶν οὐκ ἐ-
πληρώθης, ἀλλὰ πρῶτον μὲν τὸν ἐραστήν μου φονέα ἐποίησας·
Χαιρέας, ὁ μηδὲ δοῦλον μηδέποτε πλήξας, ἐλάκτισε καιρίως με

8　τὴν φιλοῦσαν· εἶτά με τυμβωρύχων χερσὶ παρέδωκας καὶ ἐκ τά-　15
φου προήγαγες εἰς θάλασσαν καὶ τῶν κυμάτων τοὺς πειρατὰς
φοβερωτέρους ἐπέστησας. τὸ δὲ περιβόητον κάλλος εἰς τοῦτο
ἐκτησάμην, ἵνα ὑπὲρ ἐμοῦ Θήρων ὁ λῃστὴς μεγάλην λάβῃ τιμήν.

9　ἐν ἐρημίᾳ πέπραμαι καὶ οὐδὲ εἰς πόλιν ἠνέχθην, ὡς ἄλλη τις τῶν
ἀργυρωνήτων· ἐφοβήθης γάρ, ὦ Τύχη, μή ⟨μέ⟩ τις ἰδὼν εὐγενῆ　20
δόξῃ. διὰ τοῦτο ὡς σκεῦος παρεδόθην οὐκ οἶδα τίσιν, Ἕλλησιν
ἢ βαρβάροις ἢ πάλιν λῃσταῖς." κόπτουσα δὲ τῇ χειρὶ τὸ στῆθος

---

5–6 πρὶν ... γενέσθαι] Th. 3.30.1 ad litteram

---

2 τῆς δ᾽ ὑστεραίας Reeve, qui Jacksoni similiter in 1.13.7 atque 2.5.1 (vid.
hunc loc. et Jackson 1935b: 103) conicienti correctionem trib. : τῇ δ᾽ ὑστεραίᾳ
F (sic) ‖ 7 ἤδη Abresch : ἤδε F ‖ 9–10 μοι ἂν ἐκεῖ F : ἂν ἐκεῖ μοι vel ἂν
μοι ἐκεῖ Reeve ‖ 11 γινώσκεις corruptelam aestimaverunt Lucke et Schäfer :
γινώσκω σε Wifstrand post Zankogiannes (γινώσκω) : γνωστόν; Bl. : διώκεις
⟨με⟩ Rea. (punctum post θαλάσσης) post D'Or. (διώκεις, lecto οὐ πληρωθεῖσα
pro οὐκ ἐπληρώθης) : γυμνάσασ⟨ά με⟩ Zimm., qui lectionem ante διὰ transp. ‖
13 τὸν ἐραστήν μου φονέα F : φονέα μου τὸν ἐ- Reeve ‖ 14 με F : ἐμὲ Apogr. ‖
19 ἠνέχθην F : ἤχθην Cob. ‖ 20 add. Sanz (cf. 3.5.5, etc.) : post εὐγενῆ
Rea. : post ἰδὼν Lucarini

εἶδεν ἐν τῷ δακτυλίῳ τὴν εἰκόνα τὴν Χαιρέου καὶ καταφιλοῦσα
"ἀληθῶς ἀπόλωλά σοι, Χαιρέα" φησί, "τοσούτῳ διαζευχθεῖσα
πάθει. καὶ σὺ μὲν πενθεῖς καὶ μετανοεῖς καὶ τάφῳ κενῷ παρακά-          10
θησαι, μετὰ θάνατόν μοι τὴν σωφροσύνην μαρτυρῶν, ἐγὼ δὲ ἡ
5  Ἑρμοκράτους θυγάτηρ, ἡ σὴ γυνή, δεσπότῃ σήμερον ἐπράθην."
τοιαῦτα ὀδυρομένη μόλις ὕπνος ἐπῆλθεν αὐτῇ.

---

2 ἀπόλωλά Hirschig : ἀπόλωλας F | σοι Zimm. : ὦ F | τοσούτῳ F, sic (cf.
5.4.4, 8.4.11) : τοιούτῳ Rei. | post τοσούτῳ, ⟨σου⟩ prop. Her. | διαζευχθεῖσα
Hirschig : διαζευχθεὶς F ‖ 3 πάθει F : πελάγει Her. post Pierson | καὶ τάφῳ
F (sic) : εἶτα τάφῳ Rei. ‖ 6 αὐτῇ del. Cob.

## Λόγος δεύτερος

1 Λεωνᾶς δὲ κελεύσας Φωκᾷ τῷ οἰκονόμῳ πολλὴν ἐπιμέλειαν
ἔχειν τῆς γυναικός, αὐτὸς ἔτι νυκτὸς ἐξῆλθεν εἰς τὴν Μίλητον,
σπεύδων εὐαγγελίσασθαι τῷ δεσπότῃ τὰ περὶ τῆς νεωνήτου, με-
γάλην οἰόμενος αὐτῷ φέρειν τοῦ πένθους παραμυθίαν. εὖρε δὲ 5
ἔτι κατακείμενον τὸν Διονύσιον· ἀλύων γὰρ ὑπὸ τῆς λύπης οὐδὲ
προῄει τὰ πολλά, καίτοι ποθούσης αὐτὸν τῆς πατρίδος, ἀλλὰ διέ-
2 τριβεν ἐν τῷ θαλάμῳ, ὡς ἔτι παρούσης αὐτῷ τῆς γυναικός. ἰδὼν
δὲ τὸν Λεωνᾶν ἔφη πρὸς αὐτὸν "μίαν ταύτην ἐγὼ νύκτα μετὰ
τὸν θάνατον τῆς ἀθλίας ἡδέως κεκοίμημαι· καὶ γὰρ εἶδον αὐτὴν 10
ἐναργῶς μείζονά τε καὶ κρείττονα γεγενημένην, καὶ ὡς ὕπαρ μοι
συνῆν. ἔδοξα δὲ εἶναι τὴν πρώτην ἡμέραν τῶν γάμων καὶ ἀπὸ τῶν
χωρίων μου τῶν παραθαλαττίων αὐτὴν νυμφαγωγεῖν, σοῦ μοι τὸν
3 ὑμέναιον ᾄδοντος." ἔτι δὲ αὐτοῦ διηγουμένου, Λεωνᾶς ἀνεβόησεν
"εὐτυχὴς εἶ, δέσποτα, καὶ ὄναρ καὶ ὕπαρ. μέλλεις ἀκούειν ταῦτα, 15
ἃ τεθέασαι." καὶ ἀρξάμενος αὐτῷ διηγεῖται "προσῆλθέ μοί τις
ἔμπορος πιπράσκων γυναῖκα καλλίστην, διὰ δὲ τοὺς τελώνας ἔ-
4 ξω τῆς πόλεως ὥρμισε τὴν ναῦν πλησίον τῶν σῶν χωρίων. κἀγὼ
συνταξάμενος ἀπῆλθον εἰς ἀγρόν. ἐκεῖ δὲ συμβαλόντες ἀλλήλοις
ἔργῳ μὲν τὴν πρᾶσιν ἀπηρτίκαμεν· ἔγωγε γὰρ ἐκείνῳ τάλαντον 20
5 δέδωκα· δεῖ δὲ ἐνταῦθα γενέσθαι νομίμως τὴν καταγραφήν." ὁ
δὲ Διονύσιος τὸ μὲν κάλλος ἡδέως ἤκουσε τῆς γυναικός (ἦν γὰρ
φιλογύνης ἀληθῶς), τὴν δὲ δουλείαν ἀηδῶς· ἀνὴρ γὰρ βασιλικός,
διαφέρων ἀξιώματι καὶ παιδείᾳ τῆς ὅλης Ἰωνίας, ἀπηξίου κοί-
την θεραπαινίδος, καὶ "ἀδύνατον" εἶπεν, "ὦ Λεωνᾶ, καλὸν εἶναι 25
σῶμα μὴ πεφυκὸς ἐλεύθερον. οὐκ ἀκούεις τῶν ποιητῶν ὅτι θε-
ῶν παῖδές εἰσιν οἱ καλοί, πολὺ δὲ πρότερον ἀνθρώπων εὐγενῶν;

---

1 Λόγος δεύτερος correxi (vid. titulum libri primi) : χαρίτωνος ἀφροδισιέως
τῶν περὶ χαιρέαν καὶ καλλιρρόην· λόγος β᾽ F ‖ 20 πρᾶσιν D᾽Or. : πράσιν F |
ἔγωγε Rei. : ἐγώ τε F : ἐγώ [τε] Her. ‖ 21 post δέδωκα, ἐκεῖνος δ᾽ ἐμοὶ τὴν
γυναῖκα add. Cob. : κἀκεῖνος ἐμοὶ τὴν γυναῖκα παραδέδωκε add. Jackson :
κἀκεῖνος ἐμοὶ τὴν γυναῖκα add. Rea. post Cob. et Jackson

σοὶ δὲ ἤρεσεν ἐπ' ἐρημίας· συνέκρινας γὰρ αὐτὴν ταῖς ἀγροίκοις.
ἀλλ' ἐπείπερ ἐπρίω, βάδιζε εἰς τὴν ἀγοράν· Ἄδραστος δὲ ὁ ἐμ-    6
πειρότατος τῶν νόμων διοικήσει τὰς καταγραφάς." ἔχαιρεν ὁ Λε-
ωνᾶς ἀπιστούμενος· τὸ γὰρ ἀπροσδόκητον ἔμελλε τὸν δεσπότην
5  μᾶλλον ἐκπλήσσειν. παριὼν δὲ τοὺς Μιλησίων λιμένας ἅπαντας
καὶ τὰς τραπέζας καὶ τὴν πόλιν ὅλην οὐδαμοῦ Θήρωνα εὑρεῖν
ἐδύνατο. ἐμπόρους ἐξήταζε καὶ πορθμεῖς, ἐγνώριζε δὲ οὐδείς. ἐν    7
πολλῇ τοίνυν ἀπορίᾳ γενόμενος κωπῆρες λαβὼν παρέπλευσεν ἐ-
πὶ τὴν ἀκτὴν κἀκεῖθεν ἐπὶ τὸ χωρίον· οὐκ ἔμελλε δὲ εὑρήσειν τὸν
10  ἤδη πλέοντα. μόλις οὖν καὶ βραδέως ἀπῆλθε πρὸς τὸν δεσπότην.
ἰδὼν δὲ αὐτὸν ὁ Διονύσιος σκυθρωπὸν ἤρετο τί πέπονθεν· ὁ δέ φη-    8
σιν "ἀπολώλεκά σου, ὦ δέσποτα, τάλαντον." "συμβαῖνον" εἶπεν ὁ
Διονύσιος "ἀσφαλέστερόν σε τοῦτο πρὸς τὰ λοιπὰ ποιήσει. τί δὲ ὅ-
μως συμβέβηκεν; ἢ μή τι ἡ νεώνητος ἀποδέδρακεν;" "οὐκ ἐκείνη"
15  φησίν, "ἀλλ' ὁ πωλήσας." "ἀνδραποδιστὴς ἄρα ἦν, καὶ ἀλλοτρίαν
σοι πέπρακε δούλην διὰ τοῦτ' ἐπ' ἐρημίας. πόθεν δ' ἔλεγε τὴν ἄν-
θρωπον εἶναι;" "Συβαρῖτιν ἐξ Ἰταλίας, πραθεῖσαν ὑπὸ δεσποίνης    9
κατὰ ζηλοτυπίαν." "ζήτησον Συβαριτῶν εἴ τινες ἐπιδημοῦσιν· ἐν
δὲ τῷ μεταξὺ ἐκεῖ κατάλιπε τὴν γυναῖκα." τότε μὲν οὖν ὁ Λεω-
20  νᾶς ἀπῆλθε λυπούμενος, ὡς οὐκ εὐτυχοῦς τῆς πραγματείας αὐτῷ
γεγενημένης· ἐπετήρει δὲ καιρὸν ἀναπεῖσαι τὸν δεσπότην ἐξελ-
θεῖν εἰς τὰ χωρία, λοιπὸν μίαν ἔχων ἐλπίδα τὴν ὄψιν τῆς γυναικός.
Πρὸς δὲ τὴν Καλλιρόην εἰσῆλθον αἱ ἄγροικοι γυναῖκες καὶ    2
εὐθὺς ὡς δέσποιναν ἤρξαντο κολακεύειν. Πλαγγὼν δέ, ἡ τοῦ

---

24 Πλαγγὼν] Men. *Dysc.* 430, *Sam.* 630, *Her.* 24, 36; Anaxilas fr. 22.8
K.-A. (Νεοττίς); Timocles fr. 27.2 K.-A. (Ὀρεσταυτοκλείδης)

---

1 ταῖς D'Or. : τοῖς F ‖ 2 ἐπρίω Cob. : ἐπριῶ F ‖ 5 παριὼν F : περιιὼν Abre-
sch (sed cf. 8.1.6) ‖ 8 κωπῆρες D'Or. : κωπήρεις F ‖ 12 σου F : σοι Her. |
συμβαῖνον F : ⟨τὸ⟩ συμβαῖνον D'Or. : συμβαῖνον. εἶπεν ὁ Διονύσιος, sic dist.
Wifstrand ‖ 16 δούλην διὰ τοῦτ' F : δούλην, διὰ τοῦτο δ' Zankogiannes ‖
17 Συβαρῖτιν Cob. : συβαρίτιν F ‖ 18 post ζήτησον, οὖν add. Rei. ‖ 20 εὐ-
τυχοῦς τῆς Rei. : εὐτυχούσης F ‖ 24 Πλαγγὼν Cob. (i. e., -ών, -όνος), sic
semper scribendum : Πλάγγων F (i. e., -ων, -ωνος), ut ubique

οἰκονόμου γυνή, ζῷον οὐκ ἄπρακτον, ἔφη πρὸς αὐτὴν "ζητεῖς
μέν, ὦ τέκνον, πάντως τοὺς ἑαυτῆς· ἀλλὰ καλῶς καὶ ⟨τοὺς⟩ ἐνθά-
δε νόμιζε σούς· Διονύσιος γάρ, ὁ δεσπότης ἡμῶν, χρηστός ἐστι
καὶ φιλάνθρωπος. εὐτυχῶς σε ἤγαγεν εἰς ἀγαθὴν ὁ θεὸς οἰκίαν·
2  ὥστε ἐν πατρίδι διάξεις. ἐκ μακρᾶς οὖν θαλάσσης ἀπόλουσαι τὴν     5
ἅσιν· ἔχεις θεραπαινίδας." μόλις μὲν καὶ μὴ βουλομένην, προή-
γαγε δὲ ὅμως εἰς τὸ βαλανεῖον. εἰσελθοῦσαν δὲ ἤλειψάν τε καὶ
ἀπέσμηξαν ἐπιμελῶς καὶ μᾶλλον ἀποδυσαμένης κατεπλάγησαν·
†ὥστε ἐνδεδυμένης αὐτῆς θαυμάζουσαι τὸ πρόσωπον ὡς θεῖον
πρόσωπον ἔδοξαν ἰδοῦσαι·† ὁ χρὼς γὰρ λευκὸς ἔστιλψεν εὐθὺς     10
μαρμαρυγῇ τινι ὅμοιον ἀπολάμπων· τρυφερὰ δὲ σάρξ, ὥστε δε-
δοικέναι μὴ καὶ ἡ τῶν δακτύλων ἐπαφὴ μέγα τραῦμα ποιήσῃ.
3  ἡσυχῇ δὲ διελάλουν πρὸς ἀλλήλας "καλὴ μὲν ἡ δέσποινα ἡμῶν
καὶ περιβόητος· ταύτης δὲ ἂν θεραπαινὶς ἔδοξεν." ἐλύπει τὴν
Καλλιρόην ὁ ἔπαινος καὶ τοῦ μέλλοντος οὐκ ἀμάντευτος ἦν. ἐπεὶ     15
δὲ λέλουτο καὶ τὴν κόμην συνεδέσμουν, καθαρὰς αὐτῇ προσήνεγ-
4  καν ἐσθῆτας· ἡ δὲ οὐ πρέπειν ἔλεγε ταῦτα τῇ νεωνήτῳ. "χιτῶνά
μοι δότε δουλικόν· καὶ γὰρ ὑμεῖς ἐστέ μου κρείττονες." ἐνεδύ-
σατο μὲν οὖν τι τῶν ἐπιτυχόντων· κἀκεῖνο δὲ ἔπρεπεν αὐτῇ καὶ
5  πολυτελὲς ἔδοξε καταλαμπόμενον ὑπὸ ⟨τοῦ⟩ κάλλους. ἐπεὶ δὲ     20
ἠρίστησαν αἱ γυναῖκες, λέγει ἡ Πλαγγὼν "ἐλθὲ πρὸς τὴν Ἀφρο-
δίτην καὶ εὖξαι περὶ σαυτῆς· ἐπιφανὴς δέ ἐστιν ἐνθάδε ἡ θεός,

---

2 ἑαυτῆς F : σεαυτῆς Her. | καλῶς F : καὶ τοὺς Zimm. : καὶ ἄλλους Bl. : del.
Goold | καὶ del. Zimm. | ⟨τοὺς⟩ Her. : ⟨πάντας τοὺς⟩ Cob. ‖ 5 ὥστε F : ὥσπερ
Her. ‖ 7 εἰσελθοῦσαν D'Or. : εἰσελθοῦσαι F ‖ 8 ἀποδυσαμένης κατεπλάγησαν
edd. : ἀ-, κ- F ‖ 9–10 ὥστε ... ἰδοῦσαι viri docti huic loco mederi temptaverunt
qui varias verborum permutationes vel lacunas coniecerunt ‖ 9 ὥστε F : ἢ
ὅτε D'Or. | θαυμάζουσαι F : -άσασαι Rei. ‖ 10 πρόσωπον F : ⟨ἀ⟩πρόσωπον
Jackson | post ἔδοξαν, γυμνὴν add. Rei. : τἄνδον add. Jackson ‖ 11 ante
τρυφερά, οὕτω add. Abresch ‖ 13 post μὲν, ἦν add. Abresch ‖ 16 δὲ λέλουτο
Rei. : δὲ δέδοκτο F : fort. δ' ἐλέλουτο Gärtner ‖ 17 ταῦτα F : ταύτας Lucarini ‖
20 add. Zankogiannes ‖ 21 λέγει F : εἶπεν Heibges : ἔλεγεν Rea.

καὶ οὐ μόνον οἱ γείτονες, ἀλλὰ καὶ οἱ ἐξ ἄστεος παραγινόμενοι
θύουσιν αὐτῇ. μάλιστα δὲ ἐπήκοος Διονυσίῳ· ἐκεῖνος οὐδέποτε
παρῆλθεν αὐτήν." εἶτα διηγοῦντο τῆς θεοῦ τὰς ἐπιφανείας καί     6
τις εἶπε τῶν ἀγροίκων "δόξεις, ὦ γύναι, θεασαμένη τὴν Ἀφροδί-
5  την εἰκόνα βλέπειν σεαυτῆς." ἀκούσασα δὲ ἡ Καλλιρόη δακρύων
ἐπλήσθη καὶ λέγει πρὸς ἑαυτὴν "οἴμοι τῆς συμφορᾶς, καὶ ἐνταῦ-
θά ἐστιν Ἀφροδίτη θεός, ἐμοὶ τῶν πάντων κακῶν αἰτία. πλὴν
ἄπειμι, θέλω γὰρ αὐτὴν πολλὰ μέμφασθαι."
Τὸ δὲ ἱερὸν πλησίον ἦν τῆς ἐπαύλεως παρ' αὐτὴν τὴν λεωφό-     7
10 ρον. προσκυνήσασα δὲ ἡ Καλλιρόη καὶ τῶν ποδῶν λαβομένη τῆς
Ἀφροδίτης "σύ μοι" φησὶ "πρώτη Χαιρέαν ἔδειξας, συναρμόσα-
σα δὲ καλὸν ζεῦγος οὐκ ἐτήρησας· καίτοιγε ἡμεῖς σε ἐκοσμοῦμεν.
ἐπεὶ δὲ οὕτως ἐβουλήθης, μίαν αἰτοῦμαι παρὰ σοῦ χάριν· μη-     8
δενί με ποιήσῃς μετ' ἐκεῖνον ἀρέσαι." πρὸς τοῦτο ἀνένευσεν ἡ
15 Ἀφροδίτη· μήτηρ γάρ ἐστι τοῦ Ἔρωτος, καὶ πάλιν ἄλλον ἐπολι-
τεύετο γάμον, ὃν οὐδὲ αὐτὸν ἔμελλε τηρήσειν. ἀπαλλαγεῖσα δὲ
ἡ Καλλιρόη λῃστῶν καὶ θαλάσσης τὸ ἴδιον κάλλος ἀνελάμβανεν,
ὥστε θαυμάζειν τοὺς ἀγροίκους καθημέραν εὐμορφοτέρας αὐτῆς
βλεπομένης.
20 Ὁ δὲ Λεωνᾶς, καιρὸν ἐπιτήδειον εὑρών, Διονυσίῳ λόγους προσ-     3
ήνεγκε τοιούτους· "ἐν τοῖς παραθαλασσίοις, ὦ δέσποτα, χωρίοις
οὐ γέγονας ἤδη χρόνῳ πολλῷ καὶ ποθεῖ τὰ ἐκεῖ τὴν σὴν ἐπιδη-
μίαν. ἀγέλας σε δεῖ καὶ φυτείας θεάσασθαι, καὶ ἡ συγκομιδὴ
τῶν καρπῶν ἐπείγει. χρῆσαι καὶ τῇ πολυτελείᾳ τῶν οἰκιῶν ἅς     2
25 σοῦ κελεύσαντος ᾠκοδομήσαμεν· οἴσεις δὲ καὶ τὸ πένθος ἐλα-
φρότερον ἐκεῖ, περισπώμενος ὑπὸ τῆς τῶν ἀγρῶν ἀπολαύσεως
καὶ διοικήσεως. ἐὰν δέ τινα ἐπαινέσῃς ἢ βουκόλον ἢ ποιμένα,
δώσεις αὐτῷ τὴν νεώνητον γυναῖκα." ἤρεσε τῷ Διονυσίῳ ταῦτα

---

1 παραγινόμενοι F : παραγεν- Rei. ‖ 6 ἐπλήσθη F (cf. X.E. 2.3.8, A.T.
6.7.1) : ἐνεπ- Her. (cf. 6.3.3, 8.4.9) ‖ 7 θεός, ἐμοὶ interp. Slings : θεὸς
ἐμοί F : θ- ἢ μοι Jacobs | τῶν πάντων F : πάντων τῶν Bl. : τοιούτων Rei. :
τοσούτων Jacobs ‖ 17 ἀνελάμβανεν F : ἀπε- Cob. (sed cf. 5.5.7)

3 καὶ προεῖπε τὴν ἔξοδον εἰς ῥητὴν ἡμέραν. παραγγελίας δὲ γενο-
μένης παρεσκεύαζον ἡνίοχοι μὲν ὀχήματα, ἱπποκόμοι δὲ ἵππους,
ναῦται δὲ πορθμεῖα· φίλοι παρεκαλοῦντο συνοδεύειν καὶ πλῆθος
4 ἀπελευθέρων· φύσει γὰρ ἦν ὁ Διονύσιος μεγαλοπρεπής. ἐπεὶ δὲ
πάντα ηὐτρέπιστο, τὴν μὲν παρασκευὴν καὶ τοὺς πολλοὺς ἐκέ- 5
λευσε διὰ θαλάσσης κομίζεσθαι, τὰ δὲ ὀχήματα ἐπακολουθεῖν
ὅταν αὐτὸς προέλθῃ, πενθοῦντί τε γὰρ μὴ πρέπειν πομπήν. ἅμα
δὲ τῇ ἕῳ, πρὶν αἰσθέσθαι τοὺς πολλούς, ἵππῳ ἐπέβη πέμπτος·
εἷς δὲ ἦν ἐν αὐτοῖς καὶ ὁ Λεωνᾶς.

5 Ὁ μὲν οὖν Διονύσιος ἐξήλαυνεν εἰς τοὺς ἀγρούς, ἡ δὲ Καλλιρό- 10
η τῆς νυκτὸς ἐκείνης θεασαμένη τὴν Ἀφροδίτην ἐβουλήθη καὶ
πάλιν αὐτὴν προσκυνῆσαι· καὶ ἡ μὲν ἑστῶσα ηὔχετο, Διονύσιος
δὲ ἀποπηδήσας ἀπὸ τοῦ ἵππου πρῶτος εἰσῆλθεν εἰς τὸν νεών.
ψόφου δὲ ποδῶν αἰσθομένη Καλλιρόη πρὸς αὐτὸν ἐπεστράφη.
6 θεασάμενος οὖν ὁ Διονύσιος ἀνεβόησεν "ἵλεως εἴης, ὦ Ἀφροδίτη, 15
καὶ ἐπ᾽ ἀγαθῷ μοι φανείης." καταπίπτοντα δὲ αὐτὸν ἤδη Λεω-
νᾶς ὑπέλαβε καὶ "αὕτη" φησίν, "ὦ δέσποτα, ἡ νεώνητος· μηδὲν
ταραχθῇς. καὶ σὺ δέ, ὦ γύναι, πρόσελθε τῷ κυρίῳ." Καλλιρόη
μὲν οὖν πρὸς τὸ ὄνομα τοῦ κυρίου κάτω κύψασα, πηγὴν ἀφῆκε
δακρύων ὀψὲ μεταμανθάνουσα τὴν ἐλευθερίαν· ὁ δὲ Διονύσιος 20
πλήξας τὸν Λεωνᾶν "ἀσεβέστατε" εἶπεν, "ὡς ἀνθρώποις διαλέγῃ

---

20 ὀψὲ ... ἐλευθερίαν] Aeschin. *In Ctes.* 157 πρεσβύτας ἀνθρώπους, πρεσβύ-
τιδας γυναῖκας ὀψὲ μεταμανθάνοντας τὴν ἐλευθερίαν (Rebellionem facientes
Thebani vincuntur)

---

1 ῥητὴν Rei. (cf. 4.1.7) : ἦν F : τρίτην vel numerum alium prop. Rei. ‖
8 αἰσθέσθαι edd. : αἴσθεσθαι F | ἵππῳ F (sic) : ἵππου Her. (iam prop. D'Or.) |
ἐπέβη πέμπτος· correxi post Cob. : ἐπέβη· πέμπτος F : π- ἐπέβη· Jackson :
ἐπέβη π- ⟨αὐτός⟩· Cob. : π- ⟨αὐτός⟩ ἐπέβη· Rea. post Cob. ‖ 9 εἷς δὲ Cob.
(maluit δ') : δὲ εἷς F (sic) ‖ 14 ψοφ]ου incipit Π² | ποδων Π², ut olim D'Or. :
πόθεν F | καλ]λιροη Π², sic passim (ut Π¹W) : καλλιρρόη F, ut ubique ‖
15 ἀνεβόησεν ἵλεως εἴης F : ειλεως εφη Π² ‖ 17 ὑπέλαβε F : υπελαβεν Π² |
ὦ F (cf. 3.6.5) : εστιν ω Π² ‖ 19–20 κατω [κυψασα πη]γην αφηκε δακρυων
Π² (cf. 2.5.5, 2.7.5) : κάτω κύψασα post δακρύων F

τοῖς θεοῖς; σὺ ταύτην λέγεις ἀργυρώνητον; δικαίως οὖν οὐχ εὗρες    7
τὸν πιπράσκοντα. οὐκ ἤκουσας οὐδὲ Ὁμήρου διδάσκοντος ἡμᾶς
    καί τε θεοὶ ξείνοισιν ἐοικότες ἀλλοδαποῖσιν
    ἀνθρώπων ὕβριν τε καὶ εὐνομίην ἐφορῶσι;"
5 ⟨...⟩ Καλλιρόη "παῦσαί μου καταγελῶν καὶ θεὸν ὀνομάζων τὴν
οὐδὲ ἄνθρωπον εὐτυχῆ." λαλούσης δὲ αὐτῆς ἡ φωνὴ τῷ Διονυσί-    8
ῳ θεία τις ἐφάνη· μουσικὸν γὰρ ἐφθέγγετο καὶ ὥσπερ κιθάρας
ἀπεδίδου τὸν ἦχον. ἀπορηθεὶς οὖν καὶ ἐπὶ πλέον ὁμιλεῖν καταιδε-
σθεὶς ἀπῆλθεν εἰς τὴν ἔπαυλιν, φλεγόμενος ἤδη τῷ ἔρωτι. μετ'
10 οὐ πολὺ δὲ ἧκεν ἐξ ἄστεος ἡ παρασκευή, καὶ ταχεῖα φήμη δι-
έδραμε τοῦ γεγονότος. ἔσπευδον οὖν πάντες τὴν γυναῖκα ἰδεῖν,    9
προσεποιοῦντο δὲ πάντες τὴν Ἀφροδίτην προσκυνεῖν. αἰδουμένη
δὲ ἡ Καλλιρόη τὸ πλῆθος οὐκ εἶχεν ὅ τι πράξει· πάντα γὰρ ἦν
αὐτῇ ξένα καὶ οὐκ ἔβλεπεν οὐδὲ τὴν συνήθη Πλαγγόνα, ἀλλ' ἐ-
15 κείνη περὶ τὴν ὑποδοχὴν ἐγίνετο τοῦ δεσπότου. προκοπτούσης    10
δὲ τῆς ὥρας καὶ μηδενὸς ἥκοντος εἰς τὴν ἔπαυλιν, ἀλλὰ πάντων
ἑστώτων ἐκεῖ καὶ κεκλημένων, συνῆκε Λεωνᾶς τὸ γεγονὸς καὶ

---

3–4 Hom., *Od.* 17.485, 487 καὶ ... ἀλλοδαποῖσι, / παντοῖοι τελέθοντες,
ἐπιστρωφῶσι πόληας, / ... ἐφορῶντες (Procus quidam cum Antinoo loqui-
tur ante Ulixem ut mendicum indutum)

---

1 θεοῖς· σὺ ταύτην F (sic) : θεοις ταυ]την Π² ut videtur | δι]καιως ουν Π²
(suppl. Hunt) : καὶ ὡς F ‖ 3 καί τε Her. ex Homeri libris : καί γε οἱ F : vacat
Π², sed spatium lacunae καί τε (vel γε) οἱ postulat ‖ 4 ἐφορῶσι F : εφορωσιν
Π² : ἐφορῶντες Homeri codd. ‖ 5 ⟨...⟩ Καλλιρόη edidi (vide Π²) post Rea. (†[
] Καλλιρόη†) : [ca. 12 litt. κα]λλιρον Π² ([ἀνέκραγεν ἡ Κα]- suppl. Zimm.,
cf. 8.3.2, [τότ' οὖν εἶπεν ἡ Κα]- Bl., [τὸ λοιπόν γ' ἔφη Κα]- Fuhr) : τὸ γοῦν
λοιπὸν F : lac. ampliorem stat. D'Or. : τὸ γοῦν λοιπὸν (F) del. Calderini | θεὸν
F : θεαν Π² | ονο[μαζων] Π² : εἶναι νομίζων F ‖ 6 post α[υ]της vacat Π² us-
que ad lin. 16 παν]των ‖ 12 πάντες secl. Jakob ‖ 13 πράξει F : -ξειε Cob. ‖
16 παν]των denuo incipit Π² ‖ 17 καὶ Π²F : ὡς Jacobs | κεκλημένων Ja-
cobs : κεκλημένων Π²F | συνῆκε Λεωνᾶς τὸ γεγονὸς F : συνηκεν ο λεωνας Π²

ἀφικόμενος εἰς τὸ τέμενος ἐξήγαγε τὴν Καλλιρόην. τότε δὲ ἦν
ἰδεῖν ὅτι φύσει γίνονται βασιλεῖς, ὥσπερ ὁ ἐν τῷ σμήνει τῶν με-
λισσῶν· ἠκολούθουν γὰρ αὐτομάτως ἅπαντες αὐτῇ καθάπερ ὑπὸ
τοῦ κάλλους δεσποίνῃ κεχειροτονημένῃ.

**4**    Ἡ μὲν οὖν ἀπῆλθεν εἰς τὴν οἴκησιν τὴν συνήθη· Διονύσιος    5
δὲ ἐτέτρωτο μέν, τὸ δὲ τραῦμα περιστέλλειν ἐπειρᾶτο, οἷα δὴ
πεπαιδευμένος ἀνὴρ καὶ ἐξαιρέτως ἀρετῆς ἀντιποιούμενος. μήτε
δὲ τοῖς οἰκέταις θέλων εὐκαταφρόνητος δοκεῖν μήτε μειρακιώδης
τοῖς φίλοις, διεκαρτέρει παρ᾽ ὅλην τὴν ἑσπέραν, οἰόμενος μὲν
**2** λανθάνειν, κατάδηλος δὲ γινόμενος μᾶλλον ἐκ τῆς σιωπῆς. μοῖραν    10
δέ τινα λαβὼν ἀπὸ τοῦ δείπνου "ταύτην" φησὶ "κομισάτω τις τῇ
ξένῃ. μὴ εἴπῃ δὲ 'παρὰ τοῦ κυρίου,' ἀλλὰ 'παρὰ Διονυσίου.'"
   Τὸν μὲν οὖν πότον προήγαγεν ἐπὶ πλεῖστον· ἠπίστατο γὰρ
ὅτι οὐ μέλλει καθεύδειν. ἀγρυπνεῖν οὖν ἐβούλετο μετὰ τῶν φί-
**3** λων. ἐπεὶ δὲ προέκοπτε τὰ τῆς νυκτός, ἀναλύσας ὕπνον μὲν οὐκ    15
ἐλάμβανεν, ὅλος δὲ ἦν ἐν τῷ τῆς Ἀφροδίτης ἱερῷ καὶ πάντων
ἀνεμιμνήσκετο, τοῦ προσώπου, τῆς κόμης, πῶς ἐπεστράφη, πῶς
ἐνέβλεψε, τῆς φωνῆς, τοῦ σχήματος, τῶν ῥημάτων· ἐξέκαε δὲ

---

1–3 τότε ... μελισσῶν] X. *Cyr.* 5.1.24 βασιλεὺς γὰρ ἔμοιγε δοκεῖς σὺ φύσει
πεφυκέναι οὐδὲν ἧττον ἢ ὁ ἐν τῷ σμήνει φυόμενος τῶν μελιττῶν ἡγεμών (Persa
ad Cyrum), et cf. Pl. *R.* 520b 5–6

---

1 ἀφικόμενος F : αφεικομενος Π² | καλλιροην Π² (cf. 2.3.7) : καλλιρρόην F
(sic semper) | τότε δὲ F : τους δ᾽ Π² ‖ 2 γίνονται F : γεινονται Π² | ο Π² : om.
F ‖ 3 αυτοματως Π² : om. F | αυτη Π² : om. F ‖ 4 κεχειροτονημένη F (sic) :
κεχειροτομενοι Π² ‖ 6 δὲ F (ante ἐτέτρωτο) : δ᾽ Π² ut vid. | οια δη Π² : οἷα
δὲ F ‖ 7 ἀντιποιούμενος F : αντεποιουμενος Π² ‖ 7–8 μήτε δὲ Reeve : μ[η]
δε Π² : μήτε F ‖ 8 θελων Π² : ἐθέλων F ‖ 9 οἰόμενος μὲν F : ποιο[υ]μενος
γαρ Π² ‖ 10 γινόμενος F : γεινομενος Π² | μαλλον Π² : om. F ‖ 11 λαβων
Π² : λαβόμενος F ‖ 12 ειπη[ Π² (ειπη[τε non veri simile) : εἴπητε F | αλλα
Π² : ἀλλ᾽ ὅτι F ‖ 13 προήγαγεν Π²F : παρήγ- Gasda | post ἠπίστατο desinit
Π² ‖ 15 ἀναλύσας F : ἀναπαύσας Slings : διαλύσας Hertlein | ὕπνον Sanz :
ὕπνου F ‖ 16 ἐλάμβανεν F (-ε scriptum) : ἐλάγχανεν Cob. ‖ 17 ἐπεστράφη
Cob. (cf. 2.3.5) : ἐστράφη F ‖ 18 ἐνέβλεψε F : fort. ἀνέ- Bl.

αὐτὸν τὰ δάκρυα. τότ᾽ ἦν ἰδεῖν ἀγῶνα λογισμοῦ καὶ πάθους. καί-   4
τοι γὰρ βαπτιζόμενος ὑπὸ τῆς ἐπιθυμίας γενναῖος ἀνὴρ ἐπειρᾶτο
ἀντέχεσθαι. καθάπερ δὲ ἐκ κύματος ἀνέκυπτε λέγων πρὸς ἑαυ-
τὸν "οὐκ αἰσχύνῃ, Διονύσιε· ἀνὴρ ὁ πρῶτος τῆς Ἰωνίας ἕνεκεν
5   ἀρετῆς τε καὶ δόξης, ὃν θαυμάζουσι σατράπαι καὶ βασιλεῖς καὶ
πόλεις, παιδαρίου πράγματα πάσχων; ἅπαξ ἰδὼν ἐρᾷς, καὶ ταῦτα
πενθῶν, πρὶν ἀφοσιώσασθαι τοὺς τῆς ἀθλίας δαίμονας. τούτου   5
γε ⟨ἕνεκεν⟩ ἦκες εἰς ἀγρὸν ἵνα μελανείμων γάμους θύσῃς, καὶ
γάμους δούλης, τάχα δὲ καὶ ἀλλοτρίας; οὐκ ἔχεις γὰρ αὐτῆς οὐδὲ
10   τὴν καταγραφήν." ἐφιλονείκει δὲ ὁ Ἔρως βουλευομένῳ καλῶς
καὶ ὕβριν ἐδόκει τὴν σωφροσύνην τὴν ἐκείνου· διὰ τοῦτο ἐπυρ-
πόλει σφοδρότερον ψυχὴν ἐν ἔρωτι φιλοσοφοῦσαν. μηκέτ᾽ οὖν   6
φέρων μόνος αὑτῷ διαλέγεσθαι, Λεωνᾶν μετεπέμψατο· κληθεὶς
δὲ ἐκεῖνος συνῆκε μὲν τὴν αἰτίαν, προσεποιεῖτο δὲ ἀγνοεῖν καὶ
15   ὥσπερ τεταραγμένος "τί" φησὶν "ἀγρυπνεῖς, ὦ δέσποτα; μή τι
πάλιν σε λύπη κατείληφε τῆς τεθνηκυίας γυναικός;" "γυναικὸς
μὲν" εἶπεν ὁ Διονύσιος, "ἀλλ᾽ οὐ τῆς τεθνηκυίας. οὐδὲν δὲ ἀ-
πόρρητόν ἐστί μοι πρὸς σὲ δι᾽ εὔνοιάν τε καὶ πίστιν. ἀπόλωλά   7
σοι, ὦ Λεωνᾶ. σύ μοι τῶν κακῶν αἴτιος. πῦρ ἐκόμισας εἰς τὴν
20   οἰκίαν, μᾶλλον δὲ εἰς τὴν ἐμὴν ψυχήν. ταράττει δέ με καὶ τὸ

---

1 post αὐτόν, καὶ add. Jacobs ‖ 3 ἀντέχεσθαι F : ἀνέχ- Bl. ‖ 3–4 ἑαυτὸν
F : αὑτὸν Rea. ‖ 6 πράγματα F : πράγμα Cob. ‖ 8 ⟨ἕνεκεν⟩ edd. post D'Or.
et Rei. (⟨ἕνεκα⟩), cf. 5.7.3 : ⟨χάριν⟩ D'Or., Rei. ‖ 10 ]ν κ[αταγραφην inci-
pit iterum Π² (P. Oxy. 2948, altera pars huius papyri), valde lacunosa |
βουλευομένῳ Zankogiannes : βουλευομένου F (vacat Π²) ‖ 11–12 επυρ-
πο[λει Π², iam Her. : ἐπυρφόρει F ‖ 13 αὑτῷ D'Or. : αὐτῷ F, sic (vacat
Π², quae notas diacriticas non consignat) ‖ 15 μη τι Π², iam Cob. : μή τις
F ‖ 16 κατείληφε F : κατει]ληφεν Π² ‖ 16–18 τεθνηκυίας γυναικός ... οὐδὲν
δὲ ἀπόρρητόν F : τ[εθνηκυιας ουδεν] απορρητον Π², cuius librarius propter
repetitionem τεθνηκυίας ... τεθνηκυίας verba interposita om. (cf. haplogr. in
2.4.10) ‖ 18–19 απολ]ωλα σοι Π², iam Zimm. (cf. 1.14.9) : ἀπόλωλας ὦ
F ‖ 20 ταρατ[τει Π² : ταράσσει F

ἄδηλον τὸ περὶ τῆς γυναικός. μῦθόν μοι διηγῇ ἔμπορον πτηνόν,
ὃν οὐκ οἶδας οὔτε ὁπόθεν ἦλθεν οὔτε ὅπου πάλιν ἀπῆλθεν. ἔχων
δέ τις τοιοῦτον κάλλος ἐν ἐρημίᾳ πιπράσκει καὶ ταλάντου τὴν
τῶν βασιλέως χρημάτων ἀξίαν; δαίμων σέ τις ἐξηπάτησεν; ἐ-
8 πίστησον οὖν καὶ ἀναμνήσθητι τῶν γενομένων. τίνα εἶδες; τίνι   5
ἐλάλησας; εἰπέ μοι τὸ ἀληθές. οὐ πλοῖον ἐθεάσω." "οὐκ εἶδον,
δέσποτα, ἀλλὰ ἤκουσα." "τοῦτο ἐκεῖνο· μία Νυμφῶν ἢ Νηρηΐ-
δων ἐκ θαλάσσης ἀνελήλυθε. καταλαμβάνουσι δὲ καὶ δαίμονας
καιροί τινες εἱμαρμένης ἀνάγκην φέροντες ὁμιλίας μετ᾽ ἀνθρώ-
9 πων· ταῦτα ἡμῖν ἱστοροῦσι ποιηταί τε καὶ συγγραφεῖς." ἡδέως   10
δ᾽ ἀνέπειθεν αὐτὸν ὁ Διονύσιος ἀποσεμνύνειν τὴν γυναῖκα καὶ
σεβασμιωτέρας ἢ κατὰ ἄνθρωπον ὁμιλίας. Λεωνᾶς δὲ χαρίσα-
σθαι τῷ δεσπότῃ βουλόμενος εἶπε "τίς μέν ἐστι, δέσποτα, μὴ
πολυπραγμονῶμεν· ἄξω δὲ αὐτήν, εἰ θέλεις, πρὸς σέ, καὶ μὴ ἔχε
10 λύπην ⟨ὡς⟩ ἀποτυγχάνων ἐν ἔρωτος ἐξουσίᾳ." "οὐκ ἂν ποιήσαι-   15
μι" φησὶν ὁ Διονύσιος "πρὶν μαθεῖν τίς ἡ γυνὴ καὶ πόθεν. ἔωθεν
οὖν πυθώμεθα παρ᾽ αὐτῆς τὴν ἀλήθειαν. μεταπέμψομαι δ᾽ αὐτὴν
οὐκ ἐνθάδε, μὴ καί τινος βιαιοτέρου λάβωμεν ὑποψίαν, ἀλλ᾽ ὅπου

---

1–2 ἔμπορον πτηνόν, ὃν οὐκ F : εμ[πορον 4 litt. ον ου]χ Π² ut vid. (ἔμπορόν
⟨τινα⟩ ὃν οὐκ suppl. Weinstein, cf. 2.1.3) ‖ 2 οἶδας F : οιδα Π² | οὔτε ...
ο[υ]τ[ε Π² (iam οὔθ᾽ ... οὔθ᾽ Her.) : οὐδ᾽ ... οὐδ᾽ F | ἦλθεν F : om. in lac.
Π², ut vid. | ὅπου Π²F : ὅποι Cob. (sed cf. 3.10.3, etc.) ‖ 3 δέ τις Sanz
(cf. 3.2.3, 3.6.7) : δὲ τίς F | τοιοῦτον F (cf. 7.1.3, 8.3.9, etc.) : τοιουτο
Π² | post πιπράσκει, καὶ del. Her. ‖ 4 σέ τις, sic σε τις in Π² interpretor, ut
olim coni. Cob. : δὲ τίς F : σε τίς Reeve : δέ ⟨σέ⟩ τις Rei. : δὲ τίς ⟨σε⟩ Bl. ‖
5 τινα Π², iam Her. : τίνας F ‖ 6 ἐλάλησας F : ελαλησεν Π² | ἐθεάσω sic
dist. D'Or. : ἐθεάσω; F : nullum signum in Π², ut ubique ‖ 7 τοῦτο ἐκεῖνο F :
τουτ εχ[εινο Π², sed cum script. plena semper ‖ 9 ὁμιλίας F : ομειλια[ς Π² ‖
11 ανεπειθ[ὲν αυτο]ν Π², leg. ἀνέπειθεν αὐτὸν ut olim Her. : ἂν ἔπειθεν αὐτὸν
F | ἀποσεμνύνειν F : σεμν[υειν Π² ‖ 11–12 καὶ ... ὁμιλίας F, suspectum : και
σεβ[ Π² : καὶ σεβασμιωτέρας ... ὁμιλίας ⟨ἡγεῖσθαι⟩ (vel ⟨νομίζειν⟩) aut [καὶ]
Rei. : ὡς pro καὶ Bl. | post καὶ σεβ[ deficit Π² usque ad lin. 17 αληθ[ειαν ‖
15 ⟨ὡς⟩ ἀποτυγχάνων Bl. (cf. 3.1.3) : ἀποτυγχάνεις F ‖ 17 αληθ[ειαν incipit
iterum Π², sed legi vix potest

πρῶτον αὐτὴν ἐθεασάμην, ἐπὶ τῆς Ἀφροδίτης γενέσθωσαν ἡμῖν
οἱ λόγοι."

Ταῦτα ἔδοξε, καὶ τῇ ὑστεραίᾳ ὁ μὲν Διονύσιος παραλαβὼν φί-     5
λους τε καὶ ἀπελευθέρους καὶ τῶν οἰκετῶν τοὺς πιστοτάτους, ἵνα
5  ἔχῃ καὶ μάρτυρας, ἧκεν εἰς τὸ τέμενος, οὐκ ἀμελῶς σχηματίσας
ἑαυτόν, ἀλλὰ κοσμήσας ἠρέμα τὸ σῶμα, ὡς ἂν ἐρωμένῃ μέλ-
λων ὁμιλεῖν. ἦν δὲ καὶ φύσει καλός τε καὶ μέγας καὶ μάλιστα     2
πάντων σεμνὸς ὀφθῆναι. Λεωνᾶς δὲ παραλαβὼν τὴν Πλαγγό-
να καὶ μετ' αὐτῆς τὰς συνήθεις τῇ Καλλιρόῃ θεραπαινίδας ἧκε
10  πρὸς αὐτὴν καὶ λέγει "Διονύσιος ἀνὴρ δικαιότατός ἐστι καὶ νομι-
μώτατος. ἧκε τοίνυν εἰς τὸ ἱερόν, ὦ γύναι, καὶ πρὸς αὐτὸν εἰπὲ     3
τὴν ἀλήθειαν, τίς οὖσα τυγχάνεις· οὐ γὰρ ἀτυχήσεις οὐδεμιᾶς
δικαίας βοηθείας. ἀλλὰ μόνον ἁπλῶς αὐτῷ διαλέγου, καὶ μηδὲν
ἀποκρύψῃς τῶν ἀληθῶν· τοῦτο γὰρ αὐτὸν ἐπικαλέσεται μᾶλλον
15  ⟨πρὸς⟩ τὴν εἰς σὲ φιλανθρωπίαν." ἄκουσα μὲν οὖν ἐβάδιζεν ἡ
Καλλιρόη, θαρροῦσα δὲ ὅμως διὰ τὸ ἐν ἱερῷ γενήσεσθαι τὴν ὁμι-
λίαν αὐτοῖς. ἐπεὶ δὲ ἧκεν, ἔτι μᾶλλον αὐτὴν ἐθαύμασαν ἅπαντες.     4
καταπλαγεὶς οὖν ὁ Διονύσιος ἄφωνος ἦν. οὔσης δὲ ἐπὶ πλεῖστον
σιωπῆς ὀψέ ποτε καὶ μόλις ἐφθέγξατο "τὰ μὲν ἐμὰ δῆλά σοι,
20  γύναι, πάντα. Διονύσιός εἰμι, Μιλησίων πρῶτος, σχεδὸν δὲ καὶ
τῆς ὅλης Ἰωνίας, ἐπ' εὐσεβείᾳ καὶ φιλανθρωπίᾳ διαβόητος. δί-
καιόν ἐστι καὶ σὲ περὶ ἑαυτῆς εἰπεῖν ἡμῖν τὴν ἀλήθειαν· οἱ μὲν     5

---

10–11 ἀνὴρ ... νομιμώτατος] X. Cyr. 1.6.27 δικαιότατός τε καὶ νομιμώτατος
ἀνήρ (Cyrus)

---

1–3 inter εθεα]σαμη[ν] et εδο]ξεν κα[ι lac. ca. 14–17 litt. in Π² (41 litt. in
F), quae ut vid. nonn. verba om. (fort. lineam integram archetypi, ca. 24–27
litt.) ‖ 3 ἔδοξε F : εδο]ξεν Π² | τῇ ὑστεραίᾳ F, sic (vacat Π², quae veri
similiter dativum habebat, nam quaeque linea 22–25 litt. continet, haec linea
27 genitivum si legis) : τῆς ὑστεραίας Jackson ‖ 5 post μα]ρ[τ]υ[ρας deficit
omnino Π² | ἧκεν D'Or. : ἡμῖν F ‖ 13 δικαίας Cob. post D'Or. (-ίου) : δικαίως
F | μηδὲν D'Or. : μὴ δὲ F ‖ 14 ἀποκρύψῃς Rei. (cf. 3.9.6, 6.6.6) : ὑποκρύψῃς
F | αὐτὸν ἐπικαλέσεται F : αὐτοῦ ἐκκαλέσεται (vel ἐπεκκαλέσεται) D'Or.,
sed cum hiatu ‖ 15 ⟨πρὸς⟩ Cob. : ⟨ἐπὶ⟩ Abresch ‖ 22 ἑαυτῆς F : σεαυτῆς
Her.

γὰρ πωλήσαντές σε Συβαρῖτιν ἔφασαν κατὰ ζηλοτυπίαν ἐκεῖθεν
πραθεῖσαν ὑπὸ δεσποίνης." ἠρυθρίασεν ἡ Καλλιρόη καὶ κάτω
κύψασα ἠρέμα εἶπεν "ἐγὼ νῦν πρῶτον πέπραμαι· Σύβαριν δὲ οὐκ

6 εἶδον." "ἔλεγόν σοι" φησὶ Διονύσιος ἀποβλέψας πρὸς τὸν Λεωνᾶν
"ὅτι οὐκ ἔστι δούλη· μαντεύομαι δὲ ὅτι καὶ εὐγενής." "εἶπόν μοι,   5
γύναι, πάντα, καὶ πρῶτόν γε τοὔνομα τὸ σόν." "Καλλιρόη" φησίν
(ἤρεσε Διονυσίῳ καὶ τὸ ὄνομα), τὰ δὲ λοιπὰ ἐσιώπα. πυνθανομέ-
νου δὲ λιπαρῶς "δέομαί σου" φησίν, "ὦ δέσποτα, συγχώρησόν

7 μοι τὴν ἐμαυτῆς τύχην σιωπᾶν. ὄνειρος ἦν τὰ πρῶτα καὶ μῦθος,
εἰμὶ δὲ νῦν ὃ γέγονα, δούλη καὶ ξένη." ταῦτα λέγουσα ἐπειρᾶτο   10
μὲν λανθάνειν, ἐλείβετο δὲ αὐτῆς τὰ δάκρυα κατὰ τῶν παρειῶν.
προήχθη δὲ ⟨καὶ⟩ ὁ Διονύσιος κλαίειν καὶ πάντες οἱ περιεστη-
κότες· ἔδοξε δ᾽ ἄν τις καὶ τὴν Ἀφροδίτην αὐτὴν σκυθρωποτέραν
γεγονέναι. Διονύσιος δὲ ἐνέκειτο ἔτι μᾶλλον πολυπραγμονῶν καὶ

8 "ταύτην" ⟨εἶπεν⟩ "αἰτοῦμαι παρά σου χάριν πρώτην. διήγησαί   15
μοι, Καλλιρόη, τὰ σεαυτῆς. οὐ πρὸς ἀλλότριον ἐρεῖς· ἔστι γάρ τις
καὶ τρόπου συγγένεια. μηδὲν φοβηθῇς, μηδ᾽ εἰ πέπρακταί σοί τι
δεινόν." ἠγανάκτησεν ἡ Καλλιρόη πρὸς τοῦτο καὶ "μή με ὕβριζε"

9 εἶπεν, "οὐδὲν γὰρ σύνοιδα ἐμαυτῇ φαῦλον. ἀλλ᾽ ἐπεὶ σεμνότε-
ρα τἀμὰ τῆς τύχης ἐστὶ τῆς παρούσης, οὐ θέλω δοκεῖν ἀλαζὼν   20
οὐδὲ λέγειν διηγήματα ἄπιστα τοῖς ἀγνοοῦσιν· οὐ γὰρ μαρτυ-
ρεῖ τὰ πρῶτα τοῖς νῦν." ἐθαύμασεν ὁ Διονύσιος τὸ φρόνημα τῆς
γυναικὸς καὶ "συνίημι" φησὶν "ἤδη, κἂν μὴ λέγῃς· εἰπὲ δὲ ὅ-
μως· οὐδὲν γὰρ περὶ σεαυτῆς ἐρεῖς τηλικοῦτον, ἡλίκον ὁρῶμεν.

---

10–11 (cf. etiam 5.2.4) ταῦτα ... παρειῶν] X. *Cyr.* 6.4.3 quasi ad litteram
(Panthea Abradatae suas lacrumas dissimulare conatur)

---

1 Συβαρῖτιν Cob. : συβαρίτιν F ‖ 4 εἶδον F : οἶδα Naber ‖ 5 εἶπόν F (cf.
5.7.10) : εἰπέ Rea. (ut F ubique et in 5.7.10 super lineam) ‖ 12 add. Her. ‖
15 ⟨εἶπεν⟩ Sanz (cf. 1.4.7, 1.12.10, 2.5.5, 2.10.4) : ⟨ἔφη⟩ Zankogiannes, sed
cum hiatu ‖ 16 σεαυτῆς F : σαυτῆς Heibges ‖ 19 φαῦλον D'Or. : φίλον F ‖
20 τἀμὰ ... παρούσης Her. : τὰ ... παρούσης F : τὰ τῆς ⟨πρὶν⟩ ... π- Abresch ‖
22 τὰ πρῶτα τοῖς F : τοῖς πρώτοις τὰ Slings

πᾶν ἐστί σου σμικρότερον λαμπρὸν διήγημα." μόλις οὖν ἐκείνη    10
τὰ καθ' ἑαυτὴν ἤρξατο λέγειν "Ἑρμοκράτους εἰμὶ θυγάτηρ, τοῦ
Συρακοσίων στρατηγοῦ. γενομένην δέ με ἄφωνον ἐξ αἰφνιδίου
πτώματος ἔθαψαν οἱ γονεῖς πολυτελῶς. ἤνοιξαν τυμβωρύχοι τὸν
5   τάφον· εὗρον κἀμὲ πάλιν ἐμπνέουσαν· ἤνεγκαν ἐνθάδε καὶ Λε-
ωνᾷ με τούτῳ παρέδωκε Θήρων ἐπ' ἐρημίας." πάντα εἰποῦσα    11
μόνον Χαιρέαν ἐσίγησεν. "ἀλλὰ δέομαί σου, Διονύσιε ("Ελλην
γὰρ εἶ καὶ πόλεως φιλανθρώπου καὶ παιδείας μετείληφας), μὴ
γένῃ τοῖς τυμβωρύχοις ὅμοιος μηδὲ ἀποστερήσῃς με πατρίδος
10  καὶ συγγενῶν. μικρόν ἐστί σοι πλουτοῦντι σῶμα ἐᾶσαι· τὴν τιμὴν
οὐκ ἀπολέσεις, ἐὰν ἀποδῷς με τῷ πατρί· Ἑρμοκράτης οὐκ ἔστιν
ἀχάριστος. τὸν Ἀλκίνοον ἀγάμεθα δὴ καὶ πάντες φιλοῦμεν ὅτι
εἰς τὴν πατρίδα ἀνέπεμψε τὸν ἱκέτην· ἱκετεύω σὲ κἀγώ. σῶσον
αἰχμάλωτον ὀρφανήν. εἰ δὲ μὴ δύναμαι ζῆν ὡς εὐγενής, αἱροῦ-    12
15  μαι θάνατον ἐλεύθερον." ἀκούων δὲ τούτων ἔκλαιε προφάσει μὲν
Καλλιρόην, τὸ δὲ ἀληθὲς ἑαυτόν· ἠσθάνετο γὰρ ἀποτυγχάνων τῆς
ἐπιθυμίας. "θάρρει δὲ" ἔφη, "Καλλιρόη, καὶ ψυχὴν ἔχε ἀγαθήν·
οὐ γὰρ ἀτυχήσεις ὧν ἀξιοῖς· μάρτυν καλῶ τήνδε τὴν Ἀφροδίτην.
ἐν δὲ τῷ μεταξὺ θεραπείαν ἕξεις παρ' ἡμῖν δεσποίνης μᾶλλον ἢ
20  δούλης."
Καὶ ἡ μὲν ἀπῄει πεπεισμένη μηδὲν ἄκουσα δύνασθαι παθεῖν,    6
ὁ δὲ Διονύσιος λυπούμενος ἧκεν εἰς οἶκον τὸν ἴδιον καὶ μόνον
καλέσας Λεωνᾶν "κατὰ πάντα" φησὶν "ἐγὼ δυστυχής εἰμι καὶ
μισούμενος ὑπὸ τοῦ Ἔρωτος. τὴν μὲν γαμετὴν ἔθαψα, φεύγει
25  δὲ ἡ νεώνητος, ἣν ἤλπιζον ἐξ Ἀφροδίτης εἶναί μοι τὸ δῶρον,
καὶ ἀνέπλαττον ἐμαυτῷ βίον μακάριον ὑπὲρ Μενέλεων τὸν τῆς

---

15–16 (vid. 8.5.2) ἔκλαιε ... αὐτόν] Hom. *Il*. 19.301–302

---

9 μηδὲ D'Or. : μὴ δὲ F ‖ 10 μικρόν ἐστί D'Or. : μικρὸν ἔστι F ‖ ἐάσαι F
(sic, corr. D'Or.) : ἕν καὶ Schmidt ‖ 15 τούτων transposui (cf. 5.1.2, 8.5.6) :
ante ἀκούων F : δὲ om. Apogr. ‖ προφάσει F (cf. 3.3.1) : πρόφασιν Naber (cf.
8.5.2) ‖ 16 ἑαυτόν F : αὐτόν Rea. ‖ 25 τὸ secl. Her. ‖ 26sq. τὸν ... γυναικός
fort. glossema iudic. Dawe, nisi pro τὸν e. g. μετά legas

Λακεδαιμονίας γυναικός· οὐδὲ γὰρ τὴν Ἑλένην εὔμορφον οὕτως
2 ὑπολαμβάνω γεγονέναι. πρόσεστι δὲ αὐτῇ καὶ ἡ τῶν λόγων πειθώ.
βεβίωταί μοι. τῆς αὐτῆς ἡμέρας ἀπαλλαγήσεται Καλλιρόη μὲν
ἐντεῦθεν, ἐγὼ δὲ τοῦ ζῆν." πρὸς τοῦτο ἀνέκραγεν ὁ Λεωνᾶς
"μὴ σύ γε, ὦ δέσποτα, μὴ καταράσῃ σεαυτῷ· κύριος γὰρ εἶ   5
σὺ καὶ τὴν ἐξουσίαν ἔχεις αὐτῆς, ὥστε καὶ ἑκοῦσα καὶ ἄκουσα
3 ποιήσει τὸ σοὶ δοκοῦν· ταλάντου γὰρ αὐτὴν ἐπριάμην." "ἐπρίω σύ,
τρισάθλιε, τὴν εὐγενῆ; οὐκ ἀκούεις Ἑρμοκράτην τὸν στρατηγὸν
τῆς πολλῆς Σικελίας ἐγκεχαραγμένον μεγάλως, ὃν βασιλεὺς ὁ
Περσῶν θαυμάζει καὶ φιλεῖ, πέμπει δὲ αὐτῷ κατ' ἔτος δωρεάς,   10
ὅτι Ἀθηναίους κατεναυμάχησε τοὺς Περσῶν πολεμίους; ἐγὼ
τυραννήσω σώματος ἐλευθέρου, καὶ Διονύσιος ὁ ἐπὶ σωφροσύνῃ
περιβόητος ἄκουσαν ὑβριῶ, ἣν οὐκ ἂν ὕβρισεν οὐδὲ Θήρων ὁ
λῃστής;"
4 Ταῦτα μὲν οὖν εἶπε πρὸς τὸν Λεωνᾶν, οὐ μὴν οὐδ' ἀπεγίνωσκε   15
πείσειν, φύσει γὰρ εὔελπίς ἐστιν ὁ Ἔρως, ἐθάρρει δὲ τῇ θερα-
πείᾳ κατεργάσασθαι τὴν ἐπιθυμίαν. καλέσας οὖν τὴν Πλαγγόνα
"δέδωκάς μοι" φησὶν "ἤδη πεῖραν ἱκανὴν τῆς ἐπιμελείας. ἐγχει-
ρίζω δή σοι τὸ μέγιστον καὶ τιμιώτατόν μου τῶν κτημάτων, τὴν
ξένην. βούλομαι δὲ αὐτὴν μηδενὸς σπανίζειν, ἀλλὰ προϊέναι μέ-   20
5 χρι τρυφῆς. κυρίαν ὑπολάμβανε, θεράπευε καὶ κόσμει καὶ ποίει
φίλην ἡμῖν· ἐπαίνει με παρ' αὐτῇ πολλάκις καὶ οἷον ἐπίστασαι
διηγοῦ. βλέπε μὴ δεσπότην εἴπῃς." συνῆκεν ἡ Πλαγγὼν τῆς
ἐντολῆς, φύσει γὰρ ἦν ἐντρεχής· ἀφανῆ δὲ λαβοῦσα πρὸς τὸ πρᾶ-

---

3 βεβίωταί Rei. : βεβαίωταί F ‖ 5 καταράσῃ σεαυτῶ F (sic) : καταράσῃ
σεαυτοῦ Cob. : -δράσῃ -ῶ Apogr. (sic) : κακὰ δράσῃς σεαυτόν Rei. secutus
Apogr. ‖ 5–6 εἶ σὺ Jacobs : εἰμὶ F : εἶ D'Or. : εἶ, μὴ ... ; Bernard ‖ 7 ἐπρίω
Cob. : ἐπριῶ F ‖ 9 πολλῆς F (cf. 3.6.2, 6.3.6) : ὅλης Her. | ἐγκεχαραγμένον
F : κεχ- Cob. ‖ 13 ὑβριῶ F : ὑβρίσω Cob. | οὐκ ἂν F : οὐχ Jackson ‖ 16 ἐθάρ-
ρει Rei. : θάρρει F ‖ 17 κατεργάσασθαι F (cf. 7.4.4) : -σεσθαι Cob. ‖ 20 post
ἀλλά, καὶ add. Hertlein ‖ 24 ἐντρεχής· ἀφανῆ δὲ Bl. : ἐντρεχής, ἀφανῆς δὲ· F
(sic) : ἐντρεχής· αἴφνης δὲ Jacobs | λαβοῦσα F : βαλοῦσα D'Or. (sed cf. 2.9.1,
3.7.6, 6.1.6)

γμα τὴν διάνοιαν, ἠπείγετο πρὸς τοῦτο. παραγενομένη τοίνυν
πρὸς τὴν Καλλιρόην, ὅτι μὲν κεκέλευσται θεραπεύειν αὐτὴν οὐκ
ἐμήνυσεν, ἰδίαν δὲ εὔνοιαν ἐπεδείκνυτο· καὶ τὸ ἀξιόπιστον ὡς
σύμβουλος ἤθελεν ἔχειν.

5    Συνέβη δέ τι τοιόνδε. Διονύσιος ἐνδιέτριβε τοῖς χωρίοις, προ-    **7**
φάσει μὲν ἄλλοτε ἄλλη, τὸ δὲ δὴ ἀληθὲς οὔτε ἀπαλλαγῆναι τῆς
Καλλιρόης δυνάμενος οὔτε ἐπάγεσθαι θέλων αὐτήν· ἔμελλε γὰρ
περιβόητος ὀφθεῖσα ἔσεσθαι, καὶ τὸ κάλλος ὅλην τὴν Ἰωνίαν δου-
λαγωγήσειν ἀναβήσεσθαί τε τὴν φήμην καὶ μέχρι τοῦ μεγάλου
10   βασιλέως. ἐν δὲ τῇ μονῇ πολυπραγμονῶν ἀκριβέστερον τὰ περὶ    **2**
τὴν κτῆσιν, ἐμέμψατό που καὶ [τὰ περὶ] τὸν οἰκονόμον Φωκᾶν·
τὸ δὲ τῆς μέμψεως οὐ περαιτέρω προῆλθεν, ἀλλὰ μέχρι ῥημάτων.
εὗρε δὴ καιρὸν ἡ Πλαγγών, καὶ περίφοβος εἰσέδραμε πρὸς τὴν
Καλλιρόην, σπαράσσουσα τὴν κόμην ἑαυτῆς· λαβομένη δὲ τῶν
15   γονάτων αὐτῆς "δέομαί σου" φησί, "κυρία, σῶσον ἡμᾶς· τῷ γὰρ
ἀνδρί μου χαλεπαίνει Διονύσιος· φύσει δέ ἐστι βαρύθυμος, ὥσπερ
καὶ φιλάνθρωπος. οὐδεὶς ἂν ῥύσαιτο ἡμᾶς ἢ μόνη σύ· παρέξει    **3**
γάρ σοι Διονύσιος ἡδέως αἰτουμένη χάριν πρώτην." ὤκνει μὲν
οὖν ἡ Καλλιρόη βαδίσαι πρὸς αὐτόν, λιπαρούσης δὲ καὶ δεομέ-
20   νης ἀντειπεῖν οὐκ ἐδυνήθη, προηνεχυριασμένη ταῖς εὐεργεσίαις
ὑπ' αὐτῆς. ἵν' οὖν μὴ ἀχάριστος δοκῇ, "κἀγὼ μὲν" φησὶν "εἰμὶ
δούλη καὶ οὐδεμίαν ἔχω παρρησίαν, εἰ δὲ ὑπολαμβάνεις δυνή-
σεσθαί τι κἀμέ, συνικετεύειν ἑτοίμη· γένοιτο δὲ ἡμᾶς τυχεῖν."
ἐπεὶ δὲ ἦλθον, ἐκέλευσεν ἡ Πλαγγὼν τὸν ἐπὶ ταῖς θύραις εἰσαγ-    **4**

---

1 ἠπείγετο Anon. Leid. (cf. 3.6.2, 7.3.2) : εἴχετο F : ᾤχετο Rei. : εἶδε τὸ Ja-
cobs | πρὸς τοῦτο F (cf. L. 2.10.2, Hld. 2.36.2): περὶ τοῦτο Rea. (cf. 3.6.2) :
τοῦ ἔργου Cob. ‖ 4 σύμβουλος Beck : σύμβουλον F ‖ 5–6 προφάσει ... ἄλλη
Bl. : προφάσεις ... ἄλλας F : -σεσι ... -αις Her. : ⟨κατὰ⟩ vel ⟨διὰ⟩ -σεις ... -ας
Rei. : -σεις ... -ας ⟨προφέρων⟩ Rea. : an -σεις ... -ας ⟨ἔχων⟩ (cf. 5.3.5, 5.4.12)
vel ⟨εὑρών⟩ (cf. 6.5.5)? ‖ 6 δὴ del. Reeve. dubit ‖ 11 τὰ περὶ seclusi (cf.
5.7.7) : τι περὶ Naber ‖ 17 μόνη σύ Rei. : μόνη· οὐ F ‖ 18 χάριν πρώτην
F : χ- π- ⟨ταύτην⟩ Hertlein : χάριν. πρῶτον Naber (ὤκνει et μέν οὖν tran-
sp.) ‖ 20 προηνεχυριασμένη D'Or. : προενεχεχυριασμένη F ‖ 23 τυχεῖν F :
⟨εὐ⟩τυχεῖν Bl.

γεῖλαι πρὸς τὸν δεσπότην ὅτι Καλλιρόη πάρεστιν. ἐτύγχανε δὲ
Διονύσιος ἐρριμμένος ὑπὸ λύπης, ἐτετήκει δὲ αὐτῷ καὶ τὸ σῶμα.
ἀκούσας οὖν ὅτι Καλλιρόη πάρεστιν, ἄφωνος ἐγένετο, καί τις
ἀχλὺς αὐτοῦ ⟨τῶν ὀφθαλμῶν⟩ κατεχύθη πρὸς τὸ ἀνέλπιστον, μό-
5 λις δὲ ἀνενεγκὼν "ἡκέτω" φησί. στᾶσα δὲ ἡ Καλλιρόη πλησίον   5
καὶ κάτω κύψασα πρῶτον μὲν ἐρυθήματος ἐνεπλήσθη, μόλις δὲ
ὅμως ἐφθέγξατο "ἐγὼ Πλαγγόνι ταύτῃ χάριν ἐπίσταμαι· φιλεῖ
γάρ με ὡς θυγατέρα. δέομαι δή σου, κύριε, μὴ ὀργίζου τῷ ἀνδρὶ
αὐτῆς, ἀλλὰ χάρισαι τὴν σωτηρίαν." ἔτι δὲ βουλομένη λέγειν
6 οὐκ ἠδυνήθη. συνεὶς οὖν ὁ Διονύσιος τὸ στρατήγημα τῆς Πλαγγό-   10
νος "ὀργίζομαι μὲν" εἶπε, "καὶ οὐδεὶς ⟨ἂν⟩ ἀνθρώπων ἐρρύσατο
μὴ ἀπολέσθαι Φωκᾶν καὶ τὴν Πλαγγόνα τοιαῦτα πεπραχότας·
χαρίζομαι δὲ αὐτοὺς ἡδέως σοί, καὶ γινώσκετε ὑμεῖς ὅτι διὰ Καλ-
λιρόην ἐσώθητε." προσέπεσεν αὐτοῦ τοῖς γόνασιν ἡ Πλαγγών,
καὶ Διονύσιος ἔφη "τοῖς Καλλιρόης προσπίπτετε γόνασιν, αὕτη   15
7 γὰρ ὑμᾶς ἔσωσεν." ἐπεὶ δὲ ἡ Πλαγγὼν ἐθεάσατο τὴν Καλλιρόην
χαίρουσαν καὶ σφόδρα ἡδομένην ἐπὶ τῇ δωρεᾷ "σὺ οὖν" εἶπε "χά-
ριν ὁμολόγησον ὑπὲρ ἡμῶν Διονυσίῳ" καὶ ἅμα ὤθησεν αὐτήν. ἡ
δὲ τρόπον τινὰ καταπεσοῦσα περιέπεσε τῇ δεξιᾷ τοῦ Διονυσίου,
κἀκεῖνος, ὡς δῆθεν ἀπαξιῶν τὴν χεῖρα δοῦναι, προσ⟨αγ⟩αγόμε-   20
νος αὐτὴν κατεφίλησεν, εἶτα εὐθὺς ἀφῆκε, μὴ καί τις ὑποψία
γένηται τῆς τέχνης.
8    Αἱ μὲν οὖν γυναῖκες ἀπήεσαν, τὸ δὲ φίλημα Διονυσίου καθά-
περ ἰὸς εἰς τὰ σπλάγχνα κατεδύετο καὶ οὔτε ὁρᾶν ἔτι οὔτε ἀ-
κούειν ἐδύνατο, πανταχόθεν δὲ ἦν ἐκπεπολιορκημένος, οὐδεμίαν   25
εὑρίσκων θεραπείαν τοῦ ἔρωτος· οὔτε διὰ δώρων, ἑώρα γὰρ τῆς
γυναικὸς τὸ μεγαλόφρον· οὔτε δι᾽ ἀπειλῆς ἢ βίας, πεπεισμένος

---

4 (cf. etiam 1.1.14, 3.1.3, 3.9.10, 4.5.9) ἀχλὺς ... κατεχύθη] Hom. *Il.* 5.696
κατὰ δ᾽ ὀφθαλμῶν κέχυτ᾽ ἀχλύς et alii loc. sim.

---

2 ἐρριμμένος D'Or. : ἐριμμένος F ‖ 4 add. Lucke et Schäfer ‖ 11 add. Cob. |
ἐρρύσατο D'Or. : ἐρύσατο F ‖ 15 αὕτη Rei. : αὐτὴ F ‖ 20–21 add. Cob. :
προσαγόμενος F ‖ 23 Διονυσίου F : -ίῳ Bl. : post σπλάγχνα transp. Her.

ὅτι θάνατον αἱρήσεται θᾶττον ἢ βιασθήσεται. μίαν οὖν βοήθειαν
ὑπελάμβανε τὴν Πλαγγόνα καὶ μεταπεμψάμενος αὐτὴν "τὰ μὲν
πρῶτά σοι" φησὶν "ἐστρατήγηται, καὶ χάριν ἔχω τοῦ φιλήματος·
ἐκεῖνο δέ με σέσωκεν ἢ ἀπολώλεκε. σκόπει δὴ πῶς γυνὴ γυναι-        2
5 κὸς περιγένῃ, σύμμαχον ἔχουσα κἀμέ. γίνωσκε δὲ ἐλευθερίαν σοι
προκειμένην τὸ ἆθλον καὶ ὃ πέπεισμαί σοι πολὺ ἥδιον εἶναι τῆς ἐ-
λευθερίας, τὸ ζῆν Διονύσιον." κελευσθεῖσα δὲ ἡ Πλαγγὼν πᾶσαν
πεῖραν καὶ τέχνην προσέφερεν· ἀλλ' ἡ Καλλιρόη πανταχόθεν ἀ-
ήττητος ἦν καὶ ἔμενε Χαιρέᾳ μόνῳ πιστή. κατεστρατηγήθη ⟨δ'⟩        3
10 ὑπὸ τῆς Τύχης, πρὸς ἣν μόνην οὐδὲν ἰσχύει λογισμὸς ἀνθρώπου·
φιλόνεικος γὰρ ἡ δαίμων, καὶ οὐδὲν ἀνέλπιστον παρ' αὐτῇ. καὶ
τότ' οὖν πρᾶγμα παράδοξον, μᾶλλον δὲ ἄπιστον κατώρθωκεν·
ἄξιον δὲ ἀκοῦσαι τὸν τρόπον.
    Ἐπεβούλευσεν ἡ Τύχη τῇ σωφροσύνῃ τῆς γυναικός· ἐρωτι-        4
15 κὴν γὰρ ποιησάμενοι τὴν πρώτην σύνοδον τοῦ γάμου Χαιρέας
καὶ Καλλιρόη, παραπλησίαν ἔσχον ὁρμὴν πρὸς τὴν ἀπόλαυσιν
ἀλλήλων, ἰσόρροπος δὲ ἐπιθυμία τὴν συνουσίαν ἐποίησεν οὐκ
ἀργήν. ὀλίγον οὖν πρὸ τοῦ πτώματος ἡ γυνὴ συνέλαβεν. ἀλλὰ        5
διὰ τοὺς κινδύνους καὶ τὴν ταλαιπωρίαν τῶν ὕστερον οὐ ταχέως
20 συνῆκεν ἐγκύμων γενομένη· τρίτου δὲ μηνὸς ἀρχομένου, προέ-
κοπτεν ἡ γαστήρ· ἐν δὲ τῷ λουτρῷ συνῆκεν ἡ Πλαγγών, ὡς ἂν
ἤδη πεῖραν ἔχουσα τῶν γυναικείων. εὐθὺς μὲν οὖν ἐσίγησε διὰ        6
τὸ πλῆθος τῶν θεραπαινίδων· περὶ δὲ τὴν ἑσπέραν σχολῆς γενο-
μένης, παρακαθίσασα ἐπὶ τῆς κλίνης "ἴσθι" φησίν, "ὦ τέκνον,
25 ὅτι ἐγκύμων ὑπάρχεις." ἀνέκλαυσεν ἡ Καλλιρόη καὶ ὀλολύζουσα
καὶ τίλλουσα τὴν κεφαλὴν "ἔτι καὶ τοῦτό μου" φησὶ "ταῖς συμ-
φοραῖς, ὦ Τύχη, προσέθεικας, ἵνα καὶ τέκω δοῦλον." τύπτουσα        7

---

3 ante ἐστρατήγηται, fort. εὖ (cum hiatu) vel καλῶς add. D'Or. ‖ 4 ante
σέσωκεν, ἢ add. Bl. (sed cf. 3.10.4, etc.) ‖ δὴ Cob. : ἂν F : οὖν Rei. (cum
hiatu) ‖ 9 add. Her. ‖ 13 τρόπον. interp. edd. : τρόπον· dist. F ut solet :
τρόπον, ⟨ὃν⟩ Cob. ‖ 15 ποιησάμενοι F : -όμενοι Cob. ‖ 19 τῶν ὕστερον F :
τὴν ὕ- Rei. ‖ 21–22 ἂν ἤδη F (fort. ἤδε in ἤδη factum) : δὴ Cob. ‖ 26 μου
F : fort. μοι Rea.

δὲ τὴν γαστέρα εἶπεν "ἄθλιον, πρὸ τοῦ γεννηθῆναι γέγονας ἐν
τάφῳ καὶ χερσὶ λῃστῶν παρεδόθης. εἰς ποῖον παρέρχῃ βίον; ἐπὶ
ποίαις ἐλπίσι μέλλω σε κυοφορεῖν, ὀρφανὲ καὶ ἄπολι καὶ δοῦλε;
πρὸ τῆς γενέσεως πειράθητι θανάτου." κατέσχε δὲ αὐτῆς τὰς
χεῖρας ἡ Πλαγγών, ἐπαγγειλαμένη τῆς ὑστεραίας εὐκολωτέραν　　5
ἔκτρωσιν αὐτῇ παρασκευάσειν.

**9**　　Γενομένη δὲ καθ' ἑαυτὴν ἑκατέρα τῶν γυναικῶν ἰδίους ἐλάμ-
βανε λογισμούς· ἡ μὲν Πλαγγὼν ὅτι "καιρὸς ἐπιτήδειος πέφηνεν
εἰς τὸ κατεργάσασθαι τὸν ἔρωτα τῷ δεσπότῃ, συνήγορον ἐχούσῃ
τὸ κατὰ γαστρός· εὕρηται πειθοῦς ἐνέχυρον· νικήσει σωφροσύνην　　10
γυναικὸς μητρὸς φιλοστοργία." καὶ ἡ μὲν πιθανῶς τὴν πρᾶξιν
**2**　συνετίθει. Καλλιρόη δὲ τότε μὲν ⟨τὸ τέκνον⟩ ἐβουλεύετο φθεῖραι,
λέγουσα πρὸς ἑαυτὴν "ἀλλ' ἐγὼ τέκω δεσπότῃ τὸν Ἑρμοκράτους
ἔκγονον καὶ προενέγκω παιδίον, οὗ μηδεὶς οἶδε πατέρα; τάχα
δὲ ἐρεῖ τις τῶν φθονούντων 'ἐν τῷ λῃστηρίῳ Καλλιρόη συνέλα-　　15
**3**　βεν.' ἀρκεῖ μόνην ἐμὲ δυστυχεῖν. οὐ συμφέρει σοι, παιδίον, εἰς
βίον ἄθλιον παρελθεῖν, ὃν ἔδει καὶ γεννώμενον φυγεῖν. ἄπιθι ἐ-
λεύθερος, ἀπαθὴς κακῶν. μηδὲν ἀκούσῃς τῶν περὶ τῆς μητρὸς
διηγημάτων." πάλιν δὲ μετενόει καί πως ἔλεος αὐτὴν τοῦ κατὰ
γαστρὸς εἰσῄει. "βουλεύῃ τεκνοκτονῆσαι; πασῶν ἀσεβ⟨εστάτη,　　20
**4**　μ⟩αίνῃ καὶ Μηδείας λαμβάνεις λογισμούς; ἀλλὰ καὶ τῆς Σκυθίδος
ἀγριωτέρα δόξεις· ἐκείνη μὲν γὰρ ἐχθρὸν εἶχε τὸν ἄνδρα, σὺ δὲ
τὸ Χαιρέου τέκνον θέλεις ἀποκτεῖναι καὶ μηδὲ ὑπόμνημα τοῦ

---

1 virgulam post ἄθλιον indic. Wifstrand (cf. 5.10.2) : post γέγονας F : post
τάφῳ D'Or. ‖ 6 ἔκτρωσιν αὐτῇ transp. Rea. : αὐτῇ ἔκτρωσιν F (sic, cum
hiatu) : [αὐτῇ] ἔκ- Goold : fort. τὴν ἔκ- Slings ‖ 9 ἐχούσῃ Cob. (virgula
interpuncta post δεσπότῃ) : ἔχουσα F (punctum medium post δεσπότῃ, ut
plerumque) : ἔχω Jakob : ἔχεις Bl. ‖ 10 εὕρηται F : -μαι D'Or. ‖ 12 τότε
μὲν F : ποτὲ μὲν Reeve | ⟨τὸ τέκνον⟩ Molinié post Her. (cf. 2.9.4) : τὸ τέκνον
pro τότε μὲν Her. (sed cf. πάλιν δὲ, lin. 19) | ἐβουλεύετο F : ἐβούλετο Reiske
(sed cf. βουλεύῃ, lin. 20) ‖ 14 ἔκγονον F : ἔγγονον (i. e. "nepos") Her. (sed
cf. 2.11.2, 3.2.2, 3.8.8, 8.8.11) ‖ 20–21 ἀσεβ⟨εστάτη, μ⟩αίνῃ Jackson post
Rei. : ἀσεβαίνη F (sic) : ἀσεβεστάτη Rei.

περιβοήτου γάμου καταλιπεῖν. τί δ᾽ ἂν υἱὸς ᾖ; τί δ᾽ ἂν ὅμοιος
τῷ πατρί; τί δ᾽ ἂν εὐτυχέστερος ἐμοῦ; μήτηρ ἀποκτείνῃ τὸν ἐκ
τάφου σωθέντα καὶ λῃστῶν; πόσων ἀκούομεν θεῶν παῖδας καὶ      5
βασιλέων ἐν δουλείᾳ γεννηθέντας ὕστερον ἀπολαβόντας τὸ τῶν
5 πατέρων ἀξίωμα, τὸν Ζῆθον καὶ τὸν Ἀμφίονα καὶ Κῦρον; πλεύσῃ
μοι καὶ σύ, τέκνον, εἰς Σικελίαν· ζητήσεις πατέρα καὶ πάππον,
καὶ τὰ τῆς μητρὸς αὐτοῖς διηγήσῃ. ἀναχθήσεται στόλος ἐκεῖθεν
ἐμοὶ βοηθῶν. σύ, τέκνον, ἀλλήλοις ἀποδώσεις τοὺς γονεῖς." ταῦ-
τα λογιζομένη δι᾽ ὅλης νυκτὸς ὕπνος ἐπῆλθεν αὐτῇ πρὸς ὀλίγον.   6
10 ἐπέστη δὲ εἰκὼν Χαιρέου
    πάντ᾽ αὐτῷ [ὁμοία] μέγεθός τε καὶ ὄμματα κάλ᾽ ἐϊκυῖα,
    καὶ φωνήν, καὶ τοῖα περὶ χροΐ εἵματα ⟨ἔστο⟩.
ἑστὼς δὲ "παρατίθεμαί σοι" φησίν, "ὦ γύναι, τὸν υἱόν." ἔτι δὲ
βουλομένου λέγειν ἀνέθορεν ἡ Καλλιρόη, θέλουσα αὐτῷ περι-
15 πλακῆναι. σύμβουλον οὖν τὸν ἄνδρα νομίσασα θρέψαι τὸ παιδίον
ἔκρινε.
    Τῆς δ᾽ ὑστεραίας ἐλθούσῃ Πλαγγόνι τὴν αὐτῆς γνώμην ἐδήλω-   **10**
σεν. ἡ δὲ τὸ ἄκαιρον τῆς βουλῆς οὐ παρέλιπεν, ἀλλ᾽ "ἀδύνατόν
ἐστί σοι" φησίν, "ὦ γύναι, τέκνον θρέψαι παρ᾽ ἡμῖν· ὁ γὰρ δεσπό-
20 της ἡμῶν ἐρωτικῶς σου διακείμενος ἄκουσαν μὲν οὐ βιάσεται
δι᾽ αἰδῶ καὶ σωφροσύνην, θρέψαι δὲ παιδίον οὐκ ἐπιτρέψει διὰ
ζηλοτυπίαν, ὑβρίζεσθαι δοκῶν εἰ τὸν μὲν ἀπόντα περισπούδα-
στον ὑπολαμβάνεις, ὑπερορᾷς δὲ παρόντος αὐτοῦ. κρεῖττον οὖν   2
μοι δοκεῖ πρὸ τοῦ γεννηθῆναι τὸ παιδίον ἢ γεννηθὲν ἀπολέσθαι·

---

11–12 Hom. *Il.* 23.66–67 (Achilles Patrocli imaginem in somnis videt)

---

3 πόσων F : πόσους Cob. ‖ 9–10 αὐτῇ ex sententia insequente transposui
(cf. 1.14.10), unde ἐπῆλθεν correxi (-ε F) : αὐτὴ εἰκὼν F (sic), cum hiatu :
[αὐτῇ] Goold : fort. post ὀλίγον (sed cf. 5.3.7, 7.6.9) ‖ 11 πάντ᾽ αὐτῷ [ὁμοία]
Abresch, qui versum Homericum rest. : πάντα αὐτῷ ὁμοία F (sic) ‖ 12 ⟨ἔστο⟩
D'Or. ex Homeri libris ‖ 13 ἑστὼς F : ⟨παρ⟩εστὼς Her. : fort. ⟨ἐφ⟩εστὼς
Rea. ‖ 17 αὐτῆς D'Or. : αὐτῆς F ‖ 18 παρέλιπεν Zankogiannes (cf. 4.2.15,
8.7.3) : παρέλαβεν F ‖ 22 δοκῶν εἰ D'Or. : δοκῶν· ἢ F

κερδανεῖς γὰρ ὠδῖνας ματαίας καὶ κυοφορίαν ἄχρηστον. ἐγὼ δέ
σε φιλοῦσα συμβουλεύω τἀληθῆ." βαρέως ἤκουσεν ἡ Καλλιρόη
καὶ προσπεσοῦσα τοῖς γόνασιν αὐτῆς ἱκέτευεν ὅπως συνεξεύρῃ
3  τινὰ τέχνην, δι' ἧς τὸ παιδίον θρέψει. πολλὰ τοίνυν ἀρνησαμένη,
δύο καὶ τρεῖς ἡμέρας ὑπερθεμένη τὴν ἀπόκρισιν, ἐπειδὴ μᾶλ-   5
λον ἐξέκαυσεν αὐτὴν πρὸς τὰς δεήσεις ἀξιοπιστοτέρα γενομένη,
πρῶτον μὲν αὐτὴν ἐξώρκισε μηδενὶ κατειπεῖν τὴν τέχνην, ἔπειτα
συναγαγοῦσα τὰς ὀφρῦς καὶ τρίψασα τὰς χεῖρας "τὰ μεγάλα"
φησὶ "τῶν πραγμάτων, ὦ γύναι, μεγάλαις ἐπινοίαις κατορθοῦ-
ται· κἀγὼ διὰ τὴν εὔνοιαν τὴν πρὸς σὲ προδίδωμι τὸν δεσπότην.  10
4  ἴσθι τοίνυν ὅτι δεήσει δυοῖν θάτερον, ἢ παντάπασιν ἀπολέσθαι
τὸ παιδίον ἢ γεννηθῆναι πλουσιώτατον Ἰώνων, κληρονόμον τῆς
λαμπροτάτης οἰκίας. καὶ σὲ τὴν μητέρα ποιήσει μακαρίαν. ἑλοῦ
δὲ πότερον θέλεις." "καὶ τίς οὕτως" εἶπεν "ἀνόητος, ἵνα τεκνο-
κτονίαν ἀντ' εὐδαιμονίας ἕληται; δοκεῖς δέ μοί τι ἀδύνατον καὶ  15
5  ἄπιστον λέγειν, ὥστε σαφέστερον αὐτὸ δήλωσον." ἤρετο γοῦν ἡ
Πλαγγὼν "πόσον δοκεῖς χρόνον ἔχειν τῆς συλλήψεως;" ἡ δὲ "δύο
μῆνας" εἶπεν. "ὁ χρόνος οὖν ἡμῖν βοηθεῖ· δύνασαι γὰρ δοκεῖν
ἑπταμηνιαῖον ἐκ Διονυσίου τετοκέναι." πρὸς τοῦτο ἀνέκραγεν
6  ἡ Καλλιρόη "μᾶλλον ἀπολέσθω." καὶ ἡ Πλαγγὼν κατειρωνεύ-   20
σατο αὐτῆς "καλῶς, ὦ γύναι, φρονεῖς βουλομένη μᾶλλον ἐκτρῶ-
σαι. τοῦτο πράττωμεν· ἀκινδυνότερον γὰρ ἢ ἐξαπατᾶν δεσπότην.
πανταχόθεν ἀπόκοψόν σου τὰ τῆς εὐγενείας ὑπομνήματα, μηδ'
7  ἐλπὶς ἔστω σοι πατρίδος. συνάρμοσαι τῇ παρούσῃ τύχῃ καὶ ἀ-
κριβῶς γενοῦ δούλη." ταῦτα τῆς Πλαγγόνος παραινούσης οὐδὲν  25
ὑπώπτευε Καλλιρόη, μεῖραξ εὐγενὴς καὶ πανουργίας ἄπειρος
δουλικῆς· ἀλλ' ὅσῳ μᾶλλον ἐκείνη τὴν φθορὰν ἔσπευδε, τοσούτῳ

---

1 ματαίας Rei. : ματαίως F ǁ 2 βαρέως Apogr. : βαρρέως F ǁ 11 παντάπασιν
D'Or. : παντάπασι F ǁ 12 fort. ⟨καὶ⟩ κληρονόμον Renehan ǁ 14 δὲ πότερον
F : δ' ὁπότερον Cob. (cf. 5.9.7) ǁ 14–15 τεκνοκτονίαν Rei. : τεκνοτονίαν
F ǁ 16 γοῦν F : οὖν Her. ǁ 21 αὐτῆς D'Or. (cf. 6.5.8) : αὐτὴν F ǁ 23 μηδ'
D'Or. : μὴ δ' F ǁ 25 παραινούσης Rei. : παραιτούσης F ǁ 26 μεῖραξ Bl. :
μείραξ F

μᾶλλον αὐτῇ τὸ κατὰ γαστρὸς ἠλέει καὶ "δός μοι" φησὶ "καιρὸν
εἰς σκέψιν· περὶ τῶν μεγίστων γάρ ἐστιν ἡ αἵρεσις, ἢ σωφροσύνης
ἢ τέκνου." πάλιν τοῦτο ἐπῄνεσεν ἡ Πλαγγών, ὅτι μὴ προπετῶς     8
αἱρεῖται τὸ ἕτερον· "πιθανὴ γὰρ εἰς ἑκάτερον ἡ ῥοπή· τὸ μὲν
5  γὰρ ἔχει πίστιν γυναικός, τὸ δὲ μητρὸς φιλοστοργίαν. καιρὸς δὲ
οὐκ ἔστιν ὅμως μακρᾶς ἀναβολῆς, ἀλλὰ τῆς ὑστεραίας δεῖ πάν-
τως θάτερον ἑλέσθαι, πρὶν ἔκπυστόν σου τὴν γαστέρα γενέσθαι."
συνέθεντο ταῦτα καὶ ἀπηλλάγησαν ἀλλήλων.
Ἀνελθοῦσα δὲ εἰς τὸ ὑπερῷον ἡ Καλλιρόη καὶ συγκλείσασα τὰς     11
10  θύρας τὴν εἰκόνα Χαιρέου τῇ γαστρὶ προσέθηκε καὶ "ἰδοὺ" φησὶ
"τρεῖς γεγόναμεν, ἀνὴρ καὶ γυνὴ καὶ τέκνον. βουλευσώμεθα περὶ
τοῦ κοινῇ συμφέροντος. ἐγὼ μὲν οὖν πρώτη τὴν ἐμὴν γνώμην ἀ-
ποφαίνομαι· θέλω γὰρ ἀποθανεῖν Χαιρέου μόνου γυνή. τοῦτό μοι
καὶ γονέων ἥδιον καὶ πατρίδος καὶ τέκνου, πεῖραν ἀνδρὸς ἑτέρου
15  μὴ λαβεῖν. σὺ δέ, παιδίον, ὑπὲρ σεαυτοῦ τί αἱρῇ; φαρμάκῳ τελευ-     2
τῆσαι πρὶν τὸν ἥλιον ἰδεῖν καὶ μετὰ τῆς μητρὸς ἐρρῖφθαι, τάχα
δὲ μηδὲ ταφῆς ἀξιωθῆναι, ἢ ζῆν καὶ δύο πατέρας ἔχειν, τὸν μὲν
Σικελίας, τὸν δὲ Ἰωνίας πρῶτον; ἀνὴρ δὲ γενόμενος γνωρισθήσῃ
ῥᾳδίως ὑπὸ τῶν συγγενῶν· πέπεισμαι γὰρ ὅτι ὅμοιόν σε τέξομαι
20  τῷ πατρί· καὶ καταπλεύσεις λαμπρῶς ἐπὶ τριήρους Μιλησίας,
ἡδέως δὲ Ἑρμοκράτης ἔκγονον ἀπολήψεται, στρατηγεῖν ἤδη δυ-
νάμενον. ἐναντίαν μοι φέρεις, τέκνον, ψῆφον καὶ οὐκ ἐπιτρέπεις     3
ἡμῖν ἀποθανεῖν. πυθώμεθά σου καὶ τοῦ πατρός. μᾶλλον δὲ εἴρη-
κεν· αὐτὸς γάρ μοι παραστὰς ἐν τοῖς ὀνείροις 'παρατίθεμαί σοι'
25  φησὶ 'τὸν υἱόν.' μαρτύρομαί σε, Χαιρέα, σύ με Διονυσίῳ νυμφα-
γωγεῖς." ταύτην μὲν οὖν τὴν ἡμέραν καὶ τὴν νύκτα ἐν τούτοις ἦν     4

---

14 (vid. 3.8.4) γονέων ... τέκνου] Hom. *Od.* 9.34 οὐδὲν γλύκιον ἧς πατρίδος
οὐδὲ τοκήων (Ulixes refert cur apud Calypso aut Circam manere non voluerit)

---

7 θάτερον ἑλέσθαι Schmidt : θατέρου ἔχεσθαι F ‖ 14 ἀνδρὸς ἑτέρου Jackson,
hiatus causa (cf. 3.7.5, 4.6.5, 8.7.12) : ἑτέρου ἀνδρὸς F ‖ 16 ἐρρῖφθαι Cob. :
ἐρρίφθαι F ‖ 17 μηδὲ D'Or. : μὴ δὲ F ‖ 26 τη]ν [ημεραν incipit Π[3] (usque
ad 2.11.5 νυν υπομ[εινω perpauca legi possunt)

τοῖς λογισμοῖς καὶ οὐ δι' αὐτὴν ἀλλὰ διὰ τὸ βρέφος ἐπείθετο ζῆν·
τῆς δὲ ὑστεραίας ἐλθοῦσα ἡ Πλαγγὼν πρῶτον μὲν καθῆστο σκυ-
θρωπὴ καὶ σχῆμα συμπαθὲς ἐπεδείξατο, σιγὴ δὲ ἦν ἀμφοτέρων.
5 ἐπεὶ δὲ μακρὸς ἐγίνετο χρόνος, ἡ Πλαγγὼν ἐπύθετο "τί σοι δέδο-
κται; τί ποιοῦμεν; καιρὸς γὰρ οὐκ ἔστι τοῦ μέλλειν." Καλλιρόη    5
δὲ ἀποκρίνασθαι μὲν ταχέως οὐκ ἐδύνατο κλαίουσα καὶ συνεχο-
μένη, μόλις δὲ εἶπε "τὸ τέκνον με προδίδωσιν ἀκούσης ἐμοῦ· σὺ
πρᾶττε τὸ συμφέρον. δέδοικα δὲ μή, κἂν νῦν ὑπομείνω τὴν ὕβριν,
Διονύσιός μου καταφρονήσῃ τῆς τύχης καὶ ὡς παλλακὴν μᾶλλον
ἢ γυναῖκα νομίσας οὐ θρέψῃ τὸ ἐξ ἐμοῦ γεννώμενον κἀγὼ μάτην   10
6 ἀπολέσω τὴν σωφροσύνην." ἔτι λεγούσης ἡ Πλαγγὼν ὑπολαβοῦ-
σα "ἔγωγε" φησὶ "περὶ τούτων προτέρα σοῦ βεβούλευμαι· σὲ γὰρ
τοῦ δεσπότου μᾶλλον ἤδη φιλῶ. πιστεύσω μὲν οὖν Διονυσίου τῷ
τρόπῳ, χρηστὸς γάρ ἐστιν· ἐξορκιῶ δὲ ὅμως αὐτόν, κἂν δεσπότης
ᾖ· δεῖ πάντα ἡμᾶς ἀσφαλῶς πράττειν. καὶ σύ, τέκνον, ὀμόσαντι   15
πίστευσον. ἄπειμι δὲ ἐγὼ τὴν πρεσβείαν κομίζουσα."

---

1 αὐτὴν D'Or. : αὐτὴν F ‖ 6–7 συνεχομένη F (cf. *Ev.Luc.* 12.50) : σ- ⟨λύπη⟩
Zankogiannes : συγχεομένη Cob. : συγκεχυμένη Her. ‖ 8 μή, κἂν νῦν Bl. ap.
Crawford (ed. Π³, ad loc.) : ]η και νυν Π³ : μή, κἂν F ‖ 9 διονύσιός F : μὴ
Π³ | ω[ς Π³ : om. F ‖ 9–10 μαλλον η Π³, ut olim coni. Beck : μᾶλλον οὐ F ‖
10 θρέψῃ Cob. : θρέφει Π³F | ἐμοῦ Trzaskoma (cf. 3.2.3) : ἄλλου F (vacat
Π³) | γεννώμενον F : γενομενον Π³ ‖ 11–12 ὑπολαβοῦσα ἔγωγε φησὶ περὶ
F (cf. 6.4.7) : υπε]λαβεν καγω π[ερι Π³ ‖ 12 σοῦ Cob. : σου Π³F (papyrus
nusquam accentus praebet) ‖ 13 ἤδη F : om. Π³ | πιστεύσω μὲν Π³, iudice
Crawford : πιστευσφμ[εν Π³ : πιστεύσωμεν Π³, iudice Lucke : πίστευε μὲν F :
πιστεύω μὲν Abresch ‖ 15 ᾖ D'Or. : εἶ F (vacat Π³) ‖ 15–16 καὶ ... πίστευσον
F, sed textum corruptum praebet (cf. infra) : om. Π³, signo (fort. lacunae, sec.
Crawford) in margine sinistra adhibito | ὀμόσαντι πίστευσον Cramer : ὅμως
ἀντιπίστευσον F ‖ 16 post πρεσβειαν κομι[ deficit Π³ his verbis subscriptis
(ed. Crawford) χαριτωνος αφ[ροδισιεως] των περι χα[λλιροην] δ̣ι̣ηγημ[α]τω[ν
λογος β', sed incertum an χα[λλιροην] habuerit, quia in lin. 1 (Καλλιρόη) lac.
habet | κομίζουσα F : κομι[ Π³ : κομιοῦσα Her.

## Λόγος τρίτος

Διονύσιος δὲ ἀποτυγχάνων τοῦ Καλλιρόης ἔρωτος, μηκέτι ⟨...⟩   **1**
φέρων ἀποκαρτερεῖν ἐγνώκει καὶ διαθήκας ἔγραφε τὰς τελευ-
ταίας, ἐπιστέλλων πῶς ταφῇ. παρεκάλει δὲ Καλλιρόην ἐν τοῖς
5 γράμμασιν ἵνα αὐτῷ προσέλθῃ κἂν νεκρῷ. Πλαγγὼν δὲ ἐβούλετο
μὲν εἰσελθεῖν πρὸς τὸν δεσπότην, διεκώλυσε δὲ αὐτὴν ὁ θεράπων
κεκελευσμένος μηδένα δέχεσθαι. μαχομένων δὲ αὐτῶν πρὸς ταῖς   **2**
θύραις, ἀκούσας ὁ Διονύσιος ἤρετο τίς ἐνοχλοίη. τοῦ δὲ θερά-
ποντος εἰπόντος ὅτι Πλαγγών, "ἀκαίρως μὲν" εἶπε "πάρεστιν"
10 (οὐκέτι γὰρ οὐδὲ ὑπόμνημα τῆς ἐπιθυμίας ἤθελεν ἰδεῖν), "κά-
λεσον δὲ ὅμως." ἀνοίξασα δὲ ἐκείνη τὰς θύρας "τί κατατρύχῃ"   **3**
φησίν, "ὦ δέσποτα, λυπῶν σεαυτὸν ὡς ἀποτυγχάνων. Καλλιρόη
γάρ σε ἐπὶ τὸν γάμον παρακαλεῖ. λαμπρειμόνει, θῦε, προσδέχου
νύμφην, ἧς ἐρᾷς." ἐξεπλάγη πρὸς τὸ ἀνέλπιστον ὁ Διονύσιος καὶ
15 ἀχλὺς αὐτοῦ τοῖς ὀφθαλμοῖς κατεχύθη, παντάπασι δὲ ὢν ἀσθενὴς
φαντασίαν παρέσχε θανάτου. κωκύσασα δὲ ἡ Πλαγγὼν συνδρο-
μὴν ἐποίησε, καὶ ἐφ' ὅλης τῆς οἰκίας ὡς τεθνεὼς ὁ δεσπότης
ἐπενθεῖτο. οὐδὲ Καλλιρόη τοῦτο ἤκουσεν ἀδακρυτί. †τοσαύτη   **4**
ἦν, ὥστε κἀκείνη Διονύσιον ἔκλαιε τὸν ἄνδρα.† ὀψὲ δὲ καὶ μόλις

---

15 (cf. etiam 1.1.14, 2.7.4, 3.9.10, 4.5.9) ἀχλὺς ... κατεχύθη] Vid. 2.7.4

---

1 Λόγος τρίτος correxi (vid. titulum libri primi) : τῶν περὶ χαιρέαν καὶ καλλιρ-
ρόην ἐρωτικῶν διηγημάτων, λόγος γ' F ‖ 2 ἀποτυγχάνων F : -άνειν Borgogno
deleta pausa post ἔρωτος | lac. statui (⟨τὴν συμφορὰν⟩?, cf. 4.3.3, 6.2.5) post
Her. : φέρων ⟨...⟩ Her. : ⟨ζῆν⟩ φέρων Cob. : ⟨τοῦτο⟩ φέρων Zankogiannes ‖
15 τοῖς ὀφθαλμοῖς F (cf. A.T. 6.8.3, 2.38.1) : τῶν ὀφθαλμῶν Hirschig (cf.
1.1.14, 2.7.4 coni., 3.9.10, 4.5.9) ‖ 18–19 †τοσαύτη ... ἄνδρα.† Bl. : del.
Morel ‖ 18 post τοσαύτη, ⟨...⟩ Jackson : ⟨γὰρ λύπη πάντων⟩ Goold post Rei.
(⟨λύπη⟩, cum hiatu) et D'Or. (pro ἦν, γὰρ ἦν ἡ στοργή vel γὰρ ἦν ἡ εὔνοια
ἁπάντων εἰς αὐτόν) : pro τοσαύτη, legendum τοσοῦτον πένθος? (cf. supra
ἐπενθεῖτο) ‖ 19 Διονύσιον secl. D'Or. : τὸν ἄνδρα del. Borgogno : ante ἄνδρα,
χρηστὸν καὶ φιλάνθρωπον add. Cob.

ἐκεῖνος ἀνανήψας ἀσθενεῖ φωνῇ "τίς με δαιμόνων" φησὶν "ἀπατᾷ
βουλόμενος ἀναστρέψαι τῆς προκειμένης ὁδοῦ; ὕπαρ ἢ ὄναρ ταῦ-
τα ἤκουσα; θέλει μοι Καλλιρόη γαμηθῆναι, ἡ μὴ θέλουσα μηδὲ
5  ὀφθῆναι;" παρεστῶσα δὲ ἡ Πλαγγὼν "παῦσαι" φησὶ "μάτην σε-
αυτὸν ὀδυνῶν καὶ τοῖς ἰδίοις ἀγαθοῖς ἀπιστῶν· οὐ γὰρ ἐξαπατῶ    5
μου τὸν δεσπότην, ἀλλ᾽ ἔπεμψέ με Καλλιρόη πρεσβεῦσαι περὶ
γάμων." "πρέσβευε τοίνυν" εἶπεν ὁ Διονύσιος "καὶ λέγε αὐτὰ
6  τὰ ἐκείνης ῥήματα. μηδὲν ἀφέλῃς μηδὲ προσθῇς, ἀλλ᾽ ἀκριβῶς
μνημόνευσον." "'ἐγὼ' φησὶν 'οἰκίας οὖσα τῆς πρώτης ἐν Σικελίᾳ
δεδυστύχηκα μέν, ἀλλ᾽ ἔτι τὸ φρόνημα τηρῶ. πατρίδος, γονέων   10
ἐστέρημαι, μόνην οὐκ ἀπολώλεκα τὴν εὐγένειαν. εἰ μὲν οὖν ὡς
παλλακὴν θέλει με Διονύσιος ἔχειν καὶ τῆς ἰδίας ἀπολαύειν ἐπι-
θυμίας, ἀπάγξομαι μᾶλλον ἢ ὕβρει δουλικῇ παραδώσω τὸ σῶμα·
εἰ δὲ γαμετὴν κατὰ νόμους, κἀγὼ γενέσθαι θέλω μήτηρ, ἵνα δι-
7  άδοχον ἔχῃ τὸ Ἑρμοκράτους γένος. βουλευσάσθω περὶ τούτου   15
Διονύσιος μὴ μόνος μηδὲ ταχέως, ἀλλὰ μετὰ φίλων καὶ συγγε-
νῶν, ἵνα μή τις ὕστερον εἴπῃ πρὸς αὐτὸν "σὺ θρέψεις παιδίον ἐκ
8  τῆς ἀργυρωνήτου καὶ καταισχυνεῖς σου τὸν οἶκον;" εἰ μὴ θέλει
πατὴρ γενέσθαι, μηδὲ ἀνὴρ ἔστω.'" ταῦτα τὰ ῥήματα μᾶλλον
ἐξέκαυσε Διονύσιον καί τινα ἔσχεν ἐλπίδα κούφην ἀντερᾶσθαι   20
δοκῶν· ἀνατείνας δὲ τὰς χεῖρας εἰς τὸν οὐρανὸν "εἰ γὰρ ἴδοιμι"
φησίν, "ὦ Ζεῦ καὶ Ἥλιε, τέκνον ἐκ Καλλιρόης· τότε μακαριώτε-
ρος δόξω τοῦ μεγάλου βασιλέως. ἀπίωμεν πρὸς αὐτήν· ἄγε με,
Πλαγγόνιον φιλοδέσποτον."

2     Ἀναδραμὼν δὲ εἰς τὰ ὑπερῷα τὸ μὲν πρῶτον ὥρμησε τοῖς Καλ-   25
λιρόης γόνασι προσπεσεῖν, κατέσχε δὲ ὅμως ἑαυτὸν καὶ καθεσθεὶς
εὐσταθῶς "ἦλθόν σοι" φησίν, "ὦ γύναι, χάριν γνῶναι περὶ τῆς
ἐμαυτοῦ σωτηρίας· ἄκουσαν μὲν γὰρ οὐκ ἔμελλόν σε βιάσεσθαι,
2  μὴ τυχὼν δὲ ἀποθανεῖν διεγνώκειν. ἀναβεβίωκα διὰ σέ. μεγίστην

---

15 γένος Rei. : γένους F ‖ 17 παιδίον Sanz : παιδία F ‖ 18 καταισχυνεῖς
D'Or. : καταισχύναι F : καταισχύναι ⟨θέλεις⟩ D'Or. : καταισχύνων Cob., deleto
καὶ ‖ 19 μηδὲ Apogr. : μὴ δὲ F ‖ 22 post τότε, μοι add. Cob. ‖ 24 Πλαγγό-
νιον Cob. : πλαγγώνιον F ‖ 28 βιάσεσθαι Cob. : βιάσασθαι F

δέ σοι χάριν ἔχων ὅμως τι καὶ μέμφομαι· σὺ γὰρ ἠπίστησας ὅ-
τι ἔξω σε γαμετὴν παίδων ἐπ᾽ ἀρότῳ κατὰ νόμους Ἑλληνικούς.
εἰ γὰρ μὴ ἤρων, οὐκ ἂν ηὐξάμην τοιούτου γάμου τυχεῖν. σὺ δ᾽,
ὡς ἔοικε, μανίαν μου κατέγνωκας, εἰ δόξω δούλην τὴν εὐγενῆ
5   καὶ ἀνάξιον υἱὸν ἐμαυτοῦ τὸν Ἑρμοκράτους ἔκγονον. 'βούλευσαι'   3
λέγεις. βεβούλευμαι. φοβῇ φίλους ἐμοὺς ἡ φιλτάτη πάντων; τολ-
μήσει δέ τις εἰπεῖν ἀνάξιον τὸ ἐξ ἐμοῦ γεννώμενον, κρείττονα
τοῦ πατρὸς ἔχον τὸν πάππον;" ταῦτα ἅμα λέγων καὶ δακρύων
προσῆλθεν αὐτῇ· ἡ δὲ ἐρυθριάσασα ἠρέμα κατεφίλησεν αὐτὸν
10  καὶ "σοὶ μὲν" εἶπε "πιστεύω, Διονύσιε, ἀπιστῶ δὲ τῇ ἐμῇ τύχῃ,
καὶ γὰρ πρότερον ἐκ μειζόνων ἀγαθῶν δι᾽ αὐτὴν κατέπεσον. φο-
βοῦμαι μὴ οὐδέπω μοι διήλλακται. σὺ τοίνυν, καίπερ ὢν χρηστὸς   4
καὶ δίκαιος, μάρτυρας ποίησαι τοὺς θεοὺς οὐ διὰ σαυτόν, ἀλλὰ
διὰ τοὺς πολίτας καὶ συγγενεῖς, ἵνα μή τις ἔτι κακοηθέστερον
15  εἰς ἐμέ τι συμβουλεῦσαι δυνηθῇ, γινώσκων ὅτι ὀμώμοκας. εὐκα-
ταφρόνητόν ἐστι γυνὴ μόνη καὶ ξένη." "ποίους" φησὶ "θέλεις   5
ὅρκους θεῶν; ἕτοιμος γὰρ ὀμνύναι, εἰ δυνατόν, εἰς τὸν οὐρανὸν
ἀναβὰς καὶ ἀφάμενος αὐτοῦ τοῦ Διός." "ὄμοσόν μοι" φησὶ "τὴν
θάλασσαν τὴν κομίσασάν με πρός σε καὶ τὴν Ἀφροδίτην τὴν δεί-
20  ξασάν μέ σοι καὶ τὸν Ἔρωτα τὸν νυμφαγωγόν." ἤρεσε ταῦτα καὶ
ταχέως ἐγένετο.
⟨Τὸ⟩ μὲν οὖν ἐρωτικὸν πάθος ἔσπευδε [δὲ] καὶ ἀναβολὴν οὐκ   6
ἐπέτρεπε τοῖς γάμοις· ταμιεύεσθαι γὰρ δύσκολον ἐξουσίαν ἐπι-
θυμίας. Διονύσιος δὲ ἀνὴρ πεπαιδευμένος κατείληπτο μὲν ὑπὸ
25  χειμῶνος καὶ τὴν ψυχὴν ἐβαπτίζετο, ὅμως δὲ ἀνακύπτειν ἐβιά-
ζετο καθάπερ ἐκ τρικυμίας τοῦ πάθους. καὶ τότε οὖν ἐπέστησε   7

---

2 παίδων ... Ἑλληνικούς] Com. adesp. fr. *127 K.-A. (PCG 8, 44), cf. Men.
Dysc. 842–843, Mis. 444–445, Pk. 1013–1014, Sam. 726–727

---

1 τι Apogr. : τί F ‖ 7 δέ τις Sanz (cf. 2.4.7, 3.6.7) : δὲ τίς F ‖ 7–8 τὸ ...
ἔχον D'Or. (cf. 2.11.5) : τὸν ... ἔχων F : τὸν ... ἔχοντα D'Or. ‖ 19 πρός σε
Reeve : πρὸς σὲ F ‖ 21–22 ταχέως ἐγένετο. ⟨τὸ⟩ μὲν οὖν Abresch : ταχέως·
ἐγένετο μὲν οὖν F ‖ 22 [δὲ] Jackson : τε Abresch

τοιούτοις λογισμοῖς· "ἐν ἐρημίᾳ μέλλω γαμεῖν ὡς ἀληθῶς ἀρ-
γυρώνητον; οὐχ οὕτως εἰμὶ ἀχάριστος, ἵνα μὴ ἑορτάσω τοὺς
Καλλιρόης γάμους. ἐν τούτῳ πρώτῳ τιμῆσαί με δεῖ τὴν γυναῖκα.
φέρει δέ μοι ἀσφάλειαν καὶ πρὸς τὰ μέλλοντα· πάντων γὰρ πρα-
γμάτων ὀξύτατόν ἐστιν ἡ Φήμη· δι᾽ ἀέρος ἄπεισιν ἀκωλύτους    5
ἔχουσα τὰς ὁδούς· διὰ ταύτην οὐδὲν δύναται παράδοξον λαθεῖν·
ἤδη τρέχει φέρουσα τὸ καινὸν εἰς Σικελίαν διήγημα 'ζῇ Καλλιρό-
η, καὶ τυμβωρύχοι διορύξαντες τὸν τάφον ἔκλεψαν αὐτήν, καὶ ἐν
8  Μιλήτῳ πέπραται.᾽ καταπλεύσουσιν ἤδη τριήρεις Συρακοσίων
καὶ Ἑρμοκράτης στρατηγὸς ἀπαιτῶν τὴν θυγατέρα. τί μέλλω    10
λέγειν; 'Θήρων μοι πέπρακε;᾽ Θήρων δὲ ποῦ; καὶ κἂν πιστευθῶ
τὴν ἀλήθειαν ⟨λέγειν⟩, ὑποδοχεύς εἰμι λῃστοῦ. μελέτα, Διονύ-
σιε, τὴν δίκην. τάχα δὲ ἐρεῖς αὐτὴν ἐπὶ τοῦ μεγάλου βασιλέως.
ἄριστον οὖν τότε λέγειν 'ἐγὼ γυναῖκα ἐλευθέραν ἐπιδημήσασαν
οὐκ οἶδ᾽ ὅπως ἤκουσα· ἐκδομένην ἑαυτὴν ἐν τῇ πόλει φανερῶς    15
9  κατὰ νόμους ἔγημα.᾽ πείσω δὲ ταύτῃ μᾶλλον καὶ τὸν πενθερὸν
ὡς οὐκ ἀνάξιός εἰμι τῶν γάμων. καρτέρησον, ψυχή, προθεσμίαν
σύντομον, ἵνα τὸν πλείω χρόνον ἀπολαύσῃς ἀσφαλοῦς ἡδονῆς.
ἰσχυρότερος γενήσομαι πρὸς τὴν κρίσιν, ἀνδρός, οὐ δεσπότου
νόμῳ χρώμενος."                                               20
10    Ἔδοξεν οὕτως καὶ καλέσας Λεωνᾶν "ἄπιθι" φησὶν "εἰς τὴν πό-
λιν· μεγαλοπρεπῶς ἑτοίμασον τὰ πρὸς τὸν γάμον· ἐλαυνέσθωσαν
ἀγέλαι· σῖτος καὶ οἶνος διὰ γῆς καὶ θαλάσσης κομιζέσθω· δημο-
11  σίᾳ τὴν πόλιν εὐωχῆσαι προήρημαι." πάντα διατάξας ἐπιμελῶς
τῆς ὑστεραίας αὐτὸς μὲν ἐπὶ ὀχήματος ἐποιεῖτο τὴν πορείαν, τὴν    25
δὲ Καλλιρόην (οὐδέπω γὰρ ἐβούλετο δεικνύναι πολλοῖς) ἐκέλευ-
σε περὶ τὴν ἑσπέραν διὰ πορθμείου κομισθῆναι μέχρι τῆς οἰκίας
ἥτις ἦν ἐπ᾽ αὐτοῦ τοῦ λιμένος τοῦ Δοκίμου λεγομένου· Πλαγγόνι

---

17 καρτέρησον, ψυχή] Cf. Hom. *Od.* 20.18 τέτλαθι δή, κραδίη (Ulixes improba
procorum facta indigne fert)

5 ὀξύτατόν D'Or. : ὀξύτατος F (sic) ‖ 10 καὶ del. Her. ‖ 12 add. Cob. ‖
25 ὀχήματος Rei. : ὀνόματος F ‖ 26 ante πολλοῖς, τοῖς add. Her. (sed cf.
1.12.1)

δὲ τὴν ἐπιμέλειαν αὐτῆς ἐνεχείρισε. μέλλουσα τοίνυν ἀπαλλάσ-        12
σεσθαι τῶν ἀγρῶν ἡ Καλλιρόη τῇ Ἀφροδίτῃ πρῶτον ἐπηύξατο
καὶ εἰσελθοῦσα εἰς τὸν νεών, πάντας ἐκβαλοῦσα, ταῦτα εἶπε πρὸς
τὴν θεόν· "δέσποινα Ἀφροδίτη, μέμφομαί σοι δικαίως ἢ χάριν
5  γνῶ; σύ με οὖσαν παρθένον ἔζευξας Χαιρέᾳ καὶ νῦν μετ' ἐκεῖνον
ἄλλῳ με νυμφαγωγεῖς. οὐκ ἂν ἐπείσθην σὲ ὀμόσαι καὶ τὸν σὸν        13
υἱόν, εἰ μή με προύδωκε τοῦτο τὸ βρέφος," δείξασα τὴν γαστέρα.
"ἱκετεύω δέ σε" φησὶν "οὐχ ὑπὲρ ἐμαυτῆς, ἀλλ' ὑπὲρ τούτου. ποί-
ησόν μου λαθεῖν τὴν τέχνην. ἐπεὶ τὸν ἀληθῆ τοῦτο πατέρα οὐκ
10  ἔχει, δοξάτω Διονυσίου παιδίον, τραφὲν γὰρ κἀκεῖνον εὑρήσει."
βαδίζουσαν δὲ αὐτὴν ἀπὸ τοῦ τεμένους ἐπὶ τὴν θάλασσαν ἰδόντες        14
οἱ ναῦται δείματι κατεσχέθησαν, ὡς τῆς Ἀφροδίτης αὐτῆς ἐρχο-
μένης ἵνα ἐμβῇ, καὶ ὥρμησαν ἀθρόοι προσκυνῆσαι· προθυμίᾳ δὲ
τῶν ἐρεσσόντων λόγου θᾶττον ἡ ναῦς κατέπλευσεν εἰς τὸν λιμένα.
15  ἅμα δὲ τῇ ἕῳ πᾶσα ἦν ἡ πόλις ἐστεφανωμένη. ἔθυεν ἕκαστος πρὸ        15
τῆς ἰδίας οἰκίας, οὐκ ἐν μόνοις τοῖς ἱεροῖς. λογοποιίαι δὲ ἦσαν τίς
ἡ νύμφη· τὸ δὲ δημωδέστερον πλῆθος ἀνεπείθετο διὰ τὸ κάλλος
καὶ τὸ ἄγνωστον τῆς γυναικὸς ὅτι Νηρηὶς ἐκ θαλάσσης ἀναβέ-
βηκεν ἢ ὅτι θεὰ πάρεστιν ἐκ τῶν Διονυσίου κτημάτων· τοῦτο
20  γὰρ οἱ ναῦται διελάλουν. μία δὲ πάντων ἦν ἐπιθυμία Καλλιρόην        16
θεάσασθαι, καὶ περὶ τὸ ἱερὸν τῆς Ὁμονοίας ἠθροίσθη τὸ πλῆ-
θος, ὅπου πάτριον ἦν τοῖς γαμοῦσι τὰς νύμφας παραλαμβάνειν.
τότε πρῶτον ἐκοσμήσατο μετὰ τὸν τάφον· κρίνασα γὰρ ἅπαξ
γαμηθῆναι καὶ πατρίδα καὶ γένος τὸ κάλλος ἐνόμισεν. ἐπεὶ δὲ
25  ἔλαβε Μιλησίαν στολὴν καὶ στέφανον νυμφικόν, ἀπέβλεψεν εἰς
τὸ πλῆθος. πάντες οὖν ἀνεβόησαν "ἡ Ἀφροδίτη γαμεῖ." πορφυρί-        17
δας ὑπεστρώννυον καὶ ῥόδα καὶ ἴα, μύρον ἔρραινον βαδιζούσης,
οὐκ ἀπελείφθη ἐν ταῖς οἰκίαις οὐ παιδίον, οὐ γέρων, ἀλλ' οὐδ' ἐν
αὐτοῖς τοῖς λιμέσι· μέχρι κεράμων ἀνέβη τὸ πλῆθος στενοχωρού-
30  μενον. ἀλλ' ἐνεμέσησε καὶ ταύτῃ τῇ ἡμέρᾳ πάλιν ὁ βάσκανος

---

4 μέμφομαί F : -ωμαί Rei. ‖ 6 ὀμόσαι Hirschig : ὁμόσαι F ut vid. (fort.
ὁμόσα) : ὤμοσα Rei. (pausa post ἐπείσθην) : ὁμόσασα Beck

δαίμων ἐκεῖνος· ὅπως δέ, μικρὸν ὕστερον ἐρῶ. βούλομαι δὲ εἰπεῖν
πρῶτον τὰ γενόμενα ἐν Συρακούσαις κατὰ τὸν αὐτὸν χρόνον.

3   Οἱ μὲν γὰρ τυμβωρύχοι τὸν τάφον περιέκλεισαν ἀμελῶς, οἷα
δὴ σπεύδοντες ἐν νυκτί· Χαιρέας δὲ φυλάξας αὐτὸ τὸ περίορθρον
ἧκεν ἐπὶ τὸν τόπον προφάσει μὲν στεφάνους καὶ χοὰς ἐπιφέρων,  5
τὸ δὲ ἀληθὲς γνώμην ἔχων ἑαυτὸν ἀνελεῖν· οὐ γὰρ ὑπέμενε Καλ-
λιρόης ἀπεζεῦχθαι, μόνον δὲ τὸν θάνατον τοῦ πένθους ἰατρὸν
ἐνόμιζε· παραγενόμενος δὲ εὗρε τοὺς λίθους κεκινημένους καὶ
2   φανερὰν τὴν εἴσοδον. ὁ μὲν οὖν ἰδὼν ἐξεπλάγη καὶ ὑπὸ δεινῆς
ἀπορίας κατείχετο τοῦ γεγονότος χάριν· ἄγγελος δὲ Φήμη τα-  10
χεῖα Συρακοσίοις ἐμήνυσε τὸ παράδοξον. πάντες οὖν συνέτρεχον
ἐπὶ τὸν τάφον, ἐτόλμα δὲ οὐδεὶς ἔνδον παρελθεῖν, πρὶν ἐκέλευσεν
3   Ἑρμοκράτης. ὁ δὲ εἰσπεμφθεὶς πάντα ἀκριβῶς ἐμήνυσεν. ἄπι-
στον ἐδόκει τὸ μηδὲ τὴν νεκρὰν κεῖσθαι. τότ' οὖν ἠξίωσε Χαιρέας
αὐτὸς ⟨εἰσελθεῖν⟩ ἐπιθυμίᾳ τοῦ πάλιν Καλλιρόην ἰδεῖν κἂν νε-  15
4   κράν· ἐρευνῶν δὲ τὸν τάφον οὐδὲν εὑρεῖν ἐδύνατο. πολλοὶ μετ'
αὐτὸν εἰσῆλθον ὑπ' ἀπιστίας· ἀμηχανία δὲ κατέλαβε πάντας, καί
τις εἶπεν ἑστὼς "τὰ ἐντάφια σεσύληται, τυμβωρύχων τὸ ἔργον·
ἡ νεκρὰ δὲ ποῦ;" λογοποιῖαι πολλαὶ καὶ διάφοροι τὸ πλῆθος κα-
τεῖχον. Χαιρέας δὲ ἀναβλέψας εἰς τὸν οὐρανὸν καὶ τὰς χεῖρας  20
ἀνατείνας "τίς ἄρα θεῶν ἀντεραστής μου γενόμενος Καλλιρόην
ἀπενήνοχε καὶ νῦν ἔχει μεθ' αὑτοῦ μὴ θέλουσαν, ἀλλὰ βιαζομέ-
5   νην ὑπὸ κρείττονος μοίρας; διὰ τοῦτο καὶ αἰφνίδιον ἀπέθανεν, ἵνα
μὴ νοήσῃ. οὕτω καὶ Θησέως Ἀριάδνην ἀφείλεθ' ὁ Διόνυσος καὶ

---

5 τόπον F post corr. : τάφον F ante corr. : ἐπὶ τὸν τόπον forsitan delendum
Rea. ‖ 14 ἠξίωσε F : εἰσῄῆξε Bl. : ἐξήτασε Jacobs ‖ 15 add. Cob. (cf. 3.3.4) :
lac. indic. Her. : παρελθεῖν ἐντὸς add. D'Or. (post ἠξίωσε) ‖ 18 ἑστὼς F (cf.
8.6.7) : ἐνεστὼς Naber : παρεστὼς Her. ‖ 21 post θεῶν, ἔφη add. Zanko-
giannes ‖ 22 μεθ' αὑτοῦ D'Or. : μετ' αὐτοῦ F ‖ 23 αἰφνίδιον Her. (septies
alibi) : αἰφνιδίως F ‖ 24 νοήσῃ F (sic), suspectum : †νοήσῃ† Meckelnborg et
Schäfer : fort. νοηθῇ Slings : νοσήσῃ D'Or. : νοήσω Beck | forsitan delendum
Θησέως | ἀφείλεθ' ὁ Rose : ἀφείλετο F : fort. ἀφείλατο Rea. | Διόνυσος Rei. :
διονύσιος F

Σεμέλην ὁ Ζεύς· μὴ γὰρ οὐκ ᾔδειν ὅτι θεὰν εἶχον γυναῖκα καὶ
κρείττων ἦν ἢ καθ' ἡμᾶς. ἀλλ' οὐκ ἔδει ταχέως αὐτὴν οὐδὲ μετὰ
τοιαύτης προφάσεως ἐξ ἀνθρώπων ἀπελθεῖν. ἡ Θέτις θεὰ μὲν ἦν,   6
ἀλλὰ Πηλεῖ παρέμεινε καὶ υἱὸν ἔσχεν ἐκεῖνος ἐξ αὐτῆς, ἐγὼ δὲ
5   ἐν ἀκμῇ τοῦ ἔρωτος ἀπελείφθην. τί πάθω; τί γένωμαι, δυστυχής;
ἐμαυτὸν ἀνέλω; καὶ μετὰ τίνος ταφῶ; ταύτην γὰρ εἶχον ἐλπίδα
τῆς συμφορᾶς· εἰ θάλαμον μετὰ Καλλιρόης κοινὸν οὐκ ἐτήρησα,
τάφον αὐτῇ κοινὸν εὑρήσω. ἀπολογοῦμαί σοι, δέσποινα, ⟨περὶ⟩   7
τῆς ἐμῆς ψυχῆς. σύ με ζῆν ἀναγκάζεις· ζητήσω γάρ σε διὰ γῆς
10  καὶ θαλάσσης, κἂν εἰς αὐτὸν ἀναβῆναι τὸν ἀέρα δύνωμαι. τοῦτο
δέομαί σου, γυνή, σύ με μὴ φύγῃς." θρῆνον τὸ πλῆθος ἐξέρρηξεν
ἐπὶ τούτοις καὶ πάντες ὡς ἄρτι τεθνεῶσαν Καλλιρόην ἤρξαντο
θρηνεῖν.

Τριήρεις εὐθὺς κατεσπῶντο καὶ τὴν ζήτησιν πολλοὶ διενέμον-   8
15  το· Σικελίαν μὲν γὰρ αὐτὸς Ἑρμοκράτης ἐρευνᾷ, Χαιρέας δὲ Λι-
βύην· εἰς Ἰταλίαν τινὲς ἐξεπέμποντο, καὶ ἄλλοι περαιοῦσθαι τὸν
Ἰόνιον ἐκελεύσθησαν. ἡ μὲν οὖν ἀνθρωπίνη βοήθεια παντάπασιν
ἦν ἀσθενής, ἡ Τύχη δὲ ἐφώτισε τὴν ἀλήθειαν, ἧς χωρὶς ἔργον οὐ-
δὲν τέλειον· μάθοι δ' ἄν τις ἐκ τῶν γενομένων. πωλήσαντες γὰρ   9
20  οἱ τυμβωρύχοι τὸ δυσδιάθετον φορτίον, τὴν γυναῖκα, Μίλητον
μὲν ἀπέλιπον, ἐπὶ Κρήτης δὲ τὸν πλοῦν ἐποιοῦντο, νῆσον ἀκού-
οντες εὐδαίμονα καὶ μεγάλην, ἐν ᾗ τὴν διάπρασιν τῶν φορτίων
ἤλπισαν ἔσεσθαι ῥᾳδίαν. ὑπολαβὼν δὲ αὐτοὺς ἄνεμος σφοδρὸς   10
εἰς τὸν Ἰόνιον ἐξέωσε, κἀκεῖ λοιπὸν ἐπλανῶντο ἐν ἐρήμῳ θαλάσ-

---

20 (cf. etiam 1.12.4) τὸ δυσδιάθετον φορτίον] Fort. Men. fr. 22 K.-A., ex
Ἁλιεύς vel Ἁλιεῖς (PCG 6.2, 56) χαλεπόν γε θυγάτηρ κτῆμα καὶ δυσδιάθετον

---

1 ante Σεμέλην, fort. ⟨Ἀκταίωνος⟩ D'Or. ‖ 2 post ταχέως, οὕτως add. Zanko-
giannes (sed cf. 1.8.4) ‖ 7 ante εἰ, ὅτι add. Zankogiannes ‖ 8 add. Gasda ‖
10 ἀναβῆναι F : ἀναπτῆναι Cob. (sed cf. 3.2.5) | δύνωμαι Hirschig : δύναμαι
F ‖ 11 γυνή F: γύναι Her. (sed cf. 5.10.9, 6.5.2, 8.5.5) ‖ 15 ἐρευνᾷ F (sic) :
ἠρεύνα Rei. ‖ 20 τὴν γυναῖκα secl. Cob. (sed cf. 5.6.2) ‖ 23 ἤλπισαν F :
ἤλπιζον Her. | ὑπολαβὼν F : ἀπο- Rei. (sed cf. 3.6.1)

ση. βρονταὶ δὲ καὶ ἀστραπαὶ καὶ νὺξ μακρὰ κατελάμβανε τοὺς
ἀνοσίους, ἐπιδεικνυμένης τῆς Προνοίας ὅτι τότε διὰ Καλλιρόην
ηὐπλόουν. ἐγγὺς γινομένους ἑκάστοτε τοῦ θανάτου ταχέως οὐκ
ἀπήλλαττεν ὁ θεὸς τοῦ φόβου, μακρὸν αὐτοῖς ποιῶν τὸ ναυά-
11  γιον. γῆ μὲν οὖν τοὺς ἀνοσίους οὐκ ἐδέχετο, θαλαττεύοντες δὲ   5
πολὺν χρόνον ἐν ἀπορίᾳ κατέστησαν τῶν ἀναγκαίων, μάλιστα
δὲ τοῦ ποτοῦ, καὶ οὐδὲν αὐτοὺς ὠφέλει πλοῦτος ἄδικος, ἀλλὰ
διψῶντες ἀπέθνησκον ἐν χρυσῷ. βραδέως μὲν οὖν μετενόουν ἐφ᾽
12  οἷς ἐτόλμησαν, ὅτι "οὐδὲν ὄφελος" ἐγκαλοῦντες ἀλλήλοις. οἱ μὲν
οὖν ἄλλοι πάντες ἔθνησκον ὑπὸ δίψης, Θήρων δὲ καὶ ἐν ἐκείνῳ   10
τῷ καιρῷ πανοῦργος ἦν· ὑποκλέπτων γὰρ τοῦ ποτοῦ καὶ τοὺς
συλλῃστὰς ἐλῄστευεν. ᾤετο μὲν οὖν τεχνικόν τι πεποιηκέναι, τὸ
δὲ ἄρα τῆς Προνοίας ἔργον ἦν βασάνοις καὶ σταυρῷ τὸν ἄνδρα
13  τηρούσης. ἡ γὰρ τριήρης ἡ Χαιρέαν κομίζουσα πλανωμένῳ τῷ
κέλητι περιπίπτει καὶ τὸ μὲν πρῶτον ὡς πειρατικὸν ἐξένευσεν·   15
ἐπεὶ δ᾽ ἀκυβέρνητος ἐφάνη, πρὸς τὰς τῶν κυμάτων ἐμβολὰς εἰκῇ
φερόμενος, ἐκ τῆς τριήρους τις ἀνέκραγεν "οὐκ ἔχει τοὺς ἐμ-
πλέοντας· μὴ φοβηθῶμεν, ἀλλὰ πλησιάσαντες ἱστορήσωμεν τὸ
14  παράδοξον." ἤρεσε τῷ κυβερνήτῃ· Χαιρέας μὲν γὰρ ἐν κοίλῃ νηῒ
συγκεκαλυμμένος ἔκλαεν. ἐπεὶ δὲ ἐπλησίασαν, τὸ μὲν πρῶτον   20
τοὺς ἔνδον ἐκάλουν· ὡς δὲ ὑπήκουεν οὐδείς, ἀνέβη τις ἀπὸ τῆς
τριήρους, εἶδε δὲ οὐδὲν ἕτερον ἢ χρυσὸν καὶ νεκρούς. ἐμήνυσε
τοῖς ναύταις· ἔχαιρον, εὐτυχεῖς ἐνόμιζον ἑαυτούς, ὡς ἐν θαλάσσῃ
15  θησαυρὸν εὑρόντες. θορύβου δὲ γενομένου Χαιρέας ἤρετο τίς
ἡ αἰτία. μαθὼν οὖν καὶ αὐτὸς ἠβουλήθη τὸ καινὸν θεάσασθαι.   25

---

5–6 (cf. etiam 3.4.9) θαλαττεύοντες δὲ πολὺν χρόνον] Th. 7.12.3 αἵ τε νῆες
διάβροχοι τοσοῦτον χρόνον ἤδη θαλασσεύουσαι (Niciae litterae de gravissimo
in Sicilia casu coram Athenarum populo leguntur)

---

2 τότε F (hoc vocabulum numquam εἰς τότε significat alibi, sed cf. A.T. 8.9.5):
an ποτὲ? (cf. 4.3.1) ‖ 3 ante ηὐπλόουν, οὐκ add. Anon. Leid. ‖ 4 ἀπήλλαττεν
F (λ suprascr.) ‖ 9 ὅτι F (cf. 1.10.7): ὅτε Rei. ‖ 10 δίψης F : δίψους Her. ‖
14 τριήρης Rei. : τριήρεις F ‖ 20 ἔκλαεν F teste Guida : ἔκλαιεν Bl., qui
tantum ε..α.ὲν in F dispiciebat

γνωρίσας δὲ τὰ ἐντάφια περιερρήξατο καὶ μέγα καὶ διωλύγιον
ἀνεβόησεν "οἴμοι, Καλλιρόη· ταῦτά ἐστι τὰ σά. στέφανος οὗτος,
ὃν ἐγώ σοι περιέθηκα· τοῦτο ὁ πατήρ σοι δέδωκε, τοῦτο ἡ μή-
τηρ· αὕτη στολὴ νυμφική. τάφος σοι γέγονεν ἡ ναῦς. ἀλλὰ τὰ       16
5   μὲν σὰ βλέπω, σὺ δὲ ποῦ; μόνη τοῖς ἐνταφίοις ἡ νεκρὰ λείπει."
τούτων ἀκούσας ὁ Θήρων ἔκειτο ὅμοιος τοῖς νεκροῖς, καὶ γὰρ
ἦν ἡμιθανής. πολλὰ μὲν οὖν ἐβουλεύσατο [τὸ] μηδ᾽ ὅλως φωνὴν
ἀφεῖναι μηδὲ κινεῖσθαι· τὸ γὰρ μέλλον οὐκ ἦν ἀπρόορατον αὐτῷ·
φύσει δὲ φιλόζωόν ἐστιν ἄνθρωπος καὶ οὐδὲ ἐν ταῖς ἐσχάταις
10  συμφοραῖς ἀπελπίζει τὴν πρὸς τὸ βέλτιον μεταβολήν, τοῦ δημι-
ουργήσαντος θεοῦ τὸ σόφισμα τοῦτο πᾶσιν ἐγκατασπείραντος,
ἵνα μὴ φύγωσι βίον ταλαίπωρον. κατεχόμενος οὖν τῷ δίψει ταύ-       17
την πρώτην ἀφῆκε φωνὴν "ποτόν". ἐπεὶ δὲ αὐτῷ προσηνέχθη
καὶ πάσης ἔτυχεν ἐπιμελείας, παρακαθεσθεὶς αὐτῷ ὁ Χαιρέας
15  ἤρετο "τίνες ἐστέ; καὶ ποῦ πλεῖτε; καὶ πόθεν ταῦτα; καὶ τί τὴν
κυρίαν αὐτῶν πεποιήκατε;" Θήρων δὲ ἐμνημόνευεν ἑαυτοῦ, παν-
οῦργος ἄνθρωπος, καὶ "Κρής" εἶπεν "εἰμί, πλέω δὲ εἰς Ἰωνίαν
ἀδελφὸν ἐμαυτοῦ ζητῶν στρατευόμενον. κατελείφθην δὲ ὑπὸ τῶν       18
ἐπὶ τῆς νεὼς ἐν Κεφαλληνίᾳ, ταχείας τῆς ἀναγωγῆς γενομένης·
20  ἐκεῖθεν ἐπέβην τοῦδε τοῦ κέλητος παραπλέοντος εὐκαίρως. ἐξαι-
σίοις δὲ πνεύμασιν ἐξεώσθημεν εἰς ταύτην τὴν θάλασσαν· εἶτα
γαλήνης μακρᾶς γενομένης δίψει πάντες ἀνῃρέθησαν, ἐγὼ δὲ
μόνος ἐσώθην ὑπὸ τῆς ἐμῆς εὐσεβείας." ἀκούσας οὖν ὁ Χαιρέας

---

7 ἡμιθανής F (ut 3.4.6) : ἡμιθνής Cob. (sic 3.5.4) | ἐβουλεύσατο [τὸ] Rei. :
ἐβουλεύσατο· τὸ F | μηδ᾽ ὅλως D'Or. : μηδόλως F ‖ 14 ὁ del. Jackson ‖ 16 ἑ-
αυτοῦ F, ex ἑαυτῶ (sic) correctum ut dispexit Guida et olim coni. D'Or. ‖
16–17 ante πανοῦργος interp. Guida (cf. 3.4.3) : ὡς πανοῦργος Bl. ‖ 17 πλέω
F : πλέων Cob. (iam prop. Rei., sed πλέω maluit) ‖ 18 ζητῶν Rei. puncto post
Ἰωνίαν deleto : ζητῶ F | δὲ ex mendoso loco post ταχείας transp. Rei. : δὴ Bor-
gogno (post ταχείας) ‖ 19 ταχείας δὲ (sic F) ... γενομένης ante κατελείφθην
transp. Jackson, qui ante ἐκεῖθεν interp. | γενομένης· ἐκεῖθεν dist. Sanz post
Cob. : γενομένης, ἐκεῖθεν F : γ- ἐκεῖθεν. sic dist. edd. post Bl., cod. perperam
lecto ‖ 20 ἐκεῖθεν F : ἐκεῖ δὲ Cob. | κέλητος Apogr. : κέλλητος F

ἐκέλευσεν ἐξάψαι τὸν κέλητα τῆς τριήρους, ἕως εἰς τοὺς Συρα
κοσίων λιμένας κατέπλευσε.

4     Προεπεδήμησε δὲ ἡ Φήμη φύσει μὲν οὖσα ταχεῖα, τότε δὲ
μᾶλλον σπεύσασα μηνῦσαι πολλὰ παράδοξα καὶ καινά. πάντες
οὖν ἐπὶ τὴν θάλασσαν συνέτρεχον, καὶ ἦν ὁμοῦ πάθη ποικίλα    5
κλαόντων, θαυμαζόντων, πυνθανομένων, ἀπιστούντων· ἐξέπλη-
2 ττε γὰρ αὐτοὺς τὸ καινὸν διήγημα. ἰδοῦσα δὲ ἡ μήτηρ τὰ ἐντά
φια τῆς θυγατρὸς ἀνεκώκυσεν "ἐπιγινώσκω πάντα· σύ, τέκνον,
μόνη λείπεις. ὦ καινῶν τυμβωρύχων· τὴν ἐσθῆτα καὶ τὸν χρυ
σὸν φυλάξαντες μόνην ἔκλεψάν μου τὴν θυγατέρα." συνήχησαν    10
δὲ αἰγιαλοὶ καὶ λιμένες κοπτομέναις ταῖς γυναιξί, καὶ γῆν καὶ
3 θάλασσαν ἐνέπλησαν οἰμωγῆς. Ἑρμοκράτης δὲ ἔφη, στρατηγι
κὸς ἀνὴρ καὶ πραγμάτων ἐπιστήμων, "οὐκ ἐνταῦθα χρὴ ζητεῖν,
ἀλλὰ νομιμωτέραν ποιήσασθαι τὴν ἀνάκρισιν. ἀπίωμεν εἰς τὴν
ἐκκλησίαν. τίς οἶδεν εἰ χρεία γένοιτο καὶ δικαστῶν."    15
4     'Οὔ πω πᾶν εἴρητο ἔπος' καὶ ἤδη μεστὸν ἦν τὸ θέατρον. ἐκείνην
τὴν ἐκκλησίαν ἤγαγον καὶ γυναῖκες. ὁ μὲν οὖν δῆμος μετέωρος
καθῆστο, Χαιρέας δὲ πρῶτος εἰσῆλθε μελανείμων, ὠχρός, αὐ
χμῶν, οἷος ἐπὶ τὸν τάφον ἠκολούθησε τῇ γυναικί, καὶ ἐπὶ μὲν τὸ
βῆμα οὐκ ἠθέλησεν ἀναβῆναι, κάτω δέ που στὰς τὸ μὲν πρῶτον    20
ἐπὶ πολὺν ἔκλαε χρόνον καὶ φθέγξασθαι θέλων οὐκ ἠδύνατο· τὸ
5 δὲ πλῆθος ἐβόα "θάρρει καὶ λέγε." μόλις οὖν ἀναβλέψας "ὁ μὲν
παρὼν" εἶπε "καιρὸς οὐκ ἦν δημηγοροῦντος ἀλλὰ πενθοῦντος, ἐ
γὼ δὲ ὑπὸ τῆς αὐτῆς ἀνάγκης καὶ λέγω καὶ ζῶ, μέχρις ἂν ἐξεύρω
Καλλιρόης τὴν ἀναίρεσιν. διὰ τοῦτο δὲ ἐντεῦθεν ἐκπλεύσας οὐκ    25

---

16 (cf. etiam 7.1.11) οὔ πω πᾶν εἴρητο ἔπος] Hom. *Il.* 10.540, *Od.* 16.11 et
cf. 16.351

---

1–2 ἕως ... κατέπλευσε F (cf. 3.5.7) : ἕως ⟨ἂν⟩ ... καταπλεύσῃ Her. : ἕωθεν
δὲ ... κατέπλευσε Jackson ‖ 4 μηνῦσαι Cob. : μηνύσαι F ‖ 9 καινῶν F post
corr. (αι supra lineam) : κενῶν F ante corr. ‖ 11 καὶ γῆν F : an αἲ γῆν? ‖
13 ἀνὴρ Apogr. : ἀνὴρ ἀνὴρ F ‖ 17 ἤγαγον Gerschmann : ἀνήγαγον F :
ἂν⟨δρες⟩ ἤγαγον Morel (cf. 8.7.1) : ἂν ἤγαγον D'Or. : συνήγαγον Rei. | ante
γυναῖκες, αἱ add. Gasda

οἶδα πότερον εὐτυχῆ τὸν πλοῦν ἢ δυστυχῆ πεποίημαι. πλοῖον    6
γὰρ ἐθεασάμην ἐν εὐδίᾳ πλανώμενον, ἰδίου χειμῶνος γέμον καὶ
βαπτιζόμενον ἐν γαλήνῃ. θαυμάσαντες ἤλθομεν πλησίον. ἔδοξα
τὸν τῆς ἀθλίας μου γυναικὸς τάφον ἰδεῖν, πάντα ἔχοντα τὰ ἐκεί-
5  νης, πλὴν ἐκείνης. νεκρῶν μὲν ἦν πλῆθος, ἀλλοτρίων δὲ πάντων.
ὅδε δέ τις ἐν αὐτοῖς ἡμιθανὴς εὑρέθη. τοῦτον ἐγὼ μετὰ πάσης
ἐπιμελείας ἀνεκτησάμην καὶ ὑμῖν ἐτήρησα."
   Μεταξὺ δὲ οἰκέται δημόσιοι τὸν Θήρωνα δεδεμένον εἰς τὸ θέ-    7
ατρον ἦγον μετὰ πομπῆς ἐκείνῳ πρεπούσης. ἐπηκολούθει γὰρ
10 αὐτῷ τροχὸς ⟨καὶ⟩ καταπέλτης καὶ πῦρ καὶ μάστιγες, ἀποδιδού-
σης αὐτῷ τῆς Προνοίας τὰ ἔπαθλα τῶν ἀγώνων. ἐπεὶ δὲ ἐν μέσῳ    8
ἔστη, τῶν ἀρχόντων εἷς ἀνέκρινεν αὐτόν· "τίς εἶ;" "Δημήτριος"
εἶπε. "πόθεν;" "Κρής." "τί οἶδας; εἰπέ." "πρὸς ἀδελφὸν ἐμαυ-
τοῦ πλέων εἰς Ἰωνίαν ἀπελείφθην νεώς, εἶτα κέλητος ἐπέβην
15 παραπλέοντος. τότε μὲν οὖν ὑπελάμβανον ἐμπόρους εἶναι, νῦν
δὲ τυμβωρύχους. θαλαττεύοντες δὲ χρόνον μακρὸν οἱ μὲν ἄλλοι    9
πάντες διεφθάρησαν ἀπορίᾳ τοῦ ποτοῦ, μόνος δὲ ἐγὼ σέσωσμαι
διὰ τὸ μηδὲν ἐν τῷ βίῳ δεδρακέναι πονηρόν. μὴ οὖν ὑμεῖς, ὦ
Συρακόσιοι, δῆμος ἐπὶ φιλανθρωπίᾳ περιβόητος, γένησθέ μοι
20 καὶ δίψους καὶ θαλάσσης ἀγριώτεροι."
   Ταῦτα λέγοντος οἰκτρῶς ἔλεος εἰσῆλθε τὰ πλήθη, καὶ τάχα    10
ἂν ἔπεισεν, ὥστε κἂν ἐφοδίων τυχεῖν, εἰ μὴ δαίμων τις τιμω-
ρὸς Καλλιρόης ἐνεμέσησεν αὐτῷ τῆς ἀδίκου πειθοῦς —ἔμελλε
γὰρ τὸ σχετλιώτατον ἔσεσθαι πάντων πραγμάτων, πεισθῆναι
25 Συρακοσίους ὅτι μόνος ἐσώθη διὰ εὐσέβειαν ὁ μόνος σωθεὶς δι' ἀ-

---

16 (vid. 3.3.11) θαλαττεύοντες δὲ χρόνον μακρόν

---

2 ἐθεασάμην F : -μεθα Bl. ‖ 6 ἡμιθανὴς F (cf. 3.3.16) : ἡμιθνὴς Cob. (ut
3.5.4) ‖ 10 add. Rei. ‖ 11 Προνοίας Apogr. : προνοία, F ut vid. | μέσῳ
F (sic) : μέσοις Jackson ‖ 12 ἔστη, τῶν ἀρχόντων dist. D'Or. : ἔστη τῶν
ἀρχόντων, F ‖ 12–13 δημήτριος εἶπε· F : Δημήτριος. εἰπὲ Her. ‖ 13–14 ἀ-
δελφὸν ἐμαυτοῦ Jackson : ἐμαυτοῦ ἀδελφὸν F ‖ 17 μόνος Her. : μόγις F ‖
19 γένησθέ Naber : γένεσθέ F

11  σέβειαν— ἵνα ἐπὶ πλέον κολασθῇ. καθεζόμενος οὖν ἐν τῷ πλήθει
τις ἁλιεὺς ἐγνώρισεν αὐτὸν καὶ ἡσυχῇ πρὸς τοὺς ⟨παρα⟩καθε-
ζομένους εἶπε "τοῦτον ἐγὼ καὶ πρότερον εἶδον περὶ τὸν λιμένα
τὸν ἡμέτερον στρεφόμενον." ταχέως οὖν ὁ λόγος εἰς πλείονας
12  διεδόθη, καί τις ἐξεβόησε "ψεύδεται." πᾶς οὖν ὁ δῆμος ἐπεστρά-  5
φη, καὶ προσέταξαν οἱ ἄρχοντες καταβῆναι τὸν πρῶτον εἰπόντα·
ἀρνουμένου δὲ Θήρωνος ὁ ἁλιεὺς μᾶλλον ἐπιστεύθη. βασανιστὰς
εὐθὺς ἐκάλουν καὶ μάστιγες προσεφέροντο τῷ δυσσεβεῖ· καιόμε-
νος δὲ καὶ τεμνόμενος ἀντεῖχεν ἐπὶ πλέον καὶ μικροῦ δεῖν ἐνίκησε
13  τὰς βασάνους. ἀλλὰ μέγα τὸ συνειδὸς ἑκάστῳ καὶ παγκρατὴς ἡ  10
ἀλήθεια· μόλις μὲν γὰρ καὶ βραδέως ἀλλ᾽ ὡμολόγησεν ὁ Θήρων.
ἤρξατο οὖν διηγεῖσθαι "πλοῦτον θαπτόμενον ἰδὼν συνήγαγον
14  λῃστάς. ἠνοίξαμεν τὸν τάφον· εὕρομεν ζῶσαν τὴν νεκράν· πάν-
τα συλήσαντες ἐνεθήκαμεν τῷ κέλητι· πλεύσαντες εἰς Μίλητον
μόνην ἐπωλήσαμεν τὴν γυναῖκα, τὰ δὲ λοιπὰ διεκομίζομεν εἰς  15
Κρήτην· ἐξωσθέντες δὲ εἰς τὸν Ἰόνιον ὑπὸ ἀνέμων ἃ πεπόνθαμεν
καὶ ὑμεῖς ἑωράκατε." πάντα εἰπὼν μόνον τοὔνομα οὐκ ἐμνημό-
νευσε τοῦ πριαμένου.
15  Ῥηθέντων δὲ τούτων χαρὰ καὶ λύπη πάντας εἰσῆλθε· χαρὰ
μὲν ὅτι ζῇ Καλλιρόη, λύπη δὲ ὅτι πέπραται. Θήρωνι μὲν οὖν θα-  20
νάτου ψῆφος ἠνέχθη, Χαιρέας δὲ ἱκέτευε μηδέπω θνήσκειν τὸν
ἄνθρωπον, "ἵνα μοι" φησὶν "ἐλθὼν μηνύσῃ τοὺς ἀγοράσαντας.
λογίσασθέ μου τὴν ἀνάγκην· συνηγορῶ τῷ πωλήσαντί μου τὴν
16  γυναῖκα." τοῦτο Ἑρμοκράτης ἐκώλυσε γενέσθαι "βέλτιον" εἰπὼν
"ποιήσασθαι τὴν ζήτησιν ἐπιπονωτέραν ἢ λυθῆναι τοὺς νόμους.  25
δέομαι δὲ ὑμῶν, ἄνδρες Συρακόσιοι, μνησθέντας στρατηγίας τῆς
ἐμῆς καὶ τροπαίων ἀποδοῦναί μοι τὴν χάριν εἰς τὴν θυγατέρα.
πέμψατε πρεσβείαν ὑπὲρ αὐτῆς· τὴν ἐλευθέραν ἀπολάβωμεν."
17  ἔτι λέγοντος ὁ δῆμος ἀνεβόησε "πάντες πλεύσωμεν," ἐκ δὲ τῆς
βουλῆς ὑπέστησαν ἐθελονταὶ τὸ πλεῖστον μέρος· ὁ δὲ Ἑρμοκρά-  30
της "τῆς μὲν τιμῆς" ἔφη "χάριν ἐπίσταμαι πᾶσιν, ἀρκοῦσι δὲ

---

1 ἐπὶ πλέον Apogr. : ἐπιπλέον F ‖ 2 add. Cob. ‖ 16 Ἰόνιον Cob. : ἰώνιον F ‖
22 ἐλθὼν F : ⟨συν⟩ελθὼν Trzaskoma

πρεσβευταὶ δύο μὲν ἀπὸ τοῦ δήμου, δύο δὲ ἀπὸ τῆς βουλῆς· πλεύ-
σεται δὲ Χαιρέας πέμπτος αὐτός."
    Ἔδοξε ταῦτα καὶ ἐκυρώθη, διέλυσέ τε ἐπὶ τούτοις τὴν ἐκκλη-          18
σίαν. ἀπαγομένῳ δὲ Θήρωνι μέγα μέρος τοῦ πλήθους ἐπηκολού-
5 θησεν. ἀνεσκολοπίσθη δὲ πρὸ τοῦ Καλλιρόης τάφου καὶ ἔβλεπεν
ἀπὸ τοῦ σταυροῦ τὴν θάλασσαν ἐκείνην, δι' ἧς αἰχμάλωτον ἔφε-
ρε τὴν Ἑρμοκράτους θυγατέρα, ἣν οὐκ ἔλαβον οὐδὲ Ἀθηναῖοι.
    Τοῖς μὲν οὖν ἄλλοις ἅπασιν ἐδόκει περιμένειν τὴν ὥραν τοῦ          5
πλοῦ καὶ ἔαρος ὑπολάμψαντος ἀνάγεσθαι· τότε γὰρ ἔτι χειμὼν
10 εἱστήκει καὶ παντάπασιν ἀδύνατον ἐδόκει τὸν Ἰόνιον περαιοῦσθαι·
Χαιρέας δὲ ἔσπευδεν, ἕτοιμος ὢν διὰ τὸν ἔρωτα ζεύξας σχεδίαν εἰς
τὸ πέλαγος ἑαυτὸν ἀφεῖναι τοῖς ἀνέμοις φέρεσθαι. οὔκουν οὐδὲ          2
οἱ πρέσβεις ἤθελον βραδύνειν ὑπ' αἰδοῦς τῆς τε πρὸς ἐκεῖνον καὶ
μάλιστα πρὸς Ἑρμοκράτην, ἀλλ' ἠτοιμάζοντο πλεῖν. Συρακόσιοι
15 δὲ δημοσίᾳ τὸν στόλον ἐξέπεμψαν, ἵνα καὶ τοῦτο εἰς ἀξίωμα
προστεθῇ τῆς πρεσβείας. καθείλκυσαν οὖν ἐκείνην τὴν τριήρη          3
τὴν στρατηγικήν, ἔχουσαν ἔτι τὰ σημεῖα τῆς νίκης. ἐπεὶ δὲ
ἧκεν ἡ κυρία τῆς ἀναγωγῆς ἡμέρα, τὸ πλῆθος εἰς τὸν λιμένα
συνέδραμεν, οὐκ ἄνδρες μόνον, ἀλλὰ καὶ γυναῖκες καὶ παῖδες,
20 καὶ ἦσαν ὁμοῦ δάκρυα, εὐχαί, στεναγμοί, παραμύθια, φόβος,
θάρσος, ἀπόγνωσις, ἐλπίς. Ἀρίστων δέ, ὁ Χαιρέου πατήρ, ἐσχάτῳ          4
γήρᾳ καὶ νόσῳ φερόμενος, περιέφυ τῷ τραχήλῳ τοῦ παιδὸς καὶ
ἀνακρεμάμενος αὐτοῦ [τοῦ τραχέλου] κλαίων ἔλεγε "τίνι με
καταλείπεις, ὦ τέκνον, ἡμιθνῆτα πρεσβύτην; ὅτι μὲν γὰρ οὐκέτι

---

23–24 τίνι ... πρεσβύτην;] Fort. Verg. Aen. 4.323 cui me moribundam deseris,
hospes? (Dido ad Aenean)

---

7 ἣν ... Ἀθηναῖοι secl. Schmidt (fort. ex loco 3.10.8 additum, sed cf. e. g.
1.11.2) ‖ 12 post ἀφεῖναι, fort. ⟨καὶ⟩ ‖ 20 δάκρυα, εὐχαί Jackson : εὐχαί,
δάκρυα F | παραμύθια scripsi (cf. 4.7.8, etc.) post Lucarini (παραμυθία⟨ι⟩, cf.
4.2.5, etc.) : παραμυθία F (sed textus, praesertim quoad στεναγμοί pertinet,
pluralem postulat) ‖ 21–22 ἐσχάτῳ ... φερόμενος F : ἐσχατόγηρως καὶ νοσῶν
φ- Pierson ‖ 23 secl. Her. | τίνι F : τί Cob. : τί νῦν O'Sullivan

5    σε ὄψομαι δῆλον. ἐπίμεινον δὲ κἂν ὀλίγας ἡμέρας, ὅπως ἐν ταῖς
χερσὶ ταῖς σαῖς ἀποθάνω· θάψον δέ με καὶ ἄπιθι." ἡ δὲ μήτηρ
τῶν γονάτων αὐτοῦ λαβομένη "ἐγὼ δέ σου δέομαι" φησίν, "ὦ
τέκνον, μή με ἐνταῦθα καταλίπῃς ἔρημον, ἀλλ' ἐμβαλοῦ τριήρει
φορτίον κοῦφον· ἂν δὲ ὦ βαρεῖα καὶ περιττή, ῥίψατέ με εἰς τὴν    5
6    θάλασσαν ἣν σὺ πλεῖς." ταῦτα λέγουσα περιέρρηξε τὸ στῆθος
καὶ προτείνουσα τὰς θηλὰς "τέκνον" φησί,

                "τάδ᾿ αἴδεο καί μ᾿ ἐλέησον
      αὐτήν, εἴ ποτέ τοι λαθικηδέα μαζὸν ἐπέσχον."

κατεκλάσθη Χαιρέας πρὸς τὰς τῶν γονέων ἱκεσίας καὶ ἔρριψεν    10
ἑαυτὸν ἀπὸ τῆς νεὼς εἰς τὴν θάλασσαν, ἀποθανεῖν θέλων, ἵνα φύ-
γῃ δυοῖν θάτερον, ἢ τὸ μὴ ζητεῖν Καλλιρόην ἢ τὸ λυπῆσαι τοὺς
γονεῖς· ταχέως δὲ ἀπορρίψαντες οἱ ναῦται μόλις αὐτὸν ἀνεκούφι-
7    σαν. ἐνταῦθα Ἑρμοκράτης ἀπεσκέδασε τὸ πλῆθος καὶ ἐκέλευσε
τῷ κυβερνήτῃ λοιπὸν ἀνάγεσθαι. συνέβη δέ τι καὶ ἄλλο φιλίας    15
ἔργον οὐκ ἀγεννές. Πολύχαρμος γάρ, ἑταῖρος τοῦ Χαιρέου, πα-
ραυτὰ μὲν οὐκ ὤφθη ἐν τῷ μέσῳ, ἀλλὰ καὶ πρὸς τοὺς γονεῖς ἔφη
"φίλος μέν, φίλος Χαιρέας, οὐ μὴν ἄχρι τούτου γε ὥστε καὶ περὶ
8    τῶν ἐσχάτων αὐτῷ συγκινδυνεύειν. διόπερ, ἕως ἀποπλεῖ, ὑπεκ-
στήσομαι." ἡνίκα δὲ ἀπεσάλευσε τῆς γῆς τὸ πλοῖον, ἀπὸ τῆς    20
πρύμνης αὐτοὺς ἀπησπάσατο, ἵνα μηκέτι αὐτὸν δύνωνται κατα-
σχεῖν.

---

8–9 Hom. *Il.* 22.82–83 (Hectoris mater non vult filium in Achillem ex oppido
exire)

---

5 ῥίψατέ με F : ῥίψον ἐμὲ Zankogiannes ‖ 6 ἣν σὺ πλεῖς Her. : ἣν σὺ πλέεις F :
ἵνα σὺ πλέῃς Zankogiannes (sed cf. 1.7.1, 1.12.3) | περιέρρηξε τὸ στῆθος F
(suspectum, sed cf. X.E. 3.10.1) : περιερρήξατο τὴν ἐσθῆτα Lucke et Schäfer
post Gasda atque Cob. : π- τὴν ἐσθῆτα Gasda : περιερρήξατο ⟨καὶ γυμνώσασα⟩
τὸ σ- Cob. : an περιερρήξατο [στῆθος]? (cf. 3.3.15) ‖ 11–12 post φύγῃ, τὸ
add. Hilberg ‖ 12 ἢ τὸ ... ἢ τὸ F : ἢ [τὸ] ... ἢ [τὸ] Hilberg (cf. 2.10.4, 5.6.9) ‖
16 ἑταῖρος τοῦ Χαιρέου fort. delendum (cf. 1.5.2) | ante ἑταῖρος, ὁ add. Her. ‖
21 ἀπησπάσατο Rei. : ἀπεσπάσατο F

Ἐξελθὼν δὲ τοῦ λιμένος Χαιρέας καὶ ἀποβλέψας εἰς τὸ πέλαγος  9
"ἄγε με" φησίν, "ὦ θάλασσα, τὸν αὐτὸν δρόμον ὃν καὶ Καλλιρόην
ἤγαγες. εὔχομαί σοι, Πόσειδον, ἢ κἀκείνην μεθ' ἡμῶν ἢ μηδὲ
ἐμὲ χωρὶς ἐκείνης ⟨...⟩ ἐνταῦθα. εἰ μὴ γὰρ δύναμαι τὴν γυναῖκα
5  τὴν ἐμὴν ἀπολαβεῖν, θέλω κἂν δουλεύειν μετ' αὐτῆς."
   Πνεῦμα δὲ φορὸν ὑπέλαβε τὴν τριήρη καὶ ὥσπερ κατ' ἴχνος  6
τοῦ κέλητος ἔτρεχεν. ἐν δὲ ταῖς ἴσαις ἡμέραις εἰς Ἰωνίαν ἧκον καὶ
ὡρμίσαντο ἐπὶ τῆς αὐτῆς ἀκτῆς ἐν τοῖς Διονυσίου χωρίοις. οἱ μὲν  2
οὖν ἄλλοι κεκμηκότες ἐκβάντες εἰς τὴν γῆν περὶ τὴν ἀνάληψιν
10  ἠπείγοντο τὴν ἑαυτῶν, σκηνάς τε πηγνύμενοι καὶ παρασκευά-
ζοντες εὐωχίαν, Χαιρέας δὲ μετὰ Πολυχάρμου περινοστῶν "πῶς
νῦν" φησὶ "Καλλιρόην εὑρεῖν δυνάμεθα; μάλιστα μὲν γὰρ φοβοῦ-
μαι μὴ Θήρων ἡμᾶς διεψεύσατο καὶ τέθνηκεν ἡ δυστυχής. εἰ δ'
ἄρα καὶ ἀληθῶς πέπραται, τίς οἶδεν ὅπου; πολλὴ γὰρ ἡ Ἀσία."
15  μεταξὺ δὲ ἀλύοντες περιέπεσον τῷ νεῷ τῆς Ἀφροδίτης. ἔδοξεν  3
οὖν αὐτοῖς προσκυνῆσαι τὴν θεόν, καὶ προσδραμὼν τοῖς γόνασιν
αὐτῆς Χαιρέας "σύ μοι, δέσποινα, πρώτη Καλλιρόην ἔδειξας ἐν
τῇ σῇ ἑορτῇ· σὺ καὶ νῦν ἀπόδος, ἣν ἐχαρίσω." μεταξὺ ⟨δ'⟩ ἀνα-
κύψας εἶδε παρὰ τὴν θεὸν εἰκόνα Καλλιρόης χρυσῆν, ἀνάθημα
20  Διονυσίου.
   Τοῦ δ' αὐτοῦ λύτο γούνατα καὶ φίλον ἦτορ.
κατέπεσεν οὖν σκοτοδινιάσας· θεασαμένη δὲ αὐτὸν ἡ ζάκορος  4
ὕδωρ προσήνεγκε καὶ ἀνακτωμένη τὸν ἄνθρωπον εἶπε "θάρρει,
τέκνον· καὶ ἄλλους πολλοὺς ἡ θεὸς ἐξέπληξεν· ἐπιφανὴς γάρ ἐ-

---

21 (cf. etiam 1.1.14, 4.5.9) Vid. 1.1.14

---

4 lac. indic. edd. a D'Or., qui varie expleverunt : ⟨διασῶσαι⟩ Naber (cf. 3.6.6) :
⟨δὸς ἀνιέναι⟩ (vel ⟨δὸς ἀναχωρῆσαι⟩) D'Or. : fort. ⟨σῶσον⟩ Bl. ‖ 6 φορὸν Rei.
(cf. 8.2.7) : φοβερὸν F : σφοδρὸν D'Or. (cf. 3.3.10) ‖ 8 ὡρμίσαντο Her. :
ὥρμισαν F ‖ 10 ἠπείγοντο F : ἐγίνοντο Anon. Leid. : ⟨γίνεσθαι⟩ ἠπείγοντο
Abresch ‖ 12 δυνάμεθα F : δυναίμεθα Rei. (sed cf. 7.1.9) ‖ 16 προσδραμὼν
F : προσπεσὼν vel προσδραμὼν ⟨προσέπεσε⟩ Anon. Leid. ‖ 17 post δέσποινα,
φησί add. Bl. (sed cf. 4.3.9) | πρώτη Rei. : πρώτην F ‖ 18 add. Her. ‖
23 ἄνθρωπον F : ἄθλιον Naber

στι καὶ δείκνυσιν ἑαυτὴν ἐναργῶς. ἀλλ' ἀγαθοῦ μεγάλου τοῦτ'
ἔστι σημεῖον. ὁρᾷς εἰκόνα τὴν χρυσῆν; αὕτη δούλη μὲν ἦν, ἡ δὲ
5 Ἀφροδίτη πάντων ἡμῶν κυρίαν πεποίηκεν αὐτήν." "τίς γάρ ἐ-
στιν;" ὁ Χαιρέας εἶπεν. "αὕτη ἡ δέσποινα τῶν χωρίων τούτων,
ὦ τέκνον, Διονυσίου γυνή, τοῦ πρώτου τῶν Ἰώνων." ἀκούσας ὁ   5
Πολύχαρμος, οἷα δὴ σωφρονῶν αὐτός, οὐδὲν εἴασεν ἔτι τὸν Χαι-
ρέαν εἰπεῖν, ἀλλ' ὑποβαστάσας ἐξήγαγεν ἐκεῖθεν, οὐ βουλόμενος
ἐκπύστους γενέσθαι τίνες εἰσί, πρὶν ἅπαντα βουλεύσασθαι καλῶς
6 καὶ συντάξαι πρὸς ἀλλήλους. ὁ δὲ Χαιρέας τῆς ζακόρου παρού-
σης οὐδὲν εἶπεν ἀλλὰ πρῶτον μὲν ἐσίγησεν ἐγκρατῶς, πλὴν ὅσον   10
αὐτομάτως ἐξεπήδησεν αὐτοῦ τὰ δάκρυα· πόρρω δὲ ἀπελθὼν ἐπὶ
γῆς μόνος ἔρριψεν ἑαυτὸν καὶ "ὦ θάλασσα" φησὶ "φιλάνθρωπε,
τί με διέσωσας; ἢ ἵνα εὐπλοήσας ἴδω Καλλιρόην ἄλλου γυναῖκα;
7 τοῦτο οὐκ ἤλπισα γενέσθαι ποτὲ οὐδὲ ἀποθανόντος Χαιρέου. τί
ποιήσω, δυστυχής; παρὰ δεσπότου μὲν γὰρ ἤλπιζόν σε κομίσα-   15
σθαι καὶ τοῖς λύτροις ἐπίστευον ὅτι πείσω τὸν ἀγοράσαντα· νῦν
δὲ εὕρηκά σε πλουσίαν, τάχα καὶ βασιλίδα. πόσῳ δ' ἂν εὐτυχέ-
στερος ὑπῆρχον, εἴ σε ⟨δου⟩λεύουσαν εὑρήκειν. εἴπω Διονυσίῳ
προσελθὼν 'ἀπόδος μοι τὴν γυναῖκα;' τοῦτο δὲ λέγει τις γεγα-
8 μηκότι; ἀλλ' οὐδ', ἂν ἀπαντήσω, δύναμαί σοι προσελθεῖν, ἀλλ'   20
οὐδέ, τὸ κοινότατον, ὡς πολίτης ἀσπάσασθαι. κινδυνεύσω τάχα
καὶ ὡς μοιχὸς τῆς ἐμῆς γυναικὸς ἀπολέσθαι." ταῦτα ὀδυρόμενον
παρεμυθεῖτο Πολύχαρμος.
7   Ἐν δὲ τῷ μεταξὺ Φωκᾶς, ὁ οἰκονόμος Διονυσίου, θεασάμενος
τριήρη ναύμαχον οὐκ ἀδεὴς καθειστήκει· ναύτην δέ τινα ὑπο-   25
κορισάμενος μανθάνει παρ' αὐτοῦ τὴν ἀλήθειαν, τίνες εἰσὶ καὶ

---

3–4 τίς ... ἡ sic dist. multi edd. a D'Or. : nullum punctum in F : τίς ... αὕτη.
ἡ Apogr. (leg. αὕτη;) atque nonn. edd. ‖ 4 ἡ del. Reeve ‖ 10 πρῶτον μὲν
Headlam (a' μὲν scriptum) : ἅμα F (post ἀλλ'): [ἅμα] Cob. : τότε μὲν Rei. ‖
13 ἢ F (cf. 2.1.8) : ἢ D'Or. : del. Rei. ‖ 18 ⟨δου⟩λεύουσαν Salvini, Cob. :
⟨...⟩λεύουσαν F ut vid. (sed nonn. ⟨...⟩χεύουσαν dispexerunt) : ⟨πτω⟩χεύουσαν
Her. ‖ 19 τις Sanz (cf. 2.4.7, 3.2.3) : τίς F ‖ 20 ἀλλ' del. Renehan

πόθεν καὶ διὰ τίνα πλέουσι. συνῆκεν οὖν ὅτι μεγάλην συμφορὰν
ἡ τριήρης αὕτη κομίζει Διονυσίῳ καὶ οὐ βιώσεται Καλλιρόης
ἀποσπασθείς. οἷα δὲ φιλοδέσποτος ἐθελήσας προλαβεῖν τὸ δεινὸν     2
καὶ σβέσαι πόλεμον μέγαν μέν, οὐ κοινὸν ⟨δέ⟩, ἀλλὰ τῆς Διο-
5  νυσίου μόνης οἰκίας, διὰ τοῦτο ἀφιππασάμενος εἴς τι φρούριον
βαρβάρων, ἀνήγγειλεν ὅτι τριήρης πολεμία λανθάνει, τάχα μὲν
ἐπὶ κατασκοπήν, τάχα δὲ καὶ διὰ λῃστείαν ὑφορμοῦσα, συμφέρει
δὲ τοῖς βασιλέως πράγμασιν ἀνάρπαστον αὐτὴν γενέσθαι πρὶν
ἀδικεῖν. ἔπεισε τοὺς βαρβάρους καὶ συντεταγμένους ἤγαγεν. ἐ-     3
10 πιπεσόντες οὖν μέσῃ νυκτὶ καὶ πῦρ ἐμβαλόντες τὴν μὲν τριήρη
κατέφλεξαν, ὅσους δὲ ζῶντας ἔλαβον δήσαντες εἰς τὸ φρούριον
ἀνήγαγον. νεμήσεως δὲ τῶν αἰχμαλώτων γενομένης ἱκέτευσαν
Χαιρέας καὶ Πολύχαρμος ἑνὶ δεσπότῃ πραθῆναι. καὶ ὁ λαβὼν
αὐτοὺς ἐπώλησεν εἰς Καρίαν. ἐκεῖ δὲ πέδας σύροντες παχείας
15 εἰργάζοντο τὰ Μιθριδάτου.
   Καλλιρόῃ δὲ ὄναρ ἐπέστη Χαιρέας δεδεμένος καὶ θέλων αὐτῇ     4
προσελθεῖν, ἀλλὰ μὴ δυνάμενος· ἀνεκώκυσε δὴ μέγα καὶ διω-
λύγιον ἐν τοῖς ὕπνοις "Χαιρέα, δεῦρο." τότε πρῶτον Διονύσιος
ἤκουσεν ὄνομα Χαιρέου καὶ τῆς γυναικὸς συνταραχθείσης ἐπύ-
20 θετο "τίς, ὃν ἐκάλεις;" προύδωκε δὲ αὐτὴν τὰ δάκρυα καὶ τὴν
λύπην οὐκ ἠδυνήθη κατασχεῖν, ἀλλ' ἔδωκε παρρησίαν τῷ πάθει.
"δυστυχὴς" φησὶν "ἄνθρωπος, ἐμὸς ἀνὴρ ἐκ παρθενίας, οὐδὲ ἐν     5
τοῖς ὀνείροις εὐτυχής· εἶδον γὰρ αὐτὸν δεδεμένον. ἀλλὰ σὺ μέν,
ἄθλιε, τέθνηκας ζητῶν ἐμὲ (δηλοῖ γὰρ θάνατόν σου τὰ δεσμά),
25 ἐγὼ δὲ ζῶ καὶ τρυφῶ, κατάκειμαι δὲ ἐπὶ χρυσηλάτου κλίνης
μετὰ ἀνδρὸς ἑτέρου. πλὴν οὐκ εἰς μακρὰν ἀφίξομαι πρός σέ.

1 τίνα F (cf. 3.9.11) : τί Rea. ‖ 4 μέν, οὐ κοινὸν ⟨δέ⟩ Cob. : μὲν οὐ κοινόν
F : μὲν οὔ, ⟨οὐδὲ⟩ (vel ⟨καὶ⟩) Rei. ‖ 5 ἀφιππασάμενος Cob. : ἀφιππευσάμενος
F ‖ 6 ἀνήγγειλεν F (hapax in Ch., sed cf. Hld. 10.24.2) : an ἀπήγγειλεν?
(cf. e. g. 5.2.6, 7.1.4, 8.2.9) ‖ 7 ὑφορμοῦσα D'Or. (cf. 1.7.1) : ὑφορμῶσα
F ‖ 14–15 παχείας εἰργάζοντο Rei. : εἰ- π- F ‖ 17 δὴ Zankogiannes : δὲ F ‖
19 συνταραχθείσης Bl. : οὖν ταραχθείσης F

6　εἰ καὶ ζῶντες ἀλλήλων οὐκ ἀπηλαύσαμεν, ἀποθανόντες ἀλλή-
λους ἕξομεν." τούτων τῶν λόγων ἀκούσας ὁ Διονύσιος ποικίλας
ἐλάμβανε γνώμας· ἥπτετο μὲν γὰρ αὐτοῦ ζηλοτυπία διότι καὶ
νεκρὸν ἐφίλει Χαιρέαν, ἥπτετο δὲ καὶ φόβος μὴ ἑαυτὴν ἀποκτεί-
νῃ· ἐθάρρει δὲ ὅμως ὅτι ὁ πρῶτος ἀνὴρ ἐδόκει τεθνηκέναι τῇ　5
γυναικί· μὴ γὰρ ἀπολείψειν αὐτὴν Διονύσιον, οὐκ ὄντος ἔτι Χαι-
7　ρέου. παρεμυθεῖτο τοίνυν ὡς δυνατὸν μάλιστα τὴν γυναῖκα καὶ
ἐπὶ πολλὰς ἡμέρας παρεφύλαττε, μὴ ἄρα τι δεινὸν ἑαυτὴν ἐργά-
σηται. περιέσπασε δὲ τὸ πένθος ἐλπὶς τοῦ τάχα ζῆν ἐκεῖνον καὶ
ψευδόνειρον αὐτὴν γεγονέναι· τὸ δὲ πλεῖον ἡ γαστήρ· ἑβδόμῳ　10
γὰρ μηνὶ μετὰ τοὺς γάμους υἱὸν ἔτεκε τῷ μὲν δοκεῖν ἐκ Διονυσί-
ου, Χαιρέου δὲ ταῖς ἀληθείαις. ἑορτὴν μεγίστην ἤγαγεν ἡ πόλις
καὶ πρεσβεῖαι ἀφίκοντο πανταχόθεν Μιλησίοις συνηδομένων ὅτι
τὸ γένος αὔξει τὸ Διονυσίου. κἀκεῖνος ὑπὸ τῆς χαρᾶς πάντων πα-
ρεχώρησε τῇ γυναικὶ καὶ δέσποιναν αὐτὴν ἀπέδειξε τῆς οἰκίας.　15
ἀναθημάτων ἐνέπλησε τοὺς ναούς, πανδημεὶ τὴν πόλιν εἱστία
θυσίαις.

8　　Ἀγωνιῶσα δὲ Καλλιρόη μὴ προδοθῇ τὸ ἀπόρρητον αὐτῆς, ἠ-
ξίωσεν ἐλευθερωθῆναι Πλαγγόνα, τὴν μόνην αὐτῇ συνειδυῖαν
ὅτι πρὸς Διονύσιον ἦλθεν ἐγκύμων, ἵνα μὴ μόνον ἐκ τῆς γνώμης　20
ἀλλὰ καὶ ἐκ τῆς τύχης ἔχῃ τὸ πιστὸν παρ' αὐτῆς. "ἀσμένως"
εἶπεν ὁ Διονύσιος "ἀμείβομαι Πλαγγόνα διακονίας ἐρωτικῆς.
2　ἄδικον δὲ ποιοῦμεν εἰ τὴν ⟨μὲν⟩ θεραπαινίδα τετιμήκαμεν, οὐκ
ἀποδώσομεν δὲ τὴν χάριν τῇ Ἀφροδίτῃ, παρ' ᾗ πρῶτον ἀλλή-
λους εἴδομεν." "κἀγὼ" φησὶν ἡ Καλλιρόη "σοῦ θέλω μᾶλλον·　25
ἔχω γὰρ αὐτῇ μείζονα χάριν. νῦν μὲν οὖν λεχὼ ἔτι εἰμί, πε-
ριμείναντες δὲ ὀλίγας ἡμέρας ἀσφαλέστερον ἀπίωμεν εἰς τοὺς
ἀγρούς."
3　　Ταχέως δὲ αὐτὴν ἀνέλαβεν ἐκ τοῦ τόκου καὶ κρείττων ἐγένετο
καὶ μείζων, οὐκέτι κόρης, ἀλλὰ γυναικὸς ἀκμὴν προσλαβοῦσα.　30

1 ἀπηλαύσαμεν F (cf. X.E. 5.1.5, A.T. 1.8.11) : ἀπελ- Cob. ‖ 23 add. Cob. ‖
26 λεχὼ D'Or. : λεχὼς F ‖ 29 αὐτὴν D'Or. : αὐτὴν F ‖ 30 κόρης F : κόρη
Her.

παραγενομένων δὲ αὐτῶν εἰς τὸν ἀγρὸν μεγαλοπρεπεῖς θυσίας
παρεσκεύασε Φωκᾶς· καὶ γὰρ πλῆθος ἐπηκολούθησεν ἐξ ἄστεος.
καταρχόμενος οὖν ὁ Διονύσιος ἑκατόμβης "δέσποινα" φησὶν "Ἀ-
φροδίτη, σύ μοι πάντων ἀγαθῶν αἰτία. παρὰ σοῦ Καλλιρόην ἔχω,    4
5  παρὰ σοῦ τὸν υἱόν, καὶ ἀνήρ εἰμι διὰ σὲ καὶ πατήρ. ἐμοὶ μὲν ἤρκει
Καλλιρόη, καὶ πατρίδος μοι καὶ γονέων γλυκυτέρα, φιλῶ δὲ τὸ
τέκνον ὅτι μοι τὴν μητέρα βεβαιοτέραν πεποίηκεν. ὅμηρον ἔχω
τῆς εὐνοίας τῆς πρὸς αὐτῆς. ἱκετεύω σε, δέσποινα, σῶζέ ἐμοὶ μὲν
Καλλιρόην, Καλλιρόη δὲ τὸν υἱόν." ἐπευφήμησε τὸ πλῆθος τῶν    5
10 περιεστηκότων καὶ οἱ μὲν ῥόδοις, οἱ δὲ ἴοις, οἱ δὲ αὐτοῖς στεφά-
νοις ἐφυλλοβόλησαν αὐτούς, ὥστε πλησθῆναι τὸ τέμενος ἀνθῶν.
Διονύσιος μὲν οὖν πάντων μὲν ἀκουόντων εἶπε τὴν εὐχήν, Καλλι-
ρόη δὲ μόνη ἠθέλησε πρὸς τὴν Ἀφροδίτην λαλῆσαι. πρῶτον μὲν    6
οὖν τὸν υἱὸν εἰς τὰς αὐτῆς ἀγκάλας ἐνέθηκε, καὶ ὤφθη θέαμα
15 κάλλιστον, οἷον οὔτε ζωγράφος ἔγραψεν οὔτε πλάστης ἔπλασεν
οὔτε ποιητῆς ἱστόρησε μέχρι νῦν· οὐδεὶς γὰρ αὐτῶν ἐποίησεν
Ἄρτεμιν ἢ Ἀθηνᾶν βρέφος ἐν ἀγκάλαις κομίζουσαν. ἔκλαυσεν
ὑφ' ἡδονῆς Διονύσιος ἰδὼν καὶ ἡσυχῇ τὴν Νέμεσιν προσεκύνησε.
μόνην δὲ Πλαγγόνα προσμεῖναι κελεύσασα τοὺς λοιποὺς προέ-
20 πεμψεν εἰς τὴν ἔπαυλιν. ἐπεὶ δὲ ἀπηλλάγησαν, στᾶσα πλησίον    7
τῆς Ἀφροδίτης καὶ ἀνατείνασα χερσὶ τὸ βρέφος "ὑπὲρ τούτου
σοι" φησίν, "ὦ δέσποινα, γινώσκω τὴν χάριν· ὑπὲρ ἐμαυτῆς γὰρ
οὐκ οἶδα. τότ' ἄν σοι καὶ περὶ ἐμαυτῆς ἠπιστάμην χάριν, εἴ μοι
Χαιρέαν ἐτήρησας. πλὴν εἰκόνα μοι δέδωκας ἀνδρὸς φιλτάτου

---

6 (cf. etiam 2.11.1) καὶ πατρίδος ... γλυκυτέρα] Hom. Od. 9.34 (vid. 2.11.1)

---

2 ἄστεος F : -εως Lucarini (sed cf. 2.2.5, 2.3.8) ‖ 4 post πάντων, τῶν add.
Cob. ‖ 6 post Καλλιρόη, ἢ add. Cob. ‖ 8 αὐτῆς D'Or. : αὐτὴν F : αὐτὸν Rei. ‖
12 post πάντων, μὲν del. Her. ‖ 13 μόνη ἠθέλησε F : ἢ- μ- Jackson ‖ 14 αὐ-
τῆς Her. : αὐτῆς F ‖ 19 κελεύσασα Her. : κελεύσας F ‖ 19–20 προέπεμψεν
Rei. : προσέπεμψεν F

8  καὶ ὅλον οὐκ ἀφείλω μου Χαιρέαν. δὸς δή μοι γενέσθαι τὸν υἱὸν
   εὐτυχέστερον μὲν τῶν γονέων, ὅμοιον δὲ τῷ πάππῳ· πλεύσειε δὲ
   καὶ οὗτος ἐπὶ τριήρους στρατηγικῆς, καί τις εἴποι, ναυμαχοῦν-
   τος αὐτοῦ, 'κρείττων Ἑρμοκράτους ὁ ἔκγονος·' ἡσθήσεται μὲν
   γὰρ καὶ ὁ πάππος ἔχων τῆς ἀρετῆς διάδοχον, ἡσθησόμεθα δὲ     5
9  οἱ γονεῖς αὐτοῦ καὶ τεθνεῶτες. ἱκετεύω σε, δέσποινα, διαλλάγη-
   θί μοι λοιπόν· ἱκανῶς γάρ μοι δεδυστύχηται. τέθνηκα, ἀνέζησα,
   λελῄστευμαι, πέφευγα, πέπραμαι, δεδούλευκα· τίθημι δὲ καὶ
   τὸν δεύτερον γάμον ἔτι μοι τούτων βαρύτερον. ἀλλὰ μίαν ἀντὶ
   πάντων αἰτοῦμαι χάριν παρὰ σοῦ καὶ διὰ σοῦ παρὰ τῶν ἄλλων     10
   θεῶν· σῶζέ μοι τὸν ὀρφανόν." ἔτι βουλομένην λέγειν ἐπέσχε τὰ
   δάκρυα.

9  Μικρὸν οὖν διαλιποῦσα καλεῖ τὴν ἱέρειαν· ἡ δὲ πρεσβῦτις ὑπα-
   κούσασα "τί κλάεις" εἶπεν, "ὦ παιδίον, ἐν ἀγαθοῖς τηλικούτοις;
   ἤδη γὰρ καὶ σὲ ὡς θεὰν οἱ ξένοι προσκυνοῦσι. πρώην ἦλθον ἐνθάδε   15
   δύο νεανίσκοι καλοὶ παραπλέοντες· ὁ δὲ ἕτερος αὐτῶν θεασάμε-
   νός σου τὴν εἰκόνα μικροῦ δεῖν ἐξέπνευσεν. οὕτως ἐπιφανῆ σε ἡ
2  Ἀφροδίτη πεποίηκεν." ἔπληξε τὴν καρδίαν τῆς Καλλιρόης τοῦτο
   καὶ ὥσπερ ἐμμανὴς γενομένη, ⟨οὕτως⟩ στήσασα τοὺς ὀφθαλμοὺς
   ἀνέκραγε "τίνες ἦσαν οἱ ξένοι; πόθεν ἔπλεον; τί σοι διηγοῦντο;"   20
   δείσασα δὲ ἡ πρεσβῦτις τὸ μὲν πρῶτον ἄφωνος εἱστήκει, μόλις
3  δὲ ἐφθέγξατο "μόνον εἶδον αὐτούς, οὐδὲν ἤκουσα." "ποταποὺς
   εἶδες; ἀναμνήσθητι τὸν χαρακτῆρα αὐτῶν." ἔφρασεν ἡ γραῦς
   οὐκ ἀκριβῶς μέν, ὑπώπτευσε δὲ ὅμως ἐκείνη τὴν ἀλήθειαν. ὃ

1–4 δὸς ... ἔκγονος] Hom. Il. 6.476–480 δότε δὴ καὶ τόνδε γενέσθαι παῖδ'
ἐμόν ... ἀριπρεπέα Τρώεσσιν ... καί ποτέ τις εἴποι 'πατρός γ' ὅδε πολλὸν
ἀμείνων' ἐκ πολέμου ἀνιόντα (Hector de filio Astyanacte) et S. Aj. 550–551
ὦ παῖ, γένοιο πατρὸς εὐτυχέστερος, τὰ δ' ἄλλ' ὅμοιος (Aiax ad filium Eurysa-
cem) ‖ 24sq. (cf. etiam 6.5.1) ὃ ... οἴεται] Dem. 3.19 (Ol. 3) ad litteram

2 πλεύσειε Her. (cf. 1.1.12, 4.7.4, 7.6.9) : πλεύσοι F : πλεῦσαι Cob. ‖
5 πάππος Jakob : πατὴρ F ‖ 7 ἀνέζησα F : -ηκα Naber ‖ 9 μοι Cob. : μου
F ‖ 19 ὥσπερ Cob. : οὕτωσπερ F (sic) : οὕτως, ὥσπερ Rei. | add. Sanz (cf.
1.11.5) ‖ 23 εἶδες F : ⟨τὸ⟩ εἶδος Naber

γὰρ βούλεται τοῦθ' ἕκαστος καὶ οἴεται. βλέψασα δὲ πρὸς Πλαγ-
γόνα "δύναται" φησὶν "ὁ δυστυχὴς Χαιρέας πλανώμενος ἐνθάδε
παρεῖναι. τί οὖν ἐγένετο; ζητήσωμεν αὐτόν, ἀλλὰ σιγῶσαι."
    Ἀφικομένη τοίνυν πρὸς Διονύσιον τοῦτο μόνον εἶπεν, ὅπερ ἤ-                    4
5  κουσε παρὰ τῆς ἱερείας· ἠπίστατο γὰρ ὅτι φύσει περίεργός ἐστιν
ὁ Ἔρως κἀκεῖνος δι' ἑαυτὸν πολυπραγμονήσει περὶ τῶν γεγο-
νότων. ὅπερ οὖν καὶ συνέβη. πυθόμενος γὰρ ὁ Διονύσιος εὐθὺς
ἐνεπλήσθη ζηλοτυπίας καὶ πόρρω μὲν ἦν τοῦ Χαιρέαν ὑποπτεύ-
ειν, ἔδεισε δὲ μή τις ἄρα λανθάνῃ κατὰ τοὺς ἀγροὺς ἐπιβουλὴ
10  μοιχική· πάντα γὰρ ὑποπτεύειν αὐτὸν καὶ δεδιέναι τὸ κάλλος ἀ-
νέπειθε τῆς γυναικός. ἐφοβεῖτο δὲ οὐ μόνον τὰς παρὰ ἀνθρώπων          5
ἐπιβουλάς, ἀλλὰ προσεδόκα τάχα αὐτῷ καὶ θεὸν ἐξ οὐρανοῦ κα-
ταβήσεσθαι ἀντεραστήν. καλέσας τοίνυν Φωκᾶν διηρεύνα "τίνες
εἰσὶν οἱ νεανίσκοι καὶ πόθεν; ἆρά γε πλούσιοι καὶ καλοί; διατί
15  δὲ τὴν ἐμὴν Ἀφροδίτην προσεκύνουν; τίς ἐμήνυσεν αὐτοῖς; τίς
ἐπέτρεψεν;" ὁ δὲ Φωκᾶς ἀπέκρυπτε τὴν ἀλήθειαν, οὐ Διονύσι-          6
ον δεδοικώς, γινώσκων δὲ ὅτι Καλλιρόη καὶ αὐτὸν ἀπολεῖ καὶ
τὸ γένος αὐτοῦ, πυθομένη περὶ τῶν γεγονότων. ἐπεὶ οὖν ἔξαρ-
νος ἦν ἐπιδεδημηκέναι τινάς, οὐκ εἰδὼς ὁ Διονύσιος τὴν αἰτίαν
20  ὑπώπτευσε βαρυτέραν ἐπιβουλὴν καθ' ἑαυτοῦ συνίστασθαι. διορ-          7
γισθεὶς οὖν μάστιγας ᾔτει καὶ τροχὸν ἐπὶ Φωκᾶν, καὶ οὐ μόνον
ἐκεῖνον ἀλλὰ καὶ τοὺς ἐν τοῖς ἀγροῖς ἅπαντας συνεκάλει μοιχείαν
πεπεισμένος ζητεῖν. αἰσθόμενος δὲ Φωκᾶς οἷ καθέστηκε δεινοῦ
καὶ λέγων καὶ σιωπῶν "σοὶ" φησί, "δέσποτα, ἐρῶ μόνῳ τὴν ἀ-
25  λήθειαν." ὁ δὲ Διονύσιος πάντας ἀποπέμψας "ἰδοὺ" φησὶ "μόνοι          8
γεγόναμεν. μηδὲν ἔτι ψεύσῃ, λέγε τἀληθὲς κἂν φαῦλον ᾖ." "φαῦ-
λον μὲν" εἶπεν "οὐδέν ἐστιν, ὦ δέσποτα, μεγάλων γὰρ ἀγαθῶν
φέρω σοι διηγήματα· εἰ δὲ σκυθρωπότερά ἐστιν αὐτοῦ τὰ πρῶτα,

---

4 ἀφικομένη Apogr. : ἀφικωμένη F ‖ 9 μή τις ἄρα Cob. : ἄρα μή τις F ‖
12 θεὸν post οὐρανοῦ hiatus causa (οὐρανοῦ ἀντεραστήν in F) transp. Reeve ‖
12–13 καταβήσεσθαι transposui (cf. 6.3.4) : post αὐτῷ F ‖ 23 δεινοῦ F : fort.
⟨κιν⟩δύνου Trzaskoma ‖ 28 διηγήματα F : διήγημα Naber (sed cf. 4.6.1) | εἰ
Her. : ἐπεὶ F | αὐτοῦ F : αὐτῶν D'Or.

διὰ τοῦτο μηδὲν ἀγωνιάσῃς μηδὲ λυπηθῇς, ἀλλὰ περίμεινον, ἕως
9 οὗ πάντα ἀκούσῃς· χρηστὸν γὰρ ἔχει σοι τὸ τέλος." μετέωρος
οὖν ὁ Διονύσιος πρὸς τὴν ἐπαγγελίαν γενόμενος καὶ ἀναρτήσας
ἑαυτὸν τῆς ἀκροάσεως "μὴ βράδυνε" φησὶν "ἀλλ᾽ ἤδη διηγοῦ."
τότ᾽ οὖν ἤρξατο λέγειν "τριήρης ἐνθάδε κατέπλευσεν ἐκ Σικελίας  5
καὶ πρέσβεις Συρακοσίων παρὰ σοῦ Καλλιρόην ἀπαιτούντων."
10 ἐξέθανεν ὁ Διονύσιος ἀκούσας καὶ νὺξ αὐτοῦ τῶν ὀφθαλμῶν κατε-
χύθη· φαντασίαν γὰρ ἔλαβεν ὡς ἐφεστηκότος αὐτῷ Χαιρέου καὶ
Καλλιρόην ἀποσπῶντος. ὁ μὲν οὖν ἔκειτο καὶ σχῆμα καὶ χρῶ-
μα νεκροῦ ποιήσας, Φωκᾶς δὲ ἐν ἀπορίᾳ καθειστήκει, καλέσαι  10
μὲν οὐδένα θέλων, ἵνα μή τις αὐτῷ μάρτυς γένηται τῶν ἀπορρή-
των· μόλις δὲ καὶ κατ᾽ ὀλίγον αὐτὸς τὸν δεσπότην ἀνεκτήσατο
"θάρρει" λέγων, "Χαιρέας τέθνηκεν· ἀπόλωλεν ἡ ναῦς· οὐδεὶς ἔτι
11 φόβος." ταῦτα τὰ ῥήματα ψυχὴν ἐνέθηκε Διονυσίῳ, καὶ κατ᾽ ὀλί-
γον πάλιν ἐν ἑαυτῷ γενόμενος ἀκριβῶς ἐπυνθάνετο πάντα, καὶ  15
Φωκᾶς διηγεῖτο τὸν ναύτην τὸν μηνύσαντα πόθεν ἡ τριήρης καὶ
διὰ τίνα πλέουσι καὶ τίνες οἱ παρόντες, τὸ στρατήγημα τὸ ἴδιον
ἐπὶ τοὺς βαρβάρους, τὴν νύκτα, τὸ πῦρ, τὸ ναυάγιον, τὸν φόνον,
τὰ δεσμά. καθάπερ οὖν νέφος ἢ σκότος ἀπεκάλυψε τῆς ψυχῆς
Διονύσιος, καὶ περιπτυξάμενος Φωκᾶν "σὺ" φησὶν "εὐεργέτης  20
ἐμός, σὺ κηδεμὼν ἀληθὴς καὶ πιστότατος ἐν τοῖς ἀπορρήτοις.
12 διὰ σὲ Καλλιρόην ἔχω καὶ τὸν υἱόν· ἐγὼ μὲν οὐκ ἄν σοι προσέ-
ταξα Χαιρέαν ἀποκτεῖναι, σοῦ δὲ ποιήσαντος οὐ μέμφομαι· τὸ
γὰρ ἀδίκημα φιλοδέσποτον. τοῦτο μόνον ἀμελῶς ἐποίησας· οὐκ
ἐπολυπραγμόνησας πότερον ἐν τοῖς τεθνηκόσι Χαιρέας ἐστὶν ἢ  25

---

7–8 (cf. etiam 1.1.14, 2.7.4, 3.1.3, 4.5.9) νὺξ ... κατεχύθη] Vid. 2.7.4

---

2 ἔχει σοι Naber : ἔχουσι F : ἔχει Her. ‖ 10 νεκροῦ ποιήσας F (cf. Gal., *Hipp.*
*off. med.* 2.29, XVIII 2, p. 806.14 Kühn) : ν- παριστάς Her. : νεκρῷ ὁμοιώσας
Schmidt ‖ 15 ἑαυτῷ F (sic) : -οῦ Cob. ‖ 17 τίνα F : τί Rea. (cf. 3.7.1, sed
Phocas nunc de Callirhoe cogitat) ‖ 19 ἢ σκότος F : fort. glossema Rea. ‖
20 Διονύσιος Rei. : διονύσιον F ‖ 25 τεθνηκόσι F (cf. 2.4.6) : τεθνεῶσι prop.
Her. (octies ap. Ch.)

ἐν τοῖς δεδεμένοις. ἔδει ζητῆσαι τὸν νεκρόν· καὶ γὰρ ἐκεῖνος ἂν
ἔτυχε τάφου κἀγὼ βεβαιότερον ἔσχον τὸ θαρρεῖν. οὐ δύναμαι
δὲ νῦν ἀμερίμνως εὐτυχεῖν διὰ τοὺς δεδεμένους· οὐδὲ γὰρ τοῦτο
ἴσμεν, ὅπου τις αὐτῶν ἐπράθη."

5   Προστάξας δὲ Φωκᾷ τὰ μὲν ἄλλα τῶν γεγονότων φανερῶς   **10**
διηγεῖσθαι, δύο δὲ ταῦτα σιγᾶν, τὸ ἴδιον στρατήγημα καὶ ὅτι ἐκ
τῆς τριήρους τινὲς ἔτι ζῶσι, παραγίνεται πρὸς Καλλιρόην σκυ-
θρωπός· εἶτα συνεκάλεσε πιστοτάτους ἀγροίκους, ἵνα ἡ γυνὴ
πυθομένη τὰ συμβάντα βεβαιοτέραν ἤδη λάβῃ περὶ Χαιρέου τὴν
10   ἀπόγνωσιν. ἐλθόντες δὲ διηγοῦντο πάντες ἃ ᾔδεσαν, ὅτι "βάρβα-   **2**
ροί ποθεν λῃσταὶ νυκτὸς καταδραμόντες ἐνέπρησαν Ἑλληνικὴν
τριήρη τῆς προτεραίας ὁρμισθεῖσαν ἐπὶ τῆς ἀκτῆς· καὶ μεθ' ἡμέ-
ραν εἴδομεν αἵματι μεμιγμένον ὕδωρ καὶ νεκροὺς ὑπὸ τῶν κυμά-
των φερομένους." ἀκούσασα ἡ γυνὴ τὴν ἐσθῆτα περιερρήξατο,   **3**
15   κόπτουσα δὲ τοὺς ὀφθαλμοὺς καὶ τὰς παρειὰς ἀνέδραμεν εἰς τὸν
οἶκον, ὅπου τὸ πρῶτον εἰσῆλθε πραθεῖσα. Διονύσιος δὲ ἐξουσίαν
ἔδωκε τῷ πάθει, φοβούμενος μὴ γένηται φορτικός, ἂν ἀκαίρως
παρῇ. πάντας οὖν ἐκέλευσεν ἀπαλλαγῆναι, μόνην δὲ προσεδρεύ-
ειν Πλαγγόνα, μή τι ἄρα δεινὸν αὐτὴν ἐργάσηται. Καλλιρόη δὲ   **4**
20   ἠρεμίας λαβομένη, χαμαὶ καθεσθεῖσα καὶ κόνιν τῆς κεφαλῆς κα-
ταχέασα, τὰς κόμας σπαράξασα τοιούτων ἤρξατο βοῶν "ἐγὼ μὲν
προαποθανεῖν ἢ συναποθανεῖν ηὐξάμην σοι, Χαιρέα· πάντως δέ

21sqq. ἐγὼ ... ἀναγκαῖον] Pl. Smp. 179e 5–180a 2 (Achilles) ἐτόλμησεν ἐλέ-
σθαι βοηθήσας τῷ ἐραστῇ Πατρόκλῳ καὶ τιμωρήσας οὐ μόνον ὑπεραποθανεῖν
ἀλλὰ καὶ ἐπαποθανεῖν τετελευτηκότι (Phaedri oratio)

1 ἔδει Cob. post Rei. (καὶ ἔδει) : καὶ δεῖ F (καὶ ex ε per compend.) ‖ 4 ὅ-
που F : ὅποι D'Or. ‖ 5 Φωκᾷ Richards (cf. 3.9.12, 4.3.7) : φωκᾶν F ‖
8 συνεκάλεσε πιστοτάτους Sanz (cf. 2.5.1) : συγκαλέσας πεισθέντα τοὺς F :
συνεκάλεσε πεισθέντας τοὺς Calderini post Rei. : πεισθέντας ("rerum gnaros")
pro πεισθέντα Rei. : hoc in loco lac. stat. Cob. ("exciderunt nonnulla, in his
verbum finitum") ‖ 10 πάντες ἃ Rei. : πάντες δὲ F : π- ἅπερ Goold post Rei. :
πάνθ' ἃ Jakob ‖ 12 προτεραίας Her. (cf. 8.2.6) : προτέρας F ‖ 20 ἠρεμίας
F : ἐρημίας Naber ‖ 21 βοῶν F : γόων Hirschig

μοι κἂν ἐπαποθανεῖν ἀναγκαῖον· τίς γὰρ ἔτι λείπεται ἐλπὶς ἐν τῷ
5 ζῆν με κατέχουσα; δυστυχοῦσα μέχρι νῦν ἐλογιζόμην 'ὄψομαί
ποτε Χαιρέαν καὶ διηγήσομαι αὐτῷ πόσα πέπονθα δι' ἐκεῖνον·
ταῦτά με ποιήσει τιμιωτέραν αὐτῷ. πόσης ἐμπλησθήσεται χα-
ρᾶς, ὅταν ἴδῃ τὸν υἱόν.' ἀνόνητά μοι πάντα γέγονε, καὶ τὸ τέκνον    5
6 ἤδη περισσόν· προσετέθη γάρ μου τοῖς κακοῖς ὀρφανός. ἄδικε
Ἀφροδίτη, σὺ μόνη Χαιρέαν εἶδες, ἐμοὶ δὲ οὐκ ἔδειξας αὐτὸν ἐλ-
θόντα· λῃστῶν χερσὶ παρέδωκας τὸ σῶμα τὸ καλόν· οὐκ ἠλέησας
τὸν πλεύσαντα διὰ σέ. τοιαύτῃ θεῷ τίς ἂν προσεύχοιτο, ἥτις τὸν
7 ἴδιον ἱκέτην ἀπέκτεινας; οὐκ ἐβοήθησας ἐν νυκτὶ φοβερᾷ φονευό-    10
μενον ἰδοῦσα πλησίον σου μειράκιον καλόν, ἐρωτικόν· ἀφείλω
μου τὸν ἡλικιώτην, τὸν πολίτην, τὸν ἐραστήν, τὸν ἐρώμενον, τὸν
8 νυμφίον. ἀπόδος αὐτοῦ μοι κἂν τὸν νεκρόν. τίθημι ὅτι ἐγεννήθη-
μεν ἡμεῖς ἀτυχέστατοι πάντων· τί δὲ καὶ ἡ τριήρης ἠδίκησεν;
καὶ βάρβαροι κατέκαυσαν αὐτήν, ἧς οὐκ ἐκράτησαν οὐδὲ Ἀθη-    15
ναῖοι. νῦν ἡμῶν ἀμφοτέρων οἱ γονεῖς τῇ θαλάσσῃ παρακάθηνται,
τὸν ἡμέτερον κατάπλουν περιμένοντες, καὶ ἥτις ἂν ναῦς πόρ-
ρωθεν ὀφθῇ, λέγουσι 'Χαιρέας Καλλιρόην ἄγων ἔρχεται.' τὴν
κοίτην ἡμῖν εὐτρεπίζουσι τὴν νυμφικήν, κοσμεῖται δὲ θάλαμος
οἷς ἴδιος οὐδὲ τάφος ὑπάρχει. θάλασσα μιαρά, σὺ καὶ Χαιρέαν    20
εἰς Μίλητον ἤγαγες φονευθῆναι καὶ ἐμὲ πραθῆναι."

---

9 τοιαύτῃ ... προσεύχοιτο] E. *HF* 1307–1308 ad litteram (Hercules de Iunone
queritur) ‖ 10 ἐν νυκτὶ φοβερᾷ] X. *An.* 5.2.23 ἡ νὺξ φοβερὰ ἦν (Xenophontis
milites arduum proelium committunt)

---

10 φοβερᾷ Rei. : φοβερῶ F ‖ 11 ἐρωτικόν suspectum, fort. glossema ‖
13–14 ἐγεννήθημεν Her. : ἐγενήθημεν F ‖ 14–16 ἠδίκησεν; ... Ἀθηναῖοι.
interp. Sanz : ἠδίκησε ... ἀθηναῖοι· F : ἠδίκησεν, ... Ἀθηναῖοι; dist. Her. (sic
plerique edd.) ‖ 15 καὶ F (cf. 2.3.10, 2.4.7, 2.4.9) : καὶ ⟨τί⟩ Anon. Leid. :
ἵνα Cob. : ὡς Her. : ὥστε Beck : τί Borgogno (leg. ἠδίκησεν;) post Anon. Leid.

70

## Λόγος τέταρτος

Ταύτην μὲν οὖν τὴν νύκτα Καλλιρόη διῆγεν ἐν θρήνοις, Χαι- **1**
ρέαν ἔτι ζῶντα πενθοῦσα· μικρὸν δὲ καταδραθεῖσα ὄναρ ἑώρα
λῃστήριον βαρβάρων πῦρ ἐπιφέροντας, ἐμπιπραμένην δὲ τριήρη,
5 Χαιρέᾳ δὲ βοηθοῦσαν ἑαυτήν. ὁ δὲ Διονύσιος ἐλυπεῖτο μὲν ὁρῶν **2**
τρυχομένην τὴν γυναῖκα, μὴ ἄρα τι καὶ τοῦ κάλλους αὐτῇ πα-
ραπόληται, λυσιτελεῖν δὲ ὑπελάμβανεν εἰς τὸν ἴδιον ἔρωτα τὸν
πρότερον ἄνδρα βεβαίως αὐτὴν ἀπογνῶναι. θέλων οὖν ἐνδείξα- **3**
σθαι στοργὴν καὶ μεγαλοψυχίαν ἔφη πρὸς αὐτὴν "ἀνάστηθι, ὦ
10 γύναι, καὶ τάφον κατασκεύασον τῷ ταλαιπώρῳ. τί τὰ μὲν ἀδύνα-
τα σπεύδεις, ἀμελεῖς δὲ τῶν ἀναγκαίων; νόμιζε ἐφεστηκότα σοι
λέγειν αὐτὸν
'θάπτε με, ὅττι τάχιστα πύλας Ἀΐδαο περήσω.'
καὶ γὰρ εἰ μὴ τὸ σῶμα εὕρηται τοῦ δυστυχοῦς, ἀλλὰ νόμος οὗτος
15 ἀρχαῖος Ἑλλήνων, ὥστε καὶ τοὺς ἀφανεῖς τάφοις κοσμεῖν."
Ἔπεισε ταχέως, τὸ γὰρ πρὸς ἡδονὴν εἶχεν ἡ συμβουλία. φρον- **4**
τίδος οὖν ἐμπεσούσης ἐλώφησεν ἡ λύπη, καὶ διαναστᾶσα τῆς
κλίνης κατεσκόπει χωρίον, ἐν ᾧ ποιήσει τὸν τάφον. ἤρεσε δὲ
αὐτῇ πλησίον τοῦ νεὼ τῆς Ἀφροδίτης, ὥστε καὶ τοὺς αὖθις ἔχειν
20 ἔρωτος ὑπόμνημα. Διονύσιος δὲ ἐφθόνησε Χαιρέᾳ τῆς γειτνιάσε- **5**

---

13 Hom. *Il.* 23.71 (Patrocli anima ad Achillem)

---

1 Λόγος τέταρτος correxi (vid. titulum libri primi) : τῶν περὶ χαιρέαν καὶ
καλλιρρόην ἐρωτικῶν διηγημάτων, λόγος τέταρτος F ‖ 3 καταδραθεῖσα F (cf.
6.7.2) : καταδαρθοῦσα Cob. ‖ 4 ἐμπιπραμένην F : ἐμπιμπρ- Her. ex 5.2.7, sed
litt. μ servata in hoc loco augmenti causa (cf. LSJ s. v. πίμπρημι) ‖ 5 ἑαυτήν
F : αὑτὴν Heibges ‖ 6–7 παραπόληται, ... ἔρωτα dist. D'Or. reliquis intactis :
παραπόληται ... ἔρωτα· F (vid. sequentia) ‖ 7 λυσιτελεῖν δὲ ὑπελάμβανεν εἰς
τὸν ἴδιον ἔρωτα Her. post D'Or. : εἰς τὸν ἴδιον ἔρωτα· λυσιτελεῖν δὲ ὑπελάμβανε,
F : εἰς δὲ τὸν ἴδιον ἔρωτα λυσιτελεῖν ὑπελάμβανε Gasda post D'Or. ‖ 15 ὥστε
F : ἐστὶ Naber ‖ 17 διαναστᾶσα F : ἀναστᾶσα Renehan (ut 4.1.3, sed cf.
1.1.14) ‖ 19 τοὺς αὖθις F (i. e. "posteritatem", cf. S.E., *M.* 1.53) : τούτου
αὖθις Rei.

ὡς καὶ τὸν τόπον τοῦτον ἐφύλαττεν ἑαυτῷ. θέλων οὖν ἅμα καὶ
τριβὴν ἐγγενέσθαι τῇ φροντίδι "βαδίζωμεν, ὦ γύναι" φησίν, "εἰς
ἄστυ, κἀκεῖ πρὸ τῆς πόλεως ὑψηλὸν καὶ ἀρίδηλον κατασκευάσω-
μεν τάφον,

ὥς κεν τηλεφανὴς ἐκ ποντόφιν ἀνδράσιν εἴη.        5

καλοὶ δὲ Μιλησίων εἰσὶ λιμένες, εἰς οὓς καθορμίζονται καὶ Συ-
ρακόσιοι πολλάκις. οὔκουν οὐδὲ παρὰ τοῖς πολίταις ἀκλεᾶ τὴν
φιλοτιμίαν ἕξεις."

6    Ὁ λόγος ἤρεσε Καλλιρόη, καὶ τότε μὲν ἐπέσχε τὴν σπουδήν·
ἐπειδὴ δὲ ἧκεν εἰς τὴν πόλιν, ἐπί τινος ὑψηλῆς ἠϊόνος οἰκοδομεῖν    10
ἤρξατο τάφον, πάντα ὅμοιον τῷ ἰδίῳ τῷ ἐν Συρακούσαις, τὸ σχῆ-
μα, τὸ μέγεθος, τὴν πολυτέλειαν, καὶ οὗτος δὲ ὡς ἐκεῖνος ζῶντος.
ἐπεὶ δὲ ἀφθόνοις ἀναλώμασι καὶ πολυχειρίᾳ ταχέως τὸ ἔργον
ἠνύσθη, τότε ἤδη καὶ τὴν ἐκκομιδὴν ἐμιμήσατο τὴν ἐπ' αὐτῷ.

7    προηγγέλλετο μὲν γὰρ ἡμέρα ῥητή, συνῆλθε δὲ εἰς ἐκείνην οὐ    15
μόνον τὸ Μιλησίων πλῆθος ἀλλὰ καὶ τῆς Ἰωνίας σχεδὸν ὅλης.
παρῆσαν δὲ καὶ δύο σατράπαι κατὰ καιρὸν ἐπιδημοῦντες, Μιθρι-

8    δάτης ὁ ἐν Καρίᾳ καὶ Φαρνάκης δὲ ὁ Λυδίας. ἡ μὲν οὖν πρόφασις
ἦν τιμῆσαι Διονύσιον, ἡ δὲ ἀλήθεια Καλλιρόην ἰδεῖν. ἦν δὴ καὶ
κλέος μέγα τῆς γυναικὸς ἐπὶ τῆς Ἀσίας πάσης καὶ ἀνέβαινεν    20
ἤδη μέχρι τοῦ μεγάλου βασιλέως ὄνομα Καλλιρόης, οἷον οὐδὲ
Ἀριάδνης οὐδὲ Λήδας. τότε δὲ καὶ τῆς δόξης εὑρέθη κρείττων·
προῆλθε γὰρ μελανείμων, λελυμένη τὰς τρίχας· ἀστράπτουσα
δὲ τῷ προσώπῳ καὶ παραγυμνοῦσα τοὺς βραχίονας ⟨καὶ τοὺς πό-
δας⟩ ὑπὲρ τὴν Λευκώλενον καὶ Καλλίσφυρον ἐφαίνετο τὰς Ὁμή-    25

---

5 Hom. Od. 24.83 (In Plutonis aedibus Agamemnon Achilli refert ut Argivi
tumulum erexerint ubi ossa Pelidae conderentur)

---

5 εἴη D'Or. ex Homeri codd. : ἔη F ‖ 7 οὔκουν Her. (cf. 1.1.9, 3.5.2, 7.4.8) :
οὐκοῦν F ‖ 12 ἐκεῖνος D'Or. : ἐκείνου F ‖ ante ζῶντος, ἦν add. Reeve ‖ 14 ἐπ'
αὐτῷ F, sic (sc. ἔργῳ) : ἐφ' αὐτῇ Goold post Hägg : ἑαυτῆς Meckelnborg
et Schäfer ‖ 15 προηγγέλλετο F : προήγγελτο Cob. ‖ 18 post Λυδίας, καὶ
Ἰωνίας add. Her. ‖ 24–25 add. Her. : καὶ τὰς κνήμας add. Cob. ‖ 25 ante
Καλλίσφυρον, τὴν add. Naber

72

ρου. οὐδεὶς μὲν οὖν οὐδὲ τῶν ἄλλων τὴν μαρμαρυγὴν ὑπήνεγκε     9
τοῦ κάλλους, ἀλλ᾽ οἱ μὲν ἀπεστράφησαν, ὡς ἀκτῖνος ἡλιακῆς
ἐμπεσούσης, ⟨οἱ δὲ⟩ καὶ προσεκύνησαν. ἔπαθόν τι καὶ παῖδες. Μι-
θριδάτης δέ, ὁ Καρίας ὕπαρχος, ἀχανὴς κατέπεσεν, ὥσπερ τις ἐξ
5 ἀπροσδοκήτου σφενδόνῃ βληθείς, καὶ μόλις αὐτὸν οἱ θεραπευτῆ-
ρες ὑποβαστάζοντες ἔφερον. ἐπόμπευε δ᾽ εἴδωλον Χαιρέου πρὸς     10
τὴν ἐν τῷ δακτυλίῳ σφραγῖδα διατυπωθέν· καλλίστην δὲ οὖσαν
τὴν εἰκόνα προσέβλεψεν οὐδεὶς Καλλιρόης παρούσης, ἀλλ᾽ ἐκεί-
νη μόνη τοὺς ἁπάντων ἐδημαγώγησεν ὀφθαλμούς. πῶς ἄν τις     11
10 διηγήσηται κατ᾽ ἀξίαν τὰ τελευταῖα τῆς πομπῆς; ἐπεὶ γὰρ ἐγέ-
νοντο τοῦ τάφου πλησίον, οἱ μὲν κομίζοντες τὴν κλίνην ἔθηκαν,
ἀναβᾶσα δὲ ἐπ᾽ αὐτὴν ἡ Καλλιρόη Χαιρέᾳ περιεχύθη καὶ κατα-
φιλοῦσα τὴν εἰκόνα "σὺ μὲν ἔθαψας ἐμὲ πρῶτος ἐν Συρακούσαις,
ἐγὼ δὲ ἐν Μιλήτῳ πάλιν σέ. μὴ γὰρ μεγάλα μόνον, ἀλλὰ καὶ     12
15 παράδοξα δυστυχοῦμεν· ἀλλήλους ἐθάψαμεν. οὐκ ἔχει δ᾽ ἡμῶν
οὐδέτερος οὐδὲ τὸν νεκρόν. Τύχη βάσκανε, καὶ ἀποθανοῦσιν ἡμῖν
ἐφθόνησας κοινῇ γῆν ἐπιέσασθαι καὶ φυγάδας ἡμῶν ἐποίησας
καὶ τοὺς νεκρούς." θρῆνον ἐξέρρηξε τὸ πλῆθος καὶ πάντες οὐχ
ὅτι τέθνηκε Χαιρέαν ἠλέουν, ἀλλ᾽ ὅτι τοιαύτης γυναικὸς ἀφῄρη-
20 το.
    Καλλιρόη μὲν οὖν ἐν Μιλήτῳ Χαιρέαν ἔθαπτε, Χαιρέας δὲ ἐν     2
Καρίᾳ δεδεμένος εἰργάζετο. σκάπτων δὲ τὸ σῶμα ταχέως ἐξε-
τρυχώθη· πολλὰ γὰρ αὐτὸν ἐβάρει, κόπος, ἀμέλεια, τὰ δεσμά,
καὶ τούτων μᾶλλον ὁ ἔρως. ἀποθανεῖν δὲ βουλόμενον αὐτὸν οὐκ
25 εἴα λεπτή τις ἐλπίς, ὅτι τάχα ποτὲ Καλλιρόην ὄψεται. Πολύχαρ-     2
μος οὖν, ὁ συναλοὺς αὐτῷ φίλος, βλέπων Χαιρέαν ἐργάζεσθαι

---

9 τοὺς ... ὀφθαλμούς] Vid. 5.3.9 ‖ 17 κοινῇ γῆν ἐπιέσασθαι] X. *Cyr.* 6.4.6
(Panthea ad Abradatam)

---

3 add. Rei. ‖ 4 ὕπαρχος Cob. (cf. 4.5.5, 4.5.8, 4.6.4) : ἔπαρχος F ‖ 10 διη-
γήσηται F (cf. 5.8.2, 8.1.14, 8.4.1) : -σαιτο Cob. | post τῆς, spatium tribus
litt. in F (in rasura) ‖ 17 κοινῇ ... ἐπιέσασθαι D'Or. : κοινὴν ... ἐπιθέσθαι F ‖
18 ante θρῆνον, fort. ⟨ἐπὶ τούτοις⟩ Trzaskoma (cf. 3.3.7, 8.8.2) ‖ 23 ἐβάρει
Rei. : ἐβάρη F

73

μὴ δυνάμενον, ἀλλὰ πληγὰς λαμβάνοντα καὶ προπηλακιζόμενον
αἰσχρῶς, λέγει πρὸς τὸν ἐργοστόλον "χωρίον ἡμῖν ἀπομέρισον
ἐξαίρετον, ἵνα μὴ τὴν τῶν ἄλλων δεσμωτῶν ῥαθυμίαν ἡμῖν κα-
ταλογίζῃ· τὸ δὲ ἴδιον μέτρον αὐτοὶ ἀποδώσομεν πρὸς ἑσπέραν."

3 πείθεται καὶ δίδωσιν. ὁ δὲ Πολύχαρμος, οἷα δὴ νεανίας ἀνδρικὸς    5
τὴν φύσιν καὶ μὴ δουλεύων Ἔρωτι, χαλεπῷ τυράννῳ, τὰς δύο
μοίρας αὐτὸς σχεδὸν εἰργάζετο μόνος, πλεονεκτῶν ἐν τοῖς πόνοις
ἡδέως, ἵνα περισώσῃ τὸν φίλον.

4 Καὶ οὗτοι μὲν ἦσαν ἐν τοιαύταις συμφοραῖς, ὀψὲ μεταμανθά-
νοντες τὴν ἐλευθερίαν· ὁ δὲ Μιθριδάτης ὁ σατράπης ἐπανῆλθεν    10
εἰς Καρίαν οὐ τοιοῦτος, ὁποῖος εἰς Μίλητον ἐξῆλθεν, ἀλλ᾽ ὠχρός
τε καὶ λεπτός, οἷα δὴ τραῦμα ἔχων ἐν τῇ ψυχῇ θερμόν τε καὶ
5 δριμύ. τηκόμενος δὲ ὑπὸ τοῦ Καλλιρόης ἔρωτος πάντως ἂν ἐτε-
λεύτησεν, εἰ μὴ τοιᾶσδέ τινος ἔτυχε παραμυθίας. τῶν ἐργατῶν
τινες τῶν ἅμα Χαιρέα δεδεμένων (ἑξαίδεκα δὲ ἦσαν τὸν ἀρι-    15
θμὸν ἐν οἰκίσκῳ σκοτεινῷ καθειργμένοι) νύκτωρ διακόψαντες τὰ
6 δεσμὰ τὸν ἐπιστάτην ἀπέσφαξαν, εἶτα δρασμὸν ἐπεχείρουν. ἀλλ᾽
οὐ διέφυγον, οἱ γὰρ κύνες ὑλάσσοντες ἐμήνυσαν αὐτούς. φωρα-
θέντες οὖν ἐκείνης τῆς νυκτὸς ἐδέθησαν ἐπιμελέστερον ἐν ξύλῳ
πάντες, μεθ᾽ ἡμέραν δὲ ⟨...⟩ ὁ οἰκονόμος ἐμήνυσε Μιθριδάτῃ τὸ    20
συμβάν, κἀκεῖνος οὐδὲ ἰδὼν αὐτοὺς οὐδὲ ἀπολογουμένων ἀκούσας

---

9–10 (vid. 2.3.6) ὀψὲ ... ἐλευθερίαν] Aeschin., *In Ctes.* 157

---

3 ἄλλων Rei. : ὅλων F ‖ 4 πρὸς ἑσπέραν Jakob : πρὸς ἡμέραν F : καθ᾽ ἡμέραν
Cob. ‖ 7 πλεο]νε̣κ̣τ̣ω̣ν incipit Π[1], usque ad 4.2.4 σατρα]πης valde vitiata,
deinde lacunosa ‖ 11 οποιος Π[1] (cf. 4.2.8) : οἷος F (cf. 1.5.2) ‖ 13 δριμυ̣
Π[1] : γλυκύ F | καλλιρο[ης Π[1] (sic passim, ut Π[2]W) : καλλιρρόης F (ut ubi-
que) ‖ 14 ετυχεν Π[1] (sic) : ἐτύγχανε F ‖ 15 ἑξαίδεκα F (in lac. Π[1]), cf.
4.2.6 : ἑκκαίδεκα Beck (cf. 1.9.2) : ἑξ καὶ δέκα Cob. | δὲ F : om. Π[1] ‖ 18 ὑ-
λάσσοντες Cob. et fort. Π[1], ubi φ[υλασσο]ν[τες] tamen nimis incertum vide-
tur : φυλάσσοντες F (similiter Π[1]?) ‖ 20 μεθ᾽ ἡμέραν δὲ ⟨...⟩ dubit. scripsi
(⟨...⟩ fort. post πάντες) : μεθ᾽ ἡμέραν δὲ F : lac. ca. 19 litt. Π[1], ubi e. g. μ- ἡ-
δ᾽ ἀφικόμενος Bl., μ- ἡ- δὲ τῷ δεσπότῃ Naber, ἢ πρόσθεν, μ- ἡ- δὲ Zimm. |
μι]θριδατηι Π[1] : τῷ δεσπότῃ F (sic)

εὐθὺς ἐκέλευσε τοὺς ἑξκαίδεκα τοὺς ὁμοσκήνους ἀνασταυρῶσαι.
προήχθησαν οὖν πόδας τε καὶ τραχήλους συνδεδεμένοι, καὶ ἕκα-    7
στος αὐτῶν τὸν σταυρὸν ἔφερε· τῇ γὰρ ἀναγκαίᾳ τιμωρίᾳ καὶ
τὴν ἔξωθεν φαντασίαν σκυθρωπὴν προσέθεσαν οἱ κολάζοντες εἰς
5   φόβου παράδειγμα τοῖς ὁμοίοις. Χαιρέας μὲν οὖν συναπαγόμενος
ἐσίγα, Πολύχαρμος δὲ τὸν σταυρὸν βαστάσας "διὰ σὲ" φησίν,
"ὦ Καλλιρόη, ταῦτα πάσχομεν. σὺ πάντων ἡμῖν τῶν κακῶν αἰ-
τία." τοῦτον δὴ τὸν λόγον ὁ οἰκονόμος ἀκούσας ἔδοξεν εἶναί τινα    8
γυναῖκα τὴν συνειδυῖαν τοῖς τετολμημένοις. ὅπως οὖν κάκείνη
10  κολασθῇ καὶ ζήτησις γένηται τῆς ἐπιβουλῆς, ταχέως τὸν Πολύ-
χαρμον ἀπορρήξας τῆς κοινῆς ἁλύσεως πρὸς Μιθριδάτην ἤγαγεν.
ὁ δ᾿ ἐν παραδείσῳ τινὶ κατέκειτο μόνος ἀλύων καὶ Καλλιρόην
ἀναπλάττων ἑαυτῷ τοιαύτην, ὁποίαν εἶδε πενθοῦσαν· ὅλος δὲ ὢν
ἐπὶ τῆς ἐννοίας ἐκείνης καὶ τὸν οἰκέτην ἀηδῶς ἐθεάσατο. "τί γάρ    9
15  μοι" φησὶ "παρενοχλεῖς;" "ἀναγκαῖον" εἶπεν, "ὦ δέσποτα· τὴν
γὰρ πηγὴν ἀνεύρηκα τοῦ μεγάλου τολμήματος, καὶ οὗτος ὁ κα-
τάρατος ἄνθρωπος ἐπίσταται γυναῖκα μιαρὰν συμπράξασαν τῷ
φόνῳ." ἀκούσας οὖν ὁ Μιθριδάτης συνήγαγε τὰς ὀφρῦς καὶ δει-

---

1 ἑξκαίδεκα F (vacat Π¹) : ἓξ καὶ δέκα Cob. (sed cf. 4.2.5) ‖ 3 γα[ρ Π¹ : δὲ
F ‖ 3–4 ἀναγκαίᾳ τιμωρίᾳ (sic) καὶ τὴν F : αναγκαια[ι τι]μῳ[ριαι και τ]ην
Π¹, sed ambigitur de μῳ et incertum an fuerint ante τιμωρίᾳ duae vel tres litt.
in Π¹ ([δὴ] Grenfell et Hunt, [γε] Zimm.), quia καὶ in Π¹ abesse oportet ‖
4 ἔξωθεν F : εξωθε Π¹ ‖ σκυθρωπην Π¹ et Apogr. (-ην) : σκυθρωπῆς F (sic) ‖
προσεθεσα[ν Π¹ : προσέθηκαν F ‖ εἰς Π¹F : ]πι (ἐπὶ?) supra φόβου fort. a
manu altera Π¹ ‖ 5 ϲυν[απαγο]μενος Π¹ : ἀπαγόμενος F ‖ 6 βαστασας
Π¹ : βαστάζων F ‖ 7 ἡμῖν F : ημειν Π¹ ‖ 8 τουτον Π¹ (iam Abresch) :
τοσοῦτον F ‖ δὴ Π¹F : δὲ Abresch ‖ 9 συνειδυῖαν F : συνιδυιαν Π¹ ‖ κάκείνη
F : [και εκ]ε[ι]νηι Π¹ ‖ 12 παραδείσῳ τινὶ κατέκειτο μόνος F : [πα]ραδεισωι
[κατεκειτο μο]νος Π¹, ut vid. ‖ 14 ἀηδῶς ... γάρ F : vacat Π¹ (fort. om. γάρ,
sed non veri simile) ‖ 15 μοι Π¹ : om. F ‖ παρενοχλεῖς F : vacat Π¹ (fort.
spatium non sufficit: an ἐνοχλεῖς?) ‖ 16 ϲολμ[ηματος Π¹ (sic olim Cob.) :
αἵματος F ‖ 17 ἄνθρωπος F : in lac. om. Π¹ ‖ συμπράξασαν F : συνπ̣[ Π¹ ‖
18 οὖν F : om. Π¹

νὸν βλέπων "λέγε" φησὶ "τὴν συνειδυῖαν καὶ κοινωνὸν ὑμῖν τῶν
10 ἀδικημάτων." ὁ δὲ Πολύχαρμος ἔξαρνος ἦν εἰδέναι, μηδὲ γὰρ
ὅλως τῆς πράξεως κεκοινωνηκέναι. μάστιγες ᾐτοῦντο καὶ πῦρ ἐ-
πεφέρετο καὶ βασανιστηρίων ἦν παρασκευή, καί τις ἤδη καὶ τοῦ
σώματος ἁπτόμενος αὐτοῦ "λέγε" φησὶ "τοὔνομα τῆς γυναικός,   5
ἣν αἰτίαν ὡμολόγησας εἶναί σοι τῶν κακῶν." "Καλλιρόην" εἶ-
11 πεν ὁ Πολύχαρμος. ἔπληξε τοὔνομα Μιθριδάτην, καὶ ἀτυχῇ τινα
ἔδοξεν ὁμωνυμίαν τῶν γυναικῶν. οὐκέτ' οὖν προθύμως ἤθελεν
ἐξελέγχειν, δεδοικὼς μὴ καταστῇ ποτε εἰς ἀνάγκην ὑβρίσαι τὸ
ἥδιστον ὄνομα· τῶν δὲ φίλων καὶ τῶν οἰκετῶν εἰς ἔρευναν ἀκριβε-   10
12 στέραν παρακαλούντων "ἡκέτω" φησὶ "Καλλιρόη." παίοντες οὖν
τὸν Πολύχαρμον ἠρώτων τίς ἐστι καὶ πόθεν ἄγουσιν αὐτήν. ὁ δὲ
ἄθλιος ἐν ἀμηχανίᾳ γενόμενος καταψεύσασθαι μὲν οὐδεμιᾶς ἤθε-
λε· "τί δὲ μάτην" εἶπε "θορυβεῖσθε ζητοῦντες τὴν οὐ παροῦσαν;
Καλλιρόης ἐγὼ Συρακοσίας ἐμνημόνευσα, θυγατρὸς Ἑρμοκρά-   15
13 τους τοῦ στρατηγοῦ." ταῦτα ἀκούσας ὁ Μιθριδάτης ἐρυθήματος
ἐνεπλήσθη καὶ ἵδρου τὰ ἔνδον, καί που καὶ δάκρυον αὐτοῦ μὴ

---

1 βλέπων λέγε Rei. : βλέπων λέγει F : ι]ϙῳ[ν λεγε Π¹, sed valde incertum
(fort. βλεπων]λϛ[γε μοι Grenfell et Hunt, cf. 8.1.15, 8.7.3) | φησὶ F : φησιν
Π¹ | ὑμῖν F : υ]μιν supra των scriptum in Π¹ ‖ 2 πολύχαρμος F : πολυχαρχος
Π¹ ‖ 3–4 εϖε[φερε]τ[ο Π¹ : ἐφέρετο F ‖ 4 χαι (post ἤδη) Π¹ (fort. ην,
sed minime veri simile) : om. F ‖ 5 φησὶ F : φη[σι]ν Π¹ | τουνομα Π¹ :
τὸ ὄνομα F ‖ 8 τω]ν γυναικων Π¹ : ἔχειν ἐκείνη (i. e. -η) γυναῖκα F (ἔ-
ἐκείνην ⟨τὴν⟩ γ- D'Or. : ἔ- ἐκείνη ⟨τὴν⟩ γ- Her.) | ουκετ Π¹ : οὐκέτι F ‖
8–9 ηθ]ελεν εξελεγχειν Π¹ : ἐξελέγχειν ἤθελε F ‖ 10 η]διστον ex η]διαστον
correctum (punctum supra α) Π¹ | post ὄνομα τῶν, ~~ηκεουν~~ Π¹, hoc modo
scriptor del. ‖ 10–12 post οικετων usque ad πο]ϑϛν vacat Π¹, inde valde
lacunosa usque ad 4.2.14 δε ϛ[ε ληρων ‖ 11 ἡκέτω F : vacat Π¹, sed fort.
aliam lectionem (ἡκέτω οὖν?, vid. ηκεουν supra) habebat (cf. etiam παίοντες
οὖν postea), quam librarius ob homoioteleuton τῶν ... παρακαλούντων in
alio loco mendose inseruit, sed postremo correxit ‖ 12 ἄγουσιν F : ἄγωσιν
Cob. : ἄξουσιν Hirschig ‖ 14 ζητοῦντες τὴν οὐ παροῦσαν F : ζη]τ[ου]ντϛς
ϙυ ϖαϱ[ουσαν Π¹ (manus altera την sub ϙυ add., sed omnia ista verba valde
incerta)

θέλοντος προέπεσεν, ὥστε καὶ τὸν Πολύχαρμον διασιωπῆσαι καὶ
πάντας ἀπορεῖν τοὺς παρόντας. ὀψὲ δὲ καὶ μόλις ὁ Μιθριδάτης
συναγαγὼν ἑαυτὸν "τί δὲ σοί" φησὶ "πρᾶγμα πρὸς Καλλιρόην
ἐκείνην, καὶ διατί μέλλων ἀποθνήσκειν ἐμνημόνευσας αὐτῆς;"
5  ὁ δὲ ἀπεκρίνατο "μακρὸς ὁ μῦθος, ὦ δέσποτα, καὶ πρὸς οὐδὲν
ἔτι χρήσιμός μοι. οὐκ ἐνοχλήσω δέ σοι ληρῶν ἀκαίρως, ἅμα δὲ      14
καὶ δέδοικα μή, ἐὰν βραδύνω, φθάσῃ με ὁ φίλος· θέλω δὲ αὐτῷ
καὶ συναποθανεῖν." ἐπεκλάσθησαν αἱ ὀργαὶ τῶν ἀκουόντων καὶ
ὁ θυμὸς εἰς ἔλεον μετέπεσε, Μιθριδάτης δὲ ὑπὲρ πάντας συνεχύ-
10 θη καὶ "μὴ δέδιθι" φησίν, "οὐ γὰρ ἐνοχλήσεις μοι διηγούμενος·
ἔχω γὰρ ψυχὴν φιλάνθρωπον. λέγε πάντα θαρρῶν καὶ μηδὲν πα-      15
ραλίπῃς. τίς εἶ καὶ πόθεν, καὶ πῶς ἦλθες εἰς Καρίαν καὶ διατί
σκάπτεις δεδεμένος; μάλιστα δέ μοι διήγησαι περὶ Καλλιρόης
καὶ τίς ὁ φίλος."
15  Ἤρξατο οὖν ὁ Πολύχαρμος λέγειν "ἡμεῖς, οἱ δύο δεσμῶται,      3
Συρακόσιοι γένος ἐσμέν. ἀλλ' ὁ μὲν ἕτερος νεανίσκος πρῶτος
Σικελίας δόξῃ τε καὶ πλούτῳ καὶ εὐμορφίᾳ ποτέ, ἐγὼ δὲ εὐτελὴς
μέν, συμφοιτητὴς δὲ ἐκείνου καὶ φίλος. καταλιπόντες οὖν τοὺς      2
γονεῖς ἐξεπλεύσαμεν τῆς πατρίδος, ἐγὼ μὲν δι' ἐκεῖνον, ἐκεῖνος
20 δὲ διὰ γυναῖκα Καλλιρόην τοὔνομα, ἥν, δόξασαν ἀποτεθνηκέ-
ναι, ἔθαψε πολυτελῶς, τυμβωρύχοι δὲ ζῶσαν εὑρόντες εἰς Ἰωνί-
αν ἐπώλησαν. τοῦτο γὰρ ἡμῖν ἐμήνυσε δημοσίᾳ βασανιζόμενος
Θήρων ὁ λῃστής. ἔπεμψεν οὖν ἡ πόλις Συρακοσίων τριήρη καὶ      3
πρέσβεις τοὺς ἀναζητήσοντας τὴν γυναῖκα. ταύτην τὴν τριήρη

---

1 διασιωπῆσαι F : δυσ- Rei. ‖ 3 πρᾶγμα F : in lac. om. Π¹, ut vid. (fort. om.
φησί, sed minus probabile) | καλλιροη[ν Π¹, supra οη unius vel duarum litt. ve-
stigia, fort. desinentiae correctio (prop. Grenfell et Hunt) ‖ 4 εμνη]μονε[υ]σας
Π¹ (iam Rei.) : ἐμνημόνευσεν F ‖ 6 σοι Bl. : σε F : ϛ[ Π¹ ‖ 6–13 post ϛ[ usque
ad lin. 13 π]ερι καλλ[ιροης vacat Π¹ ‖ 15 δύο δεσμῶται F : δ[υο δεσμωται
Π¹ ut vid., ubi supra δ[ dispicitur ϛ[ vel fort. ϙ[ (ϛ[υνδεδεμενοι prop. Sanz,
cf. 4.2.7, 4.3.3, i. e. glossema vel v. l. ad δεσμῶται) ‖ 20 δ]οξασαν Π¹ (cf.
8.7.6) : δόξας F (cf. 8.8.3) ‖ 22 επ]ωλησαν (ex επ]ωλησεν mutatum, ε deleta
et α suprascripta), hic desinit omnino Π¹ ‖ 23 ante Συρακοσίων, ἡ add. Cob.

νυκτὸς ὁρμοῦσαν ἐνέπρησαν βάρβαροι καὶ τοὺς μὲν πολλοὺς ἀ-
πέσφαξαν, ἐμὲ δὲ καὶ τὸν φίλον δήσαντες ἐπώλησαν ἐνταῦθα.
ἡμεῖς μὲν οὖν σωφρόνως ἐφέρομεν τὴν συμφοράν· ἕτεροι δέ τινες
τῶν ἡμῖν συνδεδεμένων, οὓς ἀγνοοῦμεν, διαρρήξαντες τὰ δεσμὰ
φόνον εἰργάσαντο καὶ σοῦ κελεύσαντος τὴν ἐπὶ τὸν σταυρὸν ἠ-   5
4 γόμεθα πάντες. ὁ μὲν οὖν φίλος οὐδὲ ἀποθνήσκων ἐνεκάλει τῇ
γυναικί, προήχθην δὲ αὐτῆς μνημονεῦσαι καὶ τῶν κακῶν αἰτίαν
εἰπεῖν ἐκείνην, δι' ἣν ἐπλεύσαμεν." ἔτι λέγοντος αὐτοῦ Μιθριδά-
5 της ἀνεβόησε "Χαιρέαν λέγεις τὸν φίλον;" ⟨"Χαιρέαν"⟩ εἶπεν ὁ
Πολύχαρμος· "ἀλλὰ δέομαί σου, δέσποτα, κέλευσον τῷ δημίῳ   10
μηδὲ τοὺς σταυροὺς ἡμῶν διαζεῦξαι." δάκρυα καὶ στεναγμὸς ἐ-
πηκολούθησε τῷ διηγήματι, καὶ πάντας ἔπεμψε Μιθριδάτης ἐπὶ
Χαιρέαν, ἵνα μὴ φθάσῃ τελευτήσας. εὗρον δὲ τοὺς μὲν ἄλλους
6 ἀνῃρημένους, ἄρτι δὲ ἐκεῖνον ἐπιβαίνοντα τοῦ σταυροῦ. πόρρω-
θεν οὖν ἐκεκράγεσαν ἄλλος ἄλλο τι "φεῖσαι," "κατάβηθι," "μὴ   15
τρώσῃς," "ἄφες." ὁ μὲν οὖν δήμιος ἐπέσχε τὴν ὁρμήν· Χαιρέας
δὲ λυπούμενος κατέβαινε τοῦ σταυροῦ· χαίρων γὰρ ἀπηλλάσσετο
βίου πονηροῦ καὶ ἔρωτος ἀτυχοῦς. ἀγομένῳ δὲ αὐτῷ Μιθριδάτης
ἀπήντησε καὶ περιπτυξάμενος εἶπεν "ἀδελφὲ καὶ φίλε, μικροῦ
με ἐνήδρευσας ἔργον ἀσεβὲς ἐργάσασθαι διὰ τὴν ἐγκρατῆ μὲν   20
7 ἀλλ' ἄκαιρόν σου σιωπήν." εὐθὺς οὖν προσέταξε τοῖς οἰκέταις
ἄγειν ἐπὶ λουτρὰ καὶ τὰ σώματα θεραπεῦσαι, λουσαμένοις δὲ
περιθεῖναι χλαμύδας Ἑλληνικὰς πολυτελεῖς· αὐτὸς δὲ γνωρίμους
εἰς [τὸ] συμπόσιον παρεκάλει καὶ ἔθυε Χαιρέου σωτήρια. πότος
ἦν μακρὸς καὶ ἡδεῖα φιλοφρόνησις καὶ θυμηδίας οὐδὲν ἐνέδει.   25
8 προκοπτούσης δὲ τῆς εὐωχίας θερμανθεὶς Μιθριδάτης οἴνῳ καὶ ἔ-
ρωτι "μὴ γὰρ τὰ δεσμὰ καὶ τὸν σταυρὸν ἐλεῶ σου, Χαιρέα" φησίν,

7 προήχθην δὲ F : ⟨ἐγὼ⟩ δὲ προήχθην Cob. ‖ 9 Χαιρέαν λέγεις τὸν φίλον; dist.
Sanz post Jackson : χαιρέαν λέγεις· τὸν φίλον F : πῶς λ- τὸν φ-; Jackson (ap.
Goold) | add. Jackson (ap. Goold) ‖ 14 ἀνῃρημένους F : ἀνηρτη- Naber ‖
16 τρώσῃς F (sic) : τρήσῃς Naber ‖ 24 εἰς corr. Goold (265 exempla ap.
Ch.) : ἐς F (tantummodo hic) | secl. Cob. ‖ 27 post γὰρ, οὐ add. Bl.

"ἀλλ᾽ ὅτι τοιαύτης γυναικὸς ἀφηρέθης." ἐκπλαγεὶς οὖν ὁ Χαιρέ-
ας ἀνέκραγε "ποῦ γὰρ σὺ Καλλιρόην εἶδες τὴν ἐμήν;" "οὐκέτι
σὴν" εἶπεν ὁ Μιθριδάτης, "ἀλλὰ Διονυσίου τοῦ Μιλησίου νόμῳ
γαμηθεῖσαν· ἤδη δὲ καὶ τέκνον ἐστὶν αὐτοῖς." οὐκ ἐκαρτέρησεν        9
5   ὁ Χαιρέας ἀκούσας, ἀλλὰ τοῖς γόνασι Μιθριδάτου προσπεσὼν
"ἱκετεύω σε, πάλιν, ὦ δέσποτα, τὸν σταυρόν μοι ἀπόδος. χεῖρόν
με βασανίζεις, ἐπὶ τοιούτῳ διηγήματι ζῆν ἀναγκάζων. ἄπιστε        10
Καλλιρόη καὶ πασῶν ἀσεβεστάτη γυναικῶν, ἐγὼ μὲν ἐπράθην
διὰ σὲ καὶ ἔσκαψα καὶ σταυρὸν ἐβάστασα καὶ δημίου χερσὶ πα-
10  ρεδόθην, σὺ δὲ ἐτρύφας καὶ γάμους ἔθυες ἐμοῦ δεδεμένου. οὐκ
ἤρκεσεν ὅτι γυνὴ γέγονας ἄλλου Χαιρέου ζῶντος, γέγονας δὲ
καὶ μήτηρ." κλάειν ἤρξαντο πάντες καὶ μετέβαλε τὸ συμπόσιον        11
εἰς σκυθρωπὴν ὑπόθεσιν. μόνος ἐπὶ τούτοις Μιθριδάτης ἔχαιρεν,
ἐλπίδα τινὰ λαμβάνων ἐρωτικήν, ὡς δυνάμενος ἤδη καὶ λέγειν
15  καὶ πράττειν τι περὶ Καλλιρόης, ἵνα δοκῇ φίλῳ βοηθεῖν. "ἄρτι        12
μὲν οὖν" ἔφη, "νὺξ γάρ ἐστιν, ἀπίωμεν, τῇ δ᾽ ὑστεραίᾳ νήφοντες
βουλευώμεθα περὶ τούτων· δεῖται γὰρ ἡ σκέψις σχολῆς μακροτέ-
ρας." ἐπὶ τούτοις ἀναστὰς διέλυσε τὸ συμπόσιον καὶ αὐτὸς μὲν
ἀνεπαύετο καθάπερ ἦν ἔθος αὐτῷ, τοῖς δὲ Συρακοσίοις νεανί-
20  σκοις θεραπείαν τε καὶ οἶκον ἐξαίρετον ἀπέδειξε.

Νὺξ ἐκείνη φροντίδων μεστὴ πάντας κατελάμβανε καὶ οὐδεὶς        4
ἐδύνατο καθεύδειν· Χαιρέας μὲν γὰρ ὠργίζετο, Πολύχαρμος δὲ
παρεμυθεῖτο, Μιθριδάτης δὲ ἔχαιρεν ἐλπίζων ὅτι καθάπερ ἐν
τοῖς ἀγῶσι τοῖς γυμνικοῖς ἔφεδρος μένων μεταξὺ Χαιρέου τε καὶ
25  Διονυσίου αὐτὸς ἀκονιτὶ τὸ ἄθλον Καλλιρόην ἀποίσεται. τῆς δ᾽        2
ὑστεραίας προτεθείσης τῆς γνώμης ὁ μὲν Χαιρέας εὐθὺς ἠξίου
βαδίζειν εἰς Μίλητον καὶ Διονύσιον ἀπαιτεῖν τὴν γυναῖκα· μὴ
γὰρ ἂν μηδὲ Καλλιρόην ἐμμένειν ἰδοῦσαν αὐτόν· ὁ δὲ Μιθριδάτης
"ἐμοῦ μὲν ἕνεκα" φησὶν "ἄπιθι, βούλομαι γάρ σε μηδὲ μίαν ἡμέ-

---

24 μένων Cob. : μὲν ὢν F : μὲν del. Her. || 24–25 μεταξὺ ... Διονυσίου
secl. Cob. || 25 Καλλιρόην del. Cob. (sed cf. 3.3.9, 5.6.2) || 28 ἐμμένειν F :
ἐμμενεῖν D'Or. || 29 μηδὲ μίαν Abresch : μηδεμίαν F

ραν ἀπεζεῦχθαι τῆς γυναικός· ὄφελον μηδὲ Σικελίας ἐξήλθετε,
μηδὲ συνέβη τι δεινὸν ἀμφοῖν· ἐπεὶ δὲ ἡ φιλόκαινος Τύχη δρᾶμα
σκυθρωπὸν ὑμῖν περιτέθεικε, βουλεύσασθαι δεῖ περὶ τῶν ἑξῆς
φρονιμώτερον· νῦν γὰρ σπεύδεις πάθει μᾶλλον ἢ λογισμῷ, μηδὲν
3  τῶν μελλόντων προορώμενος. μόνος καὶ ξένος εἰς πόλιν ἀπέρχῃ      5
τὴν μεγίστην, καὶ ἀνδρὸς πλουσίου καὶ πρωτεύοντος ἐν Ἰωνίᾳ
θέλεις ἀποσπάσαι γυναῖκα ἐξαιρέτως αὐτῷ συναφθεῖσαν; ποίᾳ
δυνάμει πεποιθώς; μακρὰν Ἑρμοκράτης σου καὶ Μιθριδάτης οἱ
4  μόνοι σύμμαχοι, πενθῆσαι δυνάμενοί σε μᾶλλον ἢ βοηθῆσαι. φο-
βοῦμαι καὶ τὴν τύχην τοῦ τόπου. δεινὰ μὲν ἐκεῖ πέπονθας ἤδη·   10
δόξει δέ σοι τὰ τότε φιλανθρωπότερα. [τότε Μίλητος ἦν.] ἐδέθης
μέν, ἀλλὰ ἔζησας· ἐπράθης, ἀλλὰ ἐμοί. νῦν δέ, ἂν αἴσθηται Διο-
νύσιος ἐπιβουλεύοντα τοῖς γάμοις αὐτοῦ, τίς σε θεῶν δυνήσεται
σῶσαι; παραδοθήσῃ γὰρ ἀντεραστῇ τυράννῳ, καὶ τάχα μὲν οὐδὲ
πιστευθήσῃ Χαιρέας εἶναι, κινδυνεύσεις δὲ μᾶλλον, κἂν ἀληθῶς   15
5  εἶναί σε νομίσῃ. σὺ μόνος ἀγνοεῖς τὴν φύσιν τοῦ Ἔρωτος, ὅτι
οὗτος ὁ θεὸς ἀπάταις χαίρει καὶ δόλοις; δοκεῖ δέ μοι πρῶτον ἀ-
ποπειραθῆναί σε τῆς γυναικὸς διὰ γραμμάτων εἰ μέμνηταί σου
καὶ Διονύσιον θέλει καταλιπεῖν ἢ
              κείνου βούλεται οἶκον ὀφέλλειν, ὅς κεν ὀπυίῃ.              20
ἐπιστολὴν γράφον αὐτῇ· λυπηθήτω, χαρήτω, ζητησάτω, καλεσά-
τω· τῆς δὲ τῶν γραμμάτων διαπομπῆς ἐγὼ προνοήσομαι. βάδιζε
καὶ γράφε."
6  Πείθεται Χαιρέας καὶ μόνος ἐπ' ἐρημίας γενόμενος ἤθελε
γράφειν, ἀλλ' οὐκ ἐδύνατο, δακρύων ἐπιρρεόντων καὶ τῆς χειρὸς   25
αὐτοῦ τρεμούσης. ἀποκλαύσας δὲ τὰς ἑαυτοῦ συμφορὰς μόλις
ἤρξατο τοιαύτης ἐπιστολῆς·

---

20 Hom. *Od.* 15.21 (Minerva ad Telemachum)

4 πάθει Rei. : παθεῖν F ‖ 7 ἐξαιρέτως F : ἐξ ἔρωτος Her. ‖ 11 τὰ τότε F :
ποτε Renehan si χρυσός (Jackson) postea addendum : ὅτι Tilg | secl. Her. :
⟨χρυσός⟩. φιλανθρωποτέρα τότε Μίλητος ἦν Jackson ‖ 13 ante ἐπιβουλεύοντα,
σε add. Bl. ‖ 20 κείνου ... ὀπυίῃ corr. Cob. atque edd. ex Homeri codd. :
ἐκείνου ... ὀπύει F

"Καλλιρόη Χαιρέας· ζῶ, καὶ ζῶ διὰ Μιθριδάτην, τὸν ἐμὸν εὐ- 7
εργέτην, ἐλπίζω δὲ καὶ σόν· ἐπράθην γὰρ εἰς Καρίαν ὑπὸ βαρ-
βάρων, οἵτινες ἐνέπρησαν τριήρη τὴν καλήν, τὴν στρατηγικήν,
τὴν τοῦ σοῦ πατρός· ἐξέπεμψε δὲ ἐπ' αὐτῆς ἡ πόλις πρεσβείαν
5 ὑπὲρ σοῦ. τοὺς μὲν οὖν ἄλλους πολίτας οὐκ οἶδ' ὅ τι γεγόνασιν,
ἐμὲ δὲ καὶ Πολύχαρμον τὸν φίλον ἤδη μέλλοντας φονεύεσθαι σέ-
σωκεν ἔλεος δεσπότου. πάντα δὲ Μιθριδάτης εὐεργετήσας τοῦτό 8
με λελύπηκεν ἀντὶ πάντων, ὅτι μοι τὸν σὸν γάμον διηγήσατο·
θάνατον μὲν γὰρ ἄνθρωπος ὢν προσεδόκων, τὸν δὲ σὸν γάμον
10 οὐκ ἤλπισα. ἀλλ' ἱκετεύω, μετανόησον. κατασπένδω τούτων μου
τῶν γραμμάτων δάκρυα καὶ φιλήματα. ἐγὼ Χαιρέας εἰμὶ ὁ σός, 9
ἐκεῖνος ὃν εἶδες παρθένος εἰς Ἀφροδίτης βαδίζουσα, δι' ὃν ἠγρύ-
πνησας. μνήσθητι τοῦ θαλάμου καὶ τῆς νυκτὸς τῆς μυστικῆς,
ἐν ᾗ πρῶτον σὺ μὲν ἀνδρός, ἐγὼ δὲ γυναικὸς πεῖραν ἐλάβομεν.
15 ἀλλὰ ἐζηλοτύπησα. τοῦτο ἴδιόν ἐστι φιλοῦντος. δέδωκά σοι δίκας.
ἐπράθην, ἐδούλευσα, ἐδέθην. μή μοι μνησικακήσῃς τοῦ λακτί- 10
σματος τοῦ προπετοῦς· κἀγὼ γὰρ ἐπὶ σταυρὸν ἀνέβην διὰ σέ, σοὶ
μηδὲν ἐγκαλῶν. εἰ μὲν οὖν ἔτι μνημονεύσειας, οὐδὲν ἔπαθον· εἰ
δὲ ἄλλο τι φρονεῖς, θανάτου μοι δώσεις ἀπόφασιν."
20 Ταύτην τὴν ἐπιστολὴν ἔδωκε ⟨Μιθριδάτης⟩ Ὑγίνῳ τῷ πιστο- 5
τάτῳ, ὃν καὶ διοικητὴν εἶχεν ἐν Καρίᾳ τῆς ὅλης οὐσίας, παρα-
γυμνώσας αὐτῷ καὶ τὸν ἴδιον ἔρωτα. ἔγραψε δὲ καὶ αὐτὸς πρὸς
Καλλιρόην, εὔνοιαν ἐπιδεικνύμενος αὐτῇ καὶ κηδεμονίαν, ὅτι δι'
ἐκείνην Χαιρέαν ἔσωσε, καὶ συμβουλεύων μὴ ὑβρίσαι τὸν πρῶ-
25 τον ἄνδρα, ὑπισχνούμενος αὐτὸς στρατηγήσειν ὅπως ἀλλήλους
ἀπολάβωσιν, ἂν καὶ τὴν ἐκείνης προσλάβῃ ψῆφον. συνέπεμψε 2
δὲ τῷ Ὑγίνῳ τρεῖς ὑπηρέτας καὶ δῶρα πολυτελῆ καὶ χρυσίον
συχνόν· εἴρητο δὲ πρὸς τοὺς ἄλλους οἰκέτας ὅτι πέμπει ταῦτα
Διονυσίῳ, πρὸς τὸ ἀνύποπτον. κελεύει δὲ τὸν Ὑγῖνον, ἐπειδὰν

---

2 ante σόν, τὸν add. Naber (sed cf. 3.9.11, 8.5.14) ‖ 12 Ἀφροδίτης Jakob :
ἀφροδίτην F ‖ 20 ἔδωκε ⟨Μιθριδάτης⟩ Bl. post Beck, qui Mithridatis nomen
alicubi deesse iam indic. : ἔδωκεν F : ἔδωκε ⟨Μιθριδάτῃ, ἐκεῖνος δὲ⟩ Hilberg

ἐν Πριήνῃ γένηται, τοὺς μὲν ἄλλους αὐτοῦ καταλιπεῖν, μόνον
δὲ αὐτόν, ὡς Ἴωνα (καὶ γὰρ ἡλλήνιζε τὴν φωνήν) κατάσκοπον
εἰς τὴν Μίλητον πορευθῆναι· εἶτ᾿ ἐπειδὰν μάθῃ πῶς ἂν χρήσαιτο
τοῖς πράγμασι, τότε τοὺς ἐκ Πριήνης εἰς Μίλητον ἀπαγαγεῖν.

3　　Ὁ μὲν οὖν ἀπῄει καὶ ἔπραττε τὰ κεκελευσμένα, ἡ Τύχη δὲ　5
οὐχ ὅμοιον τῇ γνώμῃ τὸ τέλος ἐβράβευσεν, ἀλλὰ μειζόνων πρα-
γμάτων ἐκίνησεν ἀρχήν. ἐπειδὴ γὰρ Ὑγῖνος εἰς Μίλητον ἀπηλ-
λάγη, καταλειφθέντες οἱ δοῦλοι τοῦ προεστηκότος ἔρημοι πρὸς
4　ἀσωτίαν ὥρμων, ἔχοντες χρυσίον ἄφθονον. ἐν πόλει δὲ μικρᾷ καὶ
περιεργίας Ἑλληνικῆς πλήρει ξενικὴ πολυτέλεια τοὺς πάντων　10
ἐπέστρεψεν ὀφθαλμούς· ἄγνωστοι γὰρ ἄνθρωποι καὶ τρυφῶντες
5　ἔδοξαν αὐτοῖς μάλιστα μὲν λῃσταί, δραπέται δὲ πάντως. ἧκεν
οὖν εἰς τὸ πανδοχεῖον ὁ στρατηγὸς καὶ διερευνώμενος εὗρε χρυ-
σίον καὶ κόσμον πολυτελῆ. φώρια δὲ νομίσας ἀνέκρινε τοὺς οἰκέ-
τας τίνες εἶεν καὶ πόθεν ταῦτα. φόβῳ δὲ βασάνων κατεμήνυσαν　15
τὴν ἀλήθειαν ὅτι Μιθριδάτης ὁ Καρίας ὕπαρχος δῶρα πεπόμφει
6　Διονυσίῳ, καὶ τὰς ἐπιστολὰς ἐπεδείκνυσαν. ὁ δὲ στρατηγὸς τὰ
μὲν γράμματα οὐκ ἔλυσεν, ἦν γὰρ ἔξωθεν κατασεσημασμένα,
δημοσίοις δὲ παραδοὺς ἅπαντα μετὰ τῶν οἰκετῶν ἔπεμψε πρὸς
7　Διονύσιον, εὐεργεσίαν εἰς αὐτὸν κατατίθεσθαι νομίζων. ἐτύγχανε　20
μὲν οὖν ἑστιῶν τοὺς ἐπιφανεστάτους τῶν πολιτῶν καὶ λαμπρὸν
τὸ συμπόσιον ἦν, ἤδη δέ που καὶ αὐλὸς ἐφθέγγετο καὶ [δι᾿] ᾠδῆς
ἠκούετο μέλος. μεταξὺ δὲ ἐπέδωκέ τις αὐτῷ τὴν ἐπιστολήν·
8　　"Στρατηγὸς Πριηνέων Βίας εὐεργέτῃ Διονυσίῳ χαίρειν· δῶ-
ρα καὶ γράμματα κομιζόμενά σοι παρὰ Μιθριδάτου τοῦ Καρίας　25
ὑπάρχου δοῦλοι πονηροὶ κατέφθειρον, οὓς ἐγὼ συλλαβὼν ἀνέ-
πεμψα πρὸς σέ."

---

5 Ὁ ... κεκελευσμένα] Fort. Χ. *Cyr.* 4.1.3 ὑπήκουσέ τε εὐθὺς καὶ τὸ κελευό-
μενον ἔπραττεν

---

2 ἡλλήνιζε Lobeck : ἑλλήνιζε F ‖ 13 πανδοχεῖον F : -κεῖον Cob. ‖ 20 αὐτὸν
F (clare dispexi) : αὐτὸν Molinié, hanc lectionem codici attribuens ‖ 22 secl.
Cob.

Ταύτην τὴν ἐπιστολὴν ἐν μέσῳ τῷ συμποσίῳ Διονύσιος ἀνέγνω,
καλλωπιζόμενος ἐπὶ ταῖς βασιλικαῖς δωρεαῖς· ἐντεμεῖν δὲ τὰς
σφραγῖδας κελεύσας ἐντυγχάνειν ἐπειρᾶτο τοῖς γράμμασιν. εἶδεν
οὖν "Καλλιρόη Χαιρέας· ζῶ."

5          Τοῦ δ᾽ αὐτοῦ λύτο γούνατα καὶ φίλον ἦτορ,                     9
εἶτα σκότος τῶν ὀφθαλμῶν αὐτοῦ κατεχύθη. καὶ μέντοι λειποθυ-
μήσας ὅμως ἐκράτησε τὰ γράμματα, φοβούμενος ἄλλον αὐτοῖς
ἐντυχεῖν. θορύβου δὲ καὶ συνδρομῆς γενομένης ἐπηγέρθη, καὶ
συνεὶς τὸ πάθος ἐκέλευσε τοῖς οἰκέταις μετενεγκεῖν αὐτὸν εἰς
10 ἕτερον οἰκίσκον, ὡς δῆθεν βουλόμενος ἡρεμίας μετασχεῖν. τὸ μὲν          10
οὖν συμπόσιον σκυθρωπῶς διελύθη (φαντασία γὰρ ἀποπληξίας
αὐτοὺς ἔσχε), Διονύσιος δὲ καθ᾽ ἑαυτὸν γενόμενος πολλάκις ἀνε-
γίνωσκε τὰς ἐπιστολάς. κατελάμβανε δὲ αὐτὸν πάθη ποικίλα, θυ-
μός, ἀθυμία, φόβος, ἀπιστία. ζῆν μὲν οὖν Χαιρέαν οὐκ ἐπίστευε
15 (τοῦτο γὰρ οὐδὲ ὅλως ἤθελε), σκῆψιν δὲ μοιχικὴν ὑπελάμβανε
Μιθριδάτου διαφθεῖραι θέλοντος Καλλιρόην ἐλπίδι Χαιρέου.

Μεθ᾽ ἡμέραν οὖν τήρησιν ἐποιεῖτο τῆς γυναικὸς ἀκριβεστέ-          6
ραν, ἵνα μή τις αὐτῇ προσέλθῃ μηδὲ ἀπαγγείλῃ τι τῶν ἐν Καρίᾳ
διηγημάτων· αὐτὸς δὲ ἄμυναν ἐπενόησε τοιαύτην. ἐπεδήμει κα-
20 τὰ καιρὸν ὁ Λυδίας καὶ Ἰωνίας ὕπαρχος Φαρνάκης, ὃς δὴ καὶ
μέγιστος εἶναι δοκεῖ τῶν ὑπὸ βασιλέως καταπεμπομένων ἐπὶ
θάλατταν. ἐπὶ τοῦτον ἦλθεν ὁ Διονύσιος, ἦν γὰρ αὐτῷ φίλος, καὶ
ἰδιολογίαν ᾐτήσατο. μόνος ⟨...⟩ "ἱκετεύω σε" φησίν, "ὦ δέσπο-
τα, βοήθησον ἐμοί τε καὶ σεαυτῷ. Μιθριδάτης γάρ, ὁ κάκιστος

---

5 (cf. etiam 1.1.14, 3.6.3) Vid. 1.1.14 ‖ 6 (etiam 1.1.4, 2.7.4, 3.1.3, 3.9.10)
σκότος ... κατεχύθη] Vid. 2.7.4

---

6–7 λειποθυμήσας F : λιπ- Cob. ‖ 9 τὸ πάθος F post corr. : τοῦ πάθους F
ante corr. ‖ 18 Καρίᾳ Cocchi : καρδίᾳ F (sic) ‖ 21 δοκεῖ F : ἐδόκει Richards ‖
23 ᾐτήσατο. μόνος ⟨...⟩ Meckelnborg et Schäfer post Jackson : ᾐτήσατο· μόνος
F : ᾐτήσατο. μόνος ⟨δὲ μετὰ μόνου γενόμενος⟩ Jackson, fort. recte (cf. 4.4.6,
5.2.3) : αἰτησάμενος· Cob.

ἀνδρῶν, καὶ σοὶ φθονῶν, ξένος μοι γενόμενος ἐπιβουλεύει μου
τῷ γάμῳ καὶ πέπομφε γράμματα μοιχικὰ μετὰ χρυσίου πρὸς
2 τὴν γυναῖκα τὴν ἐμήν." ἐπὶ τούτοις ἀνεγίνωσκε τὰς ἐπιστολὰς
καὶ διηγεῖτο τὴν τέχνην. ἀσμένως ἤκουσε Φαρνάκης τῶν λόγων
τάχα μὲν καὶ διὰ Μιθριδάτην (ἐγεγόνει γὰρ αὐτοῖς οὐκ ὀλίγα 5
προσκρούσματα διὰ τὴν γειτνίασιν), τὸ δὲ πλέον διὰ τὸν ἔρω-
τα· καὶ γὰρ αὐτὸς ἐκάετο τῆς Καλλιρόης καὶ δι' αὐτὴν ἐπεδήμει
τὰ πολλὰ Μιλήτῳ, καλῶν ἐπὶ τὰς ἑστιάσεις Διονύσιον μετὰ τῆς
3 γυναικός. ὑπέσχετο δ' οὖν βοηθήσειν αὐτῷ κατὰ τὸν δυνατὸν τρό-
πον καὶ γράφει δι' ἀπορρήτων ἐπιστολήν. 10
"Βασιλεῖ Βασιλέων Ἀρταξέρξῃ σατράπης Λυδίας καὶ Ἰωνίας
4 Φαρνάκης ἰδίῳ δεσπότῃ χαίρειν. Διονύσιος ὁ Μιλήσιος δοῦλός
ἐστι σὸς ἐκ προγόνων πιστὸς καὶ πρόθυμος εἰς τὸν σὸν οἶκον.
οὗτος ἀπωδύρατο πρός με ὅτι Μιθριδάτης ὁ Καρίας ὕπαρχος
ξένος αὐτῷ γενόμενος διαφθείρει αὐτοῦ τὴν γυναῖκα. φέρει δὲ 15
μεγάλην ἀδοξίαν εἰς τὰ σὰ πράγματα, μᾶλλον δὲ ταραχήν· πᾶσα
μὲν γὰρ παρανομία σατράπου μεμπτή, μάλιστα δὲ αὕτη. καὶ γὰρ
ὁ Διονύσιός ἐστι δυνατώτατος Ἰώνων καὶ τὸ κάλλος τῆς γυναικὸς
περιβόητον, ὥστε τὴν ὕβριν μὴ δύνασθαι λαθεῖν."
5 Ταύτην τὴν ἐπιστολὴν κομισθεῖσαν ὁ βασιλεὺς ἀνέγνω τοῖς 20
φίλοις καὶ τί χρὴ πράττειν ἐβουλεύετο. γνῶμαι δὲ ἐρρήθησαν
διάφοροι· τοῖς μὲν γὰρ Μιθριδάτῃ φθονοῦσιν ἢ τὴν σατραπεί-
αν αὐτοῦ μνωμένοις, ἐδόκει μὴ περιορᾶν ἐπιβουλὴν εἰς γάμον
ἀνδρὸς ἐνδόξου, τοῖς δὲ ῥαθυμοτέροις τὰς φύσεις ἢ τιμῶσι τὸν
Μιθριδάτην (εἶχε δὲ πολλοὺς ⟨τοὺς⟩ προεστηκότας) οὐκ ἤρεσκεν 25
6 ἀνάρπαστον ἐκ διαβολῆς ποιεῖν ἄνδρα δόκιμον. ἀγχωμάλων δὲ

84.26–85.1 ἀγχωμάλων ... γενομένων] Fort. Th. 3.49.1 οἱ Ἀθηναῖοι ... ἐγέ-
νοντο ἐν τῇ χειροτονίᾳ ἀγχώμαλοι (Athenienses suffragium de Mytilenarum
civium fortuna ferunt)

1 ἀνδρῶν F sine compendio : ἀνθρώπων Cob., i. e. ‾α‾ν‾ω‾ν (cf. 7.3.4, 7.6.10) |
μοι Cob. : μου F, ut edd. dispexerunt (sed ego ipse μο dispexi) ‖ 9 δ' del.
Her. ‖ 25 ⟨τοὺς⟩ Salvini, Morel (cf. 1.3.1) : lac. ca. 4 litt. in F : ⟨πολὺ⟩
Abresch : ⟨πάνυ⟩ Borgogno : ⟨φίλους⟩ Zankogiannes ‖ 26 ἀγχωμάλων Cob. :
ἀνωμάλων F

τῶν γνωμῶν γενομένων ἐκείνης μὲν τῆς ἡμέρας οὐδὲν ἐπεκύ-
ρωσεν ὁ, βασιλεύς ἀλλ᾽ ὑπερέθετο τὴν σκέψιν· νυκτὸς δὲ ἐπελ-
θούσης ὑπεδύετο αὐτὸν μισοπονηρία μὲν διὰ τὸ τῆς βασιλείας
εὐπρεπές, εὐλάβεια δὲ περὶ ⟨τοῦ⟩ μέλλοντος· ἀρχὴν γὰρ ἔχειν
5  τὸν Μιθριδάτην καταφρονήσεως. ὥρμησεν οὖν καλεῖν ἐπὶ τὴν      7
δίκην αὐτόν· ἄλλο δὲ πάθος παρῄνει μεταπέμπεσθαι καὶ τὴν γυ-
ναῖκα τὴν καλήν· σύμβουλοι μὲν οὖν ⟨σιγή⟩ καὶ σκότος ἐν ἐρημίᾳ
γενόμενοι καὶ τούτου τοῦ μέρους τῆς ἐπιστολῆς ἀνεμίμνησκον
βασιλέα, προσηρέθιζε δὲ καὶ φήμη, Καλλιρόην τινὰ καλλίστην
10  ἐπὶ τῆς Ἰωνίας εἶναι· καὶ τοῦτο μόνον ἐμέμφετο βασιλεὺς Φαρ-
νάκην, ὅτι οὐ προσέγραψεν ἐν τῇ ἐπιστολῇ τοὔνομα τῆς γυναικός.
ὅμως δὲ ἐπ᾽ ἀμφιβόλῳ τοῦ τάχα καὶ κρείττονα τυγχάνειν τῆς      8
φημιζομένης ἑτέραν ἔδοξε καλέσαι καὶ τὴν γυναῖκα. γράφει δὲ
καὶ πρὸς ⟨μὲν⟩ Φαρνάκην "Διονύσιον, ἐμὸν δοῦλον, Μιλήσιον,
15  πέμψον· ⟨...⟩" πρὸς δὲ Μιθριδάτην "ἧκε ἀπολογησόμενος ὅτι οὐκ
ἐπεβούλευσας γάμῳ Διονυσίου."
       Καταπλαγέντος δὲ τοῦ Μιθριδάτου καὶ ἀποροῦντος τὴν αἰτίαν      7
τῆς διαβολῆς, ὑποστρέψας ὁ Ὑγῖνος ἐδήλωσε τὰ πεπραγμένα
περὶ τοὺς οἰκέτας. προδοθεὶς οὖν ὑπὸ τῶν γραμμάτων ἐβουλεύ-
20  ετο μὴ βαδίζειν ἄνω, δεδοικὼς τὰς διαβολὰς καὶ τὸν θυμὸν τοῦ
βασιλέως, ἀλλὰ Μίλητον μὲν καταλαβεῖν καὶ Διονύσιον ἀνελεῖν
τὸν αἴτιον, Καλλιρόην δὲ ἁρπάσας ἀποστῆναι βασιλέως. "τί γὰρ      2
σπεύδεις" φησὶ "παραδοῦναι δεσπότου χερσὶ τὴν ἐλευθερίαν; τά-
χα δὲ καὶ κρατήσεις τι ὧδε μένων· μακρὰν γάρ ἐστι βασιλεὺς

---

4 add. Apogr. : macula ca. 3 litt. in F ‖ 6 μεταπέμπεσθαι Rei. : παρα-
πέμπεσθαι F ‖ 7 μὲν οὖν F in rasura | ⟨σιγή⟩ Sanz : lac. 2–3 litt. in F :
⟨νὺξ⟩ Her. post Jacobs, qui νὺξ pro οὖν coni. : ⟨οἶνος⟩ D'Or. : ⟨ἔρως⟩ Coc-
chi ‖ 11 τοὔνομα D'Or. : ὄνομα F ‖ 12 τοῦ D'Or. : τῶ F (sic) ‖ 14 add.
Cob. ‖ 15 lac. ind. Lucke et Schäfer post Cob., qui ⟨καὶ τὴν γυναῖκα δὲ αὐτοῦ
σύμπεμφον⟩ coni. (cf. 5.4.9, 5.4.12) : fort. ⟨καὶ αὐτῷ δὲ ὡς ἀναγκαίαν τὴν
γυναῖκα σύμπεμφον⟩ (cf. etiam 4.5.2) ‖ 21 καταλαβεῖν ... ἀνελεῖν F : -βὼν
... -λὼν Naber ‖ 23 σπεύδεις Naber : σπεύδω F ‖ 24 κρατήσεις τι ὧδε Wif-
strand : κρατήσεις τοι ἄδε (sic) F : κρατήσεις· τόλμα δὲ Gärtner

καὶ ⟨φαύλους⟩ ἔχει στρατηγούς· εἰ δὲ καὶ ἄλλως ⟨σε⟩ ἀθετήσει-
εν, οὐδὲν δυνήσῃ χεῖρον παθεῖν. ἐν τοσούτῳ δὲ σὺ μὴ προδῷς
δύο τὰ κάλλιστα, ἔρωτα καὶ ἀρχήν. ἐντάφιον ἔνδοξον ἡ ἡγεμονί-
3  α καὶ μετὰ Καλλιρόης θάνατος ἡδύς." ἔτι ταῦτα βουλευομένου
καὶ παρασκευαζομένου πρὸς ἀπόστασιν ἧκέ τις ἀγγέλλων ὡς      5
Διονύσιος ἐξώρμηκε Μιλήτου καὶ Καλλιρόην ἐπάγεται. τοῦτο
λυπηρότερον ἤκουσε Μιθριδάτης ἢ τὸ πρόσταγμα τὸ καλοῦν ἐπὶ
τὴν δίκην· ἀποκλαύσας δὲ τὴν ἑαυτοῦ συμφορὰν "ἐπὶ ποίαις"
4  φησὶν "ἐλπίσιν ἔτι μένω; προδίδωσί με πανταχόθεν ἡ Τύχη. τά-
χα γὰρ ἐλεήσει με βασιλεὺς μηδὲν ἀδικοῦντα· εἰ δὲ ἀποθανεῖν      10
δεήσειε, πάλιν ὄψομαι Καλλιρόην· κἂν ἐν τῇ κρίσει Χαιρέαν ἔξω
μετ᾽ ἐμαυτοῦ καὶ Πολύχαρμον οὐ συνηγόρους μόνον, ἀλλὰ καὶ
μάρτυρας." πᾶσαν οὖν τὴν θεραπείαν κελεύσας συνακολουθεῖν
ἐξώρμησε Καρίας, ἀγαθὴν ἔχων ψυχὴν ἐκ τοῦ μηδὲν ἀδικεῖν ἂν
δόξαι· ὥστε οὐδὲ μετὰ δακρύων προέπεμψαν αὐτόν, ἀλλὰ με-      15
5  τὰ θυσιῶν καὶ πομπῆς. ἕνα μὲν οὖν στόλον τοῦτον ἐκ Καρίας
ἔστελλεν ὁ Ἔρως, ἐξ Ἰωνίας δὲ ἐνδοξότερον ἄλλον· ἐπιφανέστε-
ρον γὰρ καὶ βασιλικώτερον ἦν τὸ κάλλος. προέτρεχε γὰρ τῆς
γυναικὸς ἡ Φήμη, καταγγέλλουσα πᾶσιν ἀνθρώποις ὅτι Καλ-
λιρόη παραγίνεται, τὸ περιβόητον ὄνομα, τὸ μέγα τῆς φύσεως      20
κατόρθωμα,
                    Ἀρτέμιδι ἰκέλη ἠὲ χρυσῇ Ἀφροδίτῃ.
6  ἐνδοξοτέραν αὐτὴν ἐποίει καὶ τὸ τῆς δίκης διήγημα. πόλεις ἀ-
πήντων ὅλαι καὶ τὰς ὁδοὺς ἐστενοχώρουν οἱ συντρέχοντες ἐπὶ

---

3–4 ἐντάφιον ... ἡγεμονία] Isoc. 6.45 (Arch.) καλόν ἐστιν ἐντάφιον ἡ τυραννίς
(posterius ἐντάφιον ἔνδοξον alii varie proferunt, e. g. Plb. 15.10.3, etc.) ∥
18 βασιλικώτερον ... κάλλος] X. Smp. 1.8 βασιλικόν τι κάλλος εἶναι (De
Autolyco) ∥ 22 Hom. Od. 17.37, 19.54 (Penelope in utrisque versibus)

---

1 ⟨φαύλους⟩ D'Or. : lac. quattuor saltem litterarum in F : ⟨κακοὺς⟩ Borgogno ∣
⟨σε⟩ Bl. ∥ 4 ante μετά, ὁ add. Cob. ∥ 5 ἀγγέλλων D'Or. (cf. 1.3.1) : ἀγγέλων
F ∥ 22 ἠὲ correxi ex Homeri libris : ἢ F ∣ χρυσῇ F (sic) : -σείη Rei. metri
causa

τὴν θέαν· ἐδόκει δὲ τοῖς πᾶσι τῆς φήμης ἡ γυνὴ κρείττων. μακα-
ριζόμενος δὲ Διονύσιος ἐλυπεῖτο, καὶ δειλότερον αὐτὸν ἐποίει τῆς
εὐτυχίας τὸ μέγεθος· ἀνὴρ γὰρ πεπαιδευμένος ἐνεθυμεῖτο ὅτι
φιλόκαινός ἐστιν ὁ Ἔρως· διὰ τοῦτο καὶ τόξα καὶ πῦρ ποιηταί τε
5   καὶ πλάσται περιτεθείκασιν αὐτῷ, τὰ κουφότατα καὶ στῆναι μὴ
θέλοντα. μνήμη δὲ ἐλάμβανεν αὐτὸν παλαιῶν διηγημάτων, ὅσαι      7
μεταβολαὶ γεγόνασι τῶν καλῶν γυναικῶν. πάντα οὖν Διονύσιον
ἐφόβει, πάντας ἔβλεπεν ὡς ἀντεραστάς, οὐ τὸν ἀντίδικον μόνον,
ἀλλ᾽ αὐτὸν τὸν δικαστήν, ὥστε καὶ μετενόει προπετέστερον Φαρ-
10  νάκῃ ταῦτα μηνύσας,
              ἐξὸν καθεύδειν τήν τ᾽ ἐρωμένην ἔχειν·
οὐ γὰρ ὅμοιον ἐν Μιλήτῳ φυλάττειν Καλλιρόην καὶ ἐπὶ τῆς Ἀσίας
ὅλης. διεφύλαττε δὲ ὅμως τὸ ἀπόρρητον μέχρι τέλους, καὶ τὴν      8
αἰτίαν οὐχ ὡμολόγει πρὸς τὴν γυναῖκα, ἀλλ᾽ ἡ πρόφασις ἦν ὅτι
15  βασιλεὺς αὐτὸν μεταπέμπεται, βουλεύσασθαι θέλων περὶ τῶν ἐν
Ἰωνίᾳ πραγμάτων. ἐλυπεῖτο δὲ Καλλιρόη, μακρὰν στελλομένη
θαλάσσης Ἑλληνικῆς· ἕως γὰρ τοὺς Μιλησίων λιμένας ἑώρα,
Συρακούσας ἐγγὺς ἐδόκει τυγχάνειν· μέγα δὲ εἶχε παραμύθιον
καὶ τὸν Χαιρέου τάφον ἐκεῖ.

---

11 Men. *Mis.* A9 Sandbach (Thrasonides miles loquitur)

---

1 τοῖς del. Bl. (sed τοῖς πᾶσι "per omnia" significat) ‖ 3 ἀνὴρ F teste Guida
(iam ope ingenii Rei. et Jackson) : vocabulum in F obscurum (..]ερ dispexit
Bl., ego ipse ...]ρ), de quo docti viri varie coni. ‖ 5 τὰ κουφότατα F (su-
perl. elativum, cf. 2.1.6, 5.8.7, 5.9.8, 6.6.7) : τὰ κοῦφα ταῦτα Naber : lac.
stat. Jackson, e. g. ⟨ζωγραφοῦσι δὲ αὐτὸν πτερὰ φύον⟩τα κουφότατα ‖ 11 τ᾽
corr. Hirschig : τε F ‖ 13–14 ante τὴν αἰτίαν, τῆς ὁδοῦ add. Trzaskoma (cf.
5.4.13) ‖ 18 ἐγγὺς ἐδόκει Jackson (hiatus causa) : ἐδόκει ἐγγὺς F

## Λόγος πέμπτος

1 Ὡς μὲν ἐγαμήθη Καλλιρόη Χαιρέᾳ, καλλίστη γυναικῶν ἀνδρὶ
καλλίστῳ, πολιτευσαμένης Ἀφροδίτης τὸν γάμον, καὶ ὡς δι' ἐ-
ρωτικὴν ζηλοτυπίαν Χαιρέου πλήξαντος αὐτὴν ἔδοξε τεθνάναι,
ταφεῖσαν δὲ πολυτελῶς εἶτα ἀνανήψασαν ἐν τῷ τάφῳ τυμβω- 5
ρύχοι νυκτὸς ἐξήγαγον ἐκ Σικελίας, πλεύσαντες δὲ εἰς Ἰωνίαν
ἐπώλησαν Διονυσίῳ, καὶ τὸν ἔρωτα τὸν Διονυσίου καὶ τὴν Καλ-
λιρόης πρὸς Χαιρέαν πίστιν καὶ τὴν ἀνάγκην τοῦ γάμου διὰ τὴν
γαστέρα καὶ τὴν Θήρωνος ὁμολογίαν καὶ Χαιρέου πλοῦν ἐπὶ ζή-
τησιν τῆς γυναικὸς ἅλωσίν τε αὐτοῦ καὶ πρᾶσιν εἰς Καρίαν μετὰ 10
2 Πολυχάρμου τοῦ φίλου, καὶ ὡς Μιθριδάτης ἐγνώρισε Χαιρέαν
μέλλοντα ἀποθνήσκειν καὶ ὡς ἔσπευδεν ἀλλήλοις ἀποδοῦναι τοὺς
ἐρῶντας, φωράσας δὲ τοῦτο Διονύσιος ἐξ ἐπιστολῶν διέβαλεν
αὐτὸν πρὸς Φαρνάκην, ἐκεῖνος δὲ πρὸς βασιλέα, βασιλεὺς δὲ ἀμ-
φοτέρους ἐκάλεσεν ἐπὶ τὴν κρίσιν, ταῦτα ἐν τῷ πρόσθεν λόγῳ 15
δεδήλωται· τὰ δὲ ἑξῆς νῦν διηγήσομαι.

3 Καλλιρόη μὲν γὰρ μέχρι Συρίας καὶ Κιλικίας κούφως ἔφερε
τὴν ἀποδημίαν· καὶ γὰρ Ἑλλάδος ἤκουε φωνῆς καὶ θάλασσαν
ἔβλεπε τὴν ἄγουσαν εἰς Συρακούσας· ὡς δ' ἧκεν ἐπὶ ποταμὸν
Εὐφράτην, μεθ' ὃν ἤπειρός ἐστι μεγάλη, ἀφετήριον εἰς τὴν βασι- 20
λέως γῆν τὴν πολλήν, τότε ἤδη πόθος αὐτὴν ὑπεδύετο πατρίδος
τε καὶ συγγενῶν ⟨καὶ⟩ ἀπόγνωσις τῆς εἰς τοὔμπαλιν ὑποστρο-
4 φῆς. στᾶσα δὲ ἐπὶ τῆς ἠιόνος καὶ πάντας ἀναχωρῆσαι κελεύσασα
πλὴν Πλαγγόνος τῆς μόνης πιστῆς, τοιούτων ἤρξατο λόγων·

"Τύχη βάσκανε καὶ μιᾶς γυναικὸς προσφιλονεικοῦσα πολέ- 25
μῳ, σύ με κατέκλεισας ἐν τάφῳ ζῶσαν, κἀκεῖθεν ἐξήγαγες οὐ
5 δι' ἔλεον, ἀλλ' ἵνα λῃσταῖς με παραδῷς. ἐμερίσαντό μου τὴν φυ-

1 Λόγος πέμπτος correxi (vid. titulum libri primi) : τῶν περὶ χαιρέαν καὶ
καλλιρρόην ἐρωτικῶν διηγημάτων λόγος ε' F ‖ 2 ἀνδρὶ F : ἀνδρῶν Naber ‖
12 ἔσπευδεν Rei. : ἔσπευδον F ‖ 13 ἐρῶντας D'Or. : ἐρῶτας F ‖ 22 ⟨καὶ⟩
ἀπόγνωσις Bl. : ἀπόγνωσις F : -σιν Apogr. : -ώσει D'Or. : ⟨δι'⟩ -σιν Rei. ‖
23 καὶ F : κατὰ Gasda dubit.

γῆν θάλασσα καὶ Θήρων· ἡ Ἑρμοκράτους θυγάτηρ ἐπράθην καί,
τὸ τῆς ἀφιλίας μοι βαρύτερον, ἐφιλήθην, ἵνα Χαιρέου ζῶντος
ἄλλῳ γαμηθῶ. σὺ δὲ καὶ τούτων ἤδη μοι φθονεῖς· οὐκέτι γὰρ
εἰς Ἰωνίαν με φυγαδεύεις. ξένην μέν πλὴν Ἑλληνικὴν ἐδίδους
5   γῆν, ὅπου μεγάλην εἶχον παραμυθίαν, ὅτι θαλάσσῃ παρακάθη-
μαι· νῦν δὲ ἔξω με τοῦ συνήθους ῥίπτεις ἀέρος καὶ τῆς πατρίδος
ὅλῳ διορίζομαι κόσμῳ. Μίλητον ἀφείλω μου πάλιν, ὡς πρότε-   6
ρον Συρακούσας· ὑπὲρ τὸν Εὐφράτην ἀπάγομαι καὶ βαρβάροις
ἐγκλείομαι μυχοῖς ἡ νησιῶτις, ὅπου μηκέτι θάλασσα. ποίαν ἔτ᾽
10  ἐλπίσω ναῦν ἐκ Σικελίας καταπλέουσαν; ἀποσπῶμαι καὶ τοῦ σοῦ
τάφου, Χαιρέα. τίς ἐπενέγκῃ σοι χοάς, δαῖμον ἀγαθέ; Βάκτρα   7
μοι καὶ Σοῦσα λοιπὸν οἶκος καὶ τάφος. ἅπαξ, Εὐφρᾶτα, μέλλω
σε διαβαίνειν· φοβοῦμαι γὰρ οὐχ οὕτως τὸ μῆκος τῆς ἀποδημίας
ὡς μὴ δόξω κἀκεῖ καλή τινι." ταῦτα ἅμα λέγουσα τὴν γῆν κατε-
15  φίλησεν, εἶτα ἐπιβᾶσα τῆς πορθμίδος διεπέρασεν. ἦν μὲν οὖν καὶ   8
Διονυσίῳ χορηγία πολλή· πλουσιώτατα γὰρ ἐπεδείκνυτο τῇ γυ-
ναικὶ τὴν παρασκευήν· βασιλικωτέραν δὲ τὴν ὁδοιπορίαν αὐτοῖς
παρεσκεύασεν ἡ τῶν ἐπιχωρίων φιλοφρόνησις· δῆμος παρέπεμ-
πεν εἰς δῆμον, καὶ σατράπης παρεδίδου τῷ μεθ᾽ αὑτόν, πάντας
20  γὰρ ἐδημαγώγει τὸ κάλλος. καὶ ἄλλη δέ τις ἐλπὶς ἔθαλπε τοὺς
βαρβάρους, ὅτι ἥδε ἡ γυνὴ μέγα δυνήσεται, καὶ διὰ τοῦτο ἕκα-
στος ἔσπευδε ξενίαν διδόναι ἢ πάντως τινὰ χάριν εἰς αὐτὴν ἔχειν
ἀποκειμένην.
        Καὶ οἱ μὲν ἦσαν ἐν τούτοις· ὁ δὲ Μιθριδάτης δι᾽ Ἀρμενίας   2
25  ἐποιεῖτο τὴν πορείαν σφοδροτέραν, μάλιστα μὲν δεδοικὼς μὴ

---

2 ἀφιλίας Abresch (cf. 7.5.5) : φιλίας F | Χαιρέου ζῶντος Reeve : ζῶντος
χαιρέου F ‖ 4–5 ἐδίδους γῆν Rei. (falso ἐδίδως) : δίδως τὴν F ‖ 7 ἀφείλω F :
-λου Hirschig (sed cf. 3.8.7, 3.10.7, 6.2.9) ‖ 9–10 ἔτ᾽ ἐλπίσω Rei. : εὐελπίσω
F ‖ 12 Εὐφρᾶτα Cob. : εὐφράτα F ‖ 13 οὕτως F : οὕτω Rea. (sed cf. 5.3.2) ‖
14 κἀκεῖ καλή τινι F : τινι κἀκεῖ καλή Reeve ‖ 22 ξενίαν Sanz (cf. ξενίαν
ap. A.T. 5.3.2, ubi ξενίας corruptum esse potest) : ξενίας F : ξένια D'Or. ‖
25 σφοδροτέραν F : σφοδρότερον Her.

καὶ τοῦτο ἐπαίτιον αὐτῷ γένηται πρὸς βασιλέως, ὅτι κατ' ἴχνος
ἐπηκολούθει τῇ γυναικί, ἅμα δὲ καὶ σπεύδων προεπιδημῆσαι
2 καὶ συγκροτῆσαι τὰ πρὸς τὴν δίκην. ἀφικόμενος οὖν εἰς Βαβυ-
λῶνα (βασιλεὺς γὰρ αὐτόθι διέτριβεν) ἐκείνην μὲν τὴν ἡμέραν
ἡσύχασε παρ' ἑαυτῷ· πάντες γὰρ οἱ σατράπαι σταθμοὺς ἔχουσιν 5
ἀποδεδειγμένους· τῆς δ' ὑστεραίας ἐπὶ θύρας ἐλθὼν τὰς βασιλέ-
ως, ἠσπάσατο μὲν Περσῶν τοὺς ὁμοτίμους, Ἀρταξάτην δὲ τὸν
εὐνοῦχον ὃς μέγιστος ἦν παρὰ βασιλεῖ καὶ δυνατώτερος πρῶτον
μὲν δώροις ἐτίμησεν, εἶτα "ἀπάγγειλον" εἶπε "βασιλεῖ· Μιθρι-
δάτης ὁ σὸς δοῦλος πάρεστιν ἀπολύσασθαι διαβολὴν Ἕλληνος 10
3 ἀνδρὸς καὶ προσκυνῆσαι.'" μετ' οὐ πολὺ δὲ ἐξελθὼν ὁ εὐνοῦχος
ἀπεκρίνατο ὅτι "ἔστι βασιλεῖ βουλομένῳ Μιθριδάτην μηδὲν ἀδι-
κεῖν· κρινεῖ δὲ ἐπειδὰν καὶ Διονύσιος παραγένηται." προσκυνή-
σας οὖν ὁ Μιθριδάτης ἀπηλλάττετο, μόνος δὲ γενόμενος ἐκάλεσε
Χαιρέαν καὶ ἔφη πρὸς αὐτὸν "ἐγὼ καίομαι καὶ ἀποδοῦναί σοι 15
θελήσας Καλλιρόην ἐγκαλοῦμαι· τὴν γὰρ σὴν ἐπιστολήν, ἣν ἔ-
γραψας πρὸς τὴν γυναῖκα, Διονύσιος ἐμέ φησι γεγραφέναι καὶ
μοιχείας ἀπόδειξιν ἔχειν ὑπολαμβάνει· πέπεισται γὰρ σὲ τεθνά-
4 ναι, καὶ πεπείσθω μέχρι τῆς δίκης, ἵνα αἰφνίδιον ὀφθῇς. ταύτην
ἀπαιτῶ σε τῆς εὐεργεσίας τὴν ἀνταμοιβήν· ἀπόκρυφον σεαυτόν· 20
μήτε ἰδεῖν Καλλιρόην μήτ' ἐξετάσαι τι περὶ αὐτῆς καρτέρησον."
ἄκων μέν, ἀλλὰ ἐπείθετο Χαιρέας καὶ λανθάνειν μὲν ἐπειρᾶτο,
ἐλείβετο δὲ αὐτοῦ τὰ δάκρυα κατὰ τῶν παρειῶν· εἰπὼν δὲ "ποι-
ήσω, δέσποτα, ἃ προστάττεις," ἀπῆλθεν εἰς τὸ δωμάτιον ἐν ᾧ

---

1 ἐπαίτιον] Cf. X. *An.* 3.1.5? ‖ 22–23 (vid. 2.5.7) καὶ λανθάνειν ... παρειῶν]
X. *Cyr.* 6.4.3

---

1 ἐπαίτιον Cob. (cf. X. *An.* 3.1.5) : αἴτιον F : ὑπαίτιον prop. Trzaskoma (v.l.
in eodem loco Xenophontis) ‖ 8 δυνατώτερος F : -τατος Her. ‖ 10 ὁ σὸς Rei. :
ὡς F : σὸς D'Or. | post ἀπολύσασθαι, ⟨θέλων⟩ Reeve, sed cf. 1.1.13 (coni.
Sanz), 6.7.7, 8.3.5 ‖ 11 δὲ ἐξελθὼν Rei. : διεξελθὼν F : δὴ ἐξελθὼν Rei. ‖
13 κρινεῖ D'Or. : κρίνη F ‖ 15 καίομαι F (cf. 5.2.7) : κρίνομαι Hirschig :
δίκαιος εἶναι Morel (cf. 2.3.7 δικαίως οὖν) : ante ἐγὼ lac. indic. Jackson (e.g.
⟨ὑφάψαντός σου τὸ πῦρ⟩)

κατήγετο μετὰ Πολυχάρμου τοῦ φίλου, καὶ ῥίψας ἑαυτὸν εἰς τὸ
ἔδαφος, περιρρηξάμενος τὸν χιτῶνα, ἀμφοτέραις χερσὶ περιελὼν
κόνιν αἰθαλόεσσαν
χεύατο κὰκ κεφαλῆς, χαρίεν δ' ᾔσχυνε πρόσωπον.
5 εἶτα ἔλεγε κλάων "ἐγγύς ἐσμεν, ὦ Καλλιρόη, καὶ οὐχ ὁρῶμεν
ἀλλήλους. σὺ μὲν οὖν οὐδὲν ἀδικεῖς· οὐ γὰρ οἶδας ὅτι Χαιρέας ζῇ·  5
πάντων δὲ ἀσεβέστατος ἐγώ, μὴ βλέπειν σε κεκελευσμένος, καὶ
ὁ δειλὸς καὶ φιλόζωος μέχρι τοσούτου φέρω τυραννούμενος. σοὶ
δὲ εἴ τις τοῦτο προσέταξεν, οὐκ ἂν ἔζησας."
10 Ἐκεῖνον μὲν οὖν παρεμυθεῖτο Πολύχαρμος, ἤδη δὲ καὶ Διονύ-  6
σιος πλησίον ἐγένετο Βαβυλῶνος καὶ ἡ Φήμη προκατελάμβανε
τὴν πόλιν, ἀπαγγέλλουσα πᾶσιν ὅτι παραγίνεται γυνή, κάλλος
οὐκ ἀνθρώπινον ἀλλά τι θεῖον, ὁποίαν ἐπὶ γῆς ἄλλην ἥλιος οὐχ
ὁρᾷ· φύσει δέ ἐστι τὸ βάρβαρον γυναιμανές, ὥστε πᾶσα οἰκία καὶ
15 πᾶς στενωπὸς ἐπεπλήρωτο τῆς δόξης· διέβαινε δὲ ἡ φήμη μέχρις
αὐτοῦ τοῦ βασιλέως, ὥστε καὶ ἤρετο Ἀρταξάτην τὸν εὐνοῦχον
εἰ πάρεστιν ἡ Μιλησία. Διονύσιον δὲ καὶ πάλαι μὲν ἐλύπει τὸ  7
περιβόητον τῆς γυναικὸς (οὐ γὰρ εἶχεν ἀσφάλειαν), ἐπεὶ δὲ εἰς
Βαβυλῶνα ἔμελλεν εἰσιέναι, τότ' ἤδη καὶ μᾶλλον ἐνεπίμπρατο,
20 στενάξας δὲ ἔφη πρὸς ἑαυτὸν "οὐκέτι ταῦτα Μίλητός ἐστι, Διο-
νύσιε, ἡ σὴ πόλις· κἀκεῖ δὲ τοὺς ἐπιβουλεύοντας ἐφυλάττου.
τολμηρὲ καὶ τοῦ μέλλοντος ἀπρόορατε, εἰς Βαβυλῶνα Καλλιρό-  8
ην ἄγεις, ὅπου Μιθριδάται τοσοῦτοι; Μενέλαος ἐν τῇ σώφρονι
Σπάρτῃ τὴν Ἑλένην οὐκ ἐτήρησεν, ἀλλὰ παρευδοκίμησε καὶ
25 βασιλέα βάρβαρος ποιμήν· πολλοὶ Πάριδες ἐν Πέρσαις. οὐχ ὁρᾷς
τοὺς κινδύνους, οὐ τὰ προοίμια; πόλεις ἡμῖν ἀπαντῶσι καὶ θερα-
πεύουσι σατράπαι. σοβαρωτέρα γέγονεν ἤδη, καὶ οὔπω βασιλεὺς  9

---

3–4 (vid. 1.4.6) Hom. *Il.* 18.23–24

---

8 φιλόζωος Apogr. : φιλόζωον F ‖ 12–13 κάλλος ... θεῖον secl. Cob. ‖ 15 δι-
έβαινε F (cf. 1.1.2) : ἀνέ- Cob. (cf. 2.7.1, 4.1.8) ‖ 16 τοῦ secl. Her. (sed cf.
4.6.5, 4.7.1) ‖ 23 Μιθριδάται corr. Cob. : μιθριδάται F | μενέλαος F : -λεως
Her. (cf. 2.6.1)

ἑώρακεν αὐτήν. μία τοίνυν σωτηρίας ἐλπὶς διακλέψαι τὴν γυναῖ-
κα· φυλαχθήσεται γάρ, ἂν δυνηθῇ λαθεῖν." ταῦτα λογισάμενος
ἵππου μὲν ἐπέβη, τὴν δὲ Καλλιρόην εἴασεν ἐπὶ τῆς ἁρμαμάξης
καὶ συνεκάλυψε τὴν σκηνήν. τάχα δ᾽ ἂν καὶ προεχώρησεν ὅπερ
ἤθελεν, εἰ μὴ συνέβη τι τοιοῦτον.                                          5

3   Ἧκον παρὰ Στάτειραν τὴν γυναῖκα τὴν βασιλέως τῶν ἐνδοξο-
τάτων Περσῶν αἱ γυναῖκες καί τις εἶπεν ἐξ αὐτῶν "ὦ δέσποινα,
γύναιον Ἑλληνικὸν ἐπιστρατεύεται ταῖς ἡμετέραις οἰκείαις, ἃς
καὶ πάλαι μὲν πάντες ἐθαύμαζον ἐπὶ τῷ κάλλει, κινδυνεύει δὲ
ἐφ᾽ ἡμῶν ἡ δόξα τῶν Περσίδων γυναικῶν καταλυθῆναι. φέρ᾽ οὖν    10
2   σκεψώμεθα πῶς μὴ παρευδοκιμηθῶμεν ὑπὸ τῆς ξένης." ἐγέλα-
σεν ἡ βασιλὶς ἀπιστοῦσα τῇ φήμῃ, ἅμα δὲ εἶπεν "ἀλαζόνες εἰσὶν
Ἕλληνες καὶ πτωχοὶ καὶ διὰ τοῦτο καὶ τὰ μικρὰ θαυμάζουσι
μεγάλως. οὕτως φημίζουσι Καλλιρόην καλὴν ὡς καὶ Διονύσιον
πλούσιον. μία τοίνυν ἐξ ἡμῶν, ἐπειδὰν εἰσίῃ, φανήτω μετ᾽ αὐτῆς,  15
3   ἵνα ἀποσβέσῃ τὴν πενιχράν τε καὶ δούλην." προσεκύνησαν πᾶσαι
τὴν βασιλίδα καὶ τῆς γνώμης ἀπεθαύμασαν καὶ τὸ μὲν πρῶτον
ὡς ἐξ ἑνὸς στόματος ἀνεβόησαν "εἴθε δυνατὸν ἦν ὀφθῆναι σέ,
δέσποινα·" εἶτα διεχέθησαν αἱ γνῶμαι καὶ τὰς ἐνδοξοτάτας ὠνό-
4   μαζον ἐπὶ κάλλει. χειροτονία δὲ ἦν ὡς ἐν θεάτρῳ, καὶ προεκρίθη  20
Ῥοδογούνη, θυγάτηρ μὲν Ζωπύρου, γυνὴ δὲ Μεγαβύζου, μέγα τι
χρῆμα καὶ περιβόητον· οἷον τῆς Ἰωνίας Καλλιρόη, τοιοῦτο τῆς
Ἀσίας ἡ Ῥοδογούνη. λαβοῦσαι δὲ αὐτὴν αἱ γυναῖκες ἐκόσμουν,
ἑκάστη τι παρ᾽ αὑτῆς συνεισφέρουσα εἰς κόσμον· ἡ δὲ βασιλὶς
ἔδωκε περιβραχιόνια καὶ ὅρμον.                                          25
5   Ἐπεὶ τοίνυν εἰς τὸν ἀγῶνα καλῶς αὐτὴν κατεσκεύασαν, ὡς δῆ-

---

1 διακλέψαι F : διακρύψαι Rea. : ἐκκλέψαι Hirschig ‖ 8 οἰκείαις, ἃς Bl. :
οἰκίαις, ὃ F : οἰκίαις· ἡμᾶς prop. Rea. : οἰκίαις· [ὃ] Cob. ‖ 9 post πάντες, ἡμᾶς
add. Cob. ‖ 12 βασιλὶς Bl. : βασίλισα F ‖ 19 διεχέθησαν F : διεχίσθ- Rei. :
δ᾽ ἐσχίσθ- Cob. ‖ 22 post χρῆμα, κάλλους add. Her., qui X.E. 1.1.1 invocat,
sed hic locus corruptus est, et χρῆμα genit. abstractorum nominum respuit (cf.
e. g. Ch. 1.1.1, et μέγα τι χρῆμα sine genit. ap. Plb. 12.15.8, A.T. 1.15.1) ‖
26 καλῶς F : κάλλους Pierson

θεν εἰς ἀπάντησιν Καλλιρόης παρεγίνετο· καὶ γὰρ εἶχε πρόφασιν
οἰκείαν, ἐπειδή⟨περ⟩ ἦν ἀδελφὴ Φαρνάκου τοῦ γράψαντος βασι-
λεῖ περὶ Διονυσίου. ἐξεχεῖτο δὲ πᾶσα Βαβυλὼν ἐπὶ τὴν θέαν καὶ          6
τὸ πλῆθος ἐστενοχώρει τὰς πύλας. ἐν δὲ τῷ περιφανεστάτῳ πα-
5  ραπεμπομένη βασιλικῶς ἡ Ῥοδογούνη περιέμενεν· εἱστήκει δὲ
ἁβρὰ καὶ θρυπτομένη καὶ ὡς προκαλουμένη, πάντες δὲ εἰς αὐτὴν
ἀπέβλεπον καὶ διελάλουν πρὸς ἀλλήλους "νενικήκαμεν· ἡ Περ-
σὶς ἀποσβέσει τὴν ξένην. εἰ δύναται, συγκριθήτω· μαθέτωσαν          7
Ἕλληνες ὅτι εἰσὶν ἀλαζόνες." ἐν τούτῳ δὲ ἐπῆλθεν ὁ Διονύσιος
10 καὶ μηνυθέντος αὐτῷ τὴν Φαρνάκου συγγενίδα παρεῖναι, κατα-
πηδήσας ἐκ τοῦ ἵππου προσῆλθεν αὐτῇ φιλοφρονούμενος. ἐκείνη          8
δὲ ὑπερυθριῶσα "θέλω" φησὶ "τὴν ἀδελφὴν ἀσπάσασθαι," καὶ
ἅμα τῇ ἁρμαμάξῃ προσῆλθεν. οὔκουν δυνατὸν ἦν αὐτὴν ἔτι μέ-
νειν κεκαλυμμένην, ἀλλὰ Διονύσιος μὲν ἄκων καὶ στένων ὑπ'
15 αἰδοῦς τὴν Καλλιρόην προελθεῖν ἠξίωσεν· ἅμα δὲ πάντες οὐ μό-
νον τοὺς ὀφθαλμοὺς ἀλλὰ καὶ τὰς ψυχὰς ἐξέτειναν καὶ μικροῦ
δεῖν ἐπ' ἀλλήλους κατέπεσον, ἄλλος πρὸ ἄλλου θέλων ἰδεῖν καὶ
ὡς δυνατὸν ἐγγυτάτω γενέσθαι. ἐξέλαμψε δὲ τὸ Καλλιρόης πρό-          9
σωπον, καὶ μαρμαρυγὴ κατέσχε τὰς ἁπάντων ὄψεις, ὥσπερ ἐν
20 νυκτὶ βαθείᾳ πολλοῦ φωτὸς αἰφνίδιον φανέντος· ἐκπλαγέντες δὲ
οἱ βάρβαροι προσεκύνησαν καὶ οὐδεὶς ἐδόκει Ῥοδογούνην παρεῖ-
ναι. συνῆκε δὲ καὶ ἡ Ῥοδογούνη τῆς ἥττης, καὶ μήτε ἀπελθεῖν
δυναμένη μήτε βλέπεσθαι θέλουσα ὑπέδυ τὴν σκηνὴν μετὰ τῆς
Καλλιρόης, παραδοῦσα αὐτὴν τῷ κρείττονι φέρειν. ⟨καὶ⟩ ἡ μὲν          10
25 ἁρμάμαξα προήει συγκεκαλυμμένη, οἱ δὲ ἄνθρωποι, μηκέτι ἔ-

---

19–20 μαρμαρυγὴ ... φανέντος] X. *Smp.* 1.9 ὥσπερ ὅταν φέγγος τι ἐν νυκτὶ
φανῇ ... οὕτω καὶ τότε τοῦ Αὐτολύκου τὸ κάλλος πάντων εἶλκε τὰς ὄψεις (vid.
4.1.10)

---

2 add. Jackson (cf. 7.5.6) : ἐπειδὴ F ‖ 4 post περιφανεστάτῳ, τόπῳ add.
Naber ‖ 11 ἐκ F (cf. D.C. S339.10) : ἀπὸ Cob. (cf. 2.3.5) ‖ 14 ἀλλὰ Cob. (cf.
4.7.1, 5.7.6) : ἀλλ' ὁ F ‖ μὲν ἄκων F : ἄ- μὲν Bl. ‖ 24 αὐτὴν edd. : αὐτὴν F ‖
add. Sanz (καὶ a librario omissum ap. 4.2.10, 5.5.9, et cf. 5.9.8) ‖ 25 ante
ἁρμάμαξα, οὖν add. Cob.

χοντες Καλλιρόην ὁρᾶν, κατεφίλουν τὸν δίφρον. βασιλεὺς δὲ ὡς
ἤκουσεν ἀφῖχθαι Διονύσιον, ἐκέλευσεν Ἀρταξάτην τὸν εὐνοῦχον
ἀπαγγεῖλαι πρὸς αὐτὸν "ἐχρῆν μέν σε κατηγοροῦντα ἀνδρὸς ἀρ-
χὴν μεγάλην πεπιστευμένου μὴ βραδύνειν· ἀφίημι δέ σοι τὴν
11 αἰτίαν, ὅτι μετὰ γυναικὸς ἐβάδιζες. ἐγὼ δὲ νῦν μὲν ἑορτὴν ἄ-   5
γω καὶ πρὸς ταῖς θυσίαις εἰμί· τριακοστῇ δὲ ὕστερον ἡμέρᾳ τῆς
δίκης ἀκροάσομαι." προσκυνήσας ὁ Διονύσιος ἀπηλλάγη.

4    Παρασκευὴ οὖν ἐντεῦθεν ἐγίνετο ἐπὶ τὴν δίκην παρ' ἑκατέρων
ὥσπερ ἐπὶ πόλεμον τὸν μέγιστον. ἐσχίσθη δὲ τὸ πλῆθος τῶν βαρ-
βάρων καὶ ὅσον μὲν ἦν σατραπικὸν Μιθριδάτῃ προσέθετο· καὶ   10
γὰρ ἦν ἀνέκαθεν ἐκ Βάκτρων, εἰς Καρίαν δὲ ὕστερον μετῳκίσθη·
Διονύσιος δὲ τὸ δημοτικὸν εἶχεν εὔνουν· ἐδόκει γὰρ ἀδικεῖσθαι
παρὰ τοὺς νόμους εἰς γυναῖκα ἐπιβουλευθείς, καὶ ὃ μεῖζόν ἐστι,
2 τοιαύτην. οὐ μὴν οὐδ' ἡ γυναικωνῖτις ἡ Περσῶν ἀμέριμνος ἦν,
ἀλλὰ καὶ ἐνταῦθα διῃρέθησαν αἱ σπουδαί· τὸ μὲν γὰρ αὐτῶν ἐπ'   15
εὐμορφίᾳ μέγα φρονοῦν ἐφθόνει τῇ Καλλιρόῃ καὶ ἤθελεν αὐτὴν
ἐκ τῆς δίκης ὑβρισθῆναι, τὸ δὲ πλῆθος ταῖς οἰκείαις φθονοῦσαι
3 τὴν ξένην εὐδοκιμῆσαι συνηύχοντο. τὴν νίκην δὲ ἑκάτερος αὐ-
τῶν ἐν ταῖς χερσὶν ἔχειν ὑπελάμβανε· Διονύσιος μὲν θαρρῶν
ταῖς ἐπιστολαῖς αἷς ἔγραψε Μιθριδάτης πρὸς Καλλιρόην ὀνόματι   20
Χαιρέου (ζῆν γὰρ οὐδέποτε Χαιρέαν προσεδόκα), Μιθριδάτης
δὲ Χαιρέαν ἔχων δεῖξαι πέπειστο ἄγνωστον εἶναι μὴ δύνασθαι.
προσεποιεῖτο δὲ δεδιέναι καὶ συνηγόρους παρεκάλει, ἵνα διὰ τὸ
4 ἀπροσδόκητον λαμπροτέραν τὴν ἀπολογίαν ποιήσηται. ταῖς δὲ
τριάκοντα ἡμέραις Πέρσαι καὶ Περσίδες οὐδὲν ἕτερον διελάλουν   25
ἢ τὴν δίκην ταύτην, ὥστε, εἰ χρὴ τἀληθὲς εἰπεῖν, ὅλη [ἡ] Βαβυ-

---

1 κατεφίλουν τὸν δίφρον] X. *Cyr.* 6.4.10 (Panthea Abradatae essedum oscu-
latur)

---

6–7 τῆς δίκης ἀκροάσομαι Jackson : ἀκροάσομαι τῆς δίκης F ‖ 10 προσέθετο
F : προσετίθετο Cob. ‖ 12 δημοτικὸν D'Or. : δημωτικὸν F ‖ 22 ἄγνωστον
εἶναι μὴ Sanz (cf. 3.2.15) : ἀγνὸν εἶναι μὴ F : ἁλῶναι μὴ Cob. : δεινὸν εἶναι
μὴ Rei. : ἄναγνον εἶναι μὴ Abresch : ⟨γὰρ Διονύσιον⟩ ἀγνοεῖν καὶ μη⟨δὲν⟩ prop.
Bl. ‖ 26 del. Reeve (cf. 6.1.5)

λῶν δικαστήριον ἦν. ἐδόκει δὲ πᾶσιν ἡ προθεσμία μακρὰ καὶ οὐ
τοῖς ἄλλοις μόνον ἀλλὰ καὶ αὐτῷ τῷ βασιλεῖ. ποῖος ἀγὼν Ὀλυμ-
πικὸς ἢ νύκτες Ἐλευσίνιαι προσδοκίαν τοσαύτης ἔσχον σπουδῆς;
Ἐπεὶ δὲ ἧκεν ἡ κυρία τῶν ἡμερῶν, ἐκαθέσθη βασιλεύς. ἔστι δὲ    5
5  οἶκος ἐν τοῖς βασιλείοις ἐξαίρετος, ἀποδεδειγμένος εἰς δικαστήρι-
ον, μεγέθει καὶ κάλλει διαφέρων· ἔνθα μέσος μὲν ὁ θρόνος κεῖται
βασιλεῖ, παρ᾽ ἑκάτερα δὲ τοῖς φίλοις καὶ ⟨ὅσοι⟩ τοῖς ἀξιώμασι
καὶ ταῖς ἀρεταῖς ὑπάρχουσιν ἡγεμόνες ἡγεμόνων. περιεστᾶσι δὲ    6
κύκλῳ τοῦ θρόνου λοχαγοὶ καὶ ταξίαρχοι καὶ τῶν βασιλέως ἐξε-
10  λευθέρων τὸ ἐντιμότατον, ὥστε ἐπ᾽ ἐκείνου τοῦ συνεδρίου καλῶς
ἂν εἴποι τις
"οἱ δὲ θεοὶ πὰρ Ζηνὶ καθήμενοι ἠγορόωντο."
παράγονται δὲ οἱ δικαζόμενοι μετὰ σιγῆς καὶ δέους. τότε οὖν ἕω-    7
θεν μὲν πρῶτος ἧκε Μιθριδάτης, δορυφορούμενος ὑπὸ φίλων καὶ
15  συγγενῶν, οὐ πάνυ τι λαμπρὸς οὐδὲ φαιδρός, ἀλλ᾽, ὡς ὑπεύθυνος,
ἐλεεινός· ἐπηκολούθει δὲ καὶ Διονύσιος Ἑλληνικῷ σχήματι Μι-
λησίαν στολὴν ἀμπεχόμενος, τὰς ἐπιστολὰς τῇ χειρὶ κατέχων.
ἐπεὶ δὲ εἰσήχθησαν, προσεκύνησαν. ἔπειτα βασιλεὺς ἐκέλευε τὸν    8
γραμματέα τὰς ἐπιστολὰς ἀναγνῶναι, τήν τε Φαρνάκου καὶ ἣν
20  ἀντέγραψεν αὐτός, ἵνα μάθωσιν οἱ συνδικάζοντες πῶς εἰσῆκται
τὸ πρᾶγμα. ἀναγνωσθείσης δὲ τῆς ἐπιστολῆς ἔπαινος ἐξερρά-
γη πολὺς τὴν σωφροσύνην καὶ δικαιοσύνην θαυμαζόντων τὴν
βασιλέως. σιωπῆς δὲ γενομένης ἔδει μὲν ἄρξασθαι τοῦ λόγου Διο-    9
νύσιον τὸν κατήγορον, καὶ πάντες εἰς ἐκεῖνον ἀπέβλεψαν, ἀνέστη
25  δὲ Μιθριδάτης· "οὐ προλαμβάνω" φησί, "δέσποτα, τὴν ἀπολογί-
αν, ἀλλ᾽ οἶδα τὴν τάξιν· δεῖ δὲ πρὸ τῶν λόγων ἅπαντας παρεῖναι

---

12 Hom. Il. 4.1

---

3 τοσαύτης D᾽Or. : τοσαύτην F ‖ 7 καὶ ⟨ὅσοι⟩ Abresch (cf. 5.4.12) : καὶ F :
οἳ Bl. post Beck (καὶ οἱ, sic) ‖ 8 ὑπάρχουσιν F : ὑπερέχ- Abresch | ἡγεμόνες
ἡγεμόνων suspectum habeo ‖ 13 δικαζόμενοι Bl. (cf. 6.1.1) : καθεζόμενοι
F (post καθήμενοι corruptum) | δέους F : αἰδοῦς Her. ‖ 18 ἐκέλευε F : -σε
Cob. ‖ 24 ἀνέστη Sanz : ἔφη F : ἔφθη Jackson ‖ 26 πρὸ Lobeck : πρῶτον
F : πρότερον D᾽Or.

τοὺς ἀναγκαίους ἐν τῇ δίκῃ· ποῦ τοίνυν ἡ γυνή, περὶ ἧς ἡ κρίσις;
ἔδοξας δ' αὐτὴν ἀναγκαίαν διὰ τῆς ἐπιστολῆς καὶ ἔγραψας παρεῖ-
10    ναι, καὶ πάρεστι. μὴ οὖν Διονύσιος ἀποκρυπτέτω τὸ κεφάλαιον
καὶ τὴν αἰτίαν ὅλου τοῦ πράγματος." πρὸς ταῦτα ἀπεκρίνατο
Διονύσιος "καὶ τοῦτο μοιχοῦ, παράγειν εἰς ὄχλον ἀλλοτρίαν γυ-   5
ναῖκα οὐ θέλοντος ἀνδρός, οὔτε ἐγκαλοῦσαν οὔτε ἐγκαλουμένην
11    αὐτήν. εἰ μὲν οὖν διεφθάρη, ὡς ὑπεύθυνον ἔδει παρεῖναι· νῦν δὲ
σὺ ἐπεβούλευσας ἀγνοούσῃ, καὶ οὔτε μάρτυρι χρῶμαι τῇ γυναικὶ
οὔτε συνηγόρῳ. τί οὖν ἀναγκαῖον παρεῖναι τὴν κατ' οὐδὲν με-
τέχουσαν τῆς δίκης;" ταῦτα δικανικῶς μὲν εἶπεν ὁ Διονύσιος,   10
πλὴν οὐδένα ἔπειθεν· ἐπεθύμουν γὰρ πάντες Καλλιρόην ἰδεῖν.
12    αἰδουμένου δὲ κελεῦσαι βασιλέως πρόφασιν ἔσχον οἱ φίλοι τὴν
ἐπιστολήν· ἐκλήθη γὰρ ὡς ἀναγκαία. "πῶς οὖν οὐκ ἄτοπον" ἔφη
13    τις "ἐξ Ἰωνίας μὲν ἐλθεῖν, ἐν Βαβυλῶνι δὲ οὖσαν ὑστερεῖν;" ἐπεὶ
τοίνυν ὡρίσθη καὶ Καλλιρόην παρεῖναι, οὐδὲν αὐτῇ προειρηκὼς ὁ   15
Διονύσιος, ἀλλὰ μέχρι παντὸς ἀποκρυψάμενος τὴν αἰτίαν τῆς εἰς
Βαβυλῶνα ὁδοῦ, φοβηθεὶς αἰφνίδιον εἰσαγαγεῖν εἰς δικαστήριον
οὐδὲν εἰδυῖαν (εἰκὸς γὰρ ἦν καὶ ἀγανακτῆσαι τὴν γυναῖκα ὡς
ἐξηπατημένην) εἰς τὴν ὑστεραίαν ὑπερέθετο τὴν δίκην.
5    Καὶ τότε μὲν οὕτως διελύθησαν· ἀφικόμενος δὲ εἰς τὴν οἰκίαν   20
ὁ Διονύσιος, οἷα δὴ φρόνιμος ἀνὴρ καὶ πεπαιδευμένος, λόγους τῇ
γυναικὶ προσήνεγκεν ὡς ἐν τοιούτοις πιθανωτάτους, ἐλαφρῶς τε
καὶ πράως ἕκαστα διηγούμενος. οὐ μὴν ἀδακρυτί γε ἤκουεν ἡ
Καλλιρόη, πρὸς τὸ ὄνομα δὲ τὸ Χαιρέου πολλὰ ἀνέκλαυσε καὶ
2    πρὸς τὴν δίκην ἐδυσχέραινε. "τοῦτο γὰρ" φησὶ "μόνον ἔλιπέ μου   25
ταῖς συμφοραῖς, εἰσελθεῖν εἰς δικαστήριον. τέθνηκα, [καὶ] κεκή-
δευμαι, τετυμβωρύχημαι, πέπραμαι, δεδούλευκα· ἰδού, Τύχη,
καὶ κρίνομαι. οὐκ ἤρκει σοι διαβαλεῖν ἀδίκως με πρὸς Χαιρέ-
3    αν, ἀλλ' ἔδωκάς μοι παρὰ Διονυσίῳ μοιχείας ὑπόθεσιν. τότε μου
τὴν διαβολὴν ἐπόμπευσας τάφῳ, νῦν δὲ βασιλικῷ δικαστηρίῳ.   30

---

26 del. Jackson (cf. 3.8.9)

διήγημα καὶ τῆς Ἀσίας καὶ τῆς Εὐρώπης γέγονα. ποίοις ὀφθαλ-
μοῖς ὄψομαι τὸν δικαστήν; οἵων ἀκοῦσαί με δεῖ ῥημάτων. κάλλος
ἐπίβουλον, εἰς τοῦτο μόνον ὑπὸ τῆς φύσεως δοθέν, ἵνα μου πλη-
σθήσῃ τῶν διαβολῶν. Ἑρμοκράτους θυγάτηρ κρίνεται καὶ τὸν      4
5   πατέρα συνήγορον οὐκ ἔχει· οἱ μὲν γὰρ ἄλλοι ἐπὰν εἰς δικαστή-
ριον εἰσίωσιν, εὔνοιαν εὔχονται καὶ χάριν, ἐγὼ δὲ φοβοῦμαι μὴ
ἀρέσω τῷ δικαστῇ."
    Τοιαῦτα ὀδυρομένη τὴν ἡμέραν ὅλην ἀθύμως διήγαγε καὶ      5
μᾶλλον ἐκείνης Διονύσιος· νυκτὸς δὲ ἐπελθούσης ὄναρ ἔβλεπεν
10  αὐτὴν ἐν Συρακούσαις παρθένον εἰς τὸ τῆς Ἀφροδίτης τέμενος
εἰσιοῦσαν κἀκεῖθεν ἐπανιοῦσαν, ὁρῶσαν Χαιρέαν καὶ τὴν τῶν γά-
μων ἡμέραν, ἐστεφανωμένην τὴν πόλιν ὅλην καὶ προπεμπομένην
αὐτὴν ὑπὸ πατρὸς καὶ μητρὸς εἰς τὴν οἰκίαν τοῦ νυμφίου. μέλλου-     6
σα δὲ καταφιλεῖν Χαιρέαν ἐκ τῶν ὕπνων ἀνέθορε καὶ καλέσασα
15  Πλαγγόνα (Διονύσιος γὰρ ἔφθη προεξαναστάς, ἵνα μελετήσῃ τὴν
δίκην) τὸ ὄναρ διηγεῖτο. καὶ ἡ Πλαγγὼν ἀπεκρίνατο "θάρρει,
δέσποινα, καὶ χαῖρε· καλὸν ἐνύπνιον εἶδες· πάσης ἀπολυθήσῃ
φροντίδος· ὥσπερ γὰρ ὄναρ ἔδοξας, οὕτως καὶ ὕπαρ. ἄπιθι εἰς τὸ      7
βασιλέως δικαστήριον ὡς ἱερὸν Ἀφροδίτης, ἀναμνήσθητι σαυτῆς,
20  ἀναλάμβανε τὸ κάλλος τὸ νυμφικόν." [καὶ] ταῦτα ἅμα λέγουσα
ἐνέδυε καὶ ἐκόσμει τὴν Καλλιρόην, ἡ δὲ αὐτομάτως ψυχὴν εἶχεν
ἱλαράν, ὥσπερ προμαντευομένη τὰ μέλλοντα.

---

16–17 θάρρει ... χαῖρε] X. *Cyr.* 6.4.10 θάρρει, Πάνθεια, καὶ χαῖρε (Abrada-
tas) ‖ 20–21 (vid. 2.5.7) ταῦτα ... ἐνέδυε] X. *Cyr.* 6.4.3

---

1–2 ποίοις ... οἵων F : ποίοις ... ποίων Bl., sed verborum concinnitas ποίων
ῥημάτων exigit (cf. etiam 6.7.1 οἷα ... πῶς) ‖ 3–4 ἵνα μου πλησθήσῃ τῶν
F (fort. corruptum) : ἵνα μου πλησθῇ γῇ Goold post Morel (ἵνα μου πλ- ἡ
γῇ τῶν) : ἵν' ἀναπλήσῃ με τῶν Cob. : ἵνα ὄνομα μου πλησθῇ prop. Renehan
dubit. ‖ 5 γὰρ F : del. Wifstrand : οὖν Cob. : δὴ Zankogiannes ‖ 13 αὐτὴν
D'Or. : αὑτὴν F ‖ 17 χαῖρε Rei. : χαιρέα F : Χαιρέᾳ Calderini (sed cf. θαρρέω
cum dat. ap. 5.4.3, 5.6.4, 7.2.7) ‖ 20 del. Her. (cf. 3.2.3, 5.1.7, 6.3.3, 6.7.10)

8     Ἔωθεν οὖν ὠθισμὸς ἦν περὶ τὰ βασίλεια καὶ μέχρις ἔξω πλή-
ρεις οἱ στενωποί· πάντες γὰρ συνέτρεχον τῷ μὲν δοκεῖν ἀκροαταὶ
τῆς δίκης, τὸ δὲ ἀληθὲς Καλλιρόης θεαταί· τοσούτῳ δὲ ἔδοξε
9 κρείττων ἑαυτῆς, ὅσῳ τὸ πρότερον τῶν ἄλλων γυναικῶν. εἰσῆλ-
θεν οὖν εἰς τὸ δικαστήριον, οἵαν ὁ θεῖος ποιητὴς τὴν Ἑλένην    5
ἐπιστῆναί φησι τοῖς

       ἀμφὶ Πρίαμον ⟨καὶ⟩ Πάνθοον ἠδὲ Θυμοίτην

δημογέρουσιν· ὀφθεῖσα δὲ θάμβος ἐποίησε καὶ σιωπήν,

       πάντες δ᾽ ἠρήσαντο παραὶ λεχέεσσι κλιθῆναι·

καὶ εἴγε Μιθριδάτην ἔδει πρῶτον εἰπεῖν, οὐκ ἂν ἔσχε φωνήν. ὥσ-    10
περ γὰρ ἐπὶ τραῦμα ἐρωτικὸν τὴν παλαιὰν ἐπιθυμίαν σφοδροτέ-
ραν αὖθις ἐλάμβανε πληγήν.

6     Ἤρξατο δὲ Διονύσιος τῶν λόγων οὕτως· "χάριν ἔχω σοι τῆς
τιμῆς, βασιλεῦ, ἣν ἐτίμησας κἀμὲ καὶ σωφροσύνην καὶ τοὺς πάν-
των γάμους· οὐ γὰρ περιεῖδες ἄνδρα ἰδιώτην ἐπιβουλευθέντα    15
ὑπὸ ἡγεμόνος, ἀλλὰ ἐκάλεσας, ἵνα ἐπ᾽ ἐμοῦ μὲν ἐκδικήσῃς τὴν
2 ἀσέλγειαν καὶ ὕβριν, ἐπὶ τῶν ἄλλων δὲ κωλύσῃς. μείζονος δὲ
τιμωρίας ἄξιον τὸ ἔργον γέγονε καὶ διὰ τὸν ποιήσαντα. Μιθριδά-
της γάρ, οὐκ ἐχθρὸς ὢν ἀλλὰ ξένος ἐμὸς καὶ φίλος, ἐπεβούλευσέ
μοι καὶ οὐκ εἰς ἄλλο τι τῶν κτημάτων, ἀλλὰ εἰς τὸ τιμιώτερον    20
3 ἐμοὶ σώματός τε καὶ ψυχῆς, τὴν γυναῖκα. ὃν ἐχρῆν, εἰ καί τις
ἄλλος ἐπλημμέλησεν εἰς ἡμᾶς, αὐτὸν βοηθεῖν, εἰ καὶ μὴ δι᾽ ἐμὲ
τὸν φίλον, ἀλλὰ διὰ σὲ τὸν βασιλέα. σὺ γὰρ ἐνεχείρισας αὐτῷ

---

7 Hom. *Il.* 3.146 οἱ δ᾽ ἀμφὶ … ‖ 9 Hom. *Od.* 1.366 atque 18.213 (Procri
cum Penelope coniungeri desiderant)

---

2 τῷ F (sic) : fort. τὸ D'Or. ‖ 7 add. Her. ex Homeri codd. ‖ 11 τραῦμα …
ἐπιθυμίαν Cob., qui ἐρωτικὸν suspectum habebat (glossema?), post Rei. (τι
τραῦμα … ἐπι-) : τι θαῦμα ἐρωτικὸν τὴν παλαιὰν ἐπιθυμίαν F, sed cf. 8.5.6 :
τι τραῦμα παλαιὸν τὴν ἐρωτικὴν ἐ- Her. : τραύματι ἐρωτικῷ τῆς παλαιᾶς
ἐπιθυμίας Bl. : [τι] τραῦμα ἐρωτικὸν [τὴν π- ἐ-] Renehan : τραύματι παλαιῷ
[τὴν π- ἐ-] Jackson ‖ 14 ante σωφροσύνην, τὴν τῆσδε add. Jackson (sed cf.
7.6.12) ‖ 17 ἐπὶ F : ἀπὸ Her. ‖ 19–20 ἐπεβούλευσέ μοι Cob. : ἐπίβουλος
ἐμοί F

τὴν μεγίστην ἀρχήν, ἧς ἀνάξιος φανεὶς κατήσχυνε, μᾶλλον δὲ
προέδωκε, τὸν πιστεύσαντα τὴν ἀρχήν. τὰς μὲν οὖν δεήσεις τὰς    4
Μιθριδάτου καὶ τὴν δύναμιν καὶ τὴν παρασκευήν, ὅσῃ χρῆται
πρὸς τὸν ἀγῶνα, ὅτι οὐκ ἐξ ἴσου καθεστήκαμεν, οὐδὲ αὐτὸς ἀ-
5  γνοῶ· θαρρῶ δέ, βασιλεῦ, τῇ σῇ δικαιοσύνῃ καὶ τοῖς γάμοις καὶ
τοῖς νόμοις, οὓς ὁμοίως σὺ πᾶσι τηρεῖς. εἰ γὰρ μέλλεις αὐτὸν    5
ἀφιέναι, πολὺ βέλτιον ἦν μηδὲ καλέσαι· τότε μὲν γὰρ ἐφοβοῦν-
το πάντες, ὡς κολασθησομένης τῆς ἀσελγείας, ἐὰν εἰς κρίσιν
εἰσέλθῃ· καταφρονήσουσι δὲ λοιπόν, ἐὰν κριθεὶς παρὰ σοὶ μὴ
10  κολασθῇ. ὁ δὲ ἐμὸς λόγος σαφής ἐστι καὶ σύντομος. ἀνήρ εἰμι
Καλλιρόης ταύτης, ἤδη δὲ ἐξ αὐτῆς καὶ πατήρ, γήμας οὐ παρθέ-
νον, ἀλλὰ ἀνδρὸς προτέρου γενομένην, Χαιρέου τοὔνομα, πάλαι
τεθνεῶτος, οὗ καὶ τάφος ἐστὶ παρ᾽ ἡμῖν. Μιθριδάτης οὖν ἐν Μιλή-    6
τῳ γενόμενος καὶ θεασάμενός μου τὴν γυναῖκα διὰ τὸ τῆς ξενίας
15  δίκαιον, τὰ μετὰ ταῦτα οὐκ ἔπραξεν οὔτε ὡς φίλος οὔτε ὡς ἀνὴρ
σώφρων καὶ κόσμιος, ὁποίους σὺ εἶναι βούλει τοὺς τὰς σὰς πόλεις
ἐγκεχειρισμένους, ἀλλ᾽ ἀσελγὴς ὤφθη καὶ τυραννικός. ἐπιστάμε-    7
νος δὲ τὴν σωφροσύνην καὶ φιλανδρίαν τῆς γυναικὸς λόγοις μὲν
ἢ χρήμασι πεῖσαι αὐτὴν ἀδύνατον ἔδοξε, τέχνην δὲ ἐξεῦρεν ἐπι-
20  βουλῆς, ὡς ᾤετο, πιθανωτάτην· τὸν γὰρ πρότερον αὐτῆς ἄνδρα
Χαιρέαν ὑπεκρίνατο ζῆν καὶ πλάσας ἐπιστολὰς ἐπὶ τῷ ὀνόματι
τῷ ἐκείνου πρὸς Καλλιρόην ἔπεμψε διὰ δούλων. †ἡ δὲ σῇ τύχῃ,    8

---

4 ante ὅτι, καὶ add. Cob. ‖ 5–6 καὶ τοῖς γάμοις καὶ τοῖς νόμοις F : [καὶ τοῖς
γάμοις] καὶ τοῖς ν- Cob. : καὶ τοῖς γαμικοῖς ν- Zankogiannes ‖ 6 σὺ πᾶσι Cob. :
οὐ πᾶσι F : ἅπασι Rei. (iam prop. Cocchi) : ἐν πᾶσι D'Or. ‖ 9 καταφρονήσουσι
Beck : καταφρονήσει F : -σῃ Gasda : -θήσῃ Zankogiannes | κριθεὶς F : ⟨τις⟩
κριθεὶς Bl. : κριθεῖσα Borgogno ‖ 12 προτέρου F : πρότε⟨ρον ἐτέ⟩ρου Cob. (sed
cf. 4.1.2, 5.6.7) | γενομένην F : γευο- Pierson (cf. 7.6.4 et translatis verbis
L. 1.19.1, 2.11.1) ‖ 16 εἶναι βούλει Jackson : βούλει εἶναι F ‖ 19 ἔδοξε
D'Or. ex Apographo, ut vid. : ἔδο⟨...⟩ F ‖ 22sq. ἡ ... κατέστησε F : an ἡ δὲ
Τύχη σέ, βασιλεῦ, ... κ-? (σε iam coni. Rei.) ‖ 22 σῇ F : σε Rei. : secl. Jakob :
σή, Bl.

βασιλεῦ, ἄξιον ὄντα κατέστησε† καὶ ⟨ἡ⟩ πρόνοια τῶν ἄλλων θε-
ῶν φανερὰς ἐποίησε τὰς ἐπιστολάς· τοὺς γὰρ δούλους μετὰ τῶν
ἐπιστολῶν ἔπεμψε πρὸς ἐμὲ Βίας ὁ στρατηγὸς Πριηνέων, ἐγὼ
δὲ φωράσας ἐμήνυσα τῷ σατράπῃ Λυδίας καὶ Ἰωνίας Φαρνάκῃ,
ἐκεῖνος δὲ σοί.                                                    5

9   Τὸ μὲν διήγημα εἴρηκα τοῦ πράγματος, περὶ οὗ δικάζεις· αἱ
δὲ ἀποδείξεις ἄφυκτοι· δεῖ γὰρ δυοῖν θάτερον, ἢ Χαιρέαν ζῆν, ἢ
Μιθριδάτην ἠλέγχθαι μοιχόν. καὶ γὰρ οὐδὲ τοῦτο δύναται λέγειν,
ὅτι τεθνηκέναι Χαιρέαν ἠγνόει· τούτου γὰρ ἐν Μιλήτῳ παρόν-
10  τος ἐχώσαμεν ἐκείνῳ τὸν τάφον, καὶ συνεπένθησεν ἡμῖν. ἀλλ'  10
ὅταν μοιχεῦσαι θέλῃ Μιθριδάτης, ἀνίστησι τοὺς νεκρούς. παύ-
ομαι τὴν ἐπιστολὴν ἀναγνούς, ἣν οὗτος διὰ τῶν ἰδίων δούλων
ἔπεμψεν εἰς Μίλητον ἐκ Καρίας. λέγε λαβών· 'Χαιρέας ζῶ.' τοῦ-
τον ἀποδειξάτω Μιθριδάτης καὶ ἀφείσθω. λόγισαι δέ, βασιλεῦ,
πῶς ἀναίσχυντός ἐστι μοιχός, ὅπου καὶ νεκροῦ καταψεύδεται."  15

11  Ταῦτα εἰπὼν ὁ Διονύσιος παρώξυνε τοὺς ἀκούοντας καὶ εὐθὺς
εἶχε τὴν ψῆφον. θυμωθεὶς δὲ ὁ βασιλεὺς εἰς Μιθριδάτην πικρὸν
καὶ σκυθρωπὸν ἀπέβλεψε.

7   Μηδὲν οὖν καταπλαγεὶς ἐκεῖνος "δέομαί σου" φησί, "βασιλεῦ,
δίκαιος γὰρ εἶ καὶ φιλάνθρωπος, μὴ καταγνῷς μου, πρὶν ἀκούσῃς  20
τῶν λόγων ἑκατέρωθεν, μηδὲ ἄνθρωπος Ἕλλην, πανούργως συν-
θεὶς κατ' ἐμοῦ ψευδεῖς διαβολάς, πιθανώτερος γένηται παρὰ σοὶ
2   τῆς ἀληθείας. συνίημι δὲ ὅτι βαρεῖ με πρὸς ὑποψίαν τὸ κάλλος
τῆς γυναικός· οὐδενὶ γὰρ ἄπιστον φαίνεται θελῆσαί τινα Καλ-
λιρόην διαφθεῖραι. ἐγὼ δὲ καὶ τὸν ἄλλον βίον ἔζησα σωφρόνως  25
καὶ πρώτην ταύτην ἔσχηκα διαβολήν· εἰ δέ γε καὶ ἀκόλαστος καὶ

---

1 βασιλεῦ F : ⟨βασκανία⟩ βασιλέα Bl. | ἄξιον ὄντα F : ἀξίως ταῦτα Beck : αἴτιον
ὅ- Gasda | κατέστησε F : ⟨κριτήν σε⟩ κ- Richards | add. Her. ‖ 11–12 παύ-
ομαι F : παύσ- Cob. ‖ 13–14 τοῦτον prop. Bl. (sc. Χαιρέαν), cf. 5.9.7 : τοῦτο
F ‖ 14 ἀποδειξάτω F : ἐπι- Cob. ‖ 15 πῶς F : ὡς Rea. post Bl., qui πῶς
suspectum habet (sed cf. 6.7.1) ‖ 19 οὖν F : δὲ Cob. ‖ 20 post πρὶν, ἂν add.
Cob. (sed cf. 7.4.2) ‖ 23 συνίημι Rei. : σύνειμι F | δὲ F : δὴ Her. ‖ 25 ἔζησα
F : -κα Naber (sed cf. 3.8.9)

ἀσελγὴς ἐτύγχανον, ἐποίησεν ἄν με βελτίω τὸ παρὰ σοῦ τοσαύ-
τας πόλεις πεπιστεῦσθαι. τίς οὕτως ἐστὶν ἀνόητος, ἵνα ἕληται        3
τὰ τηλικαῦτα ἀγαθὰ μιᾶς ἡδονῆς ἕνεκεν ἀπολέσαι καὶ ταύτης
αἰσχρᾶς; εἰ δὲ ἄρα τι καὶ συνήδειν ἐμαυτῷ πονηρόν, ἐδυνάμην
5    καὶ παραγράψασθαι τὴν δίκην· Διονύσιος γὰρ οὐχ ὑπὲρ γυναι-
κὸς ἐγκαλεῖ κατὰ νόμους αὐτῷ γαμηθείσης, ἀλλὰ πωλουμένην
ἠγόρασεν αὐτήν· ὁ δὲ τῆς μοιχείας νόμος οὐκ ἔστιν ἐπὶ δούλων.
ἀναγνώτω σοι πρῶτον τὸ γραμμάτιον τῆς ἀπελευθερώσεως, εἶτα     4
τότε γάμον εἰπάτω. γυναῖκα τολμᾷς ὀνομάζειν, ἣν ἀπέδοτό σοι
10   ταλάντου Θήρων ὁ λῃστής, κἀκεῖνος ἁρπάσας ἐκ τάφου· 'ἀλλὰ'
φησὶν 'ἐλευθέραν οὖσαν ἐπριάμην.' οὐκοῦν ἀνδραποδιστὴς εἶ σὺ
καὶ οὐκ ἀνήρ. πλὴν ὡς ἀνδρὶ νῦν ἀπολογήσομαι. γάμον νόμιζε     5
τὴν πρᾶσιν καὶ προῖκα τὴν τιμήν· Μιλησία σήμερον ἡ Συρακοσία
δοξάτω. μάθε, δέσποτα, ὅτι οὔτε Διονύσιον ὡς ἄνδρα οὔτε ὡς
15   κύριον ἠδίκηκα. πρῶτον μὲν γὰρ οὐ γενομένην, ἀλλ' ὡς μέλλου-
σαν μοιχείαν ἐγκαλεῖ, καὶ πρᾶξιν οὐκ ἔχων εἰπεῖν ἀναγινώσκει
γραμμάτια κενά. τὰς δὲ τιμωρίας οἱ νόμοι τῶν ἔργων λαμβάνου-   6
σι. προφέρεις ἐπιστολήν. ἐδυνάμην εἰπεῖν 'οὐ γέγραφα· χεῖρα
ἐμὴν οὐκ ἔχεις· Καλλιρόην Χαιρέας ζητεῖ· κρῖνε τοίνυν μοιχείας
20   ἐκεῖνον.' 'ναὶ' φησίν. 'ἀλλὰ Χαιρέας μὲν τέθνηκε, σὺ δὲ ὀνόματι
τοῦ νεκροῦ τὴν γυναῖκά μου διέφθειρας.' προκαλῇ με, Διονύσιε,   7
πρόκλησιν οὐδαμῶς ⟨σοι⟩ συμφέρουσαν. μαρτύρομαι· φίλος εἰμί
σου καὶ ξένος. ἀπόστηθι τῆς κατηγορίας· συμφέρει σοι. βασιλέως
δεήθητι παραπέμψαι τὴν δίκην. παλινῳδίαν εἰπὲ 'Μιθριδάτης
25   οὐδὲν ἀδικεῖ· μάτην ἐμεμψάμην αὐτόν.' ἂν δὲ ἐπιμείνῃς, μετανο-
ήσεις· κατὰ σαυτοῦ τὴν ψῆφον οἴσεις. προλέγω σοι, Καλλιρόην
ἀπολέσεις. οὐκ ἐμὲ βασιλεὺς ἀλλὰ σὲ μοιχὸν εὑρήσει."
   Ταῦτα εἰπὼν ἐσίγησεν· ἅπαντες δὲ εἰς Διονύσιον ἀπέβλεψαν    8

---

12 νόμιζε F : ὀνόμαζε Naber (sed tantum cum acc. personae ap. Ch., cf. 2.3.7,
5.3.3, 5.7.4) ‖ 14 Διονύσιον post ὅτι transp. Her. ‖ 19 κρῖνε Bl. : κρινάτω F
ut vid., ε supra ά scripto (κρινέτω?) ‖ 21 διέφθειρας F : -ές Zankogiannes ‖
22 add. Abresch ‖ 23 σου F : σοι Cob. (sed cf. 4.6.1)

θέλοντες μαθεῖν, αἱρέσεως αὐτῷ προτεθείσης, πότερον ἀφίστα-
ται τῆς κατηγορίας ἢ βεβαίως ἐμμένοι. τὸ γὰρ αἰνιττόμενον ὑπὸ
Μιθριδάτου τί ποτε ἦν αὐτοὶ μὲν οὐ συνίεσαν, Διονύσιον δὲ ὑπε-
λάμβανον εἰδέναι. κἀκεῖνος δὲ ἠγνόει, μηδέποτ᾽ ἂν ἐλπίσας ὅτι
9 Χαιρέας ζῇ. ἔλεγεν οὖν· "εἰπὲ" φησὶν "ὅ τι ποτὲ καὶ θέλεις· οὐδὲ   5
γὰρ ἐξαπατήσεις με σοφίσμασι καὶ ἀξιοπίστοις ἀπειλαῖς, οὐδ᾽
εὑρεθήσεταί ποτε Διονύσιος συκοφαντῶν."
10    Ἔνθεν ἑλὼν ὁ Μιθριδάτης φωνὴν ἐπῆρε καὶ ὥσπερ ἐπιθειά-
σας "θεοὶ" φησὶ "βασίλειοι ἐπουράνιοί τε καὶ ὑποχθόνιοι, βοη-
θήσατε ἀνδρὶ ἀγαθῷ, πολλάκις ὑμῖν εὐξαμένῳ δικαίως καὶ θύ-   10
σαντι μεγαλοπρεπῶς· ἀπόδοτέ μοι τὴν ἀμοιβὴν τῆς εὐσεβείας
συκοφαντουμένῳ· χρήσατέ μοι κἂν εἰς τὴν δίκην Χαιρέαν. φάνη-
θι, δαῖμον ἀγαθέ· καλεῖ σε ἡ σὴ Καλλιρόη· μεταξὺ δὲ ἀμφοτέ-
ρων, ἐμοῦ τε καὶ Διονυσίου στὰς εἰπὲ βασιλεῖ τίς ἐστιν ἐξ ἡμῶν
μοιχός."   15
8    Ἔτι δὲ λέγοντος (οὕτω γὰρ ἦν διατεταγμένον) προῆλθε Χαι-
ρέας αὐτός. ἰδοῦσα δὲ ἡ Καλλιρόη ἀνέκραγε "Χαιρέα, ζῇς;" καὶ
ὥρμησεν αὐτῷ προσδραμεῖν· κατέσχε δὲ Διονύσιος καὶ μέσος
2 γενόμενος οὐκ εἴασεν ἀλλήλοις περιπλακῆναι. τίς ἂν φράσῃ κατ᾽
ἀξίαν ἐκεῖνο τὸ σχῆμα τοῦ δικαστηρίου; ποῖος ποιητὴς ἐπὶ σκη-   20
νῆς παράδοξον μῦθον οὕτως εἰσήγαγεν; ἔδοξας ἂν ἐν θεάτρῳ
παρεῖναι μυρίων παθῶν πλήρει· πάντα ἦν ὁμοῦ, δάκρυα, χαρά,
3 θάμβος, ἔλεος, ἀπιστία, εὐχαί. Χαιρέαν ἐμακάριζον, Μιθριδάτῃ
συνέχαιρον, συνελυποῦντο Διονυσίῳ, περὶ Καλλιρόης ἠπόρουν.

---

8 (cf. etiam 1.7.6, 8.7.9) Ἔνθεν ἑλὼν] Hom. *Od.* 8.500, 14.74

---

1 θέλοντες Apogr. : θέλοντα F ‖ 2 ἐμμένοι F : -νει D'Or. (sed cf. Hdt. 1.86.5,
X. *An.* 2.1.3, etc.) ‖ 5 οὐδὲ F : οὐδὲν Naber (sed cf. 4.2.10 μηδὲ Π¹F) ‖
6 ἀξιοπίστοις F : ἄναξ- Cob. : ⟨οὐκ⟩ ἀξ- Her. ‖ 8–9 ἐπιθειάσας Cob. : ἐπὶ
θειασμὸν F : ἐ- -μοῦ Gasda ‖ 14 εἰπὲ F (ε superscr.), novies ap. Ch. (2.4.8,
etc.) : εἶπον F ante corr. (in reliquis tantummodo 2.5.6) ‖ 19 φράσῃ Bl. (cf.
4.1.11, 8.1.14, 8.4.1) : φράσοι F : -σειεν Her. : -σαι Molinié ‖ 22 παθῶν
D'Or. : παλῶν F

μάλιστα γὰρ ἦν ἐκείνη τεθορυβημένη καὶ ἄναυδος εἱστήκει, μό-
νον ἀναπεπταμένοις τοῖς ὀφθαλμοῖς εἰς Χαιρέαν ἀποβλέπουσα·
ἐδόκει δ' ἄν μοι καὶ βασιλεὺς τότε θέλειν Χαιρέας εἶναι. συνήθης    4
μὲν οὖν καὶ πρόχειρος πᾶσι τοῖς ἀντερασταῖς πόλεμος· ἐκείνοις
5   δὲ καὶ μᾶλλον ⟨πρὸς⟩ ἀλλήλους ἐξῆψε φιλονεικίαν τὸ ἄθλον βλε-
πόμενον, ὥστε, εἰ μὴ διὰ τὴν αἰδῶ τὴν πρὸς βασιλέα, καὶ χεῖρας
ἀλλήλοις προσέβαλλον. προῆλθε δὲ μέχρι ῥημάτων. Χαιρέας μὲν    5
ἔλεγε "πρῶτός εἰμι ἀνήρ," Διονύσιος δὲ "ἐγὼ βεβαιότερος." "μὴ
γὰρ ἀφῆκά μου τὴν γυναῖκα;" "ἀλλὰ ἔθαψας αὐτήν." "δεῖξον γά-
10  μου διάλυσιν." "τὸν τάφον ὅρα." "ἐμοὶ πατὴρ ἐξέδωκεν." "ἐμοὶ
δὲ ἑαυτήν." "ἀνάξιος εἶ τῆς Ἑρμοκράτους θυγατρός." "σὺ μᾶλ-
λον ὁ παρὰ Μιθριδάτῃ δεδεμένος." "ἀπαιτῶ Καλλιρόην." "ἐγὼ
δὲ κατέχω." "σὺ τὴν ἀλλοτρίαν κρατεῖς." "σὺ τὴν σὴν ἀπέκτει-
νας." "μοιχέ." "φονεῦ." ταῦτα πρὸς ἀλλήλους μαχόμενοι· οἱ δ'    6
15  ἄλλοι πάντες ἤκουον οὐκ ἀηδῶς. Καλλιρόη μὲν εἱστήκει κάτω
βλέπουσα καὶ κλαίουσα, Χαιρέαν φιλοῦσα, Διονύσιον αἰδουμένη·
βασιλεὺς δὲ μεταστησάμενος ἅπαντας, ἐβουλεύετο μετὰ τῶν φί-
λων οὐκέτι περὶ Μιθριδάτου, λαμπρῶς γὰρ ἀπελογήσατο, ἀλλὰ
εἰ χρὴ διαδικασίαν προθεῖναι περὶ τῆς γυναικός. καὶ τοῖς μὲν    7
20  ἐδόκει μὴ βασιλικὴν εἶναι τὴν κρίσιν· "τῆς μὲν γὰρ Μιθριδάτου
κατηγορίας εἰκότως ἤκουσας, σατράπης γὰρ ἦν," τούτους δὲ ἰδι-
ώτας πάντας εἶναι· οἱ δὲ πλείονες τἀναντία συνεβούλευον καὶ διὰ
τὸν πατέρα τῆς γυναικὸς οὐκ ἄχρηστον γενόμενον τῇ βασιλέως
οἰκίᾳ καὶ ὅτι οὐκ ἔξωθεν ἐκάλει τὴν κρίσιν ἐφ' αὑτόν, ἀλλὰ σχε-
25  δὸν μέρος οὖσαν ἧς ἐδίκαζεν ἤδη· τὴν γὰρ ἀληθεστάτην αἰτίαν
οὐκ ἤθελον ὁμολογεῖν, ὅτι τὸ Καλλιρόης κάλλος δυσαπόσπαστον
τοῖς ὁρῶσι. πάλιν οὖν προσκαλεσάμενος οὓς μετεστήσατο "Μιθρι-    8

---

3 ἐδόκει F : δοκεῖ Her. (sed cf. 6.9.4) ‖ 5 ⟨πρὸς⟩ ἀλλήλους Cob. (cf. 7.2.6) :
ἀλλήλους F : ⟨τὴν πρὸς⟩ ἀλλήλους Rea., quod supplementum Cobeto perperam
attrib. : ἀλλήλοις vel ⟨εἰς⟩ ἀλλήλους Rei. ‖ 10 ὅρα. ἐμοὶ Abresch : ὁρᾷς μοι.
F : ὁρᾷς. ἐμοὶ Abresch ‖ 14 post ἀλλήλους, ἔλεγον add. Cob. ‖ 22 πάντας
εἶναι F : ὄντας ἐᾶν δεῖ Naber ‖ 24 ἐφ' αὑτόν Gasda : ἐπ' αὐτόν F ‖ 26 ante
Καλλιρόης, τῆς add. Apogr.

δάτην μὲν" εἶπεν "ἀφίημι, καὶ ἀπίτω δῶρα τῆς ὑστεραίας παρ'
ἐμοῦ λαβὼν ἐπὶ τὴν σατραπείαν τὴν ἰδίαν· Χαιρέας δὲ καὶ Διο-
νύσιος λεγέτωσαν ἑκάτερος ἅπερ ἔχει δίκαια περὶ τῆς γυναικός·
προνοεῖσθαι γάρ με δεῖ τῆς θυγατρὸς Ἑρμοκράτους τοῦ κατα-
πολεμήσαντος Ἀθηναίους τοὺς ἐμοί τε καὶ Πέρσαις ἐχθίστους." 5

9 ῥηθείσης δὲ τῆς ἀποφάσεως Μιθριδάτης μὲν προσεκύνησεν, ἀπο-
ρία δὲ τοὺς ἄλλους κατέλαβεν. ἰδὼν δὲ ὁ βασιλεὺς ἀμηχανοῦντας
αὐτοὺς "οὐκ ἐπείγω" φησὶν "ὑμᾶς, ἀλλὰ συγχωρῶ παρασκευ-
ασαμένους ὑμᾶς ἐπὶ τὴν δίκην ἥκειν. δίδωμι δὲ πέντε ἡμερῶν
διάστημα· ἐν δὲ τῷ μεταξὺ Καλλιρόης ἐπιμελήσεται Στάτειρα ἡ 10
ἐμὴ γυνή· οὐ γάρ ἐστι δίκαιον μέλλουσαν αὐτὴν κρίνεσθαι περὶ
ἀνδρὸς μετὰ ἀνδρὸς ἥκειν ἐπὶ τὴν κρίσιν."

10 Ἐξῆεσαν οὖν τοῦ δικαστηρίου οἱ μὲν ἄλλοι πάντες σκυθρωποί,
μόνος δὲ Μιθριδάτης γεγηθώς. λαβὼν δὲ τὰ δῶρα καὶ τὴν νύκτα
καταμείνας ἔωθεν εἰς Καρίαν ἐξώρμησε λαμπρότερος ἢ πρόσθεν. 15

9 Τὴν δὲ Καλλιρόην εὐνοῦχοι παραλαβόντες ἤγαγον πρὸς τὴν
βασιλίδα, μηδὲν αὐτῇ προειπόντες· ὅταν γὰρ πέμψῃ βασιλεύς,
οὐκ ἀπαγγέλλεται. θεασαμένη δὲ αἰφνίδιον ἡ Στάτειρα τῆς
κλίνης ἀνέθορε δόξασα Ἀφροδίτην ἐφεστάναι, καὶ γὰρ ἐξαι-
2 ρέτως ἐτίμα τὴν θεόν· ἡ δὲ προσεκύνησεν. ὁ δὲ εὐνοῦχος νο- 20
ήσας τὴν ἔκπληξιν αὐτῆς "Καλλιρόη" φησὶν "αὕτη ἐστί· πέ-
πομφε δὲ αὐτὴν βασιλεύς, ἵνα παρὰ σοὶ φυλάττηται μέχρι τῆς
δίκης." ἀσμένη τοῦτο ἤκουσεν ἡ Στάτειρα καὶ πᾶσαν ἀφεῖσα
γυναικείαν φιλονεικίαν εὐνουστέρα τῇ Καλλιρόῃ διὰ τὴν τιμὴν
3 ἐγένετο· ἠγάλλετο γὰρ τῇ παρακαταθήκῃ. λαβομένη δὲ τῆς 25
χειρὸς αὐτῆς "θάρρει" φησίν, "ὦ γύναι, καὶ παῦσαι δακρύου-
σα· χρηστός ἐστι βασιλεύς. ἕξεις ἄνδρα ὃν θέλεις· ἐντιμότε-
ρον μετὰ τὴν κρίσιν γαμηθήσῃ. βάδιζε δὲ καὶ ἀναπαύου νῦν,
κέκμηκας γάρ, ὡς ὁρῶ, καὶ ἔτι τὴν ψυχὴν ἔχεις τεταραγμέ-

---

1 δῶρα τῆς ὑστεραίας F : τῆς ὑστεραίας δῶρα Rea. post Her. : δῶρα παρ' ἐμοῦ
λαβὼν post ἰδίαν transp. Her., qui prius ante ἀπίτω maluit ‖ 7 ὁ del. Her.
(sed cf. 4.6.5, 4.6.6, etc.) ‖ 21 αὕτη ἐστί F (cum hiatu, sed cf. 7.5.1) : ἐστὶν
αὕτη Goold

νην." ἡδέως ἡ Καλλιρόη τοῦτο ἤκουσεν, ἐπεθύμει γὰρ ἠρεμί-    4
ας. ὡς οὖν κατεκλίθη, καὶ εἴασεν αὐτὴν ἡσυχάζειν, ἀφαμένη
τῶν ὀφθαλμῶν "εἴδετε" φησὶ "Χαιρέαν ὑμεῖς ἀληθῶς; ἐκεῖνος
ἦν Χαιρέας ὁ ἐμός, ἢ καὶ τοῦτο πεπλάνημαι; τάχα γὰρ Μι-
5   θριδάτης διὰ τὴν δίκην εἴδωλον ἔπεμψε· λέγουσι γὰρ ἐν Πέρ-
σαις εἶναι μάγους. ἀλλὰ καὶ ἐλάλησε καὶ πάντα εἶπεν ὡς εἰδώς.    5
πῶς οὖν ὑπέμεινέ μοι μὴ περιπλακῆναι; μηδὲ καταφιλήσαν-
τες ἀλλήλους διελύθημεν." ταῦτα διαλογιζομένης ἠκούετο πο-
δῶν ψόφος καὶ κραυγαὶ γυναικῶν· πᾶσαι γὰρ συνέτρεχον πρὸς
10  τὴν βασιλίδα, νομίζουσαι πολλὴν ἐξουσίαν ἔχειν Καλλιρόην ἰ-
δεῖν. ἡ δὲ Στάτειρα εἶπεν "ἀφῶμεν αὐτήν· διάκειται γὰρ πο-    6
νήρως· ἔχομεν δὲ ⟨πέντε⟩ ἡμέρας καὶ βλέπειν καὶ ἀκούειν καὶ
λαλεῖν." λυπούμεναι δὲ ἀπῆεσαν καὶ τῆς ὑστεραίας ἕωθεν ἀφι-
κνοῦνται· καὶ τοῦτο πάσαις ταῖς ἡμέραις ἐπράττετο μετὰ σπου-
15  δῆς, ὥστε πολυανθρωποτέραν γενέσθαι τὴν βασιλέως οἰκίαν.
ἀλλὰ καὶ ὁ βασιλεὺς πρὸς τὰς γυναῖκας εἰσῄει συνεχέστερον,    7
ὡς δῆθεν πρὸς Στάτειραν. ἐπέμπετο δὲ Καλλιρόη δῶρα πολυ-
τελῆ, καὶ παρ' οὐδενὸς ἐλάμβανε φυλάττουσα τὸ σχῆμα γυναι-
κὸς ἀτυχούσης, μελανείμων, ἀκόσμητος καθημένη. ταῦτα καὶ
20  λαμπροτέραν αὐτὴν ἀπεδείκνυε. πυθομένης δὲ τῆς βασιλίδος ὁ-
πότερον ἄνδρα βούλοιτο μᾶλλον, οὐδὲν ἀπεκρίνατο, ἀλλὰ μόνον
ἔκλαυσε.

⟨Καὶ⟩ Καλλιρόη μὲν ἐν τούτοις ἦν, Διονύσιος δὲ ἐπειρᾶτο    8
μὲν φέρειν τὰ συμβαίνοντα γενναίως διά τε φύσεως εὐστάθειαν
25  καὶ διὰ παιδείας ἐπιμέλειαν, τὸ δὲ παράδοξον τῆς συμφορᾶς
καὶ τὸν ἀνδρειότατον ἐκστῆσαι δυνατὸν ὑπῆρχεν· ἐξεκάετο γὰρ    9
σφοδρότερον ἢ ἐν Μιλήτῳ. ἀρχόμενος γὰρ τῆς ἐπιθυμίας μόνου

---

1–2 ἠρεμίας F : ἐρημίας Naber ‖ 2 εἴασεν αὐτὴν Rei. : ἔασεν αὐτὴν F (cf.
8.4.11) : εἴασαν αὐτὴν Her. (cf. 1.14.3) ‖ 12 δὲ ⟨πέντε⟩ Cob. (i. e., δὲ ε' vel
δ' ε') : δὲ F : δὲ ⟨τέσσαρας⟩ Bl. (δὲ δ') post Rei. (τέσσαρας, i.e. δ') ‖ 18 καὶ
F : ἡ δὲ Cob. ‖ 23 add. Jackson (cf. 5.3.10) | post μὲν, οὖν add. Her. ‖
26 ἀνδρειότατον ... δυνατὸν Hilberg : ἀνδρεῖον ... δυνατώτατον F | ἐκστῆσαι
D'Or. (cf. 6.4.4) : ἐκστῆναι F

τοῦ κάλλους ἐραστὴς ἦν, τότε δὲ πολλὰ προσεξῆπτε τὸν ἔρωτα,
συνήθεια καὶ τέκνων εὐεργεσία καὶ ἀχαριστία καὶ ζηλοτυπία καὶ
μάλιστα τὸ ἀπροσδόκητον.

**10**　 Ἐξαίφνης γοῦν ἀνεβόα πολλάκις "ποῖος οὗτος ἐπ᾽ ἐμοῦ Πρωτε-
σίλεως ἀνεβίω; τίνα τῶν ὑποχθονίων θεῶν ἠσέβησα, ἵνα εὕρω μοι　5
νεκρὸν ἀντεραστήν, οὗ τάφον ἔχωσα; δέσποινα Ἀφροδίτη, σύ με
ἐνήδρευσας, ἣν ἐν τοῖς ἐμοῖς ἱδρυσάμην, ᾗ θύω πολλάκις. τί γὰρ
ἔδειξάς μοι Καλλιρόην, ἣν φυλάττειν οὐκ ἔμελλες; τί δὲ πατέρα
2　ἐποίεις τὸν οὐδὲ ἄνδρα ὄντα;" μεταξὺ δὲ περιπτυξάμενος τὸν υἱὸν
ἔλεγε κλάων "τέκνον ἄθλιον, πρότερον μὲν εὐτυχῶς δοκοῦν μοι　10
γεγονέναι, νῦν δὲ ἀκαίρως· ἔχω γάρ σε μητρὸς κληρονομίαν καὶ
3　ἔρωτος ἀτυχοῦς ὑπόμνημα. παιδίον μὲν εἶ, πλὴν οὐ παντελῶς
ἀναίσθητον ὢν ὁ πατήρ σου δυστυχεῖ. κακὴν ἀποδημίαν ἤλθομεν·
οὐκ ἔδει Μίλητον καταλιπεῖν· Βαβυλὼν ἡμᾶς ἀπολώλεκε. τὴν
μὲν πρώτην δίκην νενίκημαι, ⟨καὶ⟩ Μιθριδάτης μου κατηγόρει·　15
περὶ δὲ τῆς δευτέρας μᾶλλον φοβοῦμαι· ὅδε γὰρ μείζων ὁ κίνδυ-
4　νος, δύσελπιν δέ με πεποίηκε τῆς δίκης τὸ προοίμιον. ἄκριτος
ἀφήρημαι γυναικὸς καὶ περὶ τῆς ἐμῆς ἀγωνίζομαι πρὸς ἕτερον,
καί, τὸ τούτου χαλεπώτερον, οὐκ οἶδα Καλλιρόη τίνα θέλει. σὺ
δέ, τέκνον, ὡς παρὰ μητρὸς δύνασαι μαθεῖν. καὶ νῦν ἄπελθε καὶ　20
5　ἱκέτευσον ὑπὲρ τοῦ πατρός. κλαῦσον, καταφίλησον, εἰπὲ "μῆτερ,
ὁ πατήρ μου φιλεῖ σε," ὀνειδίσῃς δὲ μηδέν. τί λέγεις, παιδαγωγέ;

---

2 post τέκνων, κοινωνία καὶ add. Jackson post Cob. (κοινωνία) | ἀχαριστία
F : εὐχαριστία Rei. ‖ 4 ἐξαίφνης F : ἐξαφθεὶς Bl. | πολλάκις del. Jackson ‖
5 εὕρω μοι F : εὕρωμαι Naber ‖ 6 οὗ Rei. : οὐ F | ἔχωσα Jackson (cf. 5.6.9) :
ἔχω F ‖ 7 post ἐμοῖς, ἀγροῖς add. Her. (sed cf. *Ev. Matt.* 2.15) ‖ 15 νενίκημαι,
⟨καὶ⟩ scripsi : νενίκημαι· F : νενίκημαι, ⟨ἣν⟩ Cob. | κατηγόρει Rei. : κατηγορεῖ
F ‖ 16 ὅδε Cob. : οὐδὲ F : οὐ δὴ Bl. | μείζων F : μείων D'Or. : μένων Rei. ‖
19 καλλιρρόη F (sic) : Καλλιρρόην Gasda, sic (cf. 2.4.7, 4.4.7, 5.6.4) ‖
21 μῆτερ Rei. : μήτηρ F

οὐδεὶς ἡμᾶς ἐᾷ τοῖς βασιλείοις εἰσελθεῖν; ὦ τυραννίδος δεινῆς.
ἀποκλείουσιν υἱὸν πρὸς μητέρα πατρὸς ἥκοντα πρεσβευτήν."
Διονύσιος μὲν οὖν διέτριβεν ἄχρι τῆς κρίσεως μάχην βραβεύων     6
ἔρωτος καὶ λογισμοῦ, Χαιρέαν δὲ πένθος κατεῖχεν ἀπαρηγόρητον.
5 προσποιησάμενος οὖν νοσεῖν ἐκέλευσε Πολυχάρμῳ παραπέμψαι
Μιθριδάτην, ὡς εὐεργέτην ἀμφοῖν· μόνος δὲ γενόμενος ἧψε βρό-
χον, καὶ μέλλων ἐπ' αὐτὸν ἀναβαίνειν "εὐτυχέστερον μὲν" εἶπεν
"ἂν ἔθνησκον, εἰ ἐπὶ τὸν σταυρὸν ἀνέβαινον, ὃν ἔπηξέ μοι κατη-
γορία ψευδὴς ἐν Καρίᾳ δεδεμένῳ· τότε μὲν γὰρ ἀπηλλαττόμην
10 ζωῆς ἠπατημένος ὑπὸ Καλλιρόης φιλεῖσθαι, νῦν δὲ ἀπολώλεκα
οὐ μόνον τὸ ζῆν, ἀλλὰ καὶ τοῦ θανάτου τὴν παραμυθίαν. Καλλι-     7
ρόη με ἰδοῦσα οὐ προσῆλθεν, οὐ κατεφίλησεν· ἐμοῦ παρεστῶτος
ἄλλον ᾐδεῖτο. μηδὲν δυσωπείσθω· φθάσω τὴν κρίσιν· οὐ περιμε-
νῶ τέλος ἄδοξον. οἶδα ὅτι μικρὸς ἀνταγωνιστής εἰμι Διονυσίου,
15 ξένος ἄνθρωπος καὶ πένης καὶ ἀλλότριος ἤδη. σὺ μὲν εὐτυχοίης,
ὦ γύναι· γυναῖκα γάρ σε καλῶ, κἂν ἕτερον φιλῇς. ἐγὼ δὲ ἀπέρχο-
μαι καὶ οὐκ ἐνοχλῶ τοῖς σοῖς γάμοις. πλούτει καὶ τρύφα καὶ τῆς
Ἰωνίας ἀπόλαυε πολυτελείας. ἔχε ὃν θέλεις. ἀλλὰ νῦν ἀληθῶς     8
ἀποθανόντος Χαιρέου αἰτοῦμαί σε, Καλλιρόη, χάριν τελευταί-
20 αν. ὅταν ἀποθάνω, πρόσελθέ μου τῷ νεκρῷ καὶ εἰ μὲν δύνασαι
κλαῦσον· τοῦτο γὰρ ἐμοὶ καὶ ἀθανασίας γενήσεται μεῖζον· εἰπὲ
δὲ προσκύψασα τῇ στήλῃ, κἂν ἀνὴρ καὶ βρέφος ὁρῶ⟨σιν⟩, 'οἴχῃ,
Χαιρέα, νῦν ἀληθῶς. νῦν ἀπέθανες· ἐγὼ γὰρ ἔμελλον ἐπὶ βασι-

---

1 ἡμᾶς F : ὑμᾶς Her. | τοῖς βασιλείοις εἰσελθεῖν F : τοῖς β- προσελθεῖν Her. :
εἰς τὰ βασίλεια εἰσ- Cob. : ⟨τῶν ἐν⟩ τοῖς βασιλείοις εἰσ- Richards ‖ 8 ἂν
ἔθνησκον Rei. (cf. 3.3.12, 3.4.15) : ἀπέθνησκον F : ⟨ἂν⟩ ἀπέθνησκον Cob. ‖
12 με Rei. : μὲν F ‖ 13–14 περιμενῶ Rei. (cf. 7.6.8, 8.3.6) : περιμένω F ‖
22 κἂν ... ὁρῶ⟨σιν⟩ Jackson (vid. postea) : "κἀνὴρ καὶ βρέφος" ὁρῶ dist. Bl.
(scil. sepulcri titulum), codicis verbis intactis | κἂν ἀνὴρ Rei. : κἀνὴρ F | καὶ
F : κἂν Rei. | ὁρῶ⟨σιν⟩ Jackson : ὁρῶ F : ὁρῶ Abresch : ὁρᾷ Rei. : ὁρῶ⟨εν⟩
D'Or. : ὁρῴ⟨η⟩ Beck ‖ 23 ἀληθῶς. νῦν F : ἀληθῶς μοι Naber

9  λέως αἱρεῖσθαι σέ.᾽ ἀκούσομαί σου, γυνή· τάχα καὶ πιστεύσω.
ἐνδοξότερόν με ποιήσεις τοῖς κάτω δαίμοσιν.
              εἰ δὲ θανόντων περ καταλήθοντ᾽ εἰν Ἀΐδαο,
              αὐτὰρ ἐγὼ κἀκεῖθι
φίλης μεμνήσομαί σου." τοιαῦτα ὀδυρόμενος κατεφίλει τὸν βρό-   5
χον "σύ μοι" λέγων "παραμυθία καὶ συνή⟨γορος εἶ⟩· διὰ σὲ νικῶ·
10 σύ με Καλλιρόης μᾶλλον ἔστερξας." ἀναβαίνοντος ⟨δ᾽⟩ αὐτοῦ καὶ
τῷ αὐχένι περιάπτοντος ἐπέστη Πολύχαρμος ὁ φίλος καὶ ὡς με-
μηνότα κατεῖχε, λοιπὸν μηκέτι παρηγορεῖν δυνάμενος. ἤδη δὲ
καὶ ἡ προθεσμία τῆς δίκης καθειστήκει.                          10

---

3–5 εἰ … σου] Hom. Il. 22.389–390 εἰ … κἀκεῖθι φίλου μεμνήσομ᾽ ἑταίρου
(Achilles de Patroclo)

1 γυνή F : γύναι Her. (sed cf. 3.3.7, 6.5.2, 8.5.5) ‖ 4 κἀκεῖθι F : καὶ κεῖθι ex
Hom. vulgata corr. Her., sed κἀκεῖθι in nonn. Homeri codd. reperitur ‖ 6 συν-
ή⟨γορος εἶ⟩ supplevi post Cocchi (συνή⟨γορος⟩), cf. 5.7.4, 8.4.5 : συνή[7 vel 8
litt.] F ‖ 7 ἔστερξας D'Or. : ἐστερήσας F (sic) | add. Cob. ‖ 10 καθειστήκει
F : ἐφεστήκει Gasda

## Λόγος ἕκτος

Ἐπεὶ δὲ ἔμελλε βασιλεὺς τῇ ὑστεραίᾳ δικάζειν πότερον Χαι- **1**
ρέου γυναῖκα Καλλιρόην εἶναι δεῖ ἢ Διονυσίου, μετέωρος ἦν
πᾶσα Βαβυλών, καὶ ἐν οἰκίαις τε πρὸς ἀλλήλους καὶ ἐν τοῖς στε-
5 νωποῖς οἱ ἀπαντῶντες ἔλεγον "αὔριον τῆς Καλλιρόης οἱ γάμοι.
τίς εὐτυχέστερος ἄρα;" διέσχιστο δὲ ἡ πόλις, καὶ οἱ μὲν Χαιρέᾳ **2**
σπεύδοντες ἔλεγον "πρῶτος ἦν ἀνήρ, παρθένον ἔγημεν ἐρῶσαν
ἐρῶν· πατὴρ ἐξέδωκεν αὐτῷ, πατρὶς ἔθαψε· τοὺς γάμους οὐκ ἀ-
πέλιπεν· οὐκ ἀπελείφθη. Διονύσιος δὲ οὐκ ἔσωσεν, οὐκ ἔγημεν.
10 λῃσταὶ ἐπώλησαν· οὐκ ἐξῆν δὲ τὴν ἐλευθέραν ἀγοράσαι." οἱ δὲ **3**
Διονυσίῳ σπεύδοντες ἀντέλεγον πάλιν "ἐξήγαγε πειρατηρίου τὴν
μέλλουσαν φονεύεσθαι· τάλαντον ἔδωκεν ὑπὲρ τῆς σωτηρίας αὐ-
τῆς· πρῶτον ἔσωσεν, εἶτα ἔγημε· Χαιρέας δὲ γήμας ἀπέκτεινε·
μνημονεύειν ὀφείλει Καλλιρόη τοῦ τάφου· γνωστὸν δὲ Διονυσίῳ
15 πρόσεστιν εἰς τὸ νικᾶν ὅτι καὶ τέκνον ἔχουσι κοινόν." ταῦτα μὲν **4**
οὖν οἱ ἄνδρες· αἱ δὲ γυναῖκες οὐκ ἐρρητόρευον μόνον, ἀλλὰ καὶ
συνεβούλευον ὡς παρούσῃ Καλλιρόη "μὴ παρῇς τὸν παρθένιον·
ἑλοῦ τὸν πρῶτον φιλήσαντα, τὸν πολίτην, ἵνα καὶ τὸν πατέρα
ἴδῃς· εἰ δὲ μή, ζήσεις ἐπὶ ξένης ὡς φυγάς·" αἱ δ' ἕτεραι "τὸν εὐ- **5**
20 εργέτην ἑλοῦ, τὸν σώσαντα, μὴ τὸν ἀποκτείναντα· τί δὲ ἂν πάλιν
ὀργισθῇ Χαιρέας; πάλιν τάφος; μὴ προδῷς τὸν υἱόν· τίμησον τὸν
πατέρα τοῦ τέκνου." τοιαῦτα διαλαλούντων ἦν ἀκούειν, ὥστε
εἶπεν ἄν τις ὅλην Βαβυλῶνα εἶναι δικαστήριον.
Νὺξ ἐκείνη τελευταία πρὸ τῆς δίκης ἐφειστήκει· κατέκειν- **6**
25 το δὲ οἱ βασιλεῖς οὐχ ὁμοίους λαμβάνοντες λογισμούς, ἀλλὰ ἡ

---

1 Λόγος ἕκτος correxi (vid. titulum libri primi) : τῶν περὶ χαιρέαν καὶ καλ-
λιρρόην ἐρωτικῶν διηγημάτων λόγος ἕκτος F ‖ 9 ἔσωσεν Sanz (cf. lin. 13) :
ἔπρασεν F : ἠγόρασεν Rei., i. e. "emit" (hac coniectura male accepta ἠγόρασεν
pro οὐκ ἠγόρασεν ed. Goold) : ἐπρίατο D'Or. : ἔπεισεν Bl. : [οὐκ] ἔπρασεν
Her. ‖ 10 post λῃσταὶ, μὲν add. Jackson | ἐξῆν Rea. : ἐξὸν F : ἔξεστι Cob. :
ἐξὸν [δὲ] Slings ‖ 14 τάφου Naber : γάμου F | γνωστὸν F : μέγιστον D'Or. :
⟨οὐκ⟩ ἄγνωστον Abresch

μὲν βασιλὶς ηὔχετο ἡμέραν γενέσθαι τάχιον, ἵνα ἀπόθηται τὴν
παρακαταθήκην ὡς φορτίον· ἐβάρει γὰρ αὐτὴν τὸ κάλλος τῆς
γυναικὸς ἀντισυγκρινόμενον ἐγγύς· ὑπώπτευε δὲ καὶ βασιλέως
7 τὰς πυκνὰς εἰσόδους καὶ τὰς ἀκαίρους φιλοφροσύνας. πρότερον
μὲν γὰρ σπανίως εἰς τὴν γυναικωνῖτιν εἰσῄει· ἀφ' οὗ δὲ Καλλιρό- 5
ην εἶχεν ἔνδον, συνεχῶς ἐφοίτα. παρεφύλαττε δὲ αὐτὸν καὶ ἐν
ταῖς ὁμιλίαις ἡσυχῇ Καλλιρόην ὑποβλέποντα, καὶ τοὺς ὀφθαλ-
μοὺς κλέπτοντας μὲν τὴν θέαν, αὐτομάτως δὲ ἐκεῖ φερομένους.
8 Στάτειρα μὲν οὖν ἡδεῖαν ἡμέραν ἐξεδέχετο, βασιλεὺς δὲ οὐχ ὁ-
μοίαν, ἀλλ' ἠγρύπνει δι' ὅλης νυκτὸς 10
    ἄλλοτ' ἐπὶ πλευρὰς κατακείμενος, ⟨ἄλλοτε δ' αὖτε
    ὕπτιος,⟩ ἄλλοτε δὲ πρηνής,
ἐννοούμενος καθ' αὑτὸν καὶ λέγων "πάρεστιν ἡ κρίσις· ὁ γὰρ
προπετὴς ἐγὼ σύντομον ἔδωκα προθεσμίαν. τί οὖν μέλλομεν
πράττειν ἔωθεν; ἄπεισι Καλλιρόη λοιπὸν εἰς Μίλητον ἢ εἰς Συρα- 15
9 κούσας. ὀφθαλμοὶ δυστυχεῖς, μίαν ὥραν ἔχετε λοιπὸν ἀπολαῦσαι
τοῦ καλλίστου θεάματος· εἶτα γενήσεται δοῦλος ἐμὸς εὐτυχέστε-
ρος ἐμοῦ. σκέψαι τί σοι πρακτέον ἐστίν, ὦ ψυχή· κατὰ σαυτὴν
γενοῦ· σύμβουλον οὐκ ἔχεις ἄλλον· ἐρῶντος σύμβουλός ἐστιν αὐ-
10 τὸς ὁ Ἔρως. πρῶτον οὖν ἀπόκριναι σεαυτῷ. τίς εἶ; Καλλιρόης 20
ἐραστὴς ἢ δικαστής; μὴ ἐξαπάτα σεαυτόν. ἀγνοεῖς μέν, ἀλλὰ
ἐρᾷς· ἐλεγχθήσῃ δὲ μᾶλλον, ὅταν αὐτὴν μὴ βλέπῃς. τί οὖν σε-
αυτὸν θέλεις λυπεῖν; Ἥλιος προπάτωρ σός ἐξεῖλέ σοι τοῦτο τὸ
ζῷον, κάλλιστον ὧν αὐτὸς ἐφορᾷ· σὺ δὲ ἀπελαύνεις τὸ δῶρον τοῦ
11 θεοῦ; πάνυ γοῦν ἐμοὶ μέλει Χαιρέου καὶ Διονυσίου, δούλων ἐμῶν 25
ἀδόξων, ἵνα βραβεύω τοὺς ἐκείνων γάμους καὶ ὁ μέγας βασιλεὺς
ἔργον διαπράττωμαι προμνηστρίας γραῖδος. ἀλλὰ ἔφθην ἀναδέ-

---

11–12 Hom. *Il.* 24.10–11 (Patrocli memor, Achilles dormire non potest)

---

11–12 add. Her. ex Homeri codd. ‖ 15 post ἔωθεν sic dist. edd. : punctum
medium F, ut solet : fort. signum interrog. post πράττειν Rea. ‖ 20 εἶ; Καλ-
λιρόης edd. : εἶ καλλιρρόης· F : an εἶ Καλλιρόη;? ‖ 21 ἀγνοεῖς F (cf. 4.4.5) :
ἀρνεῖ Cob. post Her. (ἀρνῇ) ‖ 25 μέλει Cocchi : μέλλει F

ξασθαι τὴν κρίσιν καὶ πάντες τοῦτο ἴσασι. μάλιστα δὲ Στάτειραν    12
αἰδοῦμαι. μήτε οὖν δημοσίευε τὸν ἔρωτα μήτε τὴν δίκην ἀπάρτι-
ζε. ἀρκεῖ σοι Καλλιρόην κἂν βλέπειν· ὑπέρθου τὴν κρίσιν· τοῦτο
γὰρ ἔξεστι καὶ ἰδιώτῃ δικαστῇ."

5   Ἡμέρας οὖν φανείσης οἱ μὲν ὑπηρέται τὸ βασιλικὸν ἡτοίμα-    2
ζον δικαστήριον· τὸ δὲ πλῆθος συνέτρεχεν ἐπὶ τὰ βασίλεια, καὶ
ἐδονεῖτο πᾶσα Βαβυλών. ὥσπερ δὲ ἐν Ὀλυμπίοις τοὺς ἀθλητὰς
ἔστι θεάσασθαι παραγινομένους ἐπὶ τὸ στάδιον μετὰ παραπομ-
πῆς, οὕτω δὴ κἀκείνους. τὸ μὲν δοκιμώτατον Περσῶν πλῆθος
10  παρέπεμπε Διονύσιον, ὁ δὲ δῆμος Χαιρέαν. συνευχαὶ δὲ καὶ ἐ-    2
πιβοήσεις μυρίαι τῶν σπευδόντων ἑκατέροις, ἐπευφημούντων
"σὺ κρείττων, σὺ νικᾷς." ἦν δὲ τὸ ἆθλον οὐ κότινος, οὐ μῆλα, οὐ
πίτυς, ἀλλὰ κάλλος τὸ πρῶτον, ὑπὲρ οὗ δικαίως ἂν ἤρισαν καὶ
θεοί. βασιλεὺς δὲ καλέσας τὸν εὐνοῦχον Ἀρταξάτην, ὃς ἦν ⟨παρ'⟩
15  αὐτῷ μέγιστος, "ὄναρ μοὶ" φησὶν "ἐπιστάντες βασίλειοι θεοὶ θυ-
σίας ἀπαιτοῦσι καὶ δεῖ με πρῶτον ἐκτελέσαι τὰ τῆς εὐσεβείας.
παράγγειλον οὖν τριάκοντα ἡμερῶν ἱερομηνίαν ἑορτάζειν πᾶσαν    3
τὴν Ἀσίαν ἀφειμένην δικῶν τε καὶ πραγμάτων." ὁ δὲ εὐνοῦχος
τὸ προσταχθὲν ἀπήγγειλε, πάντα δὲ εὐθὺς μεστὰ θυόντων, ἐστε-
20  φανωμένων. αὐλὸς ἤχει καὶ σύριγξ ἐκελάδει καὶ ᾄδοντος ἠκούετο    4
μέλος· ἐθυμιᾶτο ⟨τὰ⟩ πρόθυρα, καὶ πᾶς στενωπὸς συμπόσιον ἦν,
κνίση δ᾽ οὐρανὸν ἷκεν ἑλισσομένη περὶ καπνῷ·

---

7 ἐδονεῖτο] Hdt. 7.1.2 ἡ Ἀσίη ἐδονέετο (Post Marathoni cladem Darius iubet
milites imperii sui conscribere) ‖ 22 Hom. Il. 1.317 (Danai sacrum faciunt
ad Appollinem placandum)

---

8 ἔστι Rei. (cf. 1.11.5) : ἔδει F : ἔθος Cob. : ἔνι Her. : ἐξῆν D'Or. ‖ 10 fort.
⟨ἦσαν⟩ καὶ legendum ‖ 11 ἐπευφημούντων F : ἐπευφήμουν Rei. ‖ 12 post
κότινος, οὐ σέλινος add. Cob. (sic, at non σέλινον) collato Luc. Anach. 9 ‖
14 add. Cob. (cf. 5.2.2) ‖ 15 ἐπιστάντες D'Or. (cf. 3.7.4) : ἐπιστὰν F ‖
15–16 θυσίας Naber (cf. 6.2.4, 6.8.3, etc.) : θυσίαν F ‖ 18 ἀφειμένην Naber :
ἀφεμένην F ‖ 19 ante εὐθὺς, ἦν add. Cob. (sed cf. 1.1.13) ‖ 21 add. Her. ‖
post πρόθυρα, καὶ πᾶσα οἰκία add. Hilberg ‖ 22 κνίση ... ἷκεν edd. ex Homeri
libris : κνίσση ... ἷκεν F

βασιλεὺς δὲ μεγαλοπρεπεῖς θυσίας παρέστησε τοῖς βωμοῖς. τότε
πρῶτον καὶ Ἔρωτι ἔθυσε καὶ πολλὰ παρεκάλεσεν Ἀφροδίτην,
ἵνα αὐτῷ βοηθῇ πρὸς τὸν υἱόν.

5   Πάντων δὲ ἐν θυμηδίαις ὄντων μόνοι τρεῖς ἐλυποῦντο, Καλ-
λιρόη, Διονύσιος, καὶ πρὸ τούτων Χαιρέας. Καλλιρόη δὲ οὐκ   5
ἠδύνατο λυπεῖσθαι φανερῶς ἐν τοῖς βασιλείοις, ἀλλ᾽ ἡσυχῇ καὶ
λανθάνουσα ὑπέστενε καὶ τῇ ἑορτῇ κατηρᾶτο· Διονύσιος δ᾽ ἑ-
αυτῷ, διότι Μίλητον κατέλιπε. "φέρε" φησίν, "ὦ τλῆμον, τὴν
6   ἑκούσιον συμφοράν· ἑαυτῷ γὰρ αἴτιος τούτων. ἐξῆν σοι Καλλι-
ρόην ἔχειν καὶ Χαιρέου ζῶντος. σὺ ἦς ἐν Μιλήτῳ κύριος, καὶ   10
οὐδὲ ἡ ἐπιστολὴ Καλλιρόῃ τότε σοῦ μὴ θέλοντος ἐδόθη. τίς
ἂν εἶδε; τίς ἂν προσῆλθε; φέρων δὲ σεαυτὸν εἰς μέσους ἔρρι-
7   ψας τοὺς πολεμίους. καὶ εἴθε σεαυτὸν μόνον· νῦν δὲ καὶ τὸ τῆς
ψυχῆς σου τιμιώτερον κτῆμα. διὰ τοῦτο πανταχόθεν σοι πό-
λεμος κεκίνηται. τί δοκεῖς, ἀνόητε, Χαιρέαν ἀντίδικον ἔχειν;   15
κατεσκεύασας σεαυτῷ δεσπότην ἀντεραστήν. νῦν βασιλεὺς καὶ
ὀνείρατα βλέπει, καὶ ἀπαιτοῦσιν αὐτὸν θυσίας οἷς καθημέραν
8   θύει. ὦ τῆς ἀναισχυντίας· παρέλκει τις τὴν κρίσιν, ἔνδον ἔχων
ἀλλοτρίαν γυναῖκα, καὶ ὁ τοιοῦτος εἶναι λέγει δικαστής." τοι-
αῦτα μὲν ὠδύρετο Διονύσιος, Χαιρέας δὲ οὐχ ἥπτετο τροφῆς,   20
οὐδὲ ὅλως ἤθελε ζῆν. Πολυχάρμου δὲ τοῦ φίλου κωλύοντος αὐ-
τὸν ἀποκαρτερεῖν "σύ μοι πάντων" εἶπε "πολεμιώτατος ὑπάρ-
χεις φίλου σχήματι· βασανιζόμενον γάρ με κατέχεις καὶ ἡδέ-
9   ως κολαζόμενον ὁρᾷς. εἰ δὲ φίλος ἦς, οὐκ ἂν ἐφθόνεις μοι τῆς
ἐλευθερίας ὑπὸ δαίμονος κακοῦ τυραννουμένῳ. πόσους μου και-   25
ροὺς εὐτυχίας ἀπολώλεκας; μακάριος ἦν, εἰ ἐν Συρακούσαις
θαπτομένη Καλλιρόη συνετάφην· ἀλλὰ καὶ τότε σύ με βουλό-

---

9 ἑαυτῶ F, sic (cf. 2.5.5, 6.3.8) : σαυτῷ Jackson : αὐτὸς Hertlein | post αἴτιος,
εἶ add. Bl. (sed cf. 2.4.7) ‖ 14 σου F : σοι Cob. ‖ 15 δοκεῖς F : δοκεῖ σοι Bl. :
δικάζῃ Her. | ἔχειν; Cob. : ἔχεις· F (signum interrog. post ἀνόητε edd.) : εἶχες
D'Or. ‖ 17 post θυσίας, θεοὶ add. Naber ‖ 18 τις Rei. : τίς F ‖ 22–23 post
ὑπάρχεις, ἐν add. Cob. ‖ 23–24 ἡδέως F (cf. 4.2.3) : ἀνηλεῶς Schmidt ‖
25 μου F : μοι Cob. (sed cf. 6.2.10) ‖ 26 post μακάριος, ἂν add. Cob.

μενον ἀποθανεῖν ἐκώλυσας καὶ ἀφείλω καλῆς συνοδίας· τάχα
γὰρ οὐκ ἂν ἐξῆλθε τοῦ τάφου καταλιποῦσα τὸν νεκρόν. εἰ δ᾽ οὖν,    10
ἐκείμην ταύτῃ ⟨τὰ⟩ μετὰ ταῦτα κερδήσας, τὴν πρᾶσιν, τὸ λη-
στήριον, τὰ δεσμά, τὸν τοῦ σταυροῦ χαλεπώτερον βασιλέα. ὦ
5  θανάτου καλοῦ, μεθ᾽ ὃν ἤκουσα τὸν δεύτερον Καλλιρόης γά-
μον. οἷον πάλιν καιρὸν ἀπώλεσάς μου τῆς ἀποκαρτερήσεως,
τὸν μετὰ τὴν δίκην. ἰδὼν Καλλιρόην οὐ προσῆλθον, οὐ κατε-    11
φίλησα. ὦ καινοῦ καὶ ἀπίστου πράγματος· κρίνεται Χαιρέας
εἰ Καλλιρόης ἀνήρ ἐστιν, ἀλλ᾽ οὐδὲ τὴν ὁποιανδήποτε κρίσιν
10  ὁ βάσκανος δαίμων ἐπιτρέπει τελεσθῆναι. καὶ ὄναρ καὶ ὕπαρ
οἱ θεοί με μισοῦσι." ταῦτα λέγων ὥρμησεν ἐπὶ ξίφος, κατέσχε
δὲ τὴν χεῖρα Πολύχαρμος καὶ μονονουχὶ δήσας παρεφύλαττεν
αὐτόν.

Βασιλεὺς δὲ καλέσας τὸν εὐνοῦχον, ὃς ἦν αὐτῷ πιστότατος    3
15  ἁπάντων, τὸ μὲν πρῶτον ᾐδεῖτο κἀκεῖνον· ἰδὼν δὲ αὐτὸν Ἀρτα-
ξάτης ἐρυθήματος μεστὸν καὶ βουλόμενον εἰπεῖν, "τί κρύπτεις"
ἔφη "δέσποτα, δοῦλον σόν, εὔνουν σοι καὶ σιωπᾶν δυνάμενον;
τί τηλικοῦτον συμβέβηκε δεινόν; ὡς ἀγωνιῶ μή τινα ἐπιβου-
λὴν ..." ⟨"ἐπιβουλὴν"⟩ εἶπε βασιλεὺς "καὶ μεγίστην, ἀλλ᾽ οὐχ
20  ὑπ᾽ ἀνθρώπων, ἀλλ᾽ ὑπὸ θεοῦ. τίς γάρ ἐστιν Ἔρως πρότερον ἤ-    2
κουον ἐν μύθοις τε καὶ ποιήμασιν, ὅτι κρατεῖ πάντων τῶν θεῶν
καὶ αὐτοῦ τοῦ Διός· ἠπίστουν δὲ ὅμως ὅτι δύναταί παρ᾽ ἐμοί τις
ἐμοῦ γενέσθαι δυνατώτερος. ἀλλὰ πάρεστιν ὁ θεός· ἐνδεδήμη-

---

3 ταύτῃ ⟨τὰ⟩ D'Or. : ταύτην F : τανῦν (vel τοίνυν) ⟨τὰ⟩ Rei. : τὰ πήματα
Jacobs (sublato μετὰ) ‖ 4 post δεσμά, ⟨τὸν σταυρόν,⟩ Hilberg ‖ 5 ἤκουσα
F : ἠγνόησ᾽ ἂν prop. Rea. post Gasda (ἠγνόησα) : ⟨οὐκ ἂν⟩ ἠ- ed. Rea. post
Beck (⟨οὐκ⟩ ἤκουσ᾽ ἂν) ‖ 6 μου F : μοι Rea. (sed cf. 6.2.9) ‖ 12 δήσας Rei. :
δείσας F ‖ 16 post εἰπεῖν, τι add. Cob. (sed cf. 1.4.5) : ante βουλόμενον
Rea. ‖ 18–19 ἐπιβουλὴν ..." ⟨"ἐπιβουλὴν"⟩ εἶπε A. (Abresch?) ap. Hirschig :
ἐπιβουλὴν εἶπε F (legi vix potest), cf. 2.4.6 : lac. post ἐπιβουλὴν stat. D'Or. :
ἐπιβουλὴν ⟨ἐπεβουλεύθης." "ἐπιβουλήν γε"⟩ prop. Bl. ‖ 22–23 παρ᾽ ἐμοί τις
ἐμοῦ Rea. : τις παρ᾽ ἐμοὶ ἐμοῦ F : τις παρ᾽ ἐμὲ Hilberg ‖ 23 πάρεστιν F (cf.
6.4.5) : περίεστιν Abresch

κεν εἰς τὴν ἐμὴν ψυχὴν πολὺς καὶ σφοδρὸς ⟨Ἔρως⟩· δεινὸν μὲν
3 ὁμολογεῖν, ἀληθῶς δὲ ἑάλωκα." ταῦτα ἅμα λέγων ἐνεπλήσθη
δακρύων, ὥστε μηκέτι δύνασθαι προσθεῖναι τοῖς λόγοις· ἀποσι-
ωπήσαντος δὲ εὐθὺς μὲν Ἀρταξάτης ἠπίστατο πόθεν ἐτρώθη.
οὐδὲ γὰρ πρό⟨τερον ἀν⟩ύποπτος ἦν, ἀλλὰ ἠσθάνετο μὲν τυφο-   5
μένου τοῦ πυρός, ἔτι γε μὴν οὐδὲ ἀμφίβολον ἦν οὐδὲ ἄδηλον ὅτι
4 Καλλιρόης παρούσης οὐκ ἂν ἄλλου τινὸς ἠράσθη· προσεποιεῖ-
το δὲ ὅμως ἀγνοεῖν καὶ "ποῖον" ἔφη "κάλλος δύναται τῆς σῆς
κρατῆσαι, δέσποτα, ψυχῆς, ᾧ τὰ καλὰ πάντα δουλεύει, χρυσός,
ἄργυρος, ἐσθής, ἵπποι, πόλεις, ἔθνη; καλαὶ μὲν μυρί⟨αί σοι⟩ γυ-   10
ναῖκες, ἀλλὰ καὶ Στάτειρα καλλίστη τῶν ὑπὸ τὸν ἥλιον, ἧς ἀ-
πολαύεις μόνος. ἐξουσία δὲ ἔρωτα καταλύει, πλὴν εἰ μή τις ἐξ
οὐρανοῦ καταβέβηκε τῶν ἄνωθεν ἢ ἐκ θαλάττης ἀναβέβηκεν ἄλ-
5 λη Θέτις. πιστεύω γὰρ ὅτι καὶ θεοὶ τῆς σῆς ἐρῶσι συνουσίας."
ἀπεκρίνατο βασιλεὺς "τοῦτο ἴσως ἀληθές ἐστιν, ὃ λέγεις, ὅτι θε-   15
ῶν τίς ἐστιν ἥδε ἡ γυνή· οὐδὲ γὰρ ἀνθρώπινον τὸ κάλλος· πλὴν
οὐχ ὁμολογεῖ· προσποιεῖται δὲ Ἑλληνὶς εἶναι Συρακοσία. καὶ
6 τοῦτο δὲ τῆς ἀπάτης ἐστὶ σημεῖον. ἐλεγχθῆναι γὰρ οὐ βούλε-
ται πόλιν εἰποῦσα [οὐ] μίαν τῶν ὑφ᾽ ἡμᾶς, ἀλλ᾽ ὑπὲρ τὸν Ἰόνιον
καὶ τὴν πολλὴν θάλασσαν τὸν περὶ αὐτῆς μῦθον ἐκπέμπει. προ-   20
φάσει δὲ δίκης ἦλθεν ἐπ᾽ ἐμὲ καὶ ὅλον τὸ δρᾶμα τοῦτο ἐκείνη
κατεσκεύασε. θαυμάζω δέ σε πῶς ἐτόλμησας Στάτειραν λέγειν
7 καλλίστην ἁπασῶν, Καλλιρόην βλέπων. σκεπτέον οὖν πῶς ἂν
ἀπαλλαγείην τῆς ἀνίας. ζήτει πανταχόθεν εἴ τι ἄρα δυνατόν ἐ-
στιν εὑρεῖν φάρμακον." "εὕρηται" φησὶ "φάρμακον, βασιλεῦ, καὶ   25

---

1 ⟨Ἔρως⟩· δεινὸν restit. Bl., qui olim ερω[.] ϙεινον in F dispicere potuit : F
legi vix potest, unde ⟨...⟩ δεινὸν Rea., dubitans spatium sufficere ad Ἔρως :
⟨καὶ⟩ δεινὸν Cob., qui ante δεινὸν nullam litt. dispexit ‖ 3 μηκέτι F : μή τι
Jakob : μηκέτι ⟨τι⟩ Bl.: μηκέτι ⟨μηδὲν⟩ Her. : ⟨τι⟩ post δύνασθαι prop. Rea. ‖
5 suppl. Cob. : macula in F ‖ 7 ἄλλου F : ἄλλης Jacobs | ἠράσθη Jacobs :
ἐρασθῇ F (sic) ‖ 10 suppl. Bl. (verum non edidit) : spatium saltem tribus
litt. F ‖ 17 ὁμολογεῖ Cocchi : ὁμολόγα F ‖ 19 [οὐ] μίαν Her. : οὐ μίαν F :
οὐδεμίαν Bl. | Ἰόνιον F : Ἰώνιον Rei. ‖ 20 αὐτῆς D᾽Or. : αὐτῆς F

παρ' Ἕλλησι καὶ βαρβάροις, τοῦτο ὅπερ ζητεῖς. φάρμακον γὰρ
ἕτερον Ἔρωτος οὐδέν ἐστι πλὴν αὐτὸς ὁ ἐρώμενος· τοῦτο δὲ ἄρα
καὶ τὸ ᾀδόμενον λόγιον ἦν ὅτι ὁ τρώσας αὐτὸς ἰάσεται." κατη-
δέσθη βασιλεὺς τὸν λόγον καὶ "μὴ σύ γε" ἔφη "τοιοῦτο μηδὲν
5 εἴπῃς, ἵνα γυναῖκα ἀλλοτρίαν διαφθείρω. μέμνημαι νόμων οὓς      8
αὐτὸς ἔθηκα ⟨καὶ⟩ δικαιοσύνης ἣν ἐν ἅπασιν ἀσκῶ. μηδεμίαν
μου καταγνῷς ἀκρασίαν. οὐχ οὕτως ἑαλώκαμεν." δείσας Ἀρτα-
ξάτης ὡς εἰπών τι προπετές, μετέβαλε τὸν λόγον εἰς ἔπαινον.
"σεμνῶς" ἔφη "διανοῇ, βασιλεῦ. μὴ τὴν ὁμοίαν τοῖς ἄλλοις ἀν-
10 θρώποις θεραπείαν τῷ Ἔρωτι προσαγάγῃς, ἀλλὰ τὴν κρείττονα
καὶ βασιλικήν, ἀνταγωνιζόμενος ἑαυτῷ· δύνασαι γάρ, ὦ δέσπο-
τα, σὺ μόνος κρατεῖν καὶ θεοῦ. ἄπαγε δὴ τὴν σεαυτοῦ ψυχὴν εἰς      9
πάσας ἡδονάς. μάλιστα δὲ κυνηγεσίοις ἐξαιρέτως χαίρεις· οἶδα
γάρ σε ὑφ' ἡδονῆς διημερεύοντα ἄβρωτον ⟨καὶ⟩ ἄποτον. ἐν θήρᾳ
15 δὲ ἐνδιατρίβειν ⟨βέλτιον⟩ ἢ τοῖς βασιλείοις καὶ ἐγγὺς εἶναι τοῦ
πυρός."
   Ταῦτα ἤρεσε καὶ θήρα κατηγγέλλετο μεγαλοπρεπής. ἐξή-      4
λαυνον ἱππεῖς κεκοσμημένοι καὶ Περσῶν οἱ ἄριστοι καὶ τῆς
ἄλλης στρατιᾶς τὸ ἐπίλεκτον. πάντων δὲ ὄντων ἀξιοθεάτων δι-
20 απρεπέστατος ἦν αὐτὸς ὁ βασιλεύς. καθῆστο γὰρ ἵππῳ Νισαίῳ      2
καλλίστῳ καὶ μεγίστῳ χρύσεον ἔχοντι χαλινόν, χρύσεα δὲ φάλα-

---

3 ὁ τρώσας αὐτὸς ἰάσεται] Σ Thom. Tricl. in Ar. *Nub.* 922 Koster (I 3/2,
131) ὁ Τήλεφος ... ἤκουσε παρὰ τοῦ Ἀπόλλωνος "ὁ τρώσας ἰάσεται" (orac.
Delph. 198 Parke-Wormell = L 34 Fontenrose) (= E. *Telephus* iii a (c)
Kannicht); cf. *Mantissa Proverbiorum* 2.28 ὁ τρώσας ἰάσεται ‖ 13–14 οἶδα ...
ἄτοπον] X. *Cyr.* 7.5.53 μετὰ σοῦ ἄσιτος καὶ ἄτοπος διημέρευον (Artabazus
ad Cyrum)

---

6 add. Cob. ‖ 11 ἑαυτῷ D'Or. (cf. 2.5.5, 6.2.5) : ἑαυτοῦ F : σεαυτῷ Her. ‖
13 δὲ κυνηγεσίοις F : δὲ κυνηγέσια, οἷς Abresch : δ' εἰς κυνηγέσια Cob. ‖
14 add. Sanz | ἄποτον. ἐν θήρᾳ F : ἄποτον ἐν θήρᾳ. ⟨θήρᾳ⟩ Rei. : ἄποτον ἐν
θήρᾳ. ⟨ἐνθάδε⟩ Abresch ‖ 15 add. Cob. (cf. 3.4.16, 5.6.5) ‖ 19 στρατιᾶς
Her. : στρατείας F ‖ 20 αὐτὸς Beck (cf. 6.1.9, 6.3.7) : αὐτοῖς F : αὐτῶν
D'Or. : ⟨ἐν⟩ αὐτοῖς Beck

ρα καὶ προμετωπίδια καὶ προστερνίδια· πορφύραν δὲ ἠμφίεστο
Τυρίαν (τὸ δὲ ὕφασμα Βαβυλώνιον) καὶ τιάραν ὑακινθινοβαφῆ·
χρύσεον δὲ ἀκινάκην ὑπεζωσμένος δύο ἄκοντας ἐκράτει, καὶ
φαρέτρα καὶ τόξον αὐτῷ παρήρτητο, Σηρῶν ἔργον πολυτελέ-
3 στατον. καθῆστο δὲ σοβαρός· ἔστι γὰρ ἴδιον Ἔρωτος ⟨τὸ⟩ φιλό-      5
κοσμον· ἤθελε δὲ μέσος ὑπὸ Καλλιρόης ὁραθῆναι, καὶ διὰ τῆς
πόλεως ἁπάσης ἐξιὼν περιέβλεπεν εἴ που κἀκείνη θεᾶται τὴν
πομπήν. ταχέως δὲ ἐνεπλήσθη τὰ ὄρη βοώντων, θεόντων, κυ-
4 νῶν ὑλασσόντων, ἵππων χρεμετιζόντων, θηρῶν ἐλαυνομένων. ἡ
σπουδὴ καὶ ὁ θόρυβος ἐκεῖνος αὐτοῦ ἐξέστησεν ἂν καὶ τὸν Ἔ-      10
ρωτα· τέρψις γὰρ ἦν μετ᾽ ἀγωνίας, καὶ χαρὰ μετὰ φόβου, καὶ
κίνδυνος ἡδύς. ἀλλὰ βασιλεὺς οὔτε ἵππον ἔβλεπε, τοσούτων ἱπ-
πέων αὐτῷ παραθεόντων, οὔτε θηρίον, τοσούτων διωκομένων,
οὔτε κυνὸς ἤκουε, τοσούτων ὑλακτούντων, οὔτε ἀνθρώπου, πάν-
5 των βοώντων. ἔβλεπε δὲ Καλλιρόην μόνην τὴν μὴ παροῦσαν,      15
καὶ ἤκουεν ἐκείνης τῆς μὴ λαλούσης. συνεξῆλθε γὰρ ἐπὶ τὴν
θήραν ὁ Ἔρως αὐτῷ, καί, ἅτε δὴ φιλόνεικος θεός, ἀντιταττό-
μενον ἰδὼν καὶ βεβουλευμένον, ὡς ᾤετο, καλῶς, εἰς τοὐναντί-
ον τὴν τέχνην περιέτρεψεν αὐτῷ καὶ δι᾽ αὐτῆς τῆς θεραπείας
ἐξέκαυσε τὴν ψυχήν, ἔνδον παρὼν καὶ λέγων "οἷον ἦν ἐνθά-      20
δε Καλλιρόην ἰδεῖν, κνήμας ἀνεζωσμένην καὶ βραχίονας γεγυ-
μνωμένην, πρόσωπον ἐρυθήματος πλῆρες, στῆθος ἀστάθμητον.
6 ἀληθῶς

---

2 τὸ δὲ del. Her. (cf. 8.1.14) ‖ 5 add. Rei. ‖ 6 μέσος F (cf. infra περιέβλεπεν,
et 8.1.12) : σεμνὸς Schmidt (cf. 2.5.2) ‖ 7 ἐξιὼν F : διεξιὼν Cob. ‖ 10 αὐτοῦ
Sanz (cf. Dem. 21.72, in Midiam) : αὐτῶν F : αὐτὸν dubit. D'Or. (deleto
καὶ post ἂν) : πάντων Rei. : ἄλλων Jacobs | καὶ del. Her. ‖ 11–12 τέρψις ...
ἡδύς (sic interp. Goold, alii edd. sine virgulis) : punctum post ἦν et post χαρὰ
habet F ‖ 12–13 ἱππέων del. Her. ‖ 13 θηρίον Rei. : θηρίων F ‖ 14 ἀν-
θρώπου Her. : ἀνθρώπων F ‖ 20 παρὼν F : παριὼν Dawe ‖ 22 πλῆρες post
ἐρυθήματος transp. D'Or. : post ἀστάθμητον F | ἀστάθμητον F : -μήτου Bl.

οἵη δ' Ἄρτεμις εἶσι κατ' οὔρεος ἰοχέαιρα,
ἢ κατὰ Τηΰγετον περιμήκετον ἢ Ἐρύμανθον,
τερπομένη κάπροισι καὶ ὠκείης ἐλάφοισι."
ταῦτα ἀναζωγραφῶν καὶ ἀναπλάττων ἐξεκαίετο σφόδρα. ⟨...⟩        7
5   ταῦτα λέγοντος Ἀρταξάτης ὑπολαβὼν "ἐπιλέλησαι" φησί, "δέ-
σποτα, τῶν γεγονότων· Καλλιρόη γὰρ ἄνδρα οὐκ ἔχει, μένει δὲ
ἡ κρίσις, τίνι ὀφείλει γαμηθῆναι. μέμνησο οὖν ὅτι χήρας ἐρᾷς·
ὡς μήτε τοὺς νόμους αἰδοῦ, κεῖνται γὰρ ἐπὶ τοῖς γάμοις, μήτε
μοιχείαν, δεῖ γὰρ πρῶτον εἶναι ἄνδρα τὸν ἀδικούμενον, εἶτα τὸν
10  ἀδικοῦντα μοιχόν." ἤρεσεν ὁ λόγος τῷ βασιλεῖ, πρὸς ἡδονὴν γὰρ        8
ἦν, καὶ προσλαβόμενος ὑπὸ χεῖρα τὸν εὐνοῦχον κατεφίλησε καὶ
"δικαίως ἄρα σε ἐγὼ" ἔφη "πάντων προτιμῶ· σὺ γὰρ εὐνούστα-
τος καὶ φύλαξ ἀγαθὸς ἐμοί. ἄπιθι δὴ καὶ Καλλιρόην ἄγε. δύο δέ
σοι προστάσσω, μὴ ἄκουσαν, μήτε φανερῶς· θέλω γάρ σε καὶ
15  πεῖσαι καὶ λαθεῖν."
Εὐθὺς οὖν ἀνακλητικὸν τῆς θήρας σύνθημα διεδόθη καὶ πάν-        9
τες ἀνέστρεφον· βασιλεὺς δὲ ἀνηρτημένος ταῖς ἐλπίσιν εἰσήλαυ-
νεν εἰς τὰ βασίλεια χαίρων ὡς τὸ κάλλιστον θήραμα θηράσας.
καὶ Ἀρταξάτης δὲ ἔχαιρε νομίζων πρό⟨σκαιρον⟩ ὑπηρεσίαν ὑπε-        10
20  σχῆσθαι, βραβεύσειν δὲ λοιπὸν ἅρμα βασιλικόν, χάριν εἰδότων
ἀμφοτέρων αὐτῷ, Καλλιρόης δὲ μᾶλλον· ἔκρινε γὰρ τὴν πρᾶξιν

---

1–3 Hom. *Od.* 6.102–104 (Nausicaa cum Diana comparatur)

---

4 post σφόδρα lac. habet F (fol. 64r), quae spatium ca. 20 linearum exhibet.
Incertum quantum operis deest, sed veri similiter regis verba tantum contine-
bat, ut prima sententia post lac. ostendit. Magnis rudibusque litteris altera
manus hoc spatio exaravit εἰς παντα βιον σου ω δεσπινα προσδεξε τὰς δεησεις
του δουλου ἐσου και λιτροσε ἡμας απο πασης ἀναγκης και θλιψεως. (fort. pre-
catio ad Sanctissimam Virginem) ‖ 7 ἡ κρίσις F : τὴν κρίσιν Her. ‖ 8 ὡς F :
καὶ Her. ‖ 13 δὴ Gasda : δὲ F ‖ 19 πρό⟨σκαιρον⟩ Sanz (cf. 6.7.7) : incer-
tum an πρὸ vel πρὸς habeat F, sed corruptum (†πρὸς† ed. Bl.) : πρό⟨χειρον⟩
Borgogno : προσ⟨ηγνῆ⟩ vel πρὸς ⟨ἡδονὴν⟩ Gasda : προϋπηρεσίαν (pro πρὸς
ὑπηρεσίαν) Molinié (vocabulum ignotum) ‖ 21 ἔκρινε clare dispexit Bl. in F :
ἔ⟨...⟩νε nostra aetate in F legi potest

ῥᾳδίαν, ὡς εὐνοῦχος, ὡς δοῦλος, ὡς βάρβαρος. οὐκ ᾔδει δὲ φρόνη-
μα Ἑλληνικὸν εὐγενὲς καὶ μάλιστα τὸ Καλλιρόης τῆς σώφρονος
καὶ φιλάνδρου.

5    Καιρὸν οὖν ἐπιτηρήσας ἧκε πρὸς αὐτὴν καὶ μόνης λαβόμενος
"μεγάλων" εἶπεν "ἀγαθῶν, ὦ γύναι, θησαυρόν σοι κεκόμικα· καὶ   5
σὺ δὲ μνημόνευέ μου τῆς εὐεργεσίας· εὐχάριστον γὰρ εἶναί σε
πιστεύω." πρὸς τὴν ἀρχὴν τοῦ λόγου Καλλιρόη περιχαρὴς ἐγέ-
2  νετο· φύσει γὰρ ἄνθρωπος, ὃ βούλεται, τοῦτο καὶ οἴεται. τάχ᾽ οὖν
ἔδοξεν ἀποδίδοσθαι Χαιρέᾳ καὶ ἔσπευδε τοῦτο ἀκοῦσαι, καὶ τῶν
εὐαγγελίων ἀμείψασθαι τὸν εὐνοῦχον ὑπισχνουμένη. πάλιν δὲ   10
ἐκεῖνος ἀναλαβὼν ἀπὸ προοιμίων ἤρξατο "σύ, γυνή, κάλλος μὲν
θεῖον εὐτύχησας, μέγα δέ τι ἀπ᾽ αὐτοῦ καὶ σεμνὸν οὐκ ἐκαρπώσω.
3  τὸ διὰ γῆς πάσης ἔνδοξον καὶ περιβόητον ὄνομα μέχρι σήμερον
οὐχ εὗρεν οὔτ᾽ ἄνδρα κατ᾽ ἀξίαν οὔτ᾽ ἐραστήν, ἀλλ᾽ ἐνέπεσεν εἰς
4  δύο, νησιώτην πένητα, καὶ ἕτερον, δοῦλον βασιλέως. τί σοι γέγο-   15
νεν ἐκ τούτων μέγα καὶ λαμπρόν; ποίαν χώραν ἔχεις εὔφορον;
ποῖον κόσμον πολυτελῆ; τίνων πόλεων ἄρχεις; πόσοι δοῦλοί σε
προσκυνοῦσι; γυναῖκες Βαβυλώνιαι θεραπαινίδας ἔχουσι πλουσι-
ωτέρας σου. πλὴν οὐκ ἠμελήθης εἰς πάντα, ἀλλὰ κήδονταί σου
5  θεοί. διὰ τοῦτό σε ἐνθάδε ἤγαγον, πρόφασιν εὑρόντες τὴν δίκην,   20
ἵνα σε ὁ μέγας βασιλεὺς θεάσηται. καὶ τοῦτο πρῶτον εὐαγγέλιον
ἔχεις· ἡδέως σε εἶδε. κἀγὼ δὲ αὐτὸν ἀναμιμνήσκω καὶ ἐπαινῶ
σε παρ᾽ ἐκείνῳ." τοῦτο δὲ προσέθηκεν· εἴωθε γὰρ πᾶς δοῦλος,
ὅταν διαλέγηταί τινι περὶ τοῦ δεσπότου, καὶ ἑαυτὸν συνιστᾶν,
6  ἴδιον ἐκ τῆς ὁμιλίας μνώμενος κέρδος. Καλλιρόη δὲ εὐθὺς τὴν   25

---

8 (cf. etiam 3.9.3) ἄνθρωπος ... οἴεται] Dem. 3.19 (Ol. 3) ὃ γὰρ βούλεται,
τοῦθ᾽ ἔκαστος καὶ οἴεται

---

4 μόνης Abresch (cf. 3.10.4) : μόνος F : μόνος ⟨μόνης⟩ Abresch ‖ 6 μου F :
μοι Cob. ‖ 9 post ἀκοῦσαι, καὶ del. Her. ‖ 10 ἀμείψασθαι F : -εσθαι Cob. ‖
11 γυνή F : γύναι Her. (sed cf. 3.3.7, 5.10.9, 8.5.5) ‖ 12 ἀπ᾽ F : ἐπ᾽ Rei. ‖
13 πάσης F : fort. ⟨ἁ⟩πάσης Rea. (cf. 6.5.9) ‖ 15 ἕτερον F : ἠπειρώτην
Morel ‖ 18 ἔχουσι Rei. : ἔχουσαι F ‖ 22 δὲ Her. : γὰρ F

καρδίαν ἐπλήγη ὥσπερ ὑπὸ ξίφους τοῦ λόγου· προσεποιεῖτο δὲ
μὴ συνιέναι καὶ "θεοὶ" φησὶν "ἵλεῳ βασιλεῖ διαμένοιεν, σοὶ δὲ
ἐκεῖνος, ὅτι ἐλεεῖτε γυναῖκα δυστυχῆ. δέομαι, θᾶττον ἀπαλλαξά-
τω με τῆς φροντίδος, ἀπαρτίσας τὴν κρίσιν, ἵνα μηκέτι ἐνοχλῶ
5  μηδὲ τῇ βασιλίδι." δόξας δὲ ὁ εὐνοῦχος ὅτι ἀσαφῶς εἴρηκεν ὃ ἤ-
θελε καὶ οὐ νενόηκεν ἡ γυνή, φανερώτερον ἤρξατο λέγειν. "αὐτὸ   7
τοῦτο εὐτύχηκας, ὅτι οὐκέτι δούλους καὶ πένητας ἔχεις ἐραστὰς
ἀλλὰ τὸν μέγαν βασιλέα, τὸν δυνάμενόν σοι Μίλητον αὐτὴν καὶ
ὅλην Ἰωνίαν καὶ Σικελίαν καὶ ἄλλα ἔθνη μείζονα χαρίσασθαι.
10  θῦε δὴ τοῖς θεοῖς καὶ μακάριζε σεαυτήν, καὶ νύττε ὅπως ἀρέσῃς
μᾶλλον αὐτῷ, καὶ ὅταν πλουτήσῃς ἐμοῦ μνημόνευε." Καλλιρόη   8
δὲ τὸ μὲν πρῶτον ὥρμησεν, εἰ δυνατόν, καὶ τοὺς ὀφθαλμοὺς ἐξο-
ρύξαι τοῦ διαφθείροντος αὐτήν, οἷα δὲ γυνὴ πεπαιδευμένη καὶ
φρενήρης, ταχέως λογισαμένη καὶ τὸν τόπον καὶ τίς ἐστιν αὐτὴ
15  καὶ τίς ὁ λέγων, τὴν ὀργὴν μετέβαλε καὶ κατειρωνεύσατο λοιπὸν
τοῦ βαρβάρου. "μὴ γὰρ οὕτω" φησὶ "μαινοίμην, ἵνα ἐμαυτὴν ἀ-   9
ξίαν εἶναι πεισθῶ τοῦ μεγάλου βασιλέως. εἰμὶ δὲ θεραπαινίσιν
ὁμοία Περσίδων γυναικῶν. μὴ σύ, δέομαί σου, μνημονεύσῃς ἔτι
περὶ ἐμοῦ πρὸς τὸν δεσπότην. καὶ γὰρ ἂν ἐν τῷ παραυτίκα μηδὲν
20  ὀργισθῇ, μετὰ ταῦτά σοι χαλεπανεῖ, λογισάμενος ὅτι τὸν γῆς
ἁπάσης κύριον ὑπέρριψας Διονυσίου δούλῃ. θαυμάζω δὲ πῶς συν-   10
ετώτατος ὑπάρχων ἀγνοεῖς τὴν βασιλέως φιλανθρωπίαν, ὅτι οὐκ
ἐρᾷ δυστυχοῦς γυναικὸς ἀλλὰ ἐλεεῖ. παυσώμεθα τοίνυν λαλοῦν-
τες, μὴ καὶ τῇ βασιλίδι τις ἡμᾶς διαβαλεῖ." καὶ ἡ μὲν ἀπέδραμεν,
25  ἔστη δὲ ὁ εὐνοῦχος ἀχανής· οἷα γὰρ ἐν μεγάλῃ τυραννίδι τεθραμ-

---

1 ἐπλήγη ὥσπερ F : ἐ- καθάπερ Jackson : ἐπλήγη post ξίφους dubit. transp.
Reeve | ὥσπερ ... λόγου F : an ὥσπερ ξίφους ὑπὸ τοῦ λόγου legendum? ||
10 δὴ Gasda : δὲ F | νύττε F ("instiga" Rei.) : ἄνυτε Goold post D'Or., qui
κἄνυττε (sic) dubit. coni. : νύττε corruptum cens. Bl. : πράττε Jacobs : βλέπε
Her. || 11 πλουτήσῃς Cob. : πλουτῆς F (sic) || 17 πεισθῶ F : πείσω Cob. ||
19 καὶ γὰρ ἂν F : κἂν γὰρ Cob. || 20 χαλεπανεῖ Rei. : χαλειπαινεῖ (sic) F et
Apogr (post correctionem) || 24 διαβαλεῖ F : διαβάλῃ Cob. (sed cf. 5.5.3)

μένος οὐδὲν ἀδύνατον ὑπελάμβανεν, οὐ βασιλεῖ μόνον, ἀλλ᾽ οὐδ᾽
ἑαυτῷ.

6 Καταλειφθεὶς οὖν καὶ μηδὲ ἀποκρίσεως καταξιωθεὶς ἀπηλ-
λάττετο μυρίων παθῶν μεστός, ὀργιζόμενος μὲν Καλλιρόη, λυ-
πούμενος δὲ ἐφ᾽ ἑαυτῷ, φοβούμενος δὲ βασιλέα· τάχα γὰρ οὐδὲ 5
πιστεύσειν αὐτὸν ὅτι ἀτυχῶς μέν, ἀλλὰ διελέχθη· δόξει δὲ κα-
2 ταπροδιδόναι τὴν ὑπηρεσίαν χαριζόμενος τῇ βασιλίδι. ἐδεδοίκει
δὲ μὴ καὶ πρὸς ἐκείνην Καλλιρόη κατείπῃ τοὺς λόγους· Στάτει-
ραν δὲ βαρυθυμοῦσαν μέγα τι βουλεύσειν αὐτῷ κακὸν ὡς οὐχ
ὑπηρετοῦντι μόνον ἀλλὰ καὶ κατασκευάζοντι τὸν ἔρωτα. καὶ ὁ 10
μὲν εὐνοῦχος ἐσκέπτετο πῶς ἂν ἀσφαλῶς ἀπαγγείλῃ βασιλεῖ
περὶ τῶν γεγονότων· Καλλιρόη δὲ καθ᾽ ἑαυτὴν γενομένη "ταῦτα"
3 φησὶν "ἐγὼ προεμαντευόμην. ἔχω σε μάρτυν, Εὐφρᾶτα. προ-
εῖπον ὅτι οὐκέτι σε διαβήσομαι. ἔρρωσο, πάτερ, καὶ σύ, μῆτερ,
καὶ Συρακοῦσαι πατρίς· οὐκέτι γὰρ ὑμᾶς ὄψομαι. νῦν ὡς ἀληθῶς 15
Καλλιρόη τέθνηκεν. ἐκ τοῦ τάφου μὲν ἐξῆλθον, οὐκ ἐξάξει δέ
4 με ἐντεῦθεν λοιπὸν οὐδὲ Θήρων ὁ λῃστής. ὦ κάλλος ἐπίβουλον,
σύ μοι πάντων κακῶν αἴτιον. διὰ σὲ ἀνηρέθην, διὰ σὲ ἐπράθην,
διὰ σὲ ἔγημα μετὰ Χαιρέαν, διὰ σὲ εἰς Βαβυλῶνα ἤχθην, διὰ σὲ
παρέστην δικαστηρίῳ. πόσοις με παρέδωκας; τάφῳ, λῃσταῖς, 20
θαλάττῃ, δουλείᾳ, κρίσει. πάντων δέ μοι βαρύτατον ὁ ἔρως ὁ
5 βασιλέως. καὶ οὔπω λέγω τὴν τοῦ βασιλέως ὀργήν· φοβερωτέραν
ἡγοῦμαι τὴν τῆς βασιλίδος ζηλοτυπίαν. ἣν οὐκ ἤνεγκε Χαιρέ-

---

1–2 οὐδ᾽ ἑαυτῷ Apogr. : οὐδὲ αὐτῷ F (sic) ‖ 6 δόξει F : δόξειν Zankogiannes
(cf. 6.8.6) ‖ 8 μὴ καὶ F : καὶ μὴ Cob. (sed cf. 2.2.2, 5.2.1) ‖ 11 ἀπαγγείλῃ
F (sic) : ἀπαγγείλειε Cob. (sed cf. 4.1.11) ‖ 13 Εὐφρᾶτα corr. Cob. (cf. e. g.
Hdt. 1.180.1) : Εὐφράτα F ‖ 20 τάφῳ ante λῃσταῖς transp. Sanz (cf. supra
lin. 18 διὰ σὲ ἀνηρέθεν κτλ. atque 5.5.2, 6.7.8, 8.1.14) : ante δουλείᾳ F ‖
21 βαρύτατον Cob. (cf. e. g. 3.2.7) : βαρύτατος F ‖ 23 ante ἡγοῦμαι, γὰρ
add. Bl. ‖ 23sq. ζηλοτυπίαν ... βάρβαρος; sententiam sic interpr. Jackson :
signum interrog. post Ἕλλην et punctum post βάρβαρος F : ζηλοτυπίαν, ...
Ἕλλην. τί ... βάρβαρος; edd. usque ad Molinié

ας, ἀνὴρ Ἕλλην, τί ποιήσει γυνὴ καὶ δέσποινα βάρβαρος; ἄγε
δή, Καλλιρόη, βούλευσαί τι γενναῖον, Ἑρμοκράτους ἄξιον· ἀπό-
σφαξον σεαυτήν. ἀλλὰ μήπω· μέχρι γὰρ νῦν ὁμιλία πρώτη καὶ
παρ᾽ εὐνούχου· ἂν δὲ βιαιότερόν τι γένηται, τότε ἔσται σοι καιρὸς
5  ἐπιδεῖξαι Χαιρέᾳ παρόντι τὴν πίστιν."
        Ὁ δ᾽ εὐνοῦχος ἐλθὼν πρὸς τὸν βασιλέα τὴν μὲν ἀλήθειαν ἀ-   6
πέκρυπτε τῶν γεγονότων, ἀσχολίαν δὲ ἐσκήπτετο καὶ τήρησιν
ἀκριβῆ τῆς βασιλίδος, ὥστε μηδὲ δύνασθαι Καλλιρόη προσελθεῖν·
"σὺ δὲ ἐκέλευσάς μοι, δέσποτα, προνοεῖσθαι τοῦ λαθεῖν. ὀρθῶς δὲ   7
10  προσέταξας· ἀνείληφας γὰρ τὸ σεμνότατον πρόσωπον τοῦ δικα-
στοῦ καὶ θέλεις παρὰ Πέρσαις εὐδοκιμεῖν. διὰ τοῦτό σε πάντες ὑ-
μνοῦσιν. Ἕλληνες δέ εἰσι μικραίτιοι καὶ λάλοι. περιβόητον αὐτοὶ
ποιήσουσι τὴν πρᾶξιν, Καλλιρόη μὲν ὑπ᾽ ἀλαζονείας ὅτι αὐτῆς
βασιλεὺς ἐρᾷ, Διονύσιος δὲ καὶ Χαιρέας ὑπὸ ζηλοτυπίας. οὐκ   8
15  ἔστι δὲ ἄξιον οὐδὲ τὴν βασιλίδα λυπῆσαι ⟨δι᾽⟩ ἣν εὐμορφοτέραν
ἐποίησεν ἡ δίκη δόξαι." ταύτην δὲ παρέμισγε τὴν παλινῳδίαν,
εἴ πως ἀποστρέψαι δύναιτο τὸν βασιλέα τοῦ ἔρωτος, καὶ ἑαυτὸν
ἐλευθερῶσαι διακονίας δυσχεροῦς.
        Παραυτίκα μὲν οὖν ἔπεισε, πάλιν δὲ νυκτὸς γενομένης ἀνεκά-   7
20  ετο καὶ ὁ Ἔρως αὐτὸν ἀνεμίμνησκεν οἵους μὲν ὀφθαλμοὺς ἔχει
Καλλιρόη, πῶς δὲ καλὸν τὸ πρόσωπον. τὰς τρίχας ἐπήνει, τὸ
βάδισμα, τὴν φωνήν· οἷα μὲν εἰσῆλθεν εἰς τὸ δικαστήριον, οἷα δὲ
ἔστη, πῶς ἐλάλησε, πῶς ἐσίγησε, πῶς ἠδέσθη, πῶς ἔκλαυσε. δι-
αγρυπνήσας δὲ τὸ πλεῖστον μέρος καὶ τοσοῦτον καταδραθὼν ὅσον   2
25  καὶ ἐν τοῖς ὕπνοις Καλλιρόην ἰδεῖν, ἕωθεν καλέσας τὸν εὐνοῦχον
"ἄπιθι" φησὶ "καὶ παραφύλαττε δι᾽ ὅλης τῆς ἡμέρας· πάντως γὰρ
καιρὸν εὑρήσεις κἂν βραχύτατον ὁμιλίας λανθανούσης. εἰ γὰρ

---

1 γυνή ... βάρβαρος F : γυναῖκα καὶ δέσποιναν βάρβαρον Jackson : γυναῖκα
δέσποινα βάρβαρος prop. Bl. ‖ 3 πρώτη καὶ F : ἐρωτικὴ Hilberg  : ἀργὴ
καὶ Her. ‖ 4 ἔσται Cob. : ἐστί F ‖ 15 λυπῆσαι ⟨δι᾽⟩ ἣν Sanz post Rose (λ-
⟨διὰ γυναῖκα ξένην⟩ ἣν) : λυπῆσαι, ἣν F : λ- ⟨διὰ ξένην⟩ ἣν Borgogno post
Rose ‖ 16 δόξαι Cob. : δόξης F : ⟨τῆς⟩ δόξης Bl. ‖ 21 πῶς F : ὡς Rea. (sed
cf. 5.6.10) ‖ 24 καταδραθὼν F : καταδαρθὼν Cob. (sed cf. 4.1.1)

ἤθελον φανερῶς καὶ βίᾳ περιγενέσθαι τῆς ἐπιθυμίας, εἶχον δορυ-
3 φόρους." προσκυνήσας ὁ εὐνοῦχος ὑπέσχετο· οὐδενὶ γὰρ ἔξεστιν
ἀντειπεῖν βασιλέως κελεύοντος. εἰδὼς δὲ ὅτι Καλλιρόη καιρὸν οὐ
δώσει, διακρούσεται δὲ τὴν ὁμιλίαν ἐξεπίτηδες συνοῦσα τῇ βασι-
λίδι, τοῦτο ἤδη θεραπεῦσαι θέλων ἔτρεψε τὴν αἰτίαν οὐκ εἰς τὴν 5
4 φυλαττομένην ἀλλ᾽ εἰς τὴν φυλάττουσαν, καὶ "ἄν σοι δοκῇ" φη-
σίν, "ὦ δέσποτα, μετάπεμψαι Στάτειραν, ὡς ἰδιολογήσασθαί τι
βουλόμενος πρὸς αὐτήν· ἐμοὶ γὰρ ἡ ἐκείνης ἀπουσία Καλλιρόης
ἐξουσίαν δώσει." "ποίησον οὕτως" εἶπε βασιλεύς.
5   Ἐλθὼν δὲ Ἀρταξάτης καὶ προσκυνήσας τὴν βασιλίδα "καλεῖ 10
σε" φησίν, "ὦ δέσποινα, ὁ ἀνήρ." ἀκούσασα ἡ Στάτειρα προσε-
κύνησε καὶ μετὰ σπουδῆς ἀπῄει πρὸς αὐτόν. ὁ δὲ εὐνοῦχος ἰδὼν
τὴν Καλλιρόην μόνην ἀπολελειμμένην, ἐμβαλὼν τὴν δεξιάν, ὡς
δή τις φιλέλλην καὶ φιλάνθρωπος, ἀπήγαγε τοῦ πλήθους τῶν
6 θεραπαινίδων. ἡ δὲ ἠπίστατο μὲν καὶ εὐθὺς ὠχρά τε ἦν καὶ ἄφω- 15
νος, ἠκολούθει δὲ ὅμως. ἐπεὶ δὲ κατέστησαν μόνοι, λέγει πρὸς
αὐτὴν "ἑώρακας τὴν βασιλίδα πῶς ἀκούσασα τὸ βασιλέως ὄ-
νομα προσεκύνησε καὶ τρέχουσα ἄπεισι· σὺ δέ, ἡ δούλη, τὴν
εὐτυχίαν οὐ φέρεις, οὐδὲ ἀγαπᾷς ὅτι σε παρακαλεῖ κελεῦσαι
7 δυνάμενος. ἀλλ᾽ ἐγὼ (τιμῶ γάρ σε) πρὸς ἐκεῖνον οὐ κατ(εμή- 20
νυ)σα τὴν μανίαν τὴν σήν, τοὐναντίον δέ, ὑπεσχόμην ὑπὲρ σοῦ.
πάρεισιν οὖν σοι δύο ὁδοί, ὁποτέραν βούλει τρέπεσθαι. μηνύσω
δὲ ἀμφοτέρας· πεισθεῖσα μὲν βασιλεῖ δῶρα λήψῃ τὰ κάλλιστα
καὶ ἄνδρα ὃν θέλεις· οὐ δήπου γάρ σε αὐτὸς μέλλει γαμεῖν ἀλλὰ

---

22 πάρεισιν ... τρέπεσθαι] Hdt. 1.11.2 νῦν τοι δυοῖν (Rosén : τοῖν δυοῖν vel
τοι δυοῖν ὁδοῖν codd.) παρεουσέων, Γύγη, δίδωμι αἵρεσιν, ὁκοτέρην βούλεαι
τραπέσθαι (Candaulis mulier ad Gygem)

---

5 ἤδη Sanz : δὲ F : δὴ Rei. : [δὲ] Her. ‖ 6 καὶ ἄν Cob. : κἄν F ‖ 15 ἠπίστατο
μὲν F : ἠ- μὲν ⟨τὸ μέλλον⟩ Rea. post Schmidt (ἠ- ⟨τὸ μέλλον⟩) ‖ 20–21 κατ⟨ε-
μήνυ⟩σα D'Or. (cf. 4.5.5) : lac. 3–6 litt. in F : κατ⟨ηγόρευ⟩σα Cob. (nusquam
ap. Ch.) ‖ 22 πάρεισιν ... δύο ὁδοί F (cf. 5.2.2) : πάρεστιν ... δυοῖν ὁδοῖν Cob. |
ὁποτέραν F : ποτέραν Jakob (signum interrog. post τρέπεσθαι)

πρόσκαιρον αὐτῷ χάριν δώσεις· εἰ δὲ μή πεισθῇς, ⟨οὐκ⟩ ἀκούεις
ἃ πάσχουσιν οἱ βασιλέως ἐχθροί; μόνοις γὰρ τούτοις οὐδὲ ἀπο-
θανεῖν θέλουσιν ἔξεστι." κατεγέλασε Καλλιρόη τῆς ἀπειλῆς καὶ     8
ἔφη "οὐ νῦν πρῶτον πείσομαί τι δεινόν· ἔμπειρός εἰμι τοῦ δυστυ-
5   χεῖν. τί με δύναται βασιλεὺς ὢν πέπονθα διαθεῖναι χαλεπώτερον;
ζῶσα κατεχώσθην· παντὸς δεσμωτηρίου τάφος ἐστὶ στενότερος.
λῃστῶν χερσὶ παρεδόθην. ἄρτι τὸ μέγιστον τῶν κακῶν πάσχω·   9
παρόντα Χαιρέαν οὐ βλέπω." τοῦτο τὸ ῥῆμα προέδωκεν αὐτήν·
ὁ γὰρ εὐνοῦχος δεινὸς ὢν τὴν φύσιν ἐνόησεν ὅτι ἐρᾷ. "ὦ" φη-
10  σὶ "πασῶν ἀνοητοτάτη γυναικῶν, τοῦ βασιλέως τὸν Μιθριδάτου
δοῦλον προτιμᾷς;" ἠγανάκτησε Καλλιρόη Χαιρέου λοιδορηθέν-   10
τος καὶ "εὐφήμησον" εἶπεν, "ἄνθρωπε. Χαιρέας εὐγενής ἐστι,
πόλεως πρῶτος, ἣν οὐκ ἐνίκησαν οὐδὲ Ἀθηναῖοι οἱ ἐν Μαραθῶνι
καὶ Σαλαμῖνι νικήσαντες τὸν μέγαν σου βασιλέα." ταῦτα ἅμα
15  λέγουσα δακρύων πηγὰς ἀφῆκεν· ὁ δὲ εὐνοῦχος ἐνέκειτο μᾶλλον
καὶ "σεαυτῇ" φησὶ "τῆς βραδυτῆτος αἰτία γίνῃ. πῶς οὖν εὐμενῆ   11
τὸν δικαστὴν ἕξεις; ἢ ⟨ἐπι⟩σχεῖν κάλλιον ἵνα καὶ τὸν ἄνδρα κο-
μίσῃ; τάχα μὲν οὐδὲ Χαιρέας γνοίη τὸ πραχθέν, ἀλλὰ καὶ γνοὺς
οὐ ζηλοτυπήσει τὸν κρείττονα· δόξει δέ σε τιμιωτέραν, ὡς ἀρέ-

---

2–3 μόνοις ... ἔξεστι] Fort. X. *An.* 3.1.29 οὐδὲ ἀποθανεῖν οἱ τλήμονες δύνανται,
καὶ μάλ᾽ οἶμαι ἐρῶντες τούτου; (Xenophon de sui ducibus a Rege capitis), vid.
Ch. 7.4.8

1 πρόσκαιρον D'Or. : πρὸς καιρὸν F | εἰ F : ἣν Jacobs | πεισθῇς, ⟨οὐκ⟩ ἀ-
κούεις Sanz (cf. 2.1.5, 2.6.3, 1.11.6) : πεισθῇς, ἀκούεις F : πείσῃ ἄκουσα
Bl. (pausa post μή) : ἀποίσει vel καρπώσει Schmidt cet. intactis ‖ 2 ἐχθροί;
dist. Plepelits : punctum medium F, ut solet ‖ 10 πασῶν ἀνοητοτάτη D'Or. :
πάντων ἀνοητότατε F ‖ 12 εὐγενής Cocchi : εὐμενής F ‖ 13 πρῶτος F :
πρώτης Cob. | ἣν Cocchi : ὃν F ‖ 15 ἐνέκειτο Sanz (cf. 1.4.5, 2.5.7, 8.2.13) :
ἐπέθετο F ‖ 16 οὖν F : οὐκ Wifstrand ‖ 17 ἢ ⟨ἐπι⟩σχεῖν Sanz (cf. 1.12.5) :
ἢ σχεῖν F : del. Bl., et κάλλιον etiam (nullum signum interrog. post ἕξεις) :
[ἢ] σχεῖν Wifstrand, qui ἕξεις; secl. : σκέψαι Borgogno (πῶς ... κομίσῃ; una
sententia) ‖ 18 τάχα μὲν οὐδὲ F : τάχα μὲν οὐδ᾽ ⟨ἂν⟩ Cob. : τάχ᾽ ἂν οὐδὲ Re-
nehan

12 σασαν βασιλεῖ." τοῦτο δὲ προσέθηκεν οὐχὶ δι' ἐκείνην ἀλλὰ καὶ
αὐτὸς οὕτω φρονῶν· καταπεπλήγασι γὰρ πάντες οἱ βάρβαροι καὶ
θεὸν φανερὸν νομίζουσι τὸν βασιλέα. Καλλιρόη δὲ καὶ αὐτοῦ τοῦ
Διὸς οὐκ ἂν ἠσπάσατο γάμους, οὐδὲ ἀθανασίαν προετίμησεν ἂν
13 ἡμέρας μιᾶς τῆς μετὰ Χαιρέου. μηδὲν οὖν ἀνύσαι δυνάμενος ὁ εὐ-  5
νοῦχος "δίδωμί σοι" φησίν, "ὦ γύναι, σκέψεως καιρόν. σκέπτου
δὲ μὴ περὶ σεαυτῆς μόνης, ἀλλὰ καὶ Χαιρέου κινδυνεύοντος ἀπο-
λέσθαι τὸν οἴκτιστον μόρον· οὐ γὰρ ἀνέξεται βασιλεὺς ἐν ἔρωτι
παρευδοκιμούμενος." κἀκεῖνος μὲν ἀπηλλάγη, τὸ δὲ τελευταῖον
τῆς ὁμιλίας ἥψατο Καλλιρόης.  10

8 Πᾶσαν δὲ σκέψιν καὶ πᾶσαν ἐρωτικὴν ὁμιλίαν ταχέως μετέβα-
λεν ἡ Τύχη, καινοτέρων εὑροῦσα πραγμάτων ὑπόθεσιν· βασιλεῖ
γὰρ ἧκον ἀπαγγέλλοντες Αἴγυπτον ἀφεστάναι μετὰ μεγάλης
2 παρασκευῆς. τὸν μὲν γὰρ σατράπην τὸν βασιλικὸν τοὺς Αἰγυπτί-
ους ἀνῃρηκέναι, κεχειροτονηκέναι δὲ βασιλέα τῶν ἐπιχωρίων,  15
ἐκεῖνον δὲ ἐκ Μέμφεως ὁρμώμενον διαβεβηκέναι μὲν Πηλούσιον,
ἤδη δὲ Συρίαν καὶ Φοινίκην κατατρέχειν, ὡς μηκέτι τὰς πόλεις
ἀντέχειν, ὥσπερ χειμάρρου τινὸς ἢ πυρὸς αἰφνίδιον ἐπιρρυέν-
3 τος αὐταῖς. πρὸς δὲ τὴν φήμην ἐταράχθη μὲν ὁ βασιλεύς, κατε-
πλάγησαν δὲ Πέρσαι· κατήφεια δὲ πᾶσαν ἔσχε Βαβυλῶνα. τότε  20
καὶ ὄναρ βασιλέως λογοποιοὶ καὶ μάντεις ἔφασκον τὰ μέλλον-
τα προειρηκέναι· θυσίας γὰρ ἀπαιτοῦντας τοὺς θεοὺς κίνδυνον
4 μὲν ἀλλὰ καὶ νίκην προσημαίνειν. πάντα μὲν τὰ εἰωθότα συνέ-
βαινε καὶ ὅσα εἰκὸς ἐν ἀπροσδοκήτῳ πολέμῳ καὶ ἐλέγετο καὶ
ἐγίνετο· κίνησις γὰρ μεγάλη ⟨τὴν⟩ Ἀσίαν κατέλαβε. συγκαλέ-  25
σας οὖν ὁ βασιλεὺς Περσῶν τοὺς ὁμοτίμους καὶ ὅσοι παρῆσαν

25 κίνησις γὰρ μεγάλη] Th. 1.1.2 κίνησις γὰρ αὕτη δὴ μεγίστη τοῖς Ἕλλησιν
ἐγένετο καὶ μέρει τινὶ τῶν βαρβάρων

1 δι' ἐκείνην F : διὰ κενῆς Schmidt (sed ap. Ch. non reperitur) ‖ 18 αἰφνίδιον
F : -ίου Cob. (cum hiatu) ‖ 23–24 συνέβαινε F : συμβαίνειν Cob. ‖ 25 add.
Sanz post Jackson (⟨πᾶσαν τὴν⟩ vel ⟨πᾶσαν⟩), cf. 5.3.4, 5.5.3, 8.3.2 : an
⟨τὴν⟩ μεγάλην pro μεγάλη? (cf. 1.11.7) ‖ 26 ὅσοι παρῆσαν F : ὅσοιπερ ἦσαν
Jackson

ἡγεμόνες τῶν ἐθνῶν, μεθ' ὧν εἰώθει τὰ μεγάλα χρηματίζειν, ἐ-
βουλεύετο περὶ τῶν καθεστηκότων καὶ ἄλλος ἄλλο τι παρῄνει·
πᾶσι δὲ ἤρεσκε τὸ σπεύδειν καὶ μηδὲ μίαν ἡμέραν, εἰ δυνατόν, 5
ἀναβαλέσθαι δυοῖν ἕνεκεν· ἵνα καὶ τοὺς πολεμίους ἐπίσχωσι τῆς
5 πρὸς τὸ πλεῖον αὐξήσεως καὶ τοὺς φίλους εὐθυμοτέρους ποιήσω-
σι, δείξαντες αὐτοῖς ἐγγύθεν τὴν βοήθειαν· βραδυνόντων δὲ εἰς
τοὐναντίον ἅπαντα χωρήσειν· τοὺς μὲν γὰρ πολεμίους καταφρο-
νήσειν ὡς δεδιότων, τοὺς δὲ οἰκείους ἐνδώσειν ὡς ἀμελουμένους.
εὐτύχημα δὲ μέγιστον βασιλεῖ γεγονέναι τὸ μήτε ἐν Βάκτροις 6
10 μήτε ἐν Ἐκβατάνοις, ἀλλὰ ἐν Βαβυλῶνι κατειλῆφθαι, πλησίον
τῆς Συρίας· διαβὰς γὰρ τὸν Εὐφράτην εὐθὺς ἐν χερσὶν ἕξει τοὺς
ἀφεστῶτας. ἔδοξεν οὖν τὴν μὲν ἤδη περὶ αὐτὸν δύναμιν ἐξάγειν,
διαπέμψαι δὲ πανταχόσε κελεύοντα τὴν στρατιὰν ἐπὶ ποταμὸν
Εὐφράτην ἀθροίζεσθαι. ῥᾴστη δέ ἐστι Πέρσαις ἡ παρασκευὴ τῆς
15 δυνάμεως. συντέτακται γὰρ ἀπὸ Κύρου, τοῦ πρώτου Περσῶν βα- 7
σιλεύσαντος, ποῖα μὲν τῶν ἐθνῶν εἰς πόλεμον ἱππείαν καὶ πόσην
τὸν ἀριθμὸν δεῖ παρέχειν, ποῖα δὲ πεζὴν στρατιὰν καὶ πόσην,
τίνας δὲ τοξότας καὶ πόσα ἑκάστους ἅρματα ψιλά τε καὶ δρεπα-
νηφόρα καὶ ἐλέφαντας ὁπόθεν καὶ πόσους, καὶ χρήματα παρ'
20 ὧντινων, ποῖα καὶ πόσα. τοσούτῳ δὲ παρασκευάζεται χρόνῳ πάν-
τα ὑπὸ πάντων, ὅσῳ κἂν εἷς ἀνὴρ παρεσκεύασε.
Τῇ δὲ πέμπτῃ τῶν ἡμερῶν μετὰ τὴν ἀγγελίαν ἐξήλαυνε Βα- 9
βυλῶνος ὁ βασιλεύς, κοινῷ παραγγέλματι πάντων αὐτῷ συνακο-
λουθούντων, ὅσοι τὴν στρατεύσιμον εἶχον ἡλικίαν. ἐν δὲ τούτοις
25 ἐξῆλθε καὶ Διονύσιος· Ἴων γὰρ ἦν καὶ οὐδενὶ τῶν ὑπηκόων μένειν
ἐξῆν. κοσμησάμενος δὲ ὅπλοις καλλίστοις καὶ ποιήσας στῖφος 2

---

20–21 τοσούτῳ ... παρεσκεύασε] Fort. X. *Cyr.* 8.5.4 et 8.5.5

---

1 εἰώθει F : εἴωθε Naber ‖ 3 μηδὲ μίαν Bl. : μηδεμίαν F ‖ 11 διαβὰς ... ἕξει
D'Or. : διαβὰς ... ἕξειν F : διαβάντα ... ἕξειν D'Or. ‖ 12 ἀφεστῶτας Beck :
ἐφεστῶτας F ‖ 13 κελεύοντα F : -ας Her. | στρατιὰν Rei. : στρατείαν F ‖
15 ἀπὸ F : ὑπὸ Cob. ‖ 16 ποῖα F post corr. : ποία F ante corr. | πόσην Her. :
πόσον F ‖ 21 κἂν Cob. : καὶ F | παρεσκεύασε F : -άσατο Cob. ‖ 26 στῖφος
F post corr. ut vid. : στίφος F ante corr.

οὐκ εὐκαταφρόνητον ἐκ τῶν μεθ᾽ ἑαυτοῦ, ἐν τοῖς πρώτοις καὶ
φανερωτάτοις κατέταξεν ἑαυτὸν καὶ δῆλος ἦν πράξων τι γενναῖ-
ον, οἷα δὴ καὶ φύσει φιλότιμος ἀνὴρ καὶ οὐ πάρεργον τὴν ἀρετὴν
3  τιθέμενος, ἀλλὰ τῶν καλλίστων ἀξιῶν. τότε δὲ καὶ ἐλπίδος εἶχέ
τι κούφης, ὅτι χρήσιμος ἦν ἐν τῷ πολέμῳ φανῇ, λήψεται παρὰ      5
τοῦ βασιλέως καὶ δίχα κρίσεως ἆθλον τῆς ἀριστείας τὴν γυναῖκα.
4  Καλλιρόην δὲ ἡ μὲν βασιλὶς οὐκ ἤθελεν ἐπάγεσθαι· διὰ τοῦτο
οὐδὲ ἐμνημόνευσεν αὐτῆς πρὸς βασιλέα οὐδὲ ἐπύθετο τί κελεύει
γενέσθαι περὶ τῆς ξένης· ἀλλὰ καὶ Ἀρταξάτης κατεσιώπησεν, ὡς
δῆτα μὴ θαρρῶν, ἐν κινδύνῳ τοῦ δεσπότου καθεστηκότος, παιδι-   10
ᾶς ἐρωτικῆς μνημονεύειν, τὸ δὲ ἀληθὲς ἄσμενος ἀπηλλαγμένος
καθάπερ ἀγρίου θηρίου· ἐδόκει δ᾽ ⟨ἂν⟩ μοι καὶ χάριν ἔχειν τῷ
πολέμῳ διακόψαντι τὴν βασιλέως ἐπιθυμίαν ὑπὸ ἀργίας τρεφο-
5  μένην. οὐ μὴν Καλλιρόης ἐπελέληστο βασιλεύς, ἀλλὰ ἐν ἐκείνῳ
τῷ ἀδιηγήτῳ ταράχῳ μνήμη τις αὐτὸν εἰσῆλθε τοῦ κάλλους· ᾐ-    15
δεῖτο δὲ εἰπεῖν τὰ περὶ αὐτῆς, μὴ δόξῃ παιδαριώδης εἶναι παντά-
πασιν, ἐν πολέμῳ τηλικούτῳ γυναικὸς εὐμόρφου μνημονεύων.
βιαζομένης δὲ τῆς ὁρμῆς πρὸς μὲν Στάτειραν αὐτὴν οὐδὲν εἶπεν,
ἀλλ᾽ οὐδὲ πρὸς τὸν εὐνοῦχον, ἐπειδὴ αὐτῷ συνῄδει τὸν ἔρωτα,
6  ἐπενόησε δέ τι τοιοῦτον. ἔθος ἐστὶν αὐτῷ τε βασιλεῖ καὶ Περσῶν   20
τοῖς ἀρίστοις, ὅταν εἰς πόλεμον ἐξίωσιν, ἐπάγεσθαι καὶ γυναῖκας

---

4–5 ἐλπίδος ... κούφης] Th. 2.51.6 ἐς τὸν ἔπειτα χρόνον ἐλπίδος τι εἶχον
κούφης μηδ᾽ ἂν ὑπ᾽ ἄλλου νοσήματός ποτε ἔτι διαφθαρῆναι (sc. pestilentia con-
flictati) ‖ 14–15 (vid. 7.4.9) ἐν ... ταράχῳ] X. Cyr. 7.1.32 ‖ 20sqq. ἔθος ...
τρυφήν] cf. X. Cyr. 4.2.2, 4.3.2; cf. etiam Hdt. 7.83.2

5 χρήσιμος ἦν F : χρ- ὢν Apogr. : ⟨ἦν⟩ χρ- ὢν D'Or. : ⟨ἂν⟩ (vel ⟨εἰ⟩) χρ- ὢν Rei.,
qui sicut D'Or. ὢν codicis lectionem esse putabat ‖ 10 δῆτα F (cf. 8.2.7) :
δῆθεν Cob. (cf. 2.7.7, etc.) ‖ 12 post θερίου, τῆς Καλλιρόης add. Naber |
ἐδόκει δ᾽ ⟨ἂν⟩ Bl. (cf. 5.8.3) : ἐδόκει δέ F : δοκεῖ δ᾽ ⟨ἂν⟩ Rea. post Naber (δοκεῖ
δέ) | ἔχειν F : σχεῖν Naber ‖ 14 ἐν ἐκείνῳ F : κἀν ἐ- Zankogiannes : ⟨καὶ⟩
ἐν αὐτῷ Schmidt ‖ 16 τὰ scripsi (cf. 2.1.1) : τὸ F : τι Cob. ‖ 19 ἐπειδὴ
F : ἐπειδὴ⟨περ⟩ Her., hiatus causa (sed cf. e. g. 4.6.4 διαφθείρει αὐτοῦ) ‖
20 τοιοῦτον Her. (sexies ante vocalem ap. Ch., cf. 1.4.1, etc.) : τοιοῦτο F

καὶ τέκνα καὶ χρυσὸν καὶ ἄργυρον καὶ ἐσθῆτα καὶ εὐνούχους καὶ
παλλακίδας καὶ κύνας καὶ τραπέζας καὶ πλοῦτον πολυτελῆ καὶ
τρυφήν. τὸν οὖν ἐπὶ τούτων διάκονον καλέσας ὁ βασιλεύς, πολλὰ   7
πρῶτον εἰπὼν καὶ τὰ ἄλλα διατάξας ὡς ἕκαστον ἔδει γενέσθαι,
5  τελευταίας ἐμνημόνευσε Καλλιρόης ἀξιοπίστῳ τῷ προσώπῳ, ὡς
οὐδὲν αὐτῷ μέλον. "κἀκεῖνο" φησὶ "τὸ γύναιον τὸ ξένον, περὶ οὗ
τὴν κρίσιν ἀνεδεξάμην, σὺν ταῖς ἄλλαις γυναιξὶν ἀκολουθείτω."
καὶ Καλλιρόη μὲν οὕτως ἐξῆλθε Βαβυλῶνος οὐκ ἀηδῶς, ἤλπιζε   8
γὰρ καὶ Χαιρέαν ἐξελεύσεσθαι· πολλὰ μὲν οὖν φέρειν καὶ πόλε-
10 μον ἄδηλα, καὶ μεταβολὰς τοῖς δυστυχοῦσι βελτίονας, τάχα δὲ
καὶ τὴν δίκην ἕξειν τέλος ἐκεῖ ταχείας εἰρήνης γενομένης.

---

6 μέλον D'Or. : μέλλον F ‖ 9–10 καὶ πόλεμον F : πόλεμον καὶ Bl. : τὸν
πόλεμον Cob.

## Λόγος ἕβδομος

1 Πάντων δὲ ἐξιόντων μετὰ βασιλέως ἐπὶ τὸν πόλεμον τὸν πρὸς
τοὺς Αἰγυπτίους Χαιρέᾳ παρήγγειλεν οὐδείς· βασιλέως γὰρ δοῦ-
λος οὐκ ἦν, ἀλλὰ τότε μόνος ἐν Βαβυλῶνι ἐλεύθερος. ἔχαιρε δὲ
ἐλπίζων ὅτι καὶ Καλλιρόη μένει. τῆς οὖν ὑστεραίας ἦλθεν ἐπὶ τὰ      5
2 βασίλεια ζητῶν τὴν γυναῖκα. κεκλεισμένα δὲ ἰδὼν καὶ πολλοὺς
ἐπὶ θύραις τοὺς φυλάσσοντας περιῄει τὴν πόλιν ὅλην ἐξερευ-
νώμενος καὶ συνεχῶς καθάπερ ἐμμανὴς Πολυχάρμου τοῦ φίλου
πυνθανόμενος "Καλλιρόη δὲ ποῦ; τί γέγονεν; οὐ δήπου γὰρ καὶ
3 αὐτὴ στρατεύεται." μὴ εὑρὼν δὲ Καλλιρόην ἐζήτει Διονύσιον      10
τὸν ἀντεραστὴν καὶ ἧκεν ἐπὶ τὴν οἰκίαν τὴν ἐκείνου. προῆλθεν
οὖν τις ὥσπερ ἀκέραιος, καὶ εἶπεν ἅπερ ἦν δεδιδαγμένος. θέλων
γὰρ ὁ Διονύσιος ἀπελπίσαι Χαιρέαν τὸν Καλλιρόης γάμον καὶ
4 μηκέτι μένειν τὴν δίκην, ἐπενόησέ τι στρατήγημα τοιοῦτον. ἐξι-
ὼν ἐπὶ τὴν μάχην κατέλιπε τὸν ἀπαγγελοῦντα πρὸς Χαιρέαν ὅτι      15
βασιλεὺς ὁ Περσῶν χρείαν ἔχων συμμάχων πέπομφε Διονύσιον
ἀθροῖσαι στρατιὰν ἐπὶ τὸν Αἰγύπτιον καί, ἵνα πιστῶς αὐτῷ καὶ
προθύμως ἐξυπηρετῆται, Καλλιρόην ἀπέδωκε. ταῦτα ἀκούσας
Χαιρέας ἐπίστευσεν εὐθύς· εὐεξαπάτητον γὰρ ἄνθρωπος δυστυ-
5 χῶν. καταρρηξάμενος οὖν τὴν ἐσθῆτα καὶ σπαράξας τὰς τρίχας,      20
τὸ στέρνον ἅμα παίων ἔλεγεν "ἄπιστε Βαβυλών, κακὴ ξενοδόχε,
ἐπ' ἐμοῦ δὲ καὶ ἔρημη. ὢ καλοῦ δικαστοῦ· προαγωγὸς γέγονεν
ἀλλοτρίας γυναικός. ἐν πολέμῳ γάμοι, καὶ ἐγὼ μὲν ἐμμελετῶν
τὴν δίκην καὶ πάνυ ἐπεπείσμην δίκαια ἐρεῖν· ἐρήμην δὲ κατεκρί-
6 θην καὶ Διονύσιος νενίκηκε σιγῶν. ἀλλ' οὐδὲν ὄφελος αὐτῷ τῆς      25
νίκης· οὐ γὰρ ζήσεται Καλλιρόη παρόντος διαζευχθεῖσα Χαιρέου·

---

1 Λόγος ἕβδομος correxi (vid. titulum libri primi) : τῶν περὶ χαιρέαν καὶ
καλλιρρόην ἐρωτικῶν διηγημάτων λόγος ζ' F ‖ 3 post οὐδείς, οὐδέν add.
Naber (cf. 8.4.10) ‖ 12 ἀκέραιος Abresch : ἄκαιρος F : εὐκαίρως Her. :
οἰκουρός Jackson ‖ 23 ἐν πολέμῳ γάμοι F (sic), suspectum : fort. ἐν πολέμου
νόμῳ Reeve | ἐμμελετῶν F : ἐμελέτων Rei. ‖ 26 παρόντος F (cf. 2.1.1) :
περιόντος Cocchi | Χαιρέου· F : Χαιρέου, ⟨εἰ⟩ Bl.

καὶ τὸ πρῶτον ἐξηπάτησεν αὐτὴν τῷ δοκεῖν ἐμὲ τεθνηκέναι. τί
οὖν ἐγὼ βραδύνω καὶ οὐκ ἀποσφάζω πρὸ τῶν βασιλείων ἐμαυτόν,
προχέας τὸ αἷμα ταῖς θύραις τοῦ δικαστοῦ; γνώτωσαν Πέρσαι
καὶ Μῆδοι, πῶς βασιλεὺς ἐδίκασεν ἐνταῦθα."

5   Πολύχαρμος δὲ ἰδὼν ἀπαρηγόρητον αὐτοῦ τὴν συμφορὰν καὶ      7
ἀδύνατον σωθῆναι Χαιρέαν "πάλαι μὲν" ἔφη "παρεμυθούμην
σε, φίλτατε, καὶ πολλάκις ἀποθανεῖν ἐκώλυσα, νῦν δέ μοι δοκεῖς
καλῶς βεβουλεῦσθαι· καὶ τοσοῦτον ἀποδέω τοῦ σε κωλύειν, ὥσ-
τε καὶ αὐτὸς ἤδη συναποθανεῖν ἕτοιμος. σκεψώμεθα δὲ θανάτου
10  τρόπον, ὅστις ἂν γένοιτο βελτίων· ὃν γὰρ σὺ διανοῇ, φέρει μέν
τινα φθόνον βασιλεῖ καὶ πρὸς τὸ μέλλον αἰσχύνην, οὐ μεγάλην
δὲ ἐκδικίαν ὧν πεπόνθαμεν. δοκεῖ δέ μοι τὸν ἅπαξ ὡρισμένον θά-      8
νατον ὑφ' ἡμῶν εἰς ἄμυναν καταχρήσασθαι τοῦ τυράννου· καλὸν
γὰρ λυπήσαντας αὐτὸν ἔργῳ ποιῆσαι μετανοεῖν, ἔνδοξον καὶ τοῖς
15  ὕστερον ἐσομένοις διήγημα καταλείποντας ὅτι δύο Ἕλληνες ἀδι-
κηθέντες ἀντελύπησαν τὸν μέγαν βασιλέα καὶ ἀπέθανον ὡς ἄν-
δρες." "πῶς οὖν" εἶπε Χαιρέας "ἡμεῖς οἱ ⟨δύο⟩ μόνοι καὶ πένητες      9
καὶ ξένοι τὸν κύριον τηλικούτων καὶ τοσούτων ἐθνῶν καὶ δύναμιν
ἔχοντα ἣν ἑωράκαμεν λυπῆσαι δυνάμεθα; τοῦ μὲν γὰρ σώματος
20  αὐτῷ φυλακαὶ καὶ προφυλακαί, κἂν ἀποκτείνωμεν δέ τινα τῶν
ἐκείνου, κἂν ἐμπρήσωμέν τι τῶν ἐκείνου κτημάτων, οὐκ αἰσθή-
σεται τῆς βλάβης." "ὀρθῶς ἂν" ἔφη Πολύχαρμος "ταῦτα ἔλεγες,      10
εἰ μὴ πόλεμος ἦν· νῦν δὲ ἀκούομεν Αἴγυπτον μὲν ἀφεστάναι,
Φοινίκην δὲ ἑαλωκέναι, Συρίαν δὲ κατατρέχεσθαι. βασιλεῖ δὲ ὁ
25  πολέμιος ἀπαντήσει καὶ πρὸ τοῦ διαβῆναι τὸν Εὐφράτην. οὐκ      11
ἐσμὲν οὖν οἱ δύο μόνοι, τοσούτους δὲ ἔχομεν συμμάχους ὅσους
ὁ Αἰγύπτιος ἄγει, τοσαῦτα ὅπλα, τοσαῦτα χρήματα, τοσαύτας

---

1 αὐτὴν D'Or. : αὐτὴν F | τῷ F (sic) : τὸ D'Or. (servato αὐτὴν) ‖ 5 αὐτοῦ
Sanz (συμφορά sexies cum genit., cf. 1.9.3, etc.) : αὐτῷ F (sic) : αὐτῷ D'Or. ‖
11 πρὸς F : εἰς Cob. (ut 7.3.11, sed cf. 3.2.7) ‖ 14 post ἔργῳ, fort. ⟨μεγάλῳ⟩
Reeve ‖ 15 καταλείποντας D'Or. : καταλείποντες F ‖ 17 add. Zankogiannes
(cf. lin. 26) ‖ 19 ἣν F : ὅσην Cob. ‖ 25 πολέμιος Pierson (cf. 7.4.11, 7.5.9,
et vid. 7.2.9) : πόλεμος F

τριήρεις. χρησώμεθα ἀλλοτρίᾳ δυνάμει πρὸς τὴν ὑπὲρ ἑαυτῶν
ἄμυναν." οὖ πω πᾶν εἴρητο ἔπος καὶ Χαιρέας ἀνεβόησε "σπεύδω-
μεν, ἀπίωμεν. δίκας ἐν τῷ πολέμῳ λήψομαι παρὰ τοῦ δικαστοῦ."

2    Ταχέως τοίνυν ἐξορμήσαντες ἐδίωκον βασιλέα, προσποιούμε-
νοι θέλειν ἐκείνῳ συστρατεύεσθαι· διὰ γὰρ ταύτης τῆς προφά-     5
σεως ἤλπιζον ἀδεῶς διαβήσεσθαι τὸν Εὐφράτην. κατέλαβον δὲ
τὴν στρατιὰν ἐπὶ τῷ ποταμῷ καὶ προσμίξαντες τοῖς ὀπισθοφύλα-
2    ξιν ἠκολούθουν. ἐπεὶ δὲ ἦκον εἰς Συρίαν, ηὐτομόλησαν πρὸς τὸν
Αἰγύπτιον. λαβόντες δὲ αὐτοὺς οἱ φύλακες ἐξήταζον τίνες εἶεν·
σχῆμα γὰρ πρεσβευτῶν οὐκ ἔχοντες ὑπωπτεύοντο κατάσκοποι        10
μᾶλλον. ἔνθα καὶ παρεκινδύνευσαν ⟨ἄν⟩, εἰ μὴ εἷς γέ τις Ἕλλην
ἐκεῖ κατὰ τύχην εὑρεθεὶς συνῆκε τῆς φωνῆς· ἠξίουν δὲ ἄγεσθαι
3    πρὸς τὸν βασιλέα, ὡς μέγα ὄφελος αὐτῷ κομίζοντες. ἐπεὶ δὲ ἠ-
χθησαν, Χαιρέας εἶπεν "ἡμεῖς Ἕλληνές ἐσμεν Συρακόσιοι τῶν
εὐπατριδῶν. οὗτος μὲν οὖν εἰς Βαβυλῶνα φίλος ἐμὸς ὢν ἦλθε δι'     15
ἐμέ, ἐγὼ δὲ διὰ γυναῖκα, τὴν Ἑρμοκράτους θυγατέρα, εἴ τινα
Ἑρμοκράτην ἀκούεις στρατηγὸν ⟨τὸν⟩ Ἀθηναίους καταναυμαχή-
4    σαντα." ἐπένευσεν ὁ Αἰγύπτιος, οὐδὲν γὰρ ἔθνος ἄπυστον ἦν τῆς
Ἀθηναίων δυστυχίας, ἣν ἐδυστύχησαν ἐν τῷ πολέμῳ τῷ Σικελι-
κῷ. "τετυράννηκε δὲ ἡμῶν Ἀρταξέρξης," καὶ πάντα διηγήσατο.     20
"φέροντες οὖν ἑαυτοὺς δίδομέν σοι φίλους πιστούς, δύο τὰ προ-
τρεπτικώτατα εἰς ἀνδρείαν ἔχοντες, θανάτου καὶ ἀμύνης ἔρωτα·
ἤδη γὰρ ἐτεθνήκειν ὅσον ἐπὶ ταῖς συμφοραῖς, λοιπὸν δὲ ζῶ εἰς
μόνον τὸ λυπῆσαι τὸν ἐχθρόν.

---

2 (cf. etiam 3.4.4) οὖ ... ἔπος] Hom. *Il.* 10.540, *Od.* 16.11 et cf. 16.351

---

5 θέλειν Her. : ἐθέλειν F ‖ 11 ἔνθα F : εἶναι Cob. (sine puncto) | καὶ F : κἂν
Jackson | add. Cob. ‖ 13 κομίζοντες Her. (lectionem D'Or. iam temptavit) :
κομίζοντας F ‖ 16 τινα F : τι Dawe ‖ 17 add. Cob. ‖ 20 διηγήσατο Her. :
διηγήσαντο F ‖ 21 φέροντες F : φύγοντες Schmidt ‖ 23 λοιπὸν et ζῶ loco
permutavit Rea. (hiatus causa, sed cf. 6.1.8, 8.4.7) ‖ 23–24 εἰς et μόνον
item permutavit Jackson

Μὴ μὰν ἀσπουδί γε καὶ ἀκλειῶς ἀπολοίμην,
ἀλλὰ μέγα ῥέξας τι καὶ ἐσσομένοισι πυθέσθαι."
ταῦτα ἀκούσας ὁ Αἰγύπτιος ἥσθη καὶ τὴν δεξιὰν ἐμβαλὼν "εἰς      5
καιρὸν ἥκεις" φησίν, "ὦ νεανία, σεαυτῷ τε κἀμοί."  παραυτίκα
5  μὲν οὖν αὐτοῖς ἐκέλευσεν ὅπλα δοθῆναι καὶ σκηνήν, μετ' οὐ πο-
λὺ δὲ καὶ ὁμοτράπεζον ἐποιήσατο Χαιρέαν, εἶτα καὶ σύμβουλον·
ἐπεδείκνυτο γὰρ φρόνησίν τε καὶ θάρσος, μετὰ τούτων δὲ καὶ
πίστιν, οἷα δὴ καὶ φύσεως ἀγαθῆς καὶ παιδείας οὐκ ἀπρονόητος.
ἐπήγειρε δὲ μᾶλλον αὐτὸν καὶ διαπρεπέστερον ἐποίησεν ἡ πρὸς      6
10  βασιλέα φιλονεικία καὶ τὸ δεῖξαι θέλειν ὅτι οὐκ ἦν εὐκαταφρόνη-
τος, ἀλλ' ἄξιος τιμῆς. εὐθὺς οὖν ἔργον ἐπεδείξατο μέγα. τῷ μὲν
Αἰγυπτίῳ τὰ μὲν ἄλλα προκεχωρήκει ῥαδίως καὶ κύριος ἐγεγό-
νει τῆς Κοίλης Συρίας ἐξ ἐπιδρομῆς, ὑποχείριος δὲ ἦν αὐτῷ καὶ
Φοινίκη πλὴν Τύρου. Τύριοι δὲ φύσει γένος ἐστὶ μαχιμώτατον      7
15  καὶ κλέος ἐπ' ἀνδρείᾳ θέλουσι κεκτῆσθαι, μὴ δόξωσι καταισχύ-
νειν τὸν Ἡρακλέα, φανερώτατον θεὸν παρ' αὐτοῖς καὶ ᾧ μόνῳ
σχεδὸν ἀνατεθείκασι τὴν πόλιν. θαρροῦσι δὲ καὶ ὀχυρότητι τῆς
οἰκήσεως. ἡ μὲν γὰρ πόλις ἐν θαλάσσῃ κατῴκισται, λεπτὴ δὲ      8
εἴσοδος αὐτὴν συνάπτουσα τῇ γῇ κωλύει τὸ μὴ νῆσον εἶναι· ἔ-
20  οικε δὲ νηὶ καθωρμισμένῃ καὶ ἐπὶ γῆς τεθεικυίᾳ τὴν ἐπιβάθραν.
πανταχόθεν οὖν αὐτοῖς τὸν πολέμιον ἀποκλεῖσαι ῥάδιον· τὴν μὲν      9
πεζὴν στρατιὰν ἐκ τῆς θαλάσσης, ἀρκούσης αὐτῇ πύλης μιᾶς,
τὸν δὲ ἐπίπλουν τῶν τριηρῶν τείχεσιν, ὀχυρῶς ᾠκοδομημένης
τῆς πόλεως καὶ λιμέσι κλειομένης ὥσπερ ἄκρας.

---

1–2 Hom. *Il.* 22.304–305 (Hectoris verba ante pugnam cum Achille)

---

1 ἀσπουδί edd. ex Homeri codd. : ἀσπουδεί F ‖ 5 σκηνήν F : σκευήν Schmidt
(cf. X. *An.* 6.5.1) ‖ 7 τούτων prop. D'Or. : τοῦτο F ‖ 8 ἀπρονόητος F :
ἄπειρος vel ἄγευστος vel ἀμελέτητος Cob. ‖ 14 ἐστὶ F : fort. εἰσὶ Rei. ‖
21 πολέμιον Abresch (vid. 7.1.10) : πόλεμον F ‖ 22 ἐκ τῆς θαλάσσης ("maris
gratia" interpretandum) F : ἐκ τῆς γῆς Rei. : corruptum censuit Rea. (fort.
deest aliquid, his verbis post τριηρῶν transpositis) ‖ 24 ἄκρας Sanz : οἰκίας
F : post οἰκίας, θύραις add. Borgogno : οἰκίαις Cob. (κλειομένοις pro -νης)

**3**     Πάντων οὖν τῶν πέριξ ἑαλωκότων μόνοι Τύριοι τῶν Αἰγυπτίων
κατεφρόνουν, τὴν εὔνοιαν καὶ πίστιν τῷ Πέρσῃ φυλάττοντες. ἐπὶ
τούτῳ δυσχεραίνων ὁ Αἰγύπτιος συνήγαγε βουλήν. τότε πρῶτον
Χαιρέαν παρεκάλεσεν εἰς τὸ συμβούλιον καὶ ἔλεξεν ὧδε.

**2**     "Ἄνδρες σύμμαχοι, δούλους γὰρ οὐκ ἂν εἴποιμι τοὺς φίλους,      5
ὁρᾶτε τὴν ἀπορίαν ὅτι ὥσπερ ναῦς ἐπὶ πολὺ εὐπλοήσασα ἐναν-
τίοις ἀνέμοις λαμβανόμεθα καὶ Τύρος ἡ παγχάλεπος κατέχει
σπεύδοντας ἡμᾶς· ἐπείγεται δὲ καὶ βασιλεύς, ὡς πυνθανόμεθα.
τί οὖν χρὴ πράττειν; οὔτε γὰρ ἑλεῖν Τύρον ἔνεστιν, οὔτε ὑπερβῆ-
ναι, καθάπερ δὲ τεῖχος ἐν μέσῳ κειμένη τὴν Ἀσίαν ἡμῖν πᾶσαν      10
ἀποκλείει. δοκεῖ δέ μοι τὴν ταχίστην ἐντεῦθεν ἀπιέναι, πρὶν ἢ
**3**     τὴν Περσῶν δύναμιν Τυρίοις προσγενέσθαι. κίνδυνος δὲ καταλη-
φθεῖσιν ἡμῖν ἐν γῇ πολεμίᾳ. τὸ δὲ Πηλούσιον ὀχυρόν, ἔνθα οὔτε
Τυρίους οὔτε Μήδους οὔτε πάντας ἀνθρώπους ἐπιόντας δεδοίκα-
μεν· ψάμμος τε γὰρ ἀδιόδευτος καὶ εἴσοδος ὀλίγη καὶ θάλασσα      15
ἡμετέρα καὶ Νεῖλος Αἰγυπτίους φιλῶν." ταῦτα εἰπόντος λίαν
εὐλαβῶς σιωπὴ πάντων ἐγένετο καὶ κατήφεια· μόνος δὲ Χαιρέας
ἐτόλμησεν εἰπεῖν·

**4**     "Ὦ βασιλεῦ, σὺ γὰρ ἀληθῶς βασιλεύς, οὐχ ὁ Πέρσης, ὁ κά-
κιστος ἀνθρώπων· λελύπηκάς με σκεπτόμενος περὶ φυγῆς ἐν      20
ἐπινικίοις· νικῶμεν γάρ, ἂν θεοὶ θέλωσι, καὶ οὐ μόνον Τύρον ἕξο-
μεν, ἀλλὰ καὶ Βαβυλῶνα. πολλὰ δὲ ἐν πολέμῳ [καὶ] τὰ ἐμπόδια
γίνεται, πρὸς ἃ δεῖ μὴ παντάπασιν ἀποκνεῖν, ἀλλὰ ἐγχειρεῖν προ-

---

22–23 πολλὰ ... γίνεται] X. *Eq. Mag.* 4.8 πολλὰ γὰρ ἐν πολέμῳ τὰ ἐμπόδια
συμπίπτει ‖ 23sq. ἐγχειρεῖν ... ἐλπίδα] Dem. 18.97 (*De cor.*) δεῖ δὲ τοὺς ἀγα-
θοὺς ἄνδρας ἐγχειρεῖν μὲν ἅπασιν ἀεὶ τοῖς καλοῖς, τὴν ἀγαθὴν προβαλλομένους
ἐλπίδα | Men., fr. 717.1–2 K.-A. ἀγαθὴν ἐλπίδα πρόβαλλε σαυτῷ

---

6–7 ἐναντίοις ἀνέμοις Sanz (cf. 3.4.14, 3.5.1, Hld. 4.16.7) : ἐναντίῳ ἀνέμῳ F
(sic) : -ίῳ ⟨τῷ⟩ -μῳ Jackson hiatus causa ‖ 12 ante Τυρίοις, τοῖς add. Apogr.,
sed cf. 8.6.12 ‖ 13 γῇ F (sic), ut recte dispexit Rea. et antea coni. Dawe (cf.
8.1.9) : τῇ codici perperam tribuerunt Apogr. et edd. ‖ 22 [καὶ] τὰ Her : καὶ
τὰ F : καὶ [τὰ] Bl.

βαλλομένους ἀεὶ τὴν ἀγαθὴν ἐλπίδα. τούτους δὲ ἐγώ σοι τοὺς   5
Τυρίους, τοὺς νῦν καταγελῶντας, γυμνοὺς ἐν πέδαις παραστήσω.
εἰ δὲ ἀπιστεῖς, ἐμὲ προθυσάμενος ἀπέρχου· ζῶν γὰρ οὐ κοινω-
νήσω φυγῆς. ἂν δὲ καὶ πάντως θέλῃς, ὀλίγους ἐμοὶ κατάλιπε
5  τοὺς ἑκουσίως μενοῦντας· νῶι δ᾽, ἐγὼ Πολύχαρμός τε μαχησό-
μεθα·
σὺν γὰρ θεῷ εἰλήλουθμεν."
Ἠιδέσθησαν πάντες μὴ συγκαταθέσθαι τῇ Χαιρέου γνώμῃ·   6
βασιλεὺς δὲ θαυμάσας αὐτοῦ τὸ φρόνημα συνεχώρησεν ὁπόσον
10 βούλεται τῆς στρατιᾶς ἐπίλεκτον λαβεῖν. ὁ δὲ οὐκ εὐθὺς εἵλετο,
ἀλλὰ καταμίξας ἑαυτὸν εἰς τὸ στρατόπεδον καὶ Πολύχαρμον
κελεύσας τὸ αὐτό, πρῶτον ἀνηρεύνα εἴ τινες εἶεν Ἕλληνες ἐν
τῷ στρατοπέδῳ. πλείονες μὲν οὖν εὑρέθησαν οἱ μισθοφοροῦντες,   7
ἐξελέξατο δὲ Λακεδαιμονίους καὶ Κορινθίους καὶ τοὺς ἄλλους
15 Πελοποννησίους· εὗρε δὲ καὶ ὡς εἴκοσι Σικελιώτας. ποιήσας οὖν
τριακοσίους τὸν ἀριθμὸν ἔλεξεν ὧδε·
"Ἄνδρες Ἕλληνες, ἐμοὶ τοῦ βασιλέως ἐξουσίαν παρασχόντος   8
ἐπιλέξασθαι τῆς στρατιᾶς τοὺς ἀρίστους, εἱλόμην ὑμᾶς· καὶ γὰρ
αὐτὸς Ἕλλην εἰμί, Συρακόσιος, γένος Δωριεύς. δεῖ δὲ ἡμᾶς μὴ
20 μόνον εὐγενείᾳ τῶν ἄλλων ἀλλὰ καὶ ἀρετῇ διαφέρειν. μηδεὶς οὖν   9
καταπλαγῇ τὴν πρᾶξιν ἐφ᾽ ἣν ὑμᾶς παρακαλῶ, καὶ γὰρ δυνατὴν
εὑρήσομεν καὶ ῥᾳδίαν, δόξῃ μᾶλλον ἢ πείρᾳ δύσκολον. Ἕλλη-
νες ἐν Θερμοπύλαις τοσοῦτοι Ξέρξην ὑπέστησαν. Τύριοι δὲ οὐκ
εἰσὶ πεντακόσιαι μυριάδες, ἀλλὰ ὀλίγοι καὶ καταφρονήσει μετ᾽
25 ἀλαζονείας, οὐ φρονήματι μετ᾽ εὐβουλίας χρώμενοι. γνώτωσαν   10
οὖν πόσον Ἕλληνες Φοινίκων διαφέρουσιν. ἐγὼ δὲ οὐκ ἐπιθυμῶ
στρατηγίας, ἀλλ᾽ ἕτοιμος ἀκολουθεῖν ὅστις ἂν ἡμῶν ἄρχειν θέλῃ·

---

5–7 Hom. *Il.* 9.48–49 νῶι δ᾽, ἐγὼ Σθένελός τε, μαχησόμεθ᾽ εἰς ὅ κε τέκμωρ /
Ἰλίου εὕρωμεν· σὺν γὰρ θεῷ εἰλήλουθμεν (Diomedes Agamemnoni obsistit,
qui Danaos in suas sedes redire exhortatur)

---

12 τὸ αὐτό, πρῶτον F : τὸ αὐτὸ πράττειν, Cob. ‖ 27 ἡμῶν Sanz (cum ἄρχειν,
cf. 6.5.4, 8.5.12 et vid. 1.13.4 ἡμετέροις) : ὑμῶν F

πειθόμενον γὰρ εὑρήσει, ἐπεὶ καὶ δόξης οὐκ ἐμῆς ἀλλὰ κοινῆς
ὀρέγομαι." πάντες ἐπεβόησαν "σὺ στρατήγει."

11     "Βουλομένων," ἔφη "στρατηγῶ· καὶ τὴν ἀρχήν μοι ὑμεῖς δε-
δώκατε, διὰ τοῦτο πειράσομαι πάντα πράττειν, ὥστε ὑμᾶς μὴ
μετανοεῖν τὴν πρὸς ἐμὲ εὔνοιάν τε καὶ πίστιν ᾑρημένους. ἀλλ᾽    5
ἔν τε τῷ παρόντι σὺν θεοῖς ἔνδοξοι καὶ περίβλεπτοι γενήσεσθε
καὶ πλουσιώτατοι τῶν συμμάχων, εἴς τε τὸ μέλλον ὄνομα κατα-
λείψετε τῆς ἀρετῆς ἀθάνατον καὶ πάντες ⟨ὑμᾶς⟩ ὑμνήσουσιν ὡς
τοὺς μετὰ Ὀθρυάδου ἢ τοὺς μετὰ Λεωνίδου, οὕτως καὶ τοὺς με-
τὰ Χαιρέου τριακοσίους ἀνευφημήσουσιν." ἔτι λέγοντος πάντες    10
ἀνέκραγον "ἡγοῦ," καὶ πάντες ὥρμησαν ἐπὶ τὰ ὅπλα.

4     Κοσμήσας δὲ αὐτοὺς ὁ Χαιρέας ταῖς καλλίσταις πανοπλίαις
ἤγαγεν ἐπὶ τὴν βασιλέως σκηνήν. ἰδὼν δὲ ὁ Αἰγύπτιος ἐθαύμασε
καὶ ἄλλους ὁρᾶν ὑπελάμβανεν, οὐ τοὺς συνήθεις, ἐπηγγείλατο δὲ
2 αὐτοῖς μεγάλας δωρεάς. "ταῦτα μὲν" ἔφη Χαιρέας "πιστεύομεν·    15
σὺ δὲ ἔχε τὴν ἄλλην στρατιὰν ἐν τοῖς ὅπλοις καὶ μὴ πρότερον
ἐπέλθῃς τῇ Τύρῳ, πρὶν κρατήσωμεν αὐτῆς καὶ ἀναβάντες ἐπὶ
τὰ τείχη καλέσωμεν ὑμᾶς." "οὕτως" ἔφη "ποιήσειαν οἱ θεοί."
3 συνεσπειραμένους οὖν ὁ Χαιρέας ἐκείνους ἤγαγεν ἐπὶ τὴν Τύρον,
ὥστε πολὺ ἐλάττονας δόξαι· ὡς καὶ ἀληθῶς                20

1 post πειθόμενον, με add. Bl. ‖ 2–3 στρατήγει ... ἔφη sic dist. Bl. : στρατήγει
βουλομένων. ἔφη F ‖ 3–4 στρατηγῶ· καὶ ... δεδώκατε, distinxi, sed locus
fort. corruptus est : στρατηγῶ καὶ ... δεδώκατε· F et edd. : ἐπεὶ pro καὶ
Schmidt (sed ἐπεὶ δὲ rectius exspectatur) : post ἀρχήν, ἣν et post δεδώκατε,
ὑποδέχομαι add. Gasda: καὶ del. Naber (ἣν post ἀρχήν addito) ‖ 8 add. Abre-
sch (cf. 1.1.16, 6.6.7) : πάντες ὑμνήσουσιν ὡς F : π- ὡς ὑμνήσουσι Bl. :
ὡς π- ὑμνοῦσι Rea. : ὑμνήσουσιν secl. Her. ‖ 9 Ὀθρυάδου D'Or. (cf. Hdt.
1.82.3–6) : μιθριδάτου F : Μιλτιάδου D'Or. (sed incongruens censeo Chae-
ream de viro Atheniense mentionem facere, cf. 7.3.7–8) | οὕτως F : οὕτω
Rea. (sed cf. 5.5.6, 8.5.11) ‖ 10 τριακοσίους post Χαιρέου transp. Rea. (sic
hiatum sustulit) : post μιθριδάτου F (Ὀθρυάδου in ed. mea) : post Λεωνίδου
D'Or. ‖ 17 κρατήσωμεν Apogr. : κρατήσομεν F ‖ 18 καλέσωμεν Gasda :
καλῶμεν F ‖ 19 συνεσπειραμένους D'Or. : συνεσπειραμένος F ‖ 20 ὡς καὶ
F : καὶ ὡς Her.

ἀσπὶς ἄρ᾽ ἀσπίδ᾽ ἔρειδε, κόρυς κόρυν, ἀνέρα δ᾽ ἀνήρ.
καὶ τὸ μὲν πρῶτον οὐδὲ καθεωρῶντο ὑπὸ τῶν πολεμίων· ὡς δ᾽
ἐγγὺς ἦσαν, βλέποντες αὐτοὺς ⟨οἱ⟩ ἀπὸ τῶν τειχῶν ἐσήμαινον
τοῖς ἔνδον, ὁτιοῦν μᾶλλον ⟨ἢ⟩ πολεμίους εἶναι προσδοκῶντες. τίς     4
5  γὰρ ἂν καὶ προσεδόκησε τοσούτους ὄντας ἐπὶ τὴν δυνατωτάτην
πόλιν παραγίνεσθαι, πρὸς ἣν οὐδέποτε ἐθάρρησεν ἐλθεῖν οὐδὲ
πᾶσα ἡ τῶν Αἰγυπτίων δύναμις; ἐπεὶ δὲ τοῖς τείχεσιν ἐπλησίαζον,
ἐπυνθάνοντο τίνες εἶεν καὶ τί βούλοιντο. Χαιρέας δὲ ἀπεκρίνατο     5
"ἡμεῖς Ἕλληνες μισθοφόροι παρὰ τοῦ Αἰγυπτίου τὸν μισθὸν οὐκ
10  ἀπολαμβάνοντες ἀλλὰ καὶ ἐπιβουλευθέντες ἀπολέσθαι πάρεσμεν
πρὸς ὑμᾶς, μεθ᾽ ὑμῶν ἀμύνεσθαι θέλοντες τὸν κοινὸν ἐχθρόν."
ἐμήνυσέ τις ταῦτα τοῖς ἔνδον καὶ ἀνοίξας τὰς πύλας προῆλθεν     6
ὁ στρατηγὸς μετ᾽ ὀλίγων. τοῦτον πρῶτον Χαιρέας ἀποκτείνας
ὥρμησεν ἐπὶ τοὺς ἄλλους,
15     τύπτε δ᾽ ἐπιστροφάδην· τῶν δὲ στόνος ὤρνυτ᾽ ἀεικής.
ἄλλος δὲ ἄλλον ἐφόνευεν, ὥσπερ λέοντες εἰς ἀγέλην βοῶν ἐμ-
πεσόντες ἀφύλακτον· οἰμωγὴ δὲ καὶ θρῆνος κατεῖχε τὴν πόλιν
ἅπασαν, ὀλίγων μὲν τὸ γινόμενον ὁρώντων, πάντων δὲ θορυβου-
μένων. καὶ ὄχλος ἄτακτος ἐξεχεῖτο διὰ τῆς πύλης, βουλόμενος     7
20  θεάσασθαι τὸ συμβεβηκός. τοῦτο μάλιστα τοὺς Τυρίους ἀπώλε-
σεν. οἱ μὲν γὰρ ἔνδοθεν ἐξελθεῖν ἐβιάζοντο, οἱ δὲ ἔξω παιόμενοι     8
καὶ κεντούμενοι ξίφεσι καὶ λόγχαις εἴσω πάλιν ἔφευγον, ἀπαν-
τῶντες δὲ ἀλλήλοις ἐν στενοχωρίᾳ πολλὴν ἐξουσίαν παρεῖχον
τοῖς φονεύουσιν. οὔκουν οὐδὲ τὰς πύλας δυνατὸν ἦν κλεῖσαι, σε-
25  σωρευμένων ἐν αὐταῖς τῶν νεκρῶν.

---

1 Hom. *Il.* 13.131, 16.215 (Danai conferto agmine procedunt) ‖ 15 Hom.
*Il.* 21.20 (Achilles impetum in Dardanos facit), sed cf. etiam parva verborum
variatione *Il.* 10.483 sqq. (Diomedes in Thraces) et *Od.* 22.308 (Ulixes et
Telemachus procos necant) ‖ 21–22 παιόμενοι καὶ κεντούμενοι] Fort. X. *An.*
3.1.29, vid. Ch. 6.7.7

---

3 add. Her. ‖ 4 ὁτιοῦν D'Or. : ὅτι F : πάντα Bl. (cf. 8.2.11, 8.6.6) post Cob.
(πᾶν) | add. D'Or. ‖ 23 ἀλλήλοις Rei. : ἀλλήλους F

9    Ἐν δὲ τῷ ἀδιηγήτῳ τούτῳ ταράχῳ μόνος ἐσωφρόνησε Χαιρέας·
βιασάμενος γὰρ τοὺς ἀπαντῶντας καὶ εἴσω τῶν πυλῶν γενόμενος
ἀνεπήδησεν ἐπὶ τὰ τείχη δέκατος αὐτὸς καὶ ἄνωθεν ἐσήμαινε
καλῶν τοὺς Αἰγυπτίους. οἱ δὲ λόγου θᾶττον παρῆσαν καὶ Τύρος
10   ἑαλώκει. Τύρου δὲ ἁλούσης οἱ μὲν ἄλλοι πάντες ἑώρταζον, μόνος    5
δὲ Χαιρέας οὔτε ἔθυσεν οὔτε ἐστεφανώσατο· "τί γάρ μοι ὄφελος
ἐπινικίων, ἂν σύ, Καλλιρόη, μὴ βλέπῃς; οὐκέτι στεφανώσομαι
μετ᾽ ἐκείνην τὴν γαμήλιον νύκτα. εἴτε γὰρ τέθνηκας, ἀσεβῶ, εἴτε
καὶ ζῇς, πῶς ἑορτάζειν δύναμαι δίχα σοῦ;"
11   Καὶ οἱ μὲν ἦσαν ἐν τούτοις· βασιλεὺς δὲ ὁ Περσῶν διαβὰς τὸν    10
Εὐφράτην ἔσπευδεν ὡς τάχιστα τοῖς πολεμίοις συμμίξαι. πυθό-
μενος γὰρ Τύρον ἑαλωκέναι περὶ Σιδῶνος ἐφοβεῖτο καὶ τῆς ὅλης
12   Συρίας, ὁρῶν τὸν πολέμιον ἀντίπαλον ἤδη. διὰ τοῦτο ἔδοξεν αὐ-
τῷ μηκέτι μετὰ πάσης τῆς θεραπείας ὁδεύειν, ἀλλὰ εὐζωνότερον,
ἵνα μηδὲν ἐμπόδιον ᾖ τῷ τάχει. παραλαβὼν δὲ τῆς στρατιᾶς    15
τὸ καθαρώτατον τὴν ἄχρηστον ἡλικίαν αὐτοῦ κατέλιπε μετὰ
τῆς βασιλίδος καὶ τὰ χρήματα καὶ τὰς ἐσθῆτας καὶ τὸν πλοῦ-
13   τον τὸν βασιλικόν. ἐπεὶ δὲ πάντα θορύβου καὶ ταραχῆς ἐπέπλη-
στο καὶ μέχρις Εὐφράτου τὰς πόλεις κατειλήφει [ὁ] πόλεμος,
ἔδοξεν ἀσφαλέστερον εἶναι τοὺς καταλειπομένους εἰς Ἄραδον    20
ἀποθέσθαι.

---

1 (cf. etiam 6.9.5) Ἐν ... ταράχῳ] X. *Cyr.* 7.1.32 ad litteram (Abradatas et
Persae milites, impetum in Aegyptios facientes, periunt) ‖ 15–16 παραλα-
βὼν ... κατέλιπε] Hdt. 1.211.2 Κύρου τε καὶ Περσέων τοῦ καθαροῦ στρατοῦ
ἀπελάσαντος ὀπίσω ..., λειφθέντος δὲ τοῦ ἀχρηίου

---

6 post ἐστεφανώσατο, lac. stat. Jakob ‖ post ὄφελος, ἔφη add. Zankogiannes
(malim εἶπεν, vel ἔφη post ἐπινικίων, hiatus causa) ‖ 9–10 σοῦ;" ... τούτοις
scripsi post Jackson (cf. 5.2.1, 8.6.1) : σοῦ κατακειμένης ἂν ἐν τοιούτοις F :
σοῦ κατακείμενος;" ⟨καὶ οἱ μὲν ἦσαν⟩ ἐν τούτοις Jackson (κατακείμενος iam
coni. Zankogiannes) : κατακείμενος pro -νης et κἂν pro ἂν Bl., ceteris intactis :
σοῦ κακοῖς κειμένης ἐν τοιούτοις; D'Or. ‖ 19 [ὁ] πόλεμος Jackson (cf. 5.8.4,
6.2.7) : ὁ πόλεμος F : ὁ πολέμιος Pierson

Νῆσος δέ ἐστιν αὕτη ἀπέχουσα τῆς ἠπείρου σταδίους τριά-  5
κοντα, παλαιὸν ἱερὸν ἔχουσα Ἀφροδίτης. ὥσπερ οὖν ἐν οἰκίᾳ,
μετὰ πάσης ἀδείας καὶ γυναῖκες ἐνταῦθα διῆγον. θεασαμένη  2
δὲ Καλλιρόη τὴν Ἀφροδίτην, στᾶσα καταντικρὺ τὸ μὲν πρῶτον
5    ἐσιώπα καὶ ἔκλαιεν, ὀνειδίζουσα τῇ θεῷ τὰ δάκρυα· μόλις δὲ
ὑπεφθέγξατο "ἰδοὺ καὶ Ἄραδος, μικρὰ νῆσος ἀντὶ τῆς μεγάλης
Σικελίας καὶ οὐδεὶς ἐνταῦθα ἐμός. ἀρκεῖ, δέσποινα. μέχρι ποῦ με  3
πολεμεῖς; εἰ καὶ ὅλως σοι προσέκρουσα, τετιμώρησαί με· εἰ καὶ
νεμεσητὸν ἔδοξέ σοι τὸ δυστυχὲς κάλλος, ὀλέθρου μοι γέγονεν
10   αἴτιον. ὃ μόνον ἔλιπέ μου ταῖς συμφοραῖς, ἤδη καὶ πολέμου πε-
πείραμαι. πρὸς τὴν σύγκρισιν τῶν παρόντων ἦν μοι καὶ Βαβυλὼν  4
φιλάνθρωπος. ἐγγὺς ἐκεῖ Χαιρέας ἦν. νῦν δὲ πάντως τέθνηκεν·
ἐμοῦ γὰρ ἐξελθούσης οὐκ ἂν ἔζησεν. ἀλλ᾽ οὐκ ἔχω παρὰ τίνος
πύθωμαι τί γέγονε. πάντες ἀλλότριοι, πάντες βάρβαροι, φθονοῦν-  5
15   τες, μισοῦντες, τῶν δὲ μισούντων χείρονες οἱ φιλοῦντες. σύ μοι,
δέσποινα, δήλωσον εἰ Χαιρέας ζῇ." ταῦτα λέγουσα ἔτι ἀπῄει.
†ἐπιστᾶσα δὲ Ῥοδογούνη, Ζωπύρου μὲν θυγάτηρ, γυνὴ δὲ Με-
γαβύζου, καὶ πατρὸς καὶ ἀνδρὸς Περσῶν ἀρίστων. αὕτη δὲ ἦν
ἡ Καλλιρόη ἀπαντήσασα πρώτη Περσίδων, ὅτε εἰς Βαβυλῶνα
20   εἰσῄει.†
Ὁ δὲ Αἰγύπτιος ἐπειδήπερ ἤκουσε βασιλέα πλησίον ὄντα καὶ  6
παρεσκευασμένον κατὰ γῆν καὶ κατὰ θάλασσαν, καλέσας Χαι-
ρέαν εἶπε "τὰ μὲν πρῶτά σου τῶν κατορθωμάτων ἀμείψασθαι

---

1 ἀπέχουσα post σταδίους transp. Jackson hiatus causa ‖ 3 καὶ F : αἱ Her. |
ante θεασαμένη, fort. lac. statuenda est ‖ 7 ποῦ F : πότε Her. : ποῖ Gasda :
fort. πόσου Rea. ‖ 9 σοι D'Or. : μοι F ‖ 17–20 †ἐπιστᾶσα … εἰσῄει† corrup-
tum credo, nam aliquid excidisse vel superesse videtur, ut iam proposuerunt
viri docti (vid. infra); fort. post Ῥοδογούνη textus traditus lacunam habe-
bat et aliquis locum alienis interiectis verbis (Ζωπύρου … εἰσῄει) corrupit ‖
17 ante Ῥοδογούνη, παρεμυθεῖτο add. Morel, fort. recte (lac. iam prop. Rei.) ‖
17–18 an Ζωπύρου … Μεγαβύζου glossema ex 5.3.4? ‖ 18–20 αὕτη … εἰσῄ-
ει fort. delendum est iudice Rea. (iam glossema susp. est D'Or.) ‖ 20 post
εἰσῄει, fort. lacunam indic. D'Or. (sermonem quem Callirhoe et Rhodogune
habuerint)

καιρὸν οὐχ εὗρον· σὺ γάρ μοι Τύρον ἔδωκας· περὶ δὲ τῶν ἑξῆς
παρακαλῶ, μὴ ἀπολέσωμεν ἕτοιμα ἀγαθά, ὧν κοινωνόν σε ποι-
7 ήσομαι. ἐμοὶ μὲν γὰρ Αἴγυπτος ἀρκεῖ, σοὶ δὲ γενήσεται κτῆμα
Συρία. φέρ᾽ οὖν σκεψώμεθα τί ποιητέον· ἐν ἀμφοτέροις γὰρ τοῖς
στοιχείοις ὁ πόλεμος ἀκμάζει. σοὶ δὲ ἐπιτρέπω τὴν αἵρεσιν, εἴτε      5
8 τῆς πεζῆς θέλεις στρατηγεῖν εἴτε τῆς ναυτικῆς δυνάμεως. οἴομαι
δὲ οἰκειότερόν σοι εἶναι τὴν θάλασσαν· ὑμεῖς γὰρ οἱ Συρακόσι-
οι καὶ Ἀθηναίους κατεναυμαχήσατε. σήμερον δὲ ἀγών ἐστί σοι
πρὸς Πέρσας τοὺς ὑπὸ Ἀθηναίων νενικημένους. ἔχεις τριήρεις
Αἰγυπτίας, μείζονας καὶ πλείονας τῶν Σικελικῶν· μίμησαι τὸν      10
κηδεστὴν Ἑρμοκράτην ἐν τῇ θαλάσσῃ." Χαιρέας δὲ ἀπεκρίνατο
"πᾶς ἐμοὶ κίνδυνος ἡδύς· ὑπὲρ σοῦ δὲ ἀναδέξομαι τὸν πόλεμον
9 καὶ πρὸς τὸν ἔχθιστον ἐμοὶ βασιλέα. δὸς δέ μοι μετὰ τῶν τριη-
ρῶν καὶ τοὺς τριακοσίους τοὺς ἐμούς." "ἔχε" φησὶ "καὶ τούτους
καὶ ἄλλους, ὅσους ἂν θέλῃς." καὶ εὐθὺς ἔργον ἐγένετο ὁ λόγος·      15
κατήπειγε γὰρ ἡ χρεία. καὶ ὁ μὲν Αἰγύπτιος ἔχων τὴν πεζὴν
στρατιὰν ἀπήντα τοῖς πολεμίοις, ὁ δὲ Χαιρέας ναύαρχος ἀπεδεί-
10 χθη. τοῦτο πρῶτον μὲν ἀθυμοτέρους ἐποίησε τοὺς πεζούς, ὅτι
μετ᾽ αὐτῶν οὐκ ἐστρατεύσατο Χαιρέας, καὶ γὰρ ἐφίλουν αὐτὸν
ἤδη καὶ ἀγαθὰς εἶχον ἐλπίδας ἐκείνου στρατηγοῦντος· ἔδοξεν      20
11 οὖν ὥσπερ ὀφθαλμὸς ἐξῃρῆσθαι μεγάλου σώματος. τὸ δὲ ναυ-
τικὸν ἐπήρθη ταῖς ἐλπίσι καὶ φρονήματος ἐνεπλήσθησαν, ὅτι

---

20 ἀγαθὰς ... στρατηγοῦντος] Fort. X. *Mem.* 3.5.1 ἐλπίδα ἔχω σοῦ στρατη-
γήσαντος ἀμείνω τε καὶ ἐνδοξοτέραν τὴν πόλιν εἰς τὰ πολεμικὰ ἔσεσθαι καὶ
τῶν πολεμίων κρατήσειν (Socrates ad Periclem, Periclis filium) ‖ 20–21 ἔ-
δοξεν ... σώματος] Fort. Demad., fr. 15 De Falco (ap. Demetr. *Eloc.* 284)
ἔοικε γὰρ ἡ Μακεδονικὴ δύναμις, ἀπολωλεκυῖα τὸν Ἀλέξανδρον, τῷ Κύκλωπι
τετυφλομένῳ, et cf. Plu. *Galb.* 1.5, *Apophth.* 181F, sed cf. etiam *Alex. fort.
virt.* 336F

---

1 οὐχ εὗρον Sanz (cf. 2.3.1, 2.7.2, 6.7.2) : οὐκ ἔσχον F ‖ 3 Αἴγυπτος ἀρκεῖ
Reeve : ἀρκεῖ, αἴγυπτος F ‖ 15 ἐγένετο Her. : ἐγίνετο F ‖ 17 ἀπήντα Rei. :
ἀπηντᾶτο F ‖ 18 πρῶτον μὲν Bl. post D'Or. (πρῶτον) : πρότερον F : τὸ
πρῶτον Borgogno : πρότερον del. Her.

τὸν ἀνδρειότατον καὶ κάλλιστον εἶχον ἡγούμενον. ὀλίγον τε ἐπε-
νόουν οὐδέν, ἀλλὰ ὥρμηντο καὶ τριήραρχοι καὶ κυβερνῆται καὶ
ναῦται καὶ στρατιῶται πάντες ὁμοίως, τίς προθυμίαν ἐπιδείξεται
Χαιρέᾳ πρῶτος. τῆς δὲ αὐτῆς ἡμέρας καὶ κατὰ γῆν καὶ κατὰ θά-   12
5  λασσαν ἡ μάχη συνήφθη. χρόνον μὲν οὖν πολὺν [πολὺν] ἀντέσχεν
ἡ πεζὴ στρατιὰ τῶν Αἰγυπτίων Μήδοις τε καὶ Πέρσαις, εἶτα
πλήθει βιασθέντες ἐνέδωκαν. καὶ βασιλεὺς δὲ †ἔφιππος διώκων†.
σπουδὴ δὲ ἦν τοῦ ⟨μὲν⟩ Αἰγυπτίου καταφυγεῖν εἰς Πηλούσιον,
τοῦ δὲ Πέρσου θᾶττον καταλαβεῖν· τάχα δ᾽ ἂν καὶ διέφυγεν, εἰ
10  μὴ Διονύσιος ἔργον θαυμαστὸν ἐπεδείξατο. καὶ ἐν τῇ συμβολῇ   13
ἠγωνίσατο λαμπρῶς, ἀεὶ μαχόμενος πλησίον βασιλέως, ἵνα αὐ-
τὸν βλέπῃ, καὶ πρῶτος ἐτρέψατο τοὺς καθ᾽ αὑτόν· τότε δὲ τῆς
φυγῆς μακρᾶς οὔσης καὶ συνεχοῦς ἡμέραις τε καὶ νυξίν, ὁρῶν
ἐπὶ τούτοις λυπούμενον βασιλέα "μὴ λυποῦ" φησίν, "ὦ δέσποτα·
15  κωλύσω γὰρ ἐγὼ τὸν Αἰγύπτιον διαφυγεῖν, ἄν μοι δῷς ἱππεῖς ἐ-
πιλέκτους." ἐπήνεσε βασιλεὺς καὶ δίδωσιν· ὁ δὲ πεντακισχιλίους   14
λαβὼν συνῆψε σταθμοὺς δύο ἡμέρᾳ μιᾷ, καὶ νυκτὸς ἐπιπεσὼν
τοῖς Αἰγυπτίοις ἀπροσδόκητος πολλοὺς μὲν ἐζώγρησε, πλείονας
δὲ ἀπέκτεινεν. ὁ δὲ Αἰγύπτιος ζῶν καταλαμβανόμενος ἀπέσφα-
20  ξεν ἑαυτὸν καὶ Διονύσιος τὴν κεφαλὴν ἐκόμισε πρὸς βασιλέα.
θεασάμενος δὲ ἐκεῖνος "ἀναγράφω σε" εἶπεν "εὐεργέτην εἰς τὸν   15

1–2 ὀλίγον ... οὐδέν] Th. 2.8.1 ὀλίγον τε ἐπενόουν οὐδὲν ἀμφότεροι (Lace-
daemonii et Athenienses bellum parant) ‖ 5 χρόνον ... ἀντέσχεν] Th. 4.44.1
χρόνον μὲν οὖν πολὺν ἀντεῖχον οὐκ ἐνδιδόντες ἀλλήλοις (Corinthii et Athenien-
ses proelium faciunt) ‖ 21sq. ἀναγράφω ... ἐμὸν] Fort. Th. 1.129.3 κείσεταί
σοι εὐεργεσία ἐν τῷ ἡμετέρῳ οἴκῳ ἐς ἀιεὶ ἀνάγραπτος (Xerxes per litteras ad
Pausaniam)

1–2 ἐπενόουν Cob. (ex Th.) : ἐπένθουν ἢ F ‖ 2 τριήραρχοι F : τριηράρχαι
Rea. (cf. 8.2.7, 8.2.9, 8.6.2) ‖ 5 secl. edd. (praeter Bl.) ‖ 7 βασιλεὺς δὲ
ἔφιππος διώκων F (ἦν subintellegendum D'Or., Rei.) : post διώκων lac. stat.
Her. : ἐφίππευσε pro ἔφιππος Bl. (cf. D.S. 17.19.6) : βασιλεὺς ⟨μὲν ἠπείγετο
φεύγων, βασιλεὺς⟩ δὲ ἔ- δ- Jackson : post διώκων, παρῆν add. Zankogiannes ‖
8 add. Cob. ‖ 11 ἠγωνίσατο λαμπρῶς F : λ- ἠ- Rea. : ante ἠγωνίσατο, γὰρ
add. Jackson

οἶκον τὸν ἐμὸν καὶ ἤδη σοι δίδωμι δῶρον τὸ ἤδιστον, οὗ μάλιστα
πάντων αὐτὸς ἐπιθυμεῖς, Καλλιρόην γυναῖκα. κέκρικε τὴν δίκην
ὁ πόλεμος. ἔχεις τὸ κάλλιστον ἆθλον τῆς ἀριστείας." Διονύσι-
ος δὲ προσεκύνησε καὶ ἰσόθεον ἔδοξεν ἑαυτόν, πεπεισμένος ὅτι
βεβαίως ἤδη Καλλιρόης ἀνήρ ἐστι.                                      5

6    Καὶ ἐν μὲν τῇ γῇ ταῦτα ἐπράσσετο· ἐν δὲ τῇ θαλάσσῃ Χαιρέας
ἐνίκησεν, ὥστε μηδὲ ἀντίπαλον αὐτῷ γενέσθαι τὸ πολέμιον ναυ-
τικόν· οὔτε γὰρ τὰς ἐμβολὰς ἐδέξαντο τῶν Αἰγυπτίων τριηρῶν,
οὔτε ὅλως ἀντίπρωροι κατέστησαν, ἀλλὰ αἱ μὲν εὐθὺς ἀνετράπη-
σαν, ἃς δὲ καὶ πρὸς τὴν γῆν ἐξενεχθείσας ἐζώγρησεν αὐτάνδρους·  10
2    ἐνεπλήσθη δὲ ἡ θάλασσα ναυαγίων Μηδικῶν. ἀλλ' οὔτε βασιλεὺς
ἐγίνωσκε τὴν ἧτταν τὴν ἐν τῇ θαλάσσῃ τῶν ἰδίων οὔτε Χαιρέας
τὴν ἐν τῇ γῇ τῶν Αἰγυπτίων, ἐνόμιζε δὲ ἑκάτερος κρατεῖν ἐν ἀμ-
φοτέροις. ἐκείνης οὖν τῆς ἡμέρας ἧς ἐναυμάχησε καταπλεύσας
εἰς Ἄραδον ὁ Χαιρέας τὴν μὲν νῆσον ἐκέλευσε περιπλέοντας ἐν  15
κύκλῳ παραφυλάττειν· ⟨...⟩ ὡς αὐτοὺς ἀποδώσοντας λόγον τῷ
3    δεσπότῃ. κἀκεῖνοι τοὺς μὲν εὐνούχους καὶ θεραπαινίδας καὶ πάν-
τα τὰ εὐωνότερα σώματα συνήθροισαν εἰς τὴν ἀγοράν, αὕτη γὰρ
εὐρυχωρίαν εἶχε. τοσοῦτο δὲ ἦν τὸ πλῆθος, ὥστε οὐ μόνον ἐν ταῖς
4    στοαῖς, ἀλλὰ καὶ ὑπαίθριοι διενυκτέρευσαν. τοὺς δ' ἀξιώματός  20
τι μετέχοντας εἰς οἴκημα τῆς ἀγορᾶς εἰσήγαγον, ἐν ᾧ συνήθως
οἱ ἄρχοντες ἐχρημάτιζον. αἱ δὲ γυναῖκες χαμαὶ ἐκαθέζοντο περὶ
τὴν βασιλίδα καὶ οὔτε πῦρ ἀνῆψαν οὔτε τροφῆς ἐγεύσαντο· πε-

---

4 ἰσόθεον ἔδοξεν ἑαυτόν] An Sappho fr. 31 L.-P. φαίνεταί μοι κῆνος ἴσος
θέοισιν / ἔμμεν' ὤνηρ? (cf. infra πεπεισμένος ... ἐστι)

2 γυναῖκα secl. Her. ‖ 9 αἳ Bl. : αἱ F ‖ 16 ⟨...⟩ lacunam stat. Gasda, quae
amplia mihi videtur (ὁ δεσπότης Persarum regem potius quam Aegyptiorum
denotat, non certe Chaeream), et quae de causa Aradum navigationis mentio-
nem forte fecisset (ut prop. Hägg) narrassetque de insulae occupatione (cf.
8.1.1) : ⟨μή τις λάθρα διαφύγῃ, τὴν δὲ λείαν εἰς ἓν ἀθροίσαντας φυλάττειν,⟩
Jackson : pro αὐτοὺς, αὐτῆς Her. (lac. non accepit) ‖ 22 ἐκαθέζοντο F :
καθέζοντο Jackson

πεισμέναι γὰρ ἦσαν ἑαλωκέναι μὲν βασιλέα καὶ ἀπολωλέναι τὰ
Περσῶν πράγματα, τὸν δὲ Αἰγύπτιον πανταχοῦ νικᾶν.
    Ἡ νὺξ ἐκείνη καὶ ἡδίστη καὶ χαλεπωτάτη κατέσχεν Ἄραδον.  5
Αἰγύπτιοι μὲν γὰρ ἔχαιρον ἀπηλλαγμένοι πολέμου καὶ δουλείας
5 Περσικῆς, οἱ δὲ ἑαλωκότες Περσῶν δεσμὰ καὶ μάστιγας καὶ ὕ-
βρεις καὶ σφαγὰς προσεδόκων, τὸ φιλανθρωπότατον δέ, δουλείαν·
ἡ δὲ Στάτειρα ἐνθεῖσα τὴν κεφαλὴν εἰς τὰ γόνατα Καλλιρόης
ἔκλαιεν· ἐκείνη γάρ, ὡς ἂν Ἑλληνὶς καὶ πεπαιδευμένη καὶ οὐκ ἀ-
μελέτητος κακῶν, παρεμυθεῖτο μάλιστα τὴν βασιλίδα. συνέβη δέ  6
10 τι τοιοῦτον. Αἰγύπτιος στρατιώτης, ὁ πεπιστευμένος φυλάττειν
τοὺς ἐν τῷ οἰκήματι, γνοὺς ἔνδον εἶναι τὴν βασιλίδα, κατὰ τὴν
ἔμφυτον θρησκείαν τῶν βαρβάρων πρὸς τὸ ὄνομα τὸ βασιλικὸν
ἐγγὺς μὲν αὐτῇ προσελθεῖν οὐκ ἐτόλμησε, στὰς δὲ παρὰ τῇ θύρᾳ
κεκλεισμένῃ "θάρρει, δέσποινα" εἶπε, "νῦν μὲν γὰρ οὐκ οἶδεν ὁ  7
15 ναύαρχος ὅτι καὶ σὺ μετὰ τῶν αἰχμαλώτων ἐνταῦθα κατεκλεί-
σθης, μαθὼν δὲ προνοήσεταί σου φιλανθρώπως· οὐ μόνον γὰρ
ἀνδρεῖος, ἀλλὰ καὶ ⟨...⟩
    ... γυναῖκα ποιήσεται· φύσει γάρ ἐστι φιλογύναιος." ταῦτα ἀ-
κούσασα ἡ Καλλιρόη μέγα ἀνεκώκυσε καὶ τὰς τρίχας ἐσπάραττε
20 λέγουσα "νῦν ἀληθῶς αἰχμάλωτός εἰμι. φόνευσόν με μᾶλλον ἢ
ταῦτα ἐπαγγέλλου. γάμον οὐχ ὑπομενῶ· θάνατον εὔχομαι. κεν-  8
τείτωσαν καὶ καέτωσαν· ἐντεῦθεν οὐκ ἀναστήσομαι· τάφος ἐμός
ἐστιν οὗτος ὁ τόπος. εἰ δέ, ὡς λέγεις, φιλάνθρωπός ἐστιν ὁ στρα-
τηγός, ταύτην μοι δότω τὴν χάριν· ἐνταῦθά με ἀποκτεινάτω."

---

14–17 θάρρει ... ⟨...⟩] X. *Cyr.* 5.1.6 (Veteranus Medus ad Abradatae Susio-
rum regis uxorem)

---

17 ⟨...⟩ lac. veri simile longam (antigraphi totum unum folium suo iudicio)
recte stat. Hilberg (iam post ἀνδρεῖος Gasda). In ea Chaereas reginam scit inter
captivos esse, Aegyptius miles Callirhoem inter mulieres videt et Chaeream de
pulcherrima captiva certiorem facit. Iussu fortasse Chaereae miles mulierem
ante eum ducere conatur, sed Callirhoe renuit : ⟨χρηστὸς πέφυκε· τάχα δὲ
καὶ⟩ Jackson ‖ 19 ἀνεκώκυσε F : ἀνεκώκυε Her. ‖ 21 ὑπομενῶ Richards (cf.
5.10.7, 8.3.6) : ὑπομένω F ‖ 23 ἐστιν F : ἔσται Hirschig

9 δεήσεις αὐτῇ πάλιν ἐκεῖνος προσέφερεν, ἡ δ᾽ οὐκ ἀνίστατο, ἀλλὰ
συγκεκαλυμμένη πεσοῦσα ἐπὶ τῆς γῆς ἔκειτο. σκέψις προύκειτο
τῷ Αἰγυπτίῳ τί καὶ πράξειε· βίαν μὲν γὰρ οὐκ ἐτόλμα προσφέ-
ρειν, πεῖσαι δὲ πάλιν οὐκ ἐδύνατο. διόπερ ὑποστρέψας προσῆλθε
10 τῷ Χαιρέᾳ σκυθρωπός. ὁ δὲ ἰδὼν "⟨τί⟩ τοῦτ᾽ ἄλλο;" φησὶν "ἢ κλέ-   5
πτουσί τινες τὰ κάλλιστα τῶν λαφύρων; ἀλλ᾽ οὐ χαίροντες αὐτὸ
πράξουσιν." ὡς οὖν εἶπεν ὁ Αἰγύπτιος "οὐδεμία γέγονε κλοπή,
δέσποτα· τὴν γὰρ γυναῖκα, ἣν εὗρον †ἐν πλαταίαις τεταγμένην†,
οὐ βούλεται ⟨προσ⟩ελθεῖν, ἀλλ᾽ ἔρριπται χαμαί, ξίφος αἰτοῦσα
καὶ ἀποθανεῖν βουλομένη." γελάσας ὁ Χαιρέας εἶπεν "ὦ πάντων   10
ἀνθρώπων ἀφυέστατε, οὐκ οἶδας πῶς μεθοδεύεται γυνὴ παρα-
κλήσεσιν, ἐπαίνοις, ἐπαγγελίαις, μάλιστα δέ, ἂν ἐρᾶσθαι δοκῇ;
11 σὺ δὲ βίαν ἴσως προσῆγες καὶ ὕβριν." "οὔ" ἔφη, "δέσποτα· πάντα
δὲ ταῦτα, ὅσα λέγεις, πεποίηκα †ἐν διπλῷ† μᾶλλον, καὶ γάρ σου
κατεψευσάμην ὅτι ἕξεις αὐτὴν γυναῖκα· ἡ δὲ πρὸς τοῦτο μάλιστα   15
12 ἠγανάκτησεν." ὁ δὲ Χαιρέας "ἐπαφρόδιτος ἄρα" φησὶν "εἰμὶ καὶ
ἐράσμιος, εἰ καὶ πρὶν ἰδεῖν ἀπεστράφη με καὶ ἐμίσησεν. ἔοικε
δὲ φρόνημα εἶναι τῆς γυναικὸς οὐκ ἀγεννές. μηδεὶς αὐτῇ προσ-
φερέτω βίαν, ἀλλὰ ἐᾶτε διάγειν ὡς προῄρηται· πρέπει γάρ μοι
σωφροσύνην τιμᾶν. καὶ αὐτὴ γὰρ ἴσως ἄνδρα πενθεῖ."   20

---

2 συγκεκαλυμμένη Rei. : συγκαλυμένη F : ἐγκεκαλυμμένη Cob. ‖ 5–6 "⟨τί⟩
τοῦτ᾽ ἄλλο;" φησὶν "ἢ κλέπτουσί … ; Jacobs : τοῦτο ἄλλο φησὶν ἢν. κλέπτουσι
F ‖ 7 κλοπή Sanz : κακή F : κάκη Rei. : κακόν Cob. (οὐδεμιᾷ pro οὐδεμία) ‖
8 πλαταίαις F : παλλακαῖς Robiano : πλατείαις Rei. : πλατείᾳ Borgogno post
Rei. : πλατείοις Rohde : πλαταγαῖς Plepelits : Πλαταιαῖς Bl. (lecto ⟨ὡς⟩ ἐν) :
πολλαῖς ἄλλαις Gasda : fort. librarius vocem omisit, quae cum πλαταίαις (Rei.)
coniuncta erat | τεταγμένην F : τεταμένην D'Or. : ἐκτεταμένην Rohde : an
τεταραγμένην? (cf. 5.9.3) ‖ 9 ⟨προσ⟩ελθεῖν Jackson (cf. 8.1.6) : ἐλθεῖν F ‖
14 corruptum censui (fort. nomen in dat. casu deest) | ἐν F : καὶ ἔτι Cob. ‖
18 ante φρόνημα, τὸ add. Her.

142

# Λόγος ὄγδοος

Ὡς μὲν οὖν Χαιρέας ὑποπτεύσας Καλλιρόην Διονυσίῳ παρα- **1**
δεδόσθαι, θέλων ἀμύνασθαι βασιλέα πρὸς τὸν Αἰγύπτιον ἀπέστη
καὶ ναύαρχος ἀποδειχθεὶς ἐκράτησε τῆς θαλάσσης, νικήσας δὲ
5 κατέσχεν Ἄραδον, ἔνθα βασιλεὺς καὶ τὴν γυναῖκα τὴν ἑαυτοῦ
καὶ πᾶσαν τὴν θεραπείαν ἀπέθετο καὶ Καλλιρόην, ἐν τῷ πρό-
σθεν λόγῳ δεδήλωται. ἔμελλε δὲ ἔργον ἡ Τύχη πράττειν οὐ **2**
μόνον παράδοξον, ἀλλὰ καὶ σκυθρωπόν, ἵνα ἔχων Καλλιρόην
Χαιρέας ἀγνοήσῃ καὶ τὰς ἀλλοτρίας γυναῖκας ἀναλαβὼν ταῖς
10 τριήρεσιν ἀπαγάγῃ, μόνην δὲ τὴν ἰδίαν ἐκεῖ καταλίπῃ οὐχ ὡς
Ἀριάδνην καθεύδουσαν, οὐδὲ Διονύσῳ νυμφίῳ, λάφυρον δὲ τοῖς
ἑαυτοῦ πολεμίοις. ἀλλὰ ἔδοξε τοῦτο δεινὸν Ἀφροδίτῃ· ἤδη γὰρ **3**
αὐτῷ διηλλάττετο, πρότερον ὀργισθεῖσα χαλεπῶς διὰ τὴν ἄκαι-
ρον ζηλοτυπίαν, ὅτι δῶρον παρ' αὐτῆς λαβὼν τὸ κάλλιστον, οἷον
15 οὐδὲ Ἀλέξανδρος ὁ Πάρις, ὕβρισεν εἰς τὴν χάριν. ἐπεὶ δὲ καλῶς
ἀπελογήσατο τῷ Ἔρωτι Χαιρέας ἀπὸ δύσεως εἰς ἀνατολὰς δι-
ὰ μυρίων παθῶν πλανηθείς, ἠλέησεν αὐτὸν Ἀφροδίτη καί ὅπερ
ἐξ ἀρχῆς [δύο] τῶν καλλίστων ἥρμοσε ζεῦγος, γυμνάσασα διὰ
γῆς καὶ θαλάσσης, πάλιν ἠθέλησεν ἀποδοῦναι. νομίζω δὲ καὶ **4**
20 τὸ τελευταῖον τοῦτο σύγγραμμα τοῖς ἀναγινώσκουσιν ἥδιστον
γενήσεσθαι· καθάρσιον γάρ ἐστι τῶν ἐν τοῖς πρώτοις σκυθρωπῶν.
οὐκέτι λῃστεία καὶ δουλεία καὶ δίκη καὶ μάχη καὶ ἀποκαρτέρη-
σις καὶ πόλεμος καὶ ἅλωσις, ἀλλὰ ἔρωτες δίκαιοι ἐν τούτῳ ⟨καὶ⟩

---

1 Λόγος ὄγδοος correxi (vid. titulum libri primi) : τῶν περὶ χαιρέαν καὶ καλ-
λιρρόην ἐρωτικῶν διηγημάτων λόγος η' F ‖ 9 post τάς, μὲν add. Cob. ‖ 10 ἀ-
παγάγῃ Her. : ἀπάγῃ F ‖ 11 Διονύσῳ D'Or. : διονυσίῳ F (sic) | νυμφίῳ F
(sic) : νύμφην Zankogiannes ‖ 12 τοῦτο D'Or. (cf. 1.1.14, etc.) : τὸ F : τόδε
Cob. : τι Bl. ‖ 13 αὐτῷ F post corr. : αὐτὸ F ante corr. ‖ 15 ὁ Πάρις secl.
Dawe : ὁ Πριάμου Handley | καλῶς F : ἱκανῶς Zankogiannes ‖ 18 del. Cob. :
δύο τῶν καλλίστων del. Beck ‖ 19 ante ἀποδοῦναι, ἀλλήλοις add. Her. (cf.
2.9.5, 5.1.2) ‖ 23 ἐν τούτῳ post ἅλωσις transp. Goold : fort. post ἔρωτες
Rea. | add. Her.

5 νόμιμοι γάμοι. πῶς οὖν ἡ θεὸς ἐφώτισε τὴν ἀλήθειαν καὶ τοὺς
ἀγνοουμένους ἔδειξεν ἀλλήλοις λέξω.
Ἑσπέρα μὲν ἦν, ἔτι δὲ πολλὰ τῶν αἰχμαλώτων κατελέλειπτο.
κεκμηκὼς οὖν ὁ Χαιρέας ἀνίσταται, ἵνα διατάξηται τὰ πρὸς τὸν

6 πλοῦν. παριόντι δὲ αὐτῷ τὴν ἀγορὰν ὁ Αἰγύπτιος ἔλεξεν "ἐνταῦ- 5
θά ἐστιν ἡ γυνή, δέσποτα, ἡ μὴ βουλομένη προσελθεῖν, ἀλλὰ
ἀποκαρτεροῦσα· τάχα δὲ σὺ πείσεις αὐτὴν ἀναστῆναι· τί γάρ
σε δεῖ καταλείπειν τὸ κάλλιστον τῶν λαφύρων;" συνεπελάβετο
καὶ Πολύχαρμος τοῦ λόγου, βουλόμενος ἐμβαλεῖν αὐτόν, εἴ πως
δύναιτο, εἰς ἔρωτα καινὸν καὶ Καλλιρόης παραμύθιον. "εἰσέλθω- 10

7 μεν" ἔφη, "Χαιρέα." ὑπερβὰς οὖν τὸν οὐδὸν καὶ θεασάμενος ἐρ-
ριμμένην καὶ ⟨ἐγ⟩κεκαλυμμένην εὐθὺς ἐκ τῆς ἀναπνοῆς καὶ τοῦ
σχήματος ἐταράχθη τὴν ψυχὴν καὶ μετέωρος ἐγένετο· πάντως δ᾽
ἂν καὶ ἐγνώρισεν, εἰ ⟨μὴ⟩ σφόδρα πέπειστο Καλλιρόην ἀπειλη-

8 φέναι Διονύσιον. ἠρέμα δὲ προσελθὼν "θάρρει" φησίν, "ὦ γύναι, 15
ἥτις ἂν ᾖς, οὐ γάρ σε βιασόμεθα· ἕξεις δὲ ἄνδρα, ὃν θέλεις." ἔτι
λέγοντος ἡ Καλλιρόη γνωρίσασα τὴν φωνὴν ἀπεκαλύψατο καὶ
ἀμφότεροι συνεβόησαν "Χαιρέα," "Καλλιρόη." περιχυθέντες δὲ

9 ἀλλήλοις, λειποψυχήσαντες ἔπεσον. ἄφωνος δὲ καὶ Πολύχαρμος
τὸ πρῶτον εἱστήκει πρὸς τὸ παράδοξον, χρόνου δὲ προϊόντος "ἀ- 20
νάστητε" εἶπεν, "ἀπειλήφατε ἀλλήλους· πεπληρώκασιν οἱ θεοὶ
τὰς ἀμφοτέρων εὐχάς. μέμνησθε δὲ ὅτι οὐκ ἐν πατρίδι ἐστέ, ἀλλ᾽
ἐν πολεμίᾳ γῇ, καὶ δεῖ ταῦτα πρότερον οἰκονομῆσαι καλῶς, ἵνα

10 μηδεὶς ἔτι ὑμᾶς διαχωρίσῃ." τοιαῦτα ἐμβοῶντος, ὥσπερ τινὲς ἐν
φρέατι βαθεῖ βεβαπτισμένοι μόλις ἄνωθεν φωνὴν ἀκούσαντες, 25
βραδέως ἀνήνεγκαν, εἶτα ἰδόντες ἀλλήλους καὶ καταφιλήσαντες
πάλιν παρείθησαν καὶ δεύτερον καὶ τρίτον τοῦτο ἔπραξαν, μίαν

---

3 (cf. etiam 1.3.1) ἑσπέρα μὲν ἦν] Dem. 18.169 (De cor.)

---

4 διατάξηται F : -άξῃ Cob. ‖ 7 ἀποκαρτεροῦσα F : -ρῆσαι Gasda ‖ 9 εἴ πως
Rei. (cf. 6.6.8) : ὅπως F ‖ 11–12 ἐρριμμένην corr. edd. : ἐριμμένην F ‖
12 ⟨ἐγ⟩κεκαλυμμένην Cob. : κεκαλυμμένην F ‖ 14 add. Cocchi ‖ 19 λειπο-
ψυχήσαντες F (cf. 8.6.10) : λιπο- Cob.

φωνὴν ἀφιέντες "ἔχω σε, εἰ ἀληθῶς εἶ Καλλιρόη·" "εἰ ἀληθῶς εἶ
Χαιρέας."

Φήμη δὲ διέτρεχεν ὅτι ὁ ναύαρχος εὕρηκε τὴν γυναῖκα. οὐ   11
στρατιώτης ἔμεινεν ἐν σκηνῇ, οὐ ναύτης ἐν τριήρει, οὐ θυρωρὸς ἐν
5  οἰκίᾳ· πανταχόθεν συνέτρεχον λαλοῦντες "ὦ γυναικὸς μακαρίας,
εἴληφε τὸν εὐμορφότατον ἄνδρα." Καλλιρόης δὲ φανείσης οὐδεὶς
ἔτι Χαιρέαν ἐπῄνεσεν, ἀλλ᾽ εἰς ἐκείνην πάντες ἀφεώρων, ὡς
μόνην οὖσαν. ἐβάδιζε δὲ σοβαρά, Χαιρέου καὶ Πολυχάρμου μέσην   12
αὐτὴν δορυφορούντων. ἄνθη καὶ στεφάνους ⟨ἐπ⟩έβαλλον αὐτοῖς,
10  καὶ οἶνος καὶ μύρα πρὸ τῶν ποδῶν ἐχεῖτο, καὶ πολέμου καὶ
εἰρήνης ἦν ὁμοῦ τὰ ἥδιστα, ἐπινίκια καὶ γάμοι.

Χαιρέας δὲ εἴθιστο μὲν ἐν τριήρει καθεύδειν καὶ νυκτὸς καὶ   13
μεθ᾽ ἡμέραν πολλὰ πράττων· τότε δὲ Πολυχάρμῳ πάντα ἐπιτρέ-
ψας, αὐτὸς οὐδὲ νύκτα περιμείνας εἰσῆλθεν εἰς τὸν θάλαμον τὸν
15  βασιλικόν· καθ᾽ ἑκάστην γὰρ πόλιν οἶκος ἐξαίρετος ἀποδέδεικται
τῷ μεγάλῳ βασιλεῖ. κλίνη μὲν ἔκειτο χρυσήλατος, στρωμνὴ δὲ   14
Τυρία πορφύρα, ὕφασμα Βαβυλώνιον. τίς ἂν φράσῃ τὴν νύκτα
ἐκείνην πόσων διηγημάτων μεστή, πόσων δὲ δακρύων ὁμοῦ καὶ
φιλημάτων; πρώτη μὲν ἤρξατο Καλλιρόη διηγεῖσθαι, πῶς ἀνέ-
20  ζησεν ἐν τῷ τάφῳ, πῶς ὑπὸ Θήρωνος ἐξήχθη, πῶς ἔπλευσε, πῶς   15
ἐπράθη. μέχρι τούτων Χαιρέας ἀκούων ἔκλαεν· ἐπεὶ δὲ ἧκεν εἰς
Μίλητον τῷ λόγῳ, Καλλιρόη μὲν ἐσιώπησεν αἰδουμένη, Χαιρέας
δὲ τῆς ἐμφύτου ζηλοτυπίας ἀνεμνήσθη, παρηγόρησε δὲ αὐτὸν
τὸ περὶ τοῦ τέκνου διήγημα. πρὶν δὲ πάντα ἀκοῦσαι, "λέγε μοι"
25  φησὶ "πῶς εἰς Ἄραδον ἦλθες καὶ ποῦ Διονύσιον καταλέλοιπας
καὶ τί σοι πέπρακται πρὸς βασιλέα." ἡ δ᾽ εὐθὺς ἀπώμνυτο μὴ   16
ἑωρακέναι Διονύσιον μετὰ τὴν δίκην· βασιλέα δὲ ἐρᾶν μὲν αὐτῆς,
μὴ κεκοινωνηκέναι δὲ αὐτῷ μηδὲ μέχρι φιλήματος. "ἄδικος οὖν"
ἔφη Χαιρέας "ἐγὼ καὶ ὀξὺς εἰς ὀργήν, τηλικαῦτα δεινὰ διατε-

1 εἰ ἀληθῶς ... εἰ ἀληθῶς F : εἶ ἀληθῶς, ... εἶ ἀληθῶς, D'Or., qui ἔχω σε. sic
dist. ‖ 8 μέσην Cob. : μέσον F ‖ 9 ⟨ἐπ⟩έβαλλον Cob. : ἔβαλλον F ‖ 17 πορ-
φύρα F : πορφυρᾶ Cob. (sed cf. 6.4.2) | φράσῃ F (sic) : φράσειε Cob. (sed cf.
4.1.11 et praecipue 8.4.1)

θεικὼς βασιλέα μηδὲν ἀδικοῦντά σε· σοῦ γὰρ ἀπαλλαγεὶς εἰς
17   ἀνάγκην κατέστην αὐτομολίας. ἀλλ᾽ οὐ κατήσχυνά σε· πεπλήρω-
κα γῆν καὶ θάλασσαν τροπαίων." καὶ πάντα ἀκριβῶς διηγήσατο,
ἐναβρυνόμενος τοῖς κατορθώμασιν. ἐπεὶ δὲ ἅλις ἦν δακρύων καὶ
διηγημάτων, περιπλακέντες ἀλλήλοις                                   5
                    ἀσπάσιοι λέκτροιο παλαιοῦ θεσμὸν ἵκοντο.
2    Ἔτι δὲ νυκτὸς κατέπλευσέ τις Αἰγύπτιος οὐ τῶν ἀφανῶν, ἐκ-
βὰς δὲ τοῦ κέλητος μετὰ σπουδῆς ἐπυνθάνετο ποῦ Χαιρέας ἐστίν.
ἀχθεὶς οὖν πρὸς Πολύχαρμον ἑτέρῳ μὲν οὐδενὶ ἔφη τὸ ἀπόρρη-
2    τον δύνασθαι εἰπεῖν, ἐπείγειν δὲ τὴν χρείαν ὑπὲρ ἧς ἀφῖκται. καὶ   10
ἐπὶ πολὺ μὲν ἀνεβάλλετο Πολύχαρμος τὴν πρὸς Χαιρέαν εἴσο-
δον, ἐνοχλεῖν ἀκαίρως οὐ θέλων· ἐπεὶ δὲ ὁ ἄνθρωπος κατήπειγε,
παρανοίξας τοῦ θαλάμου τὴν θύραν ἐμήνυσε τὴν σπουδήν. ὡς δὲ
στρατηγὸς ἀγαθὸς Χαιρέας "κάλει" φησί· "πόλεμος γὰρ ἀναβο-
3    λὴν οὐ περιμένει." εἰσαχθεὶς δὲ ὁ Αἰγύπτιος, ἔτι σκότους ὄντος,   15
τῇ κλίνῃ παραστὰς "ἴσθι" φησὶν "ὅτι βασιλεὺς ὁ Περσῶν ἀνήρηκε
τὸν Αἰγύπτιον καὶ τὴν στρατιὰν τὴν μὲν εἰς Αἴγυπτον πέπομφε
καταστησομένην τὰ ἐκεῖ, τὴν δὲ λοιπὴν ἄγει πᾶσαν ἐνθάδε καὶ
ὅσον οὔπω πάρεστι· πεπυσμένος γὰρ Ἄραδον ἑαλωκέναι λυπεῖ-
ται μὲν καὶ περὶ τοῦ πλούτου παντὸς ὃν ἐνθάδε καταλέλοιπεν,   20
ἀγωνιᾷ δὲ μάλιστα περὶ τῆς Στατείρας τῆς γυναικός."
4    Ταῦτα ἀκούσας Χαιρέας ἀνέθορε· Καλλιρόη δὲ αὐτοῦ λαβομέ-
νη "ποῦ σπεύδεις" εἶπε "πρὶν βουλεύσασθαι περὶ τῶν ἐφεστηκό-

---

6 Hom. *Od.* 23.296 (Ulixes et Penelope) ‖ 7–22 Ἔτι δὲ νυκτὸς ... ἀνέθορε]
Cf. fort. X. *HG* 4.5.7 (Nuntius Agesilaum de clade certiorem facit) ‖ 19 ὅσον
οὔπω πάρεστι] Th. 6.34.9 ἐν πλῷ εὖ οἶδ᾽ ὅτι ἤδη εἰσὶ [sc. οἱ Ἀθηναῖοι] καὶ
ὅσον οὔπω πάρεισιν (Hermocratis orationis finis)

---

6 λέκτροιο Rei. ex Homeri libris : λέκτρου F ‖ 11 ἀνεβάλλετο Her. : ἀνεβά-
λετο F ‖ 13 post θύραν, ἐμήν F ut vid. (finis lineae in cod. valde difficile
legitur) : ἐμήνυσε iteratum per ditt. dispexit Bl. : "quinque litt." Molinié ‖
19 πάρεστι Cob. : παρέσται F ‖ 21 τῆς Στατείρας del. Cob. : τῆς tantum del.
Hirschig ‖ 23 ποῦ F : ποῖ Cob. (sed cf. 3.3.17)

των; ἂν γὰρ τοῦτο δημοσιεύσῃς, μέγαν πόλεμον κινήσεις σεαυ-
τῷ, πάντων ἐπισταμένων ἤδη καὶ καταφρονούντων· πάλιν δὲ ἐν
⟨βασιλέως⟩ χερσὶ γενόμενοι πεισόμεθα τῶν πρώτων βαρύτερα."
ταχέως ἐπείσθη τῇ συμβουλῇ καὶ τοῦ θαλάμου προῆλθε μετὰ      5
5   τέχνης. κρατῶν γὰρ τῆς χειρὸς τὸν Αἰγύπτιον, συγκαλέσας τὸ
πλῆθος "νικῶμεν, ἄνδρες" εἶπε, "καὶ τὴν πεζὴν στρατιὰν τὴν
βασιλέως· οὗτος γὰρ ὁ ἀνὴρ τὰ εὐαγγέλια ἡμῖν φέρει καὶ γράμ-
ματα παρὰ τοῦ Αἰγυπτίου· δεῖ δὲ τὴν ταχίστην ἡμᾶς πλεῖν, ἔνθα
ἐκεῖνος ἐκέλευσε. συσκευασάμενοι οὖν πάντες ἐμβαίνετε."
10  Ταῦτα εἰπόντος ὁ σαλπιστὴς τὸ ἀνακλητικὸν εἰς τὰς τριήρεις    6
ἐσήμαινε. λάφυρα δὲ καὶ αἰχμαλώτους τῆς προτεραίας ἦσαν
ἐντεθειμένοι, καὶ οὐδὲν ἐν τῇ νήσῳ καταλέλειπτο, πλὴν εἰ μή
τι βαρὺ καὶ ἄχρηστον. ἔπειτα ἔλυον τὰ ἀπόγεια καὶ ⟨τὰς⟩ ἀγ-    7
κύρας ἀνήρουν καὶ βοῆς καὶ ταραχῆς ὁ λιμὴν πεπλήρωτο καὶ
15  ἄλλος ἄλλο τι ἔπραττε. παριὼν δὲ Χαιρέας εἰς τὰς τριήρεις σύν-
θημα λεληθὸς τοῖς τριηράρχαις διέδωκεν ἐπὶ Κύπρου καταπλεῖν,
ὡς δῆτα ἀναγκαῖον ἔτι ἀφύλακτον οὖσαν αὐτὴν προκαταλαβεῖν·
πνεύματι δὲ φορῷ χρησάμενοι τῆς ὑστεραίας κατήχθησαν εἰς
Πάφον, ἔνθα ἐστὶν ἱερὸν Ἀφροδίτης. ἐπεὶ δὲ ὡρμίσαντο, Χαιρέας,   8
20  πρὶν ἐκβῆναί τινα τῶν τριηρῶν, πρώτους ἐξέπεμψε τοὺς κήρυκας
εἰρήνην καὶ σπονδὰς τοῖς ἐπιχωρίοις καταγγεῖλαι. δεξαμένων δὲ
αὐτῶν ἐξεβίβασε τὴν δύναμιν ἅπασαν εἰς γῆν καὶ ἀναθήμασι τὴν
Ἀφροδίτην ἐτίμησε· πολλῶν δὲ ἱερείων συναχθέντων εἱστίασε
τὴν στρατιάν. σκεπτομένου δὲ αὐτοῦ περὶ τῶν ἑξῆς ἀπήγγειλαν    9
25  οἱ ἱερεῖς (οἱ αὐτοὶ δέ εἰσι καὶ μάντεις) ὅτι καλὰ γέγονε τὰ ἱερά.

---

3 add. Her. (cf. 8.2.11) : post χερσὶ, πολεμίων add. Rei. | πρώτων F : πρό-
τερον Cob. : fort. προτέρων Rea. ‖ 13 ἔλυον F : ἐλύοντο D'Or. | add. Cob.
(cf. 1.14.6) ‖ 14 ἀνήρουν F : ἤροντο Cob. (cf. 1.14.6) : an ἀφήρουν? ‖ 15 δὲ
Χαιρέας Her. post Rei. : Χαιρέας δὲ F ‖ 16 τριηράρχαις F : -χοις Her. (ut
7.5.11, sed cf. 8.2.9, 8.6.2) | διέδωκεν Cob. (cf. 6.4.9) : δέδωκεν F | κατα-
πλεῖν prop. Bl. : κρατεῖν F : καταίρειν D'Or. ‖ 17 δῆτα F (sic 6.9.4) : δῆθεν
Cob. (ut 2.7.7, 4.5.9, 5.3.5, 5.9.7) | post ἀναγκαῖον, ὂν add. Cob. ‖ 22 αὐ-
τῶν Apogr. : αὐτὸν F ‖ 25 ἱερά Cob. post D'Or. : ἱερεῖα F

τότε οὖν θαρρήσας ἐκάλεσε τοὺς τριηράρχας καὶ τοὺς Ἕλληνας
τοὺς τριακοσίους καὶ ὅσους τῶν Αἰγυπτίων εὔνους ἑώρα πρὸς
αὐτὸν καὶ ἔλεξεν ὧδε·

10　　"Ἄνδρες συστρατιῶται καὶ φίλοι, κοινωνοὶ μεγάλων κατορθω-
μάτων, ἐμοὶ καὶ εἰρήνη καλλίστη καὶ πόλεμος ἀσφαλέστατος μεθ'　5
ὑμῶν· πείρᾳ γὰρ μεμαθήκαμεν ὅτι ὁμονοοῦντες ἐκρατήσαμεν
τῆς θαλάσσης· καιρὸς δὲ ὀξὺς ἐφέστηκεν ἡμῖν εἰς τὸ βουλεύσα-
σθαι περὶ τοῦ μέλλοντος ἀσφαλῶς· ἴστε γὰρ ὅτι ὁ μὲν Αἰγύπτιος
ἀνήρηται μαχόμενος, κρατεῖ δὲ βασιλεὺς ἁπάσης τῆς γῆς, ἡμεῖς
11　δὲ ἀπειλήμμεθα ἐν μέσοις τοῖς πολεμίοις. εἶτ' οὖν συμβουλεύει　10
τις ἡμῖν ἀπιέναι πρὸς τὸν βασιλέα καὶ εἰς τὰς ἐκείνου χεῖρας
φέροντας αὑτοὺς ἐμβαλεῖν;" ἀνεβόησαν εὐθὺς ὡς πάντα μᾶλλον
ἢ τοῦτο ποιητέον.

"Ποῦ τοίνυν ἄπιμεν; πάντα γάρ ἐστιν ἡμῖν πολέμια καὶ οὐκέτι
οὐδὲ τῇ θαλάττῃ προσήκει πιστεύειν, τῆς γῆς κρατουμένης ὑπὸ　15
τῶν πολεμίων· οὐ δήπου γε ἀναπτῆναι δυνάμεθα."

12　Σιωπῆς ἐπὶ τούτοις γενομένης Λακεδαιμόνιος ἀνήρ, Βρασί-
δου συγγενής, κατὰ μεγάλην ἀνάγκην τῆς Σπάρτης ἐκπεσών,
πρῶτος ἐτόλμησεν εἰπεῖν "τί δὲ ζητοῦμεν ποῦ φύγωμεν βασι-
λέα; ἔχομεν γὰρ θάλασσαν καὶ τριήρεις· ἀμφότερα δὲ ἡμᾶς εἰς　20
Σικελίαν ἄγει καὶ Συρακούσας, ὅπου οὐ μόνον Πέρσας οὐκ ἂν
13　δείσαιμεν, ἀλλ' οὐδὲ Ἀθηναίους." ἐπήνεσαν πάντες τὸν λόγον·
μόνος Χαιρέας προσεποιεῖτο μὴ συγκατατίθεσθαι, τὸ μῆκος τοῦ
πλοῦ προφασιζόμενος, τὸ δὲ ἀληθὲς ἀποπειρώμενος εἰ βεβαί-
ως αὐτοῖς δοκεῖ. σφόδρα δὲ ἐγκειμένων καὶ πλεῖν ἤδη θελόντων,　25
"ἀλλ' ὑμεῖς μέν, ἄνδρες Ἕλληνες, βουλεύεσθε καλῶς καὶ χάριν
ὑμῖν ἔχω τῆς εὐνοίας τε καὶ πίστεως· οὐκ ἐάσω δὲ ὑμᾶς μετανο-

---

1 τριηράρχας F : -χους Her. (ut 7.5.11, sed cf. 8.2.7, 8.6.2) ‖ 3 αὐτὸν D'Or. :
αὑτὸν F ‖ 10 εἶτ' Cob. (iam εἶτα D'Or.) : εἴτε F : εἴπατε Morel ‖ 12 αὑτοὺς
D'Or. : αὐτοὺς F ‖ 14 ποῦ ... ἄπιμεν F : ποῖ ... ἀπίωμεν Cob. ‖ 16 γε Cob. :
δὲ F ‖ 19 ποῦ F : ποῖ Cob. ‖ 21 ἄγει F : ἄξει Jakob : ⟨ἂν⟩ ἄγοι Naber | οὐ
F : μὴ dubit. Reeve hiatus causa ‖ 26 post μέν, ἔφη add. Zankogiannes (sed
cf. 3.6.3, 4.3.9)

ἦσαι, θεῶν ὑμᾶς προσλαμβανομένων. τῶν δ᾽ Αἰγυπτίων πολλοὶ 14
πάρεισιν οὓς οὐ προσῆκεν ἄκοντας βιάζεσθαι· καὶ γὰρ γυναῖκας
καὶ τέκνα ἔχουσιν οἱ πλείους, ὧν οὐκ ἂν ἡδέως ἀποσπασθεῖεν·
κατασπαρέντες οὖν εἰς τὸ πλῆθος διαπυνθάνεσθαι ἑκάστου σπεύ-
5 σατε, ἵνα μόνον τοὺς ἑκόντας παραλάβωμεν."
   Ταῦτα μέν, ὡς ἐκέλευσεν, ἐγίνετο· Καλλιρόη δὲ λαβομένη Χαι- 3
ρέου τῆς δεξιᾶς, μόνον αὐτὸν ἀπαγαγοῦσα "τί" ἔφη "βεβούλευσαι,
Χαιρέα; καὶ Στάτειραν ἄγεις εἰς Συρακούσας καὶ Ῥοδογούνην τὴν
καλήν;" ἠρυθρίασεν ὁ Χαιρέας καὶ "οὐκ ἐμαυτοῦ" φησὶν "ἕνεκα ἄ-
10 γω ταύτας, ἀλλά σοι θεραπαινίδας." ἀνέκραγεν ἡ Καλλιρόη "μὴ 2
ποιήσειαν οἱ θεοὶ τοσαύτην ἐμοὶ γενέσθαι μανίαν, ὥστε τὴν τῆς
Ἀσίας βασιλίδα δούλην ἔχειν, ἄλλως τε καὶ ξένην γεγενημένην.
εἰ δέ μοι θέλεις χαρίζεσθαι, βασιλεῖ πέμψον αὐτήν· καὶ γὰρ αὕτη
μέ σοι διεφύλαξεν ὡς ἀδελφοῦ γυναῖκα παραλαβοῦσα." "οὐδέν 3
15 ἐστιν" ἔφη Χαιρέας, "ὃ σοῦ θελούσης οὐκ ἂν ἐγὼ ποιήσαιμι· σὺ
γὰρ κυρία Στατείρας καὶ πάντων τῶν λαφύρων καὶ πρὸ πάντων
τῆς ἐμῆς ψυχῆς." ἥσθη Καλλιρόη καὶ κατεφίλησεν αὐτόν, εὐθὺς
δὲ ἐκέλευσε τοῖς ὑπηρέταις ἄγειν αὐτὴν πρὸς Στάτειραν.
   Ἐτύγχανε δὲ ἐκείνη μετὰ τῶν ἐνδοξοτάτων Περσίδων ἐν κοίλῃ 4
20 νηΐ, ὅλως οὐδὲν ἐπισταμένη τῶν γεγενημένων, οὐδ᾽ ὅτι Καλλιρόη
Χαιρέαν ἀπείληφε· πολλὴ γὰρ ἦν παραφυλακὴ καὶ οὐδενὶ ἐξῆν
προσελθεῖν, οὐκ ἰδεῖν, οὐ μηνῦσαί τι τῶν πραττομένων. ὡς δὲ 5
ἧκεν ἐπὶ τὴν ναῦν, τοῦ τριηράρχου δορυφοροῦντος αὐτήν, κατά-
πληξις εὐθὺς ἦν πάντων καὶ ταραχὴ διαθεόντων. εἶτά τις ἡσυχῇ
25 πρὸς ἄλλον ἐλάλησεν "ἡ τοῦ ναυάρχου γυνὴ παραγίνεται." μέγα
δὲ καὶ βύθιον ἀνεστέναξεν ἡ Στάτειρα καὶ κλάουσα εἶπεν "εἰς

13–14 καὶ ... παραλαβοῦσα] X. Cyr. 6.4.7 διεφύλαξε δὲ σοὶ ὥσπερ ἀδελφοῦ
γυναῖκα λαβών (Cyrus Pantheam sine macula viro suo Abradatae servavit)

1 ὑμᾶς del. Her. ‖ 1–2 τῶν ... πάρεισιν Cob. : τοὺς δ᾽ Αἰγυπτίους, πολλοὶ
γὰρ εἰσιν F ‖ 2 οὓς secl. Rei. ‖ 13 post αὐτήν, καὶ Ῥοδογούνην τῷ ἀνδρί add.
D'Or. (at usque ad finem tertii paragraphi tantum agitur de Statira)

ταύτην με τὴν ἡμέραν, ὦ Τύχη, τετήρηκας, ἵνα ἡ βασιλὶς ἴδω
6 κυρίαν· πάρεστι γὰρ ἴσως ἰδεῖν οἵαν παρείληφε δούλην." ἤγειρε
θρῆνον ἐπὶ τούτοις καὶ τότε ἔμαθε τί αἰχμαλωσία σωμάτων εὐ-
γενῶν. ἀλλὰ ταχεῖαν ἐποίησεν ὁ θεὸς τὴν μεταβολήν· Καλλιρόη
γὰρ εἰσδραμοῦσα περιεπλάκη τῇ Στατείρᾳ ⟨καὶ⟩ "χαῖρε" φησίν,   5
7 "ὦ βασίλεια· βασιλὶς γὰρ εἶ καὶ ἀεὶ διαμενεῖς. οὐκ εἰς πολεμίων
χεῖρας ἐμπέπτωκας, ἀλλὰ τῆς σοὶ φιλτάτης, ἣν εὐηργέτησας.
Χαιρέας ὁ ἐμός ἐστι ναύαρχος· ναύαρχον δὲ Αἰγυπτίων ἐποίησεν
αὐτὸν ὀργὴ πρὸς βασιλέα, διὰ τὸ βραδέως ἀπολαμβάνειν ἐμέ·
8 πέπαυται δὲ καὶ διήλλακται καὶ οὐκέτι ὑμῖν ἐστι πολέμιος. ἀ-   10
νίστασο δέ, φιλτάτη, καὶ ἄπιθι χαίρουσα· ἀπόλαβε καὶ σὺ τὸν
ἄνδρα τὸν σεαυτῆς· ζῇ γὰρ βασιλεύς, κἀκείνῳ σε Χαιρέας πέμ-
πει. ἀνίστασο καὶ σύ, Ῥοδογούνη, πρώτη μοι φίλη Περσίδων,
καὶ βάδιζε πρὸς τὸν ἄνδρα τὸν σεαυτῆς, καὶ ὅσας ἡ βασιλὶς ἂν
ἄλλας θέλῃ, καὶ μέμνησθε Καλλιρόης."   15
9 Ἐξεπλάγη Στάτειρα τούτων ἀκούσασα τῶν λόγων καὶ οὔτε
πιστεύειν εἶχε οὔτε ἀπιστεῖν· τὸ δὲ ἦθος Καλλιρόης τοιοῦτον
ἦν, ὡς μὴ δοκεῖν εἰρωνεύεσθαι ἐν μεγάλαις συμφοραῖς· ὁ δὲ
10 καιρὸς ἐκέλευε ταχέως πάντα πράττειν. ἦν οὖν τις ἐν Αἰγυπτί-
οις Δημήτριος, φιλόσοφος, βασιλεῖ γνώριμος, ἡλικίᾳ προήκων,   20
παιδείᾳ καὶ ἀρετῇ τῶν ἄλλων Αἰγυπτίων διαφέρων. τοῦτον καλέ-
σας Χαιρέας εἶπεν "ἐγὼ ἐβουλόμην μετ' ἐμαυτοῦ σε ἄγειν, ἀλλὰ
μεγάλης πράξεως ὑπηρέτην σε ποιοῦμαι· τὴν γὰρ βασιλίδα τῷ
11 μεγάλῳ βασιλεῖ πέμπω διὰ σοῦ. τοῦτο δὲ καὶ σὲ ποιήσει τιμιώτε-
ρον ἐκείνῳ καὶ τοὺς ἄλλους διαλλάξει." ταῦτα εἰπὼν στρατηγὸν   25
ἀπέδειξε Δημήτριον τῶν ὀπίσω κομιζομένων τριηρῶν. πάντες
γὰρ ἤθελον ἀκολουθεῖν Χαιρέα καὶ προετίμων αὐτὸν πατρίδων
12 καὶ τέκνων. ὁ δὲ μόνας εἴκοσι τριήρεις ἐπελέξατο τὰς ἀρίστας
καὶ μεγίστας, ὡς ἂν ὑπὲρ τὸν Ἰόνιον μέλλων περαιοῦσθαι, καὶ

3 τί Cob. : τίς F ‖ 4 ὁ F : fort. ἡ Bl. (sed cf. 3.3.10) ‖ 5 Στατείρᾳ ⟨καὶ⟩ Cob. :
στατείρᾳ· F ‖ 6 διαμενεῖς Cob. (cf. 5.10.7, 7.6.8) : διαμένεις F ‖ 22 post
ἐβουλόμην, μὲν add. Cob. : ante ἐβουλόμην Jackson ‖ 27 γὰρ F : ⟨μὲν⟩ γὰρ
vel ⟨μὲν⟩ οὖν Abresch : δὲ D'Or.

ταύταις ἐνεβίβασεν Ἕλληνας μὲν ἅπαντας ὅσοι παρῆσαν, Αἰ-
γυπτίων δὲ καὶ Φοινίκων ὅσους ἔμαθεν εὐζώνους· πολλοὶ καὶ
Κυπρίων ἐθελονταὶ ἐνέβησαν. τοὺς δὲ ἄλλους πάντας ἔπεμψεν
οἴκαδε, διανείμας αὐτοῖς μέρη τῶν λαφύρων, ἵνα χαίροντες ἐ-
5  πανίωσι πρὸς τοὺς ἑαυτῶν, ἐντιμότεροι γενόμενοι· καὶ οὐδεὶς
ἠτύχησεν οὐδενός, αἰτήσας παρὰ Χαιρέου. Καλλιρόη δὲ προσ-
ήνεγκε τὸν κόσμον ἅπαντα τὸν βασιλικὸν Στατείρᾳ. ἡ δὲ οὐκ      13
ἠβουλήθη λαβεῖν, ἀλλὰ "τούτῳ" φησὶ "⟨σὺ⟩ κοσμοῦ· πρέπει γὰρ
τοιούτῳ σώματι κόσμος βασιλικός. δεῖ γὰρ ἔχειν σε ἵνα καὶ μη-
10 τρὶ χαρίσῃ καὶ πατρίοις ἀναθήματα θεοῖς. ἐγὼ δὲ πλείω τούτων
καταλέλοιπα ἐν Βαβυλῶνι. θεοὶ δέ σοι παρέχοιεν εὔπλοιαν καὶ    14
σωτηρίαν καὶ μηδέποτε διαζευχθῆναι Χαιρέου. πάντα πεποίη-
κας εἰς ἐμὲ δικαίως· χρηστὸν ἦθος ἐπεδείξω καὶ τοῦ κάλλους
ἄξιον. καλήν μοι βασιλεὺς ἔδωκε παραθήκην."
15 Τίς ἂν φράσῃ τὴν ἡμέραν ἐκείνην πόσας ἔσχε πράξεις, πῶς     4
ἀλλήλαις διαφόρους — εὐχομένων, συντασσομένων, χαιρόντων,
λυπουμένων, ἀλλήλοις ἐντολὰς διδόντων, τοῖς οἴκοι γραφόντων;
ἔγραψε δὲ καὶ Χαιρέας ἐπιστολὴν πρὸς βασιλέα τοιαύτην·
"Σὺ μὲν ἔμελλες τὴν δίκην κρίνειν, ἐγὼ δὲ ἤδη νενίκηκα παρὰ    2
20 τῷ δικαιοτάτῳ δικαστῇ· πόλεμος γὰρ ἄριστος κριτὴς τοῦ κρείτ-
τονός τε καὶ χείρονος. οὗτός μοι Καλλιρόην ἀποδέδωκεν, ⟨καὶ⟩ οὐ
μόνον τὴν γυναῖκα τὴν ἐμήν, ἀλλὰ καὶ τὴν σήν. οὐκ ἐμιμησάμην   3
δέ σου τὴν βραδυτῆτα, ἀλλὰ ταχέως σοι μηδὲ ἀπαιτοῦντι Στάτει-
ραν ἀποδίδωμι καθαρὰν καὶ ἐν αἰχμαλωσίᾳ μείνασαν βασιλίδα.

2 post πολλοὶ, δὲ add. Her. ‖ 3 ἐνέβησαν F : συνέ- Jackson | ἔπεμψεν F :
⟨ἀπ⟩έ- Rei. (cf. 3.9.8) ‖ 8 add. Cob. ‖ 10 post θεοῖς, lac. indic. Rea. (⟨τιθῇς⟩
prop., sed ⟨ἀνατιθῇς⟩ mallem, cf. X.E. 5.10.6, 5.15.2) ‖ 14 παραθήκην F :
παρακαταθήκην Cob. (ut 5.9.2 et 6.1.6, sed cf. 8.4.8) ‖ 15 φράσῃ F (sic) :
φράσειε Cob. (sed cf. 4.1.11, 5.8.2, 8.1.14) ‖ 15–16 πῶς ἀλλήλαις διαφόρους
D'Or. post Rei. (πῶς -λοις δ-) : πῶς ἄλλοι διάφοροι F : πόσοι σάλοι δ- Bernard
(cf. Hld. 3.5.6, 10.16.2) : an πῶς ἀλλήλαις διάφοροι (sc. ἦσαν)? ‖ 18 ἔγραψε
Her. : ἔγραφε F ‖ 21 Καλλιρόην del. Beck : post ἐμήν transp. Rei. | add.
Anon. Leid. : πλὴν add. Jakob : post μόνον, δὲ add. D'Or. ‖ 23 μηδὲ edd. :
μὴ δὲ F

ἴσθι δὲ οὐκ ἐμέ σοι τὸ δῶρον ἀλλὰ Καλλιρόην ἀποστέλλειν. ἀν-
ταπαιτοῦμεν δέ σε χάριν Αἰγυπτίοις διαλλαγῆναι· πρέπει γὰρ
βασιλεῖ μάλιστα πάντων ἀνεξικακεῖν. ἕξεις δὲ στρατιώτας ἀγα-
θοὺς φιλοῦντάς σε· τοῦ γὰρ ἐμοὶ συνακολουθεῖν ὡς φίλοι παρὰ
σοὶ μᾶλλον εἵλοντο μένειν."      5

4    Ταῦτα μὲν ἔγραψε Χαιρέας, ἔδοξε δὲ καὶ Καλλιρόη δίκαιον
εἶναι καὶ εὐχάριστον Διονυσίῳ γράψαι. τοῦτο μόνον ἐποίησε δίχα
Χαιρέου· εἰδυῖα γὰρ αὐτοῦ τὴν ἔμφυτον ζηλοτυπίαν ἐσπούδαζε
λαθεῖν. λαβοῦσα δὲ γραμματίδιον ἐχάραξεν οὕτως·

5    "Καλλιρόη Διονυσίῳ εὐεργέτῃ χαίρειν· σὺ γὰρ εἶ ὁ καὶ λῃστεί-    10
ας καὶ δουλείας με ἀπαλλάξας. δέομαί σου, μηδὲν ὀργισθῇς· εἰμὶ
γὰρ τῇ ψυχῇ μετὰ σοῦ διὰ τὸν κοινὸν υἱόν, ὃν παρακατατίθημί
σοι ἐκτρέφειν τε καὶ παιδεύειν ἀξίως ἡμῶν. μὴ λάβῃ δὲ πεῖραν
μητρυιᾶς· ἔχεις οὐ μόνον υἱόν, ἀλλὰ καὶ θυγατέρα· ἀρκεῖ σοι
6 δύο τέκνα. ὧν γάμον ζεῦξον, ὅταν ἀνὴρ γένηται, καὶ πέμψον αὐ-    15
τὸν εἰς Συρακούσας, ἵνα καὶ τὸν πάππον θεάσηται. ἀσπάζομαί
σε, Πλαγγών. ταῦτά σοι γέγραφα τῇ ἐμῇ χειρί. ἔρρωσο, ἀγαθὲ
Διονύσιε, καὶ Καλλιρόης μνημόνευε τῆς σῆς."

7    Σφραγίσασα δὲ τὴν ἐπιστολὴν ἀπέκρυψεν ἐν τοῖς κόλποις καὶ
ὅτε ἔδει λοιπὸν ἀνάγεσθαι καὶ ταῖς τριήρεσι πάντας ἐμβαίνειν,    20
αὐτὴ χεῖρα δοῦσα τῇ Στατείρᾳ εἰς τὸ πλοῖον εἰσήγαγε. κατε-
σκευάκει δὲ Δημήτριος ἐν τῇ νηΐ σκηνὴν βασιλικήν, πορφυρί-
8 δα καὶ χρυσοϋφῆ Βαβυλώνια περιθείς. πάνυ δὲ κολακευτικῶς
κατακλίνασα αὐτὴν Καλλιρόη "ἔρρωσό μοι" φησίν, "ὦ Στάτει-
ρα, καὶ μέμνησό μου καὶ γράφε μοι πολλάκις εἰς Συρακούσας·    25
ῥᾴδια γὰρ πάντα βασιλεῖ. κἀγὼ δέ σοι χάριν εἴσομαι παρὰ τοῖς
γονεῦσί μου καὶ τοῖς θεοῖς τοῖς Ἑλληνικοῖς. συνίστημί σοι τὸ
τέκνον μου, ὃ καὶ σὺ ἡδέως εἶδες· νόμιζε ἐκεῖνο παραθήκην

15 ὧν Gasda (lectio a D'Or. iam aestimata et reiecta), cf. 8.7.5 : ὃν F ‖
17 ἔρρωσο edd. : ἔρωσο F ‖ 21 τῇ στατείρᾳ F : fort. τὴν Στάτειραν Reeve ‖
26 βασιλεῖ F (cf. 8.4.3) : βασιλείᾳ Naber, sed vocem tantum ap. Ch. 8.3.6
invenies vocativo, βασιλίς autem 35 exempla habet

ἔχειν ἀντ' ἐμοῦ." ταῦτα λεγούσης ⟨ἡ Στάτειρα⟩ δακρύων ἐν-   9
επλήσθη καὶ γόον ἤγειρε ταῖς γυναιξίν· ἐξιοῦσα δὲ τῆς νεὼς
ἡ Καλλιρόη, ἠρέμα προσκύψασα τῇ Στατείρᾳ καὶ ἐρυθριῶσα
τὴν ἐπιστολὴν ἐπέδωκε καὶ "ταύτην" εἶπε "δὸς Διονυσίῳ τῷ
5   δυστυχεῖ, ὃν παρατίθημι σοί τε καὶ βασιλεῖ. παρηγορήσατε αὐ-
τόν. φοβοῦμαι μὴ ἐμοῦ χωρισθεὶς ἑαυτὸν ἀνέλῃ." ἔτι δὲ ἂν ἐ-   10
λάλουν αἱ γυναῖκες καὶ ἔκλαον καὶ ἀλλήλας κατεφίλουν, εἰ μὴ
παρήγγειλαν οἱ κυβερνῆται τὴν ἀναγωγήν. μέλλουσα δὲ ἐμβαί-
νειν εἰς τὴν τριήρη ἡ Καλλιρόη τὴν Ἀφροδίτην προσεκύνησε.
10   "χάρις σοι" φησὶν "ὦ δέσποινα, τῶν παρόντων. ἤδη μοι διαλ-
λάττῃ· δὸς δέ μοι καὶ Συρακούσας ἰδεῖν. πολλὴ μὲν ἐν μέσῳ
θάλασσα, καὶ ἐκδέχεταί με φοβερὰ πελάγη, πλὴν οὐ φοβοῦμαι
σοῦ μοι συμπλεούσης." ἀλλ' οὐδὲ τῶν Αἰγυπτίων οὐδεὶς ἐνέβη   11
ταῖς Δημητρίου ναυσίν, εἰ μὴ πρότερον συνετάξατο Χαιρέᾳ καὶ
15   κεφαλὴν καὶ χεῖρας αὐτοῦ κατεφίλησε· τοσοῦτον ἵμερον πᾶσιν
ἐνέθηκε. καὶ πρῶτον ἐκεῖνον εἴασεν ἀναχθῆναι τὸν στόλον, ὡς
ἀκούεσθαι μέχρι πόρρω τῆς θαλάσσης ἐπαίνους μεμιγμένους
εὐχαῖς.
   Καὶ οὗτοι μὲν ἔπλεον, βασιλεὺς δὲ ὁ μέγας κρατήσας τῶν πο-   5
20   λεμίων εἰς Αἴγυπτον μὲν ἐξέπεμπε τὸν καταστησόμενον τὰ ἐν
αὐτῇ βεβαίως, αὐτὸς δ' ἔσπευδεν εἰς Ἄραδον πρὸς τὴν γυναῖκα.
ὄντι δὲ αὐτῷ περὶ †Χίον† καὶ Τύρον καὶ θύοντι τῷ Ἡρακλεῖ τὰ   2
ἐπινίκια προσῆλθέ τις ἀγγέλλων ὅτι "Ἄραδος ἐκπεπόρθηται καί
ἐστι κενή, πάντα δὲ τὰ ἐν αὐτῇ φέρουσιν αἱ ναῦς τῶν Αἰγυπτί-
25   ων." μέγα δὴ πένθος κατήγγειλε βασιλεῖ, ὡς ἀπολωλυίας τῆς
βασιλίδος. ἐπένθουν δὲ Περσῶν οἱ ἐντιμότατοι

---

1 λεγούσης F : λέγουσα Her., sed vide postea ἐξιοῦσα δὲ ... ἡ Καλλιρόη |
addidi (cf. 1.5.6, 2.11.6, 3.4.10, 6.4.7) ‖ 6–7 ἂν ἐλάλουν Rei. : ἀνελάλουν
F ‖ 9 ἡ fort. delendum iudice Reeve ‖ 11 πολλὴ Rei. (cf. 6.3.6) : καλὴ F :
μεγάλη D'Or. ‖ 13 ἐνέβη F (litt. ε supra α scripta) : ἀνέβη F ante corr. ‖
16 ἐνέθηκε F : ἐνῆκε Cob. (sed cf. 3.9.11) | ἐκεῖνον F : κοινὸν Bl. | εἴασεν
Rei. : ἔασεν F ‖ 22 Χίον F, corruptum : ⟨παρα⟩λίαν Naber : Φοινίκην Cob. ‖
25 δὴ Zankogiannes : δὲ F ‖ 26 ante Περσῶν, καὶ add. Coraës

Στάτειραν πρόφασιν, σφῶν δ᾽ αὐτῶν κῆδε᾽ ἕκαστος,
ὁ μὲν γυναῖκα, ὁ δὲ ἀδελφήν, ὁ δὲ θυγατέρα, πάντες δέ τινα,
ἕκαστος οἰκεῖον. ἐκπεπλευκότων δὲ τῶν πολεμίων ἄγνωστον ἦν
διὰ ποίας θαλάσσης.

3  Τῇ δευτέρᾳ δὲ τῶν ἡμερῶν ὤφθησαν αἱ Αἰγυπτίων ναῦς προσ- 5
πλέουσαι. καὶ τὸ μὲν ἀληθὲς ἄδηλον ἦν, ἐθαύμαζον δὲ ὁρῶντες,
καὶ ἔτι μᾶλλον ἐπέτεινεν αὐτῶν τὴν ἀπορίαν σημεῖον ἀρθὲν ἀπὸ
τῆς νεὼς τῆς Δημητρίου βασιλικόν, ὅπερ εἴωθεν αἴρεσθαι μόνον
πλέοντος βασιλέως· τοῦτο δὲ ταραχὴν ἐποίησεν, ὡς πολεμίων
4  ὄντων. εὐθὺς δὲ θέοντες ἐμήνυον Ἀρταξέρξῃ "τάχα δή τις εὑ- 10
ρεθήσεται βασιλεὺς Αἰγυπτίων." ὁ δὲ ἀνέθορεν ἐκ τοῦ θρόνου
καὶ ἔσπευδεν ἐπὶ τὴν θάλασσαν καὶ σύνθημα πολεμικὸν ἐδίδου·
τριήρεις μὲν γὰρ οὐκ ἦσαν αὐτῷ· πᾶν δὲ τὸ πλῆθος ἔστησεν ἐπὶ
5  τοῦ λιμένος παρεσκευασμένον εἰς μάχην. ἤδη δέ τις καὶ τόξον
ἐνέτεινε καὶ λόγχην ἔμελλεν ἀφιέναι, εἰ μὴ συνῆκε Δημήτριος 15
καὶ τοῦτο ἐμήνυσε τῇ βασιλίδι. ἡ δὲ Στάτειρα προελθοῦσα τῆς
σκηνῆς ἔδειξεν ἑαυτήν. εὐθὺς οὖν τὰ ὅπλα ῥίψαντες προσεκύ-
νησαν· ὁ δὲ βασιλεὺς οὐ κατέσχεν, ἀλλὰ πρὶν καλῶς τὴν ναῦν
καταχθῆναι πρῶτος εἰσεπήδησεν εἰς αὐτήν, περιχυθεὶς δὲ τῇ
γυναικὶ ἐκ τῆς χαρᾶς δάκρυα ἀφῆκε καὶ εἶπε "τίς ἄρα μοι θεῶν 20
6  ἀποδέδωκέ σε, γυνὴ φιλτάτη; ἀμφότερα γὰρ ἄπιστα καὶ ἀπο-
λέσθαι βασιλίδα καὶ ἀπολομένην εὑρεθῆναι. πῶς δέ σε εἰς γῆν
καταλιπὼν ἐκ θαλάσσης ἀπολαμβάνω;" Στάτειρα δὲ ἀπεκρί-
νατο "δῶρον ἔχεις με παρὰ Καλλιρόης." ἀκούσας δὲ τὸ ὄνομα
βασιλεὺς ὡς ἐπὶ τραύματι παλαιῷ πληγὴν ἔλαβε καινήν· βλέ- 25

1 (vid. 2.5.12) Hom. Il. 19.302 Πάτροκλον ... ἑκάστη (Mulieres ante Patrocli
cadaver flent)

1 Στάτειραν πρόφασιν, σφῶν δ᾽ Cob. ex Homeri codd. : στατείρας προφάσει·
σφῶν δὲ F | κῆδε᾽ Apogr. : κῆδε F ‖ 8 μόνον Rei. : μόνου F ‖ 9 πλέοντος F :
⟨συμ⟩π- Cob. ‖ 10 post τις, ἕτερος (vel ἄλλος) add. D'Or., fort. recte : pro
εὑρεθήσεται, ⟨ἕτερος⟩ εὑρέθη prop. Rea. post Zankogiannes (εὑρέθη ⟨ἕτερος⟩) ‖
18 καλῶς F : κάλως Bl. : ἱκανῶς Schmidt ‖ 21 γυνὴ F : γύναι Her. (sed cf.
3.3.7, 5.10.9, 6.5.2)

ψας δὲ εἰς Ἀρταξάτην τὸν εὐνοῦχον "ἄγε με" φησὶ "πρὸς Καλ-
λιρόην, ἵνα αὐτῇ χάριν γνῶ." ⟨...⟩ εἶπεν ἡ Στάτειρα "μαθήσῃ    7
πάντα παρ' ἐμοῦ," ἅμα δὲ προῄεσαν ἐκ τοῦ λιμένος εἰς τὰ βα-
σίλεια. τότε δὲ πάντας ἀπαλλαγῆναι κελεύσασα καὶ μόνον τὸν
5  εὐνοῦχον παρεῖναι, διηγεῖτο τὰ ἐν Ἀράδῳ, τὰ ἐν Κύπρῳ, καὶ
τελευταίαν ἔδωκε τὴν ἐπιστολὴν τὴν Χαιρέου. βασιλεὺς δὲ ἀ-    8
ναγινώσκων μυρίων παθῶν ἐπληροῦτο· καὶ γὰρ ὠργίζετο διὰ
τὴν ἅλωσιν τῶν φιλτάτων καὶ μετενόει διὰ τὸ παρασχεῖν αὐ-
τομολίας ἀνάγκην, καὶ χάριν δὲ αὐτῷ πάλιν ἠπίστατο ὅτι ⟨...⟩
10  Καλλιρόην μηκέτι δύναιτο θεάσασθαι. μάλιστα δὲ πάντων φθό-
νος ἥπτετο αὐτοῦ, καὶ ἔλεγε "μακάριος Χαιρέας, εὐτυχέστερος
ἐμοῦ."
     Ἐπεὶ δὲ ἅλις ἦν τῶν διηγημάτων, Στάτειρα εἶπε "παραμύ-    9
θησαι, βασιλεῦ, Διονύσιον· τοῦτο γάρ σε παρακαλεῖ Καλλιρό-
15  η." ἐπιστραφεὶς οὖν ὁ Ἀρταξέρξης πρὸς τὸν εὐνοῦχον "ἐλθέτω"
φησὶ "Διονύσιος." καὶ ἦλθε ταχέως, μετέωρος ταῖς ἐλπίσι· τῶν    10
γὰρ περὶ Χαιρέαν οὐδὲν ἠπίστατο, μετὰ δὲ τῶν ἄλλων γυναι-
κῶν ἐδόκει καὶ Καλλιρόην παρεῖναι καὶ βασιλέα καλεῖν αὐτόν,
ἵνα ἀποδῷ τὴν γυναῖκα, γέρας τῆς ἀριστείας. ἐπεὶ δὲ εἰσῆλ-
20  θε, διηγήσατο αὐτῷ βασιλεὺς ἅπαντα τὰ γεγενημένα. ἐν ἐκείνῳ

---

2 lac. stat. Sanz, e. g. ⟨"Καλλιρόης οὐ παρούσης"⟩ (cf. 4.1.10, 6.3.3), nam
εἶπε(ν) sententiam non incipit ap. Ch. (cf. 2.1.8, 2.4.6, 3.1.5, 3.8.1, 4.2.11,
4.3.5, 4.3.8) | εἶπεν F : εἶπε δ' Gasda (asyndeti causa, sed vid. supra) ‖ 9 lac.
stat. D'Or., e. g. ⟨τὴν βασιλίδα ἀπολάβοι· ἐλυπεῖτο δὲ⟩ : ante ὅτι Cob., e.
g. ⟨διὰ τὴν τῆς γυναικὸς σωτηρίαν, ἅμα δὲ ἡνιᾶτο⟩ ‖ 16 φησὶ hic incipit
W (de textu codicis Thebani, a librario mutato et saepe interpolato, vide
praefationem huius editionis) | ἦλθε F : ἦλ]θεν W ‖ 17 οὐ]δὲ[ν ἠπί]σ[τατο
W (cf. 5.9.7, etc.) : ἠπίστατο οὐδέν F ‖ 18 ἐδόκει καὶ W (cf. 5.4.13) : ἐδόκει
F | Καλλιρόην W, sic semper : καλλιρρόην F, ut ubique (vid. 1.1.1 cum
app. crit.) ‖ 19 ἀριστείας F : ἀριστέας W ‖ 19–20 εἰσῆλθε F : ἦλθεν W ‖
20 βασιλεὺς F : βασιλεὺς ἐξ ἀρχῆς W (sed cf. 7.2.4, 8.1.17) | ἅπαντα W :
πάντα F

δὴ τῷ καιρῷ φρόνησιν Διονύσιος ἐπεδείξατο καὶ παιδείαν ἐξαίρε-
11 τον. ὥσπερ γὰρ εἴ τις κεραυνοῦ πεσόντος πρὸ τῶν ποδῶν αὐτοῦ
μὴ ταραχθείη, οὕτως κἀκεῖνος ἀκούσας λόγων σκηπτοῦ βαρυ-
τέρων, ὅτι Χαιρέας Καλλιρόην εἰς Συρακούσας ἀπάγει, ὅμως
εὐσταθὴς ἔμεινε καὶ οὐκ ἔδοξεν ἀσφαλὲς αὐτῷ τὸ λυπεῖσθαι, σω- 5
12 θείσης τῆς βασιλίδος. ὁ δὲ Ἀρταξέρξης "εἰ μὲν ἐδυνάμην" ἔφη,
"καὶ Καλλιρόην ἂν ἀπέδωκα, Διονύσιε· πᾶσαν γὰρ εὔνοιαν εἰς
ἐμὲ καὶ πίστιν ἐπεδείξω· τούτου δὲ ὄντος ἀμηχάνου, δίδωμί σοι
πάσης Ἰωνίας ἄρχειν, καὶ πρῶτος εὐεργέτης εἰς οἶκον βασιλέως
ἀναγραφήσῃ." προσεκύνησεν ὁ Διονύσιος καὶ χάριν ὁμολογήσας 10
ἔσπευδεν ἀπαλλαγῆναι καὶ δακρύων ἐξουσίαν ἔχειν· ἐξιόντι δὲ
αὐτῷ Στάτειρα τὴν ἐπιστολὴν ἡσυχῇ δίδωσιν.
13    Ὑποστρέψας δὲ καὶ κατακλείσας ἑαυτόν, γνωρίσας τὰ Καλ-
λιρόης γράμματα πρῶτον τὴν ἐπιστολὴν κατεφίλησεν, εἶτα ἀ-

---

9–10 πρῶτος ... ἀναγραφήσῃ] Fort. Pl. *Grg.* 506c 2–3 μέγιστος εὐεργέτης
παρ᾽ ἐμοὶ ἀναγεγράφῃ (Socrates ad Caliclem)

---

1 δὴ W : δὲ F | φρόνησιν Διονύσιος ἐπεδείξατο καὶ παιδείαν F : μάλιστα Διο-
νύσιος ἐπεδείξατο παιδίαν τε καὶ φρόνησιν W (sed cf. 4.3.12, etiam 3.3.12,
7.2.5) ‖ 2 εἴ W : om. F ‖ 3 ταραχθείη F : ταραχθῇ W : ταραχθείς Cob. |
οὕτως W (οὕτω iam Her.) : om. F ‖ 3–4 λόγων ... βαρυτέρων F : λόγους ...
βαρυτέρους W ‖ 4 καλλιρρόην εἰς συρρακούσας ἀπάγει F : ἀπάγει Καλλι-
ρόη(ν) [εἰς Συρακούσας W, sed incertum an εις συρακουσας habuerit Theb.,
vid. postea | post Καλλιρόη(ν) usque ad μὲν] ἐδυ[νάμην vacat W ‖ 5 αὐτῶ
F (sic) : αὐτῷ Jackson ‖ 7 καὶ W : om. F | ἂν ἀπέδωκα F : ἀπέ]δωκα ἄ[ν
W | post ἀπέδωκα, σοι add. Cob. (cf. 3.6.7, sed contra 3.6.3) ‖ 7–8 εἰς ἐ-
μὲ F : om. W ‖ 8 ἀμηχάνου F : ἀδυνάτου W ‖ 9–10 πρῶτος εὐεργέτης εἰς
οἶκον βασιλέως ἀναγραφήσῃ F, sic (cf. e. g. 1.4.4) : πρῶτον εὐεργέτην εἰ[ς]
τὸν οἶκον τοῦ βασιλέως ἀναγραφῆναι W ‖ 10 προσεκύνησεν ὁ Διονύσιος F :
προσεκύνησε Διονύσιος W | ὁμολογήσας W (iam Her., qui ἔχειν in F del.) :
ὁμολογήσας ἔχειν F ‖ 12 τὴν ἐπιστολὴν ἡσυχῇ δίδωσιν F (cf. 4.5.1, 6.2.6,
8.5.7) : ἡ]συχῇ τὴν ἐπ[ιστο]λὴν ἐπιδ[ίδωσιν W (cf. 4.5.7, 8.4.9) ‖ 14 εἶτα
F : καὶ W

νοίξας τῷ στήθει προσετίθει ὡς ἐκείνην παροῦσαν, καὶ ἐπὶ πο-
λὺν χρόνον κατεῖχεν, ἀναγινώσκειν μὴ δυνάμενος διὰ τὰ δάκρυα.
ἀποκλαύσας δὲ μόλις ἀναγινώσκειν ἤρξατο καὶ πρῶτόν γε Καλ-
λιρόης τοὔνομα κατεφίλησεν. ἐπεὶ δὲ ἦλθεν εἰς τὸ "Διονυσίῳ
5    εὐεργέτῃ," "οἴμοι" φησὶν "οὐκέτ' 'ἀνδρί·' σὺ γὰρ εὐεργέτης ἐμός·    14
τί γὰρ ἄξιον ἐποίησά σοι;" ἤσθη δὲ τῆς ἐπιστολῆς τῇ ἀπολογίᾳ
καὶ πολλάκις ἀνεγίνωσκε τὰ αὐτά· ὑπεδήλου γὰρ ὡς ἄκουσα αὐ-
τὸν καταλίποι. οὕτω κοῦφόν ἐστιν ὁ Ἔρως καὶ ἀναπείθει ῥᾳδίως
ἀντερᾶσθαι. θεασάμενος δὲ τὸ παιδίον καὶ πήλας ταῖς χερσὶν    15

---

1 προσετίθει F : προσεπτύξατο W ‖ 1–5 καὶ ἐπὶ … ἐμός F : ἐπὶ πολὺ(ν)
δὲ χρόνον κατέχω(ν) αὐτὰ ἀναγεινώσκι· Καλλιρόη – κατεφίλησε τοὔνομα –
Διονυσίῳ εὐεργέτῃ – οἴμμοι τῷ ἀνδρὶ οὐκ ἔχω (pro οὐκ ἔχω, οὐκέτ' ὄντι coni.
Wilcken) – χαίρειν – πῶς δύναμε σοῦ διεζευγμένος – σὺ γὰρ ἐμὸς εὐεργέτης –
W his interpunctionibus in codice Thebano exaratis (post ἀναγεινώσκι fort.
per homoioteleuton μὴ δυνάμενος … μόλις ἀναγινώσκειν om. W, ut indic. Bl.) ‖
3 ἀποκλαύσας FW : ἀποκλαυσάμενος Wilcken ‖ 5 σὺ γὰρ εὐεργέτης ἐμός
Dionisio trib. D'Or., ἐμή pro ἐμός coniciens (sed cf. 1.10.7) : σὺ γὰρ ἐμὸς
εὐεργέτης epistulae trib. W ut vid. (iam Her.), vide supra : nihil indic. F |
εὐεργέτης ἐμός F (cf. 3.9.11) : ἐμὸς εὐεργέτης W ‖ 6 σοι F : σου W | ἤσθη …
τῇ ἀπολογίᾳ F (sic) : ησ.ετο … πρὸς τὴν ἀπολογίαν W (ἤσθετο suppl. Zimm. :
ἤσχετο corruptum pro ἔσχετο Wilcken : fort. ἔ[πτ]ετο Bl. : an ἤδετο?) ‖
7 τὰ αὐτά F : ]τα τὰ ῥήματα W (κα]τὰ vel αὐ]τὰ suppl. Wilcken, sed solam
hanc lectionem credo veri similem, cf. F atque 3.1.5) : ταῦτα τὰ ῥήματα
Bl. ‖ 7–8 ὑπεδήλου γὰρ ὡς ἄκουσα αὐτὸν καταλίποι F : ἐ[…]θη γὰρ ὅτι
ἄκου[σα κα]τέλιπεν W, ubi ἐπείσθη (scriptum ἐπίσθη per iotacismum) suppl.
Wilcken : fort. ἐ[δηλώ]θη Bl. ‖ 8 οὕτω κοῦφόν F : οὕτω [……..κο]ῦφόν W
([δὴ? φύσει κο]ῦφόν Wilcken : [γὰρ καὶ κο]ῦφόν prop. Zimm.) | ἀναπείθει F :
ἀναπί[θι W : ἀναπείθεται Jakob ‖ 9 θεασάμενος … χερσὶν F : θε]ασάμενον
δὲ τὸ [π]αιδίον τὸν πατέρα .σοντα (?) ([κ]λάοντα Naber : [ἐ]λθόντα Wilcken :
[π]αρόντα Schmid : [πλησι]άσοντα Jakob) προσῆλθεν αὐτῷ καὶ ποῦ μοι πάτερ
εἶπεν ἡ μήτηρ ἀπίωμεν πρὸς αὐτή(ν) W, quod fortasse ab 5.10.5 (iudice Bl.),
haud recte intellectum, interpolatum est (sed verba ἀπίωμεν πρὸς αὐτήν in
3.1.8 invenies) | καὶ πήλας F : καὶ del. Wilamowitz : ⟨καταφιλήσας⟩ καὶ π-
Castiglioni

"ἀπελεύσῃ ποτέ μοι καὶ σύ, τέκνον, πρὸς τὴν μητέρα· καὶ γὰρ
αὐτὴ τοῦτο κεκέλευκεν· ἐγὼ δὲ ἔρημος βιώσομαι, πάντων αἴτιος
ἐμαυτῷ γενόμενος. ἀπώλεσέ με καινὴ ζηλοτυπία καὶ σύ, Βα-
βυλών." ταῦτα εἰπὼν συνεσκευάζετο τὴν ταχίστην καταβαίνειν
εἰς Ἰωνίαν, μέγα νομίζων παραμύθιον πολλὴν ὁδὸν καὶ πολλῶν   5
πόλεων ἡγεμονίαν καὶ τὰς ἐν Μιλήτῳ Καλλιρόης εἰκόνας.

**6**    Τὰ μὲν οὖν περὶ τὴν Ἀσίαν ἐν τούτοις ἦν, ὁ δὲ Χαιρέας ἤνυσε
τὸν πλοῦν εἰς Σικελίαν εὐτυχῶς (εἱστήκει γὰρ ἀεὶ κατὰ πρύμναν
⟨τὸ πνεῦμα⟩) καὶ ναῦς ἔχων μεγάλας ἐπελαγίζετο, περιδεῶς ἔ-
**2**    χων μὴ πάλιν αὐτὸν σκληροῦ δαίμονος προσβολὴ καταλάβῃ. ἐπεὶ   10
δὲ ἐφάνησαν Συρακοῦσαι, τοῖς τριηράρχαις ἐκέλευσε κοσμῆσαι
τὰς τριήρεις καὶ ἅμα συντεταγμέναις πλεῖν· καὶ γὰρ ἦν γαλήνη.
ὡς δὲ εἶδον αὐτοὺς οἱ ἐκ τῆς πόλεως, εἶπέ τις "πόθεν τριήρεις
προσπλέουσι; μή τι Ἀττικαί; φέρε οὖν μηνύσωμεν Ἑρμοκράτει."
**3**    καὶ ταχέως ἐμήνυσε "στρατηγέ, βουλεύου τί ποιήσεις· τοὺς λι-   15
μένας ἀποκλείσωμεν ἢ ἐπαναχθῶμεν; οὐ γὰρ ἴσμεν εἰ μείζων
ἔπεται στόλος, πρόδρομοι δέ εἰσιν αἱ βλεπόμεναι." καταδραμὼν
οὖν ὁ Ἑρμοκράτης ἐκ τῆς ἀγορᾶς ἐπὶ τὴν θάλασσαν κωπῆρες
**4**    ἐξέπεμψε πλοῖον ἀπαντᾶν αὐτοῖς. ὁ δὲ ἀποσταλεὶς ἐπυνθάνετο
πλησίον ἐλθὼν τίνες εἴησαν, Χαιρέας δὲ ἐκέλευσεν ἀποκρίνα-   20
σθαί τινα τῶν Αἰγυπτίων "ἡμεῖς ἐξ Αἰγύπτου πλέομεν ἔμποροι,
φορτία φέροντες, ἃ Συρακοσίους εὐφρανεῖ." "μὴ ἀθρόοι τοίνυν
εἰσπλεῖτε" φησίν, "ἕως ἂν γνῶμεν εἰ ἀληθεύετε· φορτίδας γὰρ
οὐ βλέπω ναῦς ἀλλὰ μακρὰς καὶ ὡς ἐκ πολέμου τριήρεις, ὥστε

---

1 ἀπελεύσῃ ... μητέρα F (sic) : σὺ μὲν ἀπέλευσαι τέκνον εὐτυχῶς W ‖ 3 καινὴ
W, F post corr. : κενὴ F ante corr. | ζηλοτυπία F : ζηλοτυπεία W ‖ 4 συνε-
σκευάζετο F (cf. 8.2.5) : παρεσκευάζετο W ‖ 4–5 ταχίστην ... νομίζων F :
ταχίστην †με(ν)θαγαν† νομίζων W (fort. ἔνθα μέγα Bl.) ‖ 5–6 πολλῶν πό-
λεων W : πόλεων F : πολλῶν ὄχλων coni. Rei. codice Thebano in sua aetate
ignoto ‖ 6 εἰκόνας W, ut iam coni. D'Or. : οἰκήσεις F ‖ 7–8 post ἤνυσε τὸν
deficit W usque ad 8.6.8 φιλαργ[ (ante Ἑρμοκράτης) ‖ 9 add. Cob. post
D'Or. : ὁ ἄνεμος add. Hirschig post D'Or., quod ego quoque veri simile censeo
(cf. 1.11.1) : ante κατά, πνεῦμα vel ἄνεμος add. D'Or. ‖ 15 ἐμήνυσε Her. :
ἐμήνυε F

αἱ μὲν πλείους ἔξω τοῦ λιμένος μετέωροι μεινάτωσαν, μία δὲ
καταπλευσάτω." "ποιήσομεν οὕτως."
Εἰσέπλευσεν οὖν τριήρης ἡ Χαιρέου πρώτη. εἶχε δὲ ἐπάνω          5
σκηνὴν συγκεκαλυμμένην Βαβυλωνίοις παραπετάσμασιν. ἐπεὶ
5  δὲ καθωρμίσθη, πᾶς ὁ λιμὴν ἀνθρώπων ἐνεπλήσθη· φύσει μὲν
γὰρ ὄχλος ἐστὶ περίεργόν τι χρῆμα, τότε δὲ καὶ πλείονας εἶχον
αἰτίας τῆς συνδρομῆς. βλέποντες δὲ εἰς τὴν σκηνὴν ἔνδον ἐνό-          6
μιζον οὐκ ἀνθρώπους ἀλλὰ φόρτον εἶναι πολυτελῆ, καὶ ἄλλος
ἄλλο τι ἐμαντεύετο, πάντα δὲ μᾶλλον ἢ τὸ ἀληθὲς εἴκαζον· καὶ
10  γὰρ ἦν ἄπιστον ὡς ἀληθῶς, ἤδη πεπεισμένων αὐτῶν ὅτι Χαιρέας
τέθνηκε, ζῶντα δόξαι καταπλεῖν καὶ μετὰ τοσαύτης πολυτελείας.
οἱ μὲν οὖν Χαιρέου γονεῖς οὐδὲ προήεσαν ἐκ τῆς οἰκίας, Ἑρ-          7
μοκράτης δὲ ἐπολιτεύετο μέν, ἀλλὰ πενθῶν, καὶ τότε εἱστήκει
μέν, λανθάνων δέ. πάντων δὲ ἀπορούντων καὶ τοὺς ὀφθαλμοὺς
15  ἐκτετακότων αἰφνίδιον εἱλκύσθη τὰ παραπετάσματα, καὶ ὤφθη
Καλλιρόη μὲν ἐπὶ χρυσηλάτου κλίνης ἀνακειμένη, Τυρίαν ἀμ-
πεχομένη πορφύραν, Χαιρέας δὲ αὐτῇ παρακαθήμενος, σχῆμα
ἔχων στρατηγοῦ. οὔτε βροντή ποτε οὕτως ἐξέπληξε τὰς ἀκοὰς          8
οὔτε ἀστραπὴ τὰς ὄψεις τῶν ἰδόντων, οὔτε θησαυρὸν εὑρών τις
20  χρυσίου τοσοῦτον ἐξεβόησεν, ὡς τότε τὸ πλῆθος, ἀπροσδοκήτως
ἰδὸν θέαμα λόγου κρεῖττον. Ἑρμοκράτης δὲ ἀνεπήδησεν ἐπὶ τὴν
σκηνὴν καὶ περιπτυξάμενος τὴν θυγατέρα "ζῇς, τέκνον," εἶπεν,

---

4 παραπετάσμασιν Her. post D'Or., qui codicis lectionem hic servavit (sed
cf. 8.6.7) : περιπετάσμασιν F ‖ 10 πεπεισμένων Apogr. : πεπυσμένων F ‖
12 μὲν οὖν Bl. : τε τοῦ F ‖ 13 ante εἱστήκει aliquid deest secundum D'Or., e. g.
ἐν τῷ ὄχλῳ vel αὐτόθι ‖ 15 ἐκτετακότων Her. (cf. 5.3.8) : ἐκεῖ τετακότων F ‖
17 παρακαθήμενος Rei. : περικαθήμενος F ‖ 21 ante Ἑρμοκράτης W contin-
uat, post spatium vacuum quod in 8.6.1 incepit ‖ ἑρμοκράτης F : φιλαργ[ca. 8
litt.]περημ[ca. 9 litt.] Ἑρμοκράτης W (οὔτε θησαυρὸν εὑρὼν χρυσίου τοσοῦτόν
τις] φιλάργ]υρος ἐβόα ὥσ]περ ημ... suppl. Crönert : ...ὥσ]περ ἠμ[έρα ταύτῃ.
ὁ δὲ] Ἑρμοκράτης Zimm. : ὥσπερ εἰ ἀφείη] φιλάργ[υρος τὴν ὑ]περημ[ερίαν
τινί.] Ἑρμοκράτης Bl.) ‖ δὲ F : om. W, nisi ὁ δὲ Ἑρμοκράτης habuisset cod.
Thebanus ‖ 22 ζῇς τέκνον εἶπε (εἶπεν corr. Rea.) W : εἶπε ζῇς τέκνον, F

"ἦ καὶ τοῦτο πεπλάνημαι;" "ζῶ, πάτερ, νῦν ἀληθῶς, ὅτι σε ζῶν-
τα τεθέαμαι." δάκρυα πᾶσιν ἐχεῖτο μετὰ χαρᾶς.

9    Μεταξὺ δὲ Πολύχαρμος ἐπικαταπλεῖ ταῖς ἄλλαις τριήρεσιν·
αὐτὸς γὰρ ἦν πεπιστευμένος τὸν ἄλλον στόλον ἀπὸ Κύπρου διὰ
τὸ μηκέτι Χαιρέαν ἄλλῳ τινὶ σχολάζειν δύνασθαι πλὴν Καλλιρό-    5
10   η μόνῃ. ταχέως δὲ ὁ λιμὴν ἐπληροῦτο, καὶ ἦν ἐκεῖνο τὸ σχῆμα
τὸ μετὰ τὴν ναυμαχίαν τὴν Ἀττικήν· καὶ αὗται γὰρ αἱ τριήρεις
ἐκ πολέμου κατέπλεον ἐστεφανωμέναι, χρησάμεναι Συρακοσίῳ
στρατηγῷ· συνεμίχθησαν δὲ αἱ φωναὶ τῶν ἀπὸ τῆς θαλάσσης
τοὺς ἀπὸ γῆς ἀσπαζομένων καὶ πάλιν ἐκείνων τοὺς ἐκ θαλάσσης,    10
εὐφημίαι τε καὶ ἔπαινοι καὶ συνευχαὶ πυκναὶ παρ' ἀμφοτέρων
πρὸς ἀλλήλους. ἧκε δὲ καὶ ὁ Χαιρέου πατήρ, λειποψυχῶν ἐκ
11   τῆς παραδόξου χαρᾶς. ἐπεκυλίοντο δὲ ἀλλήλοις συνέφηβοι καὶ
συγγυμνασταί, Χαιρέαν ἀσπάσασθαι θέλοντες, Καλλιρόην δὲ αἱ
γυναῖκες. ἔδοξε δὲ ἔτι καλλίων αὐταῖς [Καλλιρόην] γεγονέναι,    15
ὥστε ἀληθῶς εἶπες ἂν αὐτὴν ὁρᾶν τὴν Ἀφροδίτην ἀναδυομένην

---

1 ἦ F : om. W | νῦν F : εἶπεν W | ὅτι F : ὅτε Zankogiannes ‖ 1–2 ζῶντα
τ[εθέαμαι W : τεθέαμαι F ‖ 2 ἐχεῖτο μετὰ χαρᾶς F (cf. 8.1.12) : με⟨τ⟩ὰ
⟨χ⟩α[ρᾶς] ἐξεχεῖτο W ‖ 4 ἄλλον F : om. W ‖ 5 μηκέτι F : μὴ W | σχολάζειν
δύνασθαι F : δύνασθαι σχολάζειν W ‖ 5–6 καλλιρρόη μόνη F (sic) : μόνῳ τῷ
Καλλιρόης συνεῖναι κάλλει W ‖ 6 δὲ F : οὖν W ‖ 7 ναυμαχίαν F : ναυμαχείαν
W | post τριή[ρεις] usque ad ἀπὸ τῆς θα]λά[σσης deficit W ‖ 8 πολέμου
F : πελάγους Rei. ‖ 10 ἀπὸ γῆς F : deficit W : ἐπὶ γῆς Rei. (sed cf. 1.9.2) |
καὶ πάλιν ἐκείνων τοὺς ἐκ θαλάσσης F : τῶν] δὲ ἀπὸ τ[ῆς γῆς τοὺς] ἐν ταῖς
τρι[ήρεσιν] W ‖ 11 συνευχαὶ πυκναὶ παρ' ἀμφοτέρων F : εὐχα[ὶ W ‖ 12 ἧκε
δὲ F : ἧκε δ[ὲ με]ταξὺ φερόμενο[ς] W | λειποψυχῶν F (cf. 8.1.8) : λιποψυχῶν
W (iam Cob.) ‖ 13 ἐπεκυλίοντο W (iam D'O.) : ἐπεκλύοντο F ‖ 15sqq. ἔδοξε
δὲ ἔτι καὶ αὐταῖς ... θαλάσσης F, praeter καλλίων, quod ex W (καλλείων)
sumpsi (καλλίων pro καὶ iam coni. Rei.) : ἔδο]ξεν δὲ ὡς [ἀ]⟨λη⟩[θῶς ἔτι]
καλλείων [8 litt.]νηντην (?) ([ὑπὲρ Ἀφρο]δίτην τὴν suppl. Zimm. : [ὥστε
εἶπες] ⟨ἂ⟩ν ⟨αὐ⟩τὴν Wilcken : [παρ' ἐκεί]νην τὴν Bl. : [καὶ ὑπὲρ ἐκεί]νην τὴν
Crönert) [ἀναδυο]μένην [ἐκ τῆς θαλάσ]σης W ‖ 15 ἔτι secl. Cob. | αὐταῖς
ante ἔτι transp. Rea. | Καλλιρόην del. Wilamowitz : Καλλιρόη Hirschig :
καλλίων Stählin | post Καλλιρόην, καλλίω add. Bl.

ἐκ τῆς θαλάσσης. προσελθὼν δὲ Χαιρέας τῷ Ἑρμοκράτει καὶ
τῷ πατρὶ "παραλάβετε" ἔφη "τὸν πλοῦτον τοῦ μεγάλου βασιλέ-
ως." καὶ εὐθὺς ἐκέλευσεν ἐκκομίζεσθαι ἄργυρόν τε καὶ χρυσὸν        12
ἀναρίθμητον, εἶτα ἐλέφαντα καὶ ἤλεκτρον καὶ ἐσθῆτα καὶ πᾶσαν
5   ὕλης τέχνης τε πολυτέλειαν ἐπέδειξε Συρακοσίοις καὶ κλίνην καὶ
τράπεζαν τοῦ μεγάλου βασιλέως, ὥστε ἐνεπλήσθη πᾶσα ἡ πόλις,
οὐχ ὡς πρότερον ἐκ τοῦ πολέμου τοῦ Σικελικοῦ πενίας Ἀττικῆς,
ἀλλά, τὸ καινότατον, ἐν εἰρήνῃ λαφύρων Μηδικῶν.
Ἀθρόον δὲ τὸ πλῆθος ἀνεβόησεν "ἀξιοῦμεν, εἰς τὴν ἐκκλησίαν·"        7
10   ἐπεθύμουν γὰρ αὐτοὺς καὶ ἰδεῖν καὶ ἀκοῦσαι· λόγου δὲ θᾶττον
ἐπληρώθη τὸ θέατρον ἀνδρῶν τε καὶ γυναικῶν. εἰσελθόντος δὲ
μόνου Χαιρέου πᾶσαι καὶ πάντες ἐπεβόησαν "Καλλιρόην παρα-
κάλει." Ἑρμοκράτης δὲ καὶ τοῦτο ἐδημαγώγησεν, εἰσαγαγὼν        2
τὴν θυγατέρα. πρῶτον οὖν ὁ δῆμος εἰς τὸν οὐρανὸν ἀναβλέψας
15   εὐφήμει τοὺς θεοὺς καὶ χάριν ἠπίστατο μᾶλλον ὑπὲρ τῆς ἡμέρας
ταύτης ἢ τῆς τῶν ἐπινικίων· εἶτα ποτὲ μὲν ἐσχίζοντο, καὶ οἱ μὲν
ἄνδρες ἐπῄνουν Χαιρέαν, αἱ δὲ γυναῖκες Καλλιρόην, ποτὲ δ᾽ αὖ
πάλιν ἀμφοτέρους κοινῇ· καὶ τοῦτο ἐκείνοις ἥδιον ἦν.

---

1 ἑρμοκράτει F : Ἑρμοκρ]άτῃ W ‖ 2 παραλάβετε F : παραλά[6]εταί W |
ἔφη F : φησιν W ‖ 3 post ἐκκ[ο]μίζεσθαι in W, μὲν addidi (cf. infra ἐπιδεῖξαι
δὲ) | ἄργυρόν W (olim Her.) : ἀργύριον F | τε W : om. F ‖ 4 εἶτα F : καὶ W ‖
5 ὕλης τέχνης τε F : πλούτου W | ἐπέδειξε F : ἐπιδεῖξαι δὲ W | Συ[ρα]κο-
σίοις W : συρρακουσίοις F (sic semper, cf. 1.1.1) | κλίνην F : κλείνην W ‖
6 βασιλέως F : βα[σι]λέως καὶ [ε]ὐνούχους καὶ παλ[λ]ακίδας W (textus codi-
cis Thebani loco 8.3.8 contradicit et veri similiter ex 6.9.6 interpolatus est, ut
prop. Sanz) ‖ 7–10 ἐκ τοῦ πολέμου ... ἐπεθύμουν γὰρ F : deficit W, praeter
in altero τοῦ ‖ 9 ἀξιοῦμεν, (sic dist. Wifstrand, cf. e. g. 8.7.3) : ἀξιοῦμεν F :
ἐξίωμεν Cob. : ἀπίωμεν Beck (cf. 3.4.3) ‖ 10 ἰδεῖν καὶ ἀκοῦσαι F : βλέπειν
καὶ ἀκούειν W (cf. 5.9.6) ‖ 10–11 λόγου δὲ θᾶττον ἐπληρώθη F : ἐπὶ (i. e.
ἐπεὶ) δὲ ἐ[πληρώθη W ‖ 10 δὲ F : om. W ‖ 12 πᾶσαι καὶ πάντες F : καὶ
πάντες καὶ πᾶσαι W ‖ 13 εἰσαγαγὼν W : εἰσάγων καὶ F ‖ 14 ἀναβλέψας
Her. : ἀποβλέψας FW ‖ 15 εὐφήμει F : εὐφήμι W ‖ 16 τῆς τῶν ἐπινικίων
F : τῶν ἐπινεικίων W | ἐσχίζοντο F : ἐσχίζετο W ‖ 17 ποτὲ W, ut olim. prop.
Rei. : ὁτέ F (sic) ‖ 18 ἥδιον F : ἥδιστον W

3　　Καλλιρόην μὲν οὖν ὡς ἂν ἐκ πλοῦ καὶ ἀγωνίας εὐθὺς ἀσπα-
σαμένην τὴν πατρίδα ἀπήγαγον ἐκ τοῦ θεάτρου, Χαιρέαν δὲ
κατεῖχε τὸ πλῆθος, ἀκοῦσαι βουλόμενον πάντα τὰ τῆς ἀποδη-
μίας διηγήματα. κἀκεῖνος ἀπὸ τῶν τελευταίων ἤρξατο, λυπεῖν
οὐ θέλων [ἐν] τοῖς πρώτοις καὶ σκυθρωποῖς τὸν λαόν. ὁ δὲ δῆ-　5
μος ἐνεκελεύετο "ἐρωτῶμεν, ἄνωθεν ἄρξαι, πάντα ἡμῖν λέγε,
4　　μηδὲν παραλίπῃς." ὤκνει Χαιρέας, ὡς ἂν ἐπὶ πολλοῖς τῶν οὐ
κατὰ γνώμην συμβάντων αἰδούμενος, Ἑρμοκράτης δὲ ἔφη "μη-
δὲν αἰδεσθῇς, ὦ τέκνον, κἂν λέγῃς τι λυπηρότερον ἢ πικρότερον
ἡμῖν· τὸ γὰρ τέλος λαμπρὸν γενόμενον ἐπισκοτεῖ τοῖς προτέροις　10
ἅπασι, τὸ δὲ μὴ ῥηθὲν ὑπόνοιαν ἔχει χαλεπωτέραν ἐξ αὐτῆς
5　　τῆς σιωπῆς. πατρίδι λέγεις καὶ γονεῦσιν, ὧν ἰσόρροπος ἡ πρὸς
ἀμφοτέρους ὑμᾶς φιλοστοργία. τὰ μὲν οὖν πρῶτα τῶν διηγημά-
των ἤδη καὶ ὁ δῆμος ἐπίσταται, καὶ γὰρ τὸν γάμον ὑμῶν αὐτὸς
6　　ἔζευξε· ⟨...⟩ τὴν τῶν ἀντιμνηστευομένων ἐπιβουλὴν εἰς ψευδῆ　15
ζηλοτυπίαν ἀκαίρως ἔπληξας τὴν γυναῖκα πάντες ἔγνωμεν καὶ
ὅτι δόξασα τεθνάναι πολυτελῶς ἐκηδεύθη, σὺ δὲ εἰς φόνου δίκην
ὑπαχθεὶς σεαυτοῦ κατεψηφίσω, συναποθανεῖν θέλων τῇ γυναικί.
7　　ἀλλ' ὁ δῆμός σε ἀπέλυσεν, ἀκούσιον ἐπιγνοὺς τὸ συμβάν. τὰ δὲ
τούτων ἐφεξῆς ἡμῖν ⟨μὴ⟩ ἀπάγγειλον, ὅτι Θήρων ὁ τυμβωρύχος　20
νυκτὸς τὸν τάφον διασκάψας Καλλιρόην ζῶσαν εὑρὼν μετὰ τῶν
ἐνταφίων ἐνέθηκε τῷ πειρατικῷ κέλητι καὶ εἰς Ἰωνίαν ἐπώλησε,
σὺ δὲ κατὰ [τὴν] ζήτησιν τῆς γυναικὸς ἐξελθὼν αὐτὴν μὲν οὐχ

1 Καλλιρόην W (iam Rei.) : καλλιρρόη F | οὖν F : om. W | ἂν F : om. W |
πλοῦ hic finem habet W | post ἀγωνίας, ⟨κεκμηκυῖαν⟩ vel quid simile prop.
Her. : ⟨οὖσαν⟩ Zankogiannes | εὐθὺς Her. (saepissime ap. Ch.) : εὐθέως F
(unicus casus) ‖ 5 secl. Her. ‖ 9 πικρότερον Rei. : μικρότερον F ‖ 10 ἡμῖν
D'Or. : ἡμῶν F ‖ 15 lac. indic. Her. : ⟨ὡς δὲ ἐμπεσὼν διὰ⟩ Rea. post Jackson,
qui ⟨πῶς δὲ ἐμπεσὼν διὰ⟩ coni. : ⟨καὶ ὅτι διὰ⟩ Cob. : post τήν, ⟨τε⟩ Beck ‖
16 post ζηλοτυπίαν, ⟨ἢ⟩ Rei. : ⟨δι' ἢν⟩ D'Or. : ⟨καὶ ὡς⟩ Beck ‖ 20 ἡμῖν ⟨μὴ⟩
ἀπάγγειλον Sanz (vid. Hermocratis finem orationis, 8.7.8 ταῦτα ἴσμεν κτλ.) :
ἡμῖν ἀπάγγειλον F : [ἡμῖν ἀπάγγειλον] Hirschig : ἡμῖν ἀπήγγειλαν D'Or. |
ὅτι Hirschig : ὅτε F ‖ 23 secl. Cob.

εὗρες, ἐν δὲ τῇ θαλάσσῃ τῷ πειρατικῷ πλοίῳ περιπεσὼν τοὺς      8
μὲν ἄλλους λῃστὰς τεθνεῶτας κατέλαβες ὑπὸ δίψους, Θήρωνα
δὲ μόνον ἔτι ζῶντα εἰσήγαγες εἰς τὴν ἐκκλησίαν, κἀκεῖνος μὲν
βασανισθεὶς ἀνεσκολοπίσθη, τριήρη δὲ ἐξέπεμψεν ἡ πόλις καὶ
5   πρεσβευτὰς ὑπὲρ Καλλιρόης, ἑκούσιος δὲ συνεξέπλευσέ σοι Πο-
λύχαρμος ὁ φίλος. ταῦτα ἴσμεν· σὺ δὲ ἡμῖν διήγησαι τὰ μετὰ τὸν
ἔκπλουν συνενεχθέντα τὸν σὸν ἐντεῦθεν."
     Ὁ δὲ Χαιρέας ἔνθεν ἑλὼν διηγεῖτο "πλεύσαντες τὸν Ἰόνιον      9
ἀσφαλῶς εἰς χωρίον κατήχθημεν ἀνδρὸς Μιλησίου, Διονυσίου
10   τοὔνομα, πλούτῳ καὶ γένει καὶ δόξῃ πάντων Ἰώνων ὑπερέχοντος.
οὗτος δὲ ὁ παρὰ Θήρωνος Καλλιρόην ταλάντου πριάμενος. μὴ      10
φοβηθῆτε· οὐκ ἐδούλευσεν· εὐθὺς γὰρ τὴν ἀργυρώνητον αὐτοῦ
δέσποιναν ἀπέδειξε, καὶ ἐρῶν αὐτῆς βιάσασθαι οὐκ ἐτόλμησε
τὴν εὐγενῆ, πέμψαι δὲ πάλιν εἰς Συρακούσας οὐχ ὑπέμεινεν ἧς
15   ἦρα. ἐπεὶ δὲ ᾔσθετο Καλλιρόη κύουσαν ἑαυτὴν ἐξ ἐμοῦ, σῶσαι      11
τὸν πολίτην ὑμῖν θέλουσα, ἀνάγκην ἔσχε Διονυσίῳ γαμηθῆναι,
σοφιζομένη τοῦ τέκνου τὴν γονήν, ἵνα ἐκ Διονυσίου δόξῃ γεγεννη-
κέναι, καὶ τραφῇ τὸ παιδίον ἐπαξίως. τρέφεται γὰρ ὑμῖν, ἄνδρες      12
Συρακόσιοι, πολίτης ἐν Μιλήτῳ πλούσιος ὑπ' ἀνδρὸς ἐνδόξου·
20   καὶ γὰρ ἐκείνου τὸ γένος ἔνδοξον Ἑλληνικόν. μὴ φθονήσωμεν
αὐτῷ μεγάλης κληρονομίας.
     Ταῦτα μὲν οὖν ἔμαθον ὕστερον· τότε δὲ καταχθεὶς ἐν τῷ χωρί-      8
ῳ, μόνην εἰκόνα Καλλιρόης θεασάμενος ἐν ἱερῷ ἐγὼ μὲν εἶχον
ἀγαθὰς ἐλπίδας, νύκτωρ δὲ Φρύγες λῃσταὶ καταδραμόντες ἐπὶ
25   θάλασσαν ἐνέπρησαν μὲν τὴν τριήρη, τοὺς δὲ πλείστους κατέ-
σφαξαν, ἐμὲ δὲ καὶ Πολύχαρμον δήσαντες ἐπώλησαν εἰς Καρί-
αν." θρῆνον ἐξέρρηξεν ἐπὶ τούτοις τὸ πλῆθος, εἶπε δὲ Χαιρέας      2

---

8 (cf. etiam 1.7.6, 5.7.10) ἔνθεν ἑλὼν] Hom. *Od.* 8.500, 14.74

---

5 πρεσβευτὰς D'Or. : πρεσβευτὴν F ‖ 12 ἐδούλευσεν F : ἐδούλωσεν Her. (sed
δούλην ἐποίησεν rectius exspectaretur) | αὐτοῦ D'Or. : αὑτοῦ F ‖ 20 ante
Ἑλληνικόν, καὶ add. Bl. ‖ 23 μόνην F : μόνον τὴν Bl. : ἀνακειμένην Jacobs :
an χρυσῆν? (cf. 3.6.3, 3.6.4)

"ἐπιτρέψατέ μοι τὰ ἑξῆς σιωπᾶν, σκυθρωπότερα γάρ ἐστι τῶν
πρώτων·" ὁ δὲ δῆμος ἐξεβόησε "λέγε πάντα." καὶ ὃς ἔλεγεν "ὁ
πριάμενος ἡμᾶς, δοῦλος Μιθριδάτου, στρατηγοῦ Καρίας, ἐκέ-
λευσε σκάπτειν ὄντας πεπεδημένους. ἐπεὶ δὲ τὸν δεσμοφύλακα
τῶν δεσμωτῶν ἀπέκτεινάν τινες, ἀνασταυρωθῆναι πάντας ἡμᾶς    5
3  Μιθριδάτης ἐκέλευσε. κἀγὼ μὲν ἀπηγόμην· μέλλων δὲ βασανί-
ζεσθαι Πολύχαρμος εἶπέ μου τοὔνομα καὶ Μιθριδάτης ἐγνώρισε·
Διονυσίου γὰρ ξένος γενόμενος ἐν Μιλήτῳ Χαιρέου θαπτομένου
παρῆν· πυθομένη γὰρ Καλλιρόη τὰ περὶ τὴν τριήρη καὶ τοὺς λη-
4  στάς, κἀμὲ δόξασα τεθνάναι, τάφον ἔχωσέ μοι πολυτελῆ. ταχέως  10
οὖν ὁ Μιθριδάτης ἐκέλευσε καθαιρεθῆναί με τοῦ σταυροῦ σχεδὸν
ἤδη πέρας ἔχοντα, καὶ ἔσχεν ἐν τοῖς φιλτάτοις· ἀποδοῦναι δέ μοι
5  Καλλιρόην ἔσπευδε καὶ ἐποίησέ με γράψαι πρὸς αὐτήν. ἀμελείᾳ
δὲ τοῦ διακονουμένου τὴν ἐπιστολὴν ἔλαβεν αὐτὸς Διονύσιος. ἐ-
μὲ δὲ ζῆν οὐκ ἐπίστευεν, ἐπίστευσε δὲ Μιθριδάτην ἐπιβουλεύειν   15
αὐτοῦ τῇ γυναικί, καὶ εὐθὺς αὐτῷ μοιχείαν ἐγκαλῶν ἐπέστειλε
βασιλεῖ· βασιλεὺς δὲ ἀνεδέξατο τὴν δίκην καὶ πάντας ἐκάλεσε
6  πρὸς αὐτόν. οὕτως ἀνέβημεν εἰς Βαβυλῶνα. καὶ Καλλιρόην μὲν
Διονύσιος ἄγων περίβλεπτον ἐποίησε ⟨καὶ⟩ κατὰ τὴν Ἀσίαν ὅ-
λην θαυμαζομένην, ἐμὲ δὲ Μιθριδάτης ἐπηγάγετο· γενόμενοι    20
δὲ ἐκεῖ μεγάλην ἐπὶ βασιλέως δίκην εἴπομεν. Μιθριδάτην μὲν
οὖν εὐθὺς ἀπέλυσεν, ἐμοὶ δὲ καὶ Διονυσίῳ διαδικασίαν περὶ τῆς
γυναικὸς ἐπήγγειλε, Καλλιρόην παραθέμενος ἐν τῷ μεταξὺ Στα-
7  τείρᾳ τῇ βασιλίδι. ποσάκις, ἄνδρες Συρακόσιοι, δοκεῖτε θάνατον
ἐβουλευσάμην ἀπεζευγμένος τῆς γυναικός, εἰ μή με Πολύχαρμος   25
ἔσωσεν, ὁ μόνος ἐν πᾶσι φίλος πιστός; καὶ γὰρ βασιλεὺς ἠμελή-
8  κει τῆς δίκης, ἔρωτι Καλλιρόης φλεγόμενος. ἀλλ᾽ οὔτε ἔπεισεν

---

4 ὄντας secl. Cob. ‖ 5 πάντας ἡμᾶς Apogr. : bis in F ‖ 11 ante τοῦ, ἀπὸ
add. Cob. (sed cf. 4.3.6) ‖ 14 αὐτὸς Her. : αὐτὴν F ‖ 15 ἐπίστευσε F : -υε
Her. : ὑπώπτευσε prop. Reeve ‖ 16 ἐπέστειλε Cob. : ἐπέστελλε F ‖ 18 αὐτόν
D'Or. : αὐτόν F ‖ 19 add. D'Or. ‖ 20 θαυμαζομένην del. Her. ‖ 22 οὖν
Apogr. : οὖν οὖν F : οὖν ὁ βασιλεὺς Rei. per verbi compendium

οὔτε ὕβρισεν· εὐκαίρως δὲ Αἴγυπτος ἀποστᾶσα βαρὺν ἐκίνησε
πόλεμον, ἐμοὶ δὲ μεγάλων ἀγαθῶν αἴτιον. Καλλιρόην μὲν γὰρ
ἡ βασιλὶς ἐπήγετο, ψευδῆ δὲ ἀκούσας ἀγγελίαν ἐγὼ φήσαντός
τινος ὅτι Διονυσίῳ παρεδόθη, θέλων ἀμύνασθαι βασιλέα, πρὸς
5   τὸν Αἰγύπτιον αὐτομολήσας ἔργα μεγάλα διεπραξάμην. καὶ γὰρ   9
Τύρον δυσάλωτον οὖσαν ἐχειρωσάμην αὐτὸς καὶ ναύαρχος ἀπο-
δειχθεὶς κατεναυμάχησα τὸν μέγαν βασιλέα καὶ Ἀράδου κύριος
ἐγενόμην, ἔνθα καὶ τὴν βασιλίδα καὶ τὸν πλοῦτον ὃν ἑωράκατε
βασιλεὺς ἀπέθετο. ἐδυνάμην οὖν καὶ τὸν Αἰγύπτιον ἀποδεῖξαι   10
10   πάσης τῆς Ἀσίας δεσπότην, εἰ μὴ χωρὶς ἐμοῦ μαχόμενος ἀνη-
ρέθη. τὸ δὲ λοιπὸν φίλον ὑμῖν ἐποίησα τὸν μέγαν βασιλέα, τὴν
γυναῖκα δωρησάμενος αὐτῷ καὶ Περσῶν τοῖς ἐντιμοτάτοις μητέ-
ρας τε καὶ ἀδελφὰς καὶ γυναῖκας καὶ θυγατέρας πέμψας. αὐτὸς   11
δὲ Ἕλληνας τοὺς ἀρίστους Αἰγυπτίων τε τοὺς θέλοντας ἤγαγον
15   ἐνθάδε. ἐλεύσεται καὶ ἄλλος στόλος ἐξ Ἰωνίας ὑμέτερος· ἄξει δὲ
αὐτὸν ὁ Ἑρμοκράτους ἔκγονος."
    Εὐχαὶ παρὰ πάντων ἐπὶ τούτοις ἐπηκολούθησαν. καταπαύσας   12
δὲ τὴν βοὴν Χαιρέας εἶπεν "ἐγὼ καὶ Καλλιρόη χάριν ἔχομεν ἐφ᾽
ὑμῶν Πολυχάρμῳ τῷ φίλῳ· καὶ γὰρ εὔνοιαν ἐπεδείξατο καὶ πί-
20   στιν ἀληθεστάτην πρὸς ἡμᾶς· κἂν ὑμῖν δοκῇ, δῶμεν αὐτῷ γυναῖ-
κα τὴν ἀδελφὴν τὴν ἐμήν· προῖκα δὲ ἕξει μέρος τῶν λαφύρων."
ἐπηυφήμησεν ὁ δῆμος "ἀγαθῷ ἀνδρὶ Πολυχάρμῳ, φίλῳ πιστῷ, ὁ   13
δῆμός σοι χάριν ἐπίσταται. τὴν πατρίδα εὐηργέτηκας, ἄξιος Ἑρ-
μοκράτους καὶ Χαιρέου." μετὰ ταῦτα πάλιν Χαιρέας εἶπε "καὶ
25   τούσδε τοὺς τριακοσίους, Ἕλληνας ἄνδρας, στρατὸν ἐμὸν ἀνδρεῖ-
ον, δέομαι ὑμῶν, πολίτας ποιήσατε." πάλιν ὁ δῆμος ἐπεβόησεν
"ἄξιοι μεθ᾽ ἡμῶν πολιτεύεσθαι· χειροτονείσθω ταῦτα." ψήφισμα   14

---

1 ante βαρὺν, lac. indic. Her. (deest fort. ἐκείνῳ μὲν vel τῷ μὲν vel βασιλεῖ
μὲν) ‖ 15 ἐλεύσεται F : πλεύσεται Naber (sed πλεῖν de hominibus tantum
dicitur, cf. 2.9.5, 3.4.17, etc.) ‖ 16 ἔκγονος F : ἔγγονος Her. (sed cf. 2.9.2,
2.11.2, 3.2.2, 3.8.8) ‖ 18 Καλλιρόη Apogr. (-ρρ- scriptum) : καλλιρρήν F ‖
19 ὑμῶν F : ἡμῶν Rei. ‖ 23 ἄξιος F (cf. finem huius paragraphi) : ἄξιος ⟨εἶ⟩
Cob. : ἀξίως Bl. (cf. 8.4.5)

ἐγράφη καὶ εὐθὺς ἐκεῖνοι καθίσαντες μέρος ἦσαν τῆς ἐκκλησίας. καὶ Χαιρέας δὲ ἐδωρήσατο τάλαντον ἑκάστῳ, τοῖς δὲ Αἰγυπτίοις ἀπένειμε χώραν Ἑρμοκράτης, ὥστε ἔχειν αὐτοὺς γεωργεῖν.

15    Ἕως δὲ ἦν τὸ πλῆθος ἐν τῷ θεάτρῳ, Καλλιρόη, πρὶν εἰς τὴν οἰκίαν εἰσελθεῖν, εἰς τὸ τῆς Ἀφροδίτης ἱερὸν ἀφίκετο. λαβομένη δὲ   5 αὐτῆς τῶν ποδῶν καὶ ἐπιθεῖσα τὸ πρόσωπον καὶ λύσασα τὰς κόμας, καταφιλοῦσα "χάρις σοι" φησίν, "Ἀφροδίτη· πάλιν γάρ μοι Χαιρέαν ἐν Συρακούσαις ἔδειξας, ὅπου καὶ παρθένος εἶδον αὐ-

16 τὸν σοῦ θελούσης. οὐ μέμφομαί σοι, δέσποινα, περὶ ὧν πέπονθα· ταῦτα εἵμαρτό μοι. δέομαί σου, μηκέτι με Χαιρέου διαζεύξῃς,   10 ἀλλὰ καὶ βίον μακάριον καὶ θάνατον κοινὸν κατάνευσον ἡμῖν." Τοσάδε περὶ Καλλιρόης συνέγραψα.

---

12 τοσάδε ... συνέγραψα] Th. 1.1.1 (cf. Ch. 1.1.1)

---

2 δὲ (post Χαιρέας) del. Her. (sed cf. 6.4.10, etc.) ‖ 12 post συνέγραψα, χαρίτωνος ἀφροδισέως (sic) τῶν περὶ χαιρέαν καὶ καλλιρρόην η᾽ λόγων τέλος legitur in F

# APPARATVS CRITICVS ADDITICIVS

## Liber primus

**p.1)** 10 [παρθένου] ] παρθένῳ Beck : Οὐρανίας Zankogiannes ‖ 13 ἐθνῶν **1**
F : νήσων Her. | ἐν F : ἐπ' Zankogiannes ‖ 16sq. ⟨ἀπο⟩δεικνύουσι] ἐνδείκνυσι
Hirschig dubit. ‖ **p.2)** 12 στενοτέραν F : στενωτέραν Cob. | συναντῶντες
F : συναντήσαντες Zankogiannes ‖ **p.3)** 7 post τὴν, αὑτοῦ add. Beck (sed
cf. 1.5.6) ‖ 16 μόνον F : ὕστατον Jacobs ‖ 18 ἀξίων.] ἱμειρόντων ἀλλήλων.
δεξιῶς Schmidt ‖ 19 δημαγωγός F : ὁ δ- Apogr. ‖ **p.4)** 1 post λαμπάδων,
δᾴδων add. Naber ‖ 5 σιωπῶσα F : ἀσιτοῦσα Schmidt : στοναχοῦσα Beck ‖
5–6 διανίστασο F : ἐξαν- Her. (sed cf. 4.1.4) ‖ 12–13 οἱ δὲ γονεῖς F : οἱ γονεῖς
post θεραπαινίδες, et δὲ ante νυμφίον transp. Lucarini ‖ 22 Ἔριν D'Or. :
ἔριν F (sic semper nomina propria notat) : ἔριν maluit Jacquin ‖ **p.5)** 7 post **2**
ὥσπερ, γὰρ add. Cob. ‖ 8 post ἕνα, ἀεὶ add. Cob. ‖ 10 προσαγρυπνοῦντες
F : ἐπαγρ- Hirschig ‖ 11 πόσον F : ὁπόσον Richards dubit. ‖ 12 δεδουλεύκα-
μεν F : ἐδουλεύσαμεν vel διετελέσαμεν Zankogiannes ‖ 14 ἀκονιτὶ] ἀκονίτως
Pierson : ἀπονητὶ prop. D'Or. ‖ 19 ἐπιβουλήν F : ἐπιβολήν D'Or. | τῶ F
(sic) : τῳ Rei ‖ **p.6)** 9 πλέον secl. Her. ‖ 13–14 ἡμικαύστους F : ἡμικαύτους **3**
Her. ‖ 15 εἰστήκει] ἐφειστήκει Cob. : ⟨αὐτόθι⟩ εἰστήκει D'Or. dubit. | τινι F :
τῷ τῆς Zankogiannes ‖ 18 ἐθαύμασεν F : ἐθάμβει Rei. ‖ 19 κεκλεισμένον
F : κατακ- Rei. (sed cf. 7.1.2, 7.2.9) ‖ 20 ἀνέῳξεν F : ἀνέῳγεν Cob. (sed. cf.
2.7.4, 5.4.8) ‖ 22 πυνθανομένης F : -νόμενος Cob. ‖ 25 χόλου] ⟨θυμοῦ⟩ Cob. :
⟨πάθους⟩ Jackson ‖ **p.7)** 1 παχεῖ F : τραχεῖ D'Or. | κλαίω φησὶ F : ⟨κατεβόα⟩
κλαίω vel ⟨καταβοῶν⟩ κλαίω φησὶ Abresch ‖ 7 συγκαλυψαμένη F : ἐγκ- Hir-
schig (sed cf. 3.3.14, 7.6.9) ‖ 8 post ἐρῶσιν, εἰσιν add. Browne ‖ 15 κατα-
σκευῆς] κ- ⟨ἦν δὲ⟩ Anon. Leid. : κ- ⟨στρατηγήσας⟩ Jackson : ⟨καὶ⟩ κατεσκεύασέ **4**
Bl. : κ- ⟨κατασκευάζων⟩ Beck ‖ 17 γὰρ F : οὖν Her. ‖ 18–19 προσπίπτων φί-
λην ἐποίει] π- φιλεῖν ἐπῄει Bernard : πρὸ πάντων φίλην ἐποίει Bl. : προστάττων
⟨αὐτῷ⟩ φίλην ποιεῖσθαι Her. : προσεποιεῖτο φιλεῖν Jacobs ‖ 19 post μόλις,
μὲν add. dubit. Cob. | οὖν ἐνέκειτο] οὖν ἐκεῖνο Rei. : οὖν, ἐνέκειτο δὲ (vel πλὴν
ἐνέκειτο) ⟨καὶ⟩ Abresch : πολὺς (pro μόλις) οὖν ἐνέκειτο Cob. ‖ **p.8)** 1 εὐάλω-
τόν F : εὐάγωγόν prop. dubit. Bl. ‖ 6 ᾧ Χαιρέα F : Χαιρεφῶν vel consimile
nomen Rei. ‖ 12 μεστὸν F : μεστήν Zankogiannes | καὶ φόβου del. Jakob ‖
17 ἠρεμαῖον F (cf. X.E. 3.5.5) : ἤρεμον Cob. ‖ 21 θρυλλεῖται F : θρυλεῖται
Cob. ‖ **p.9)** 5 οὐχ ὁμοίαν] οὐ ⟨τὴν⟩ οἰκείαν (vel εἰωθυῖαν) Zankogiannes : οὐ
τελείαν Schmidt ‖ 8 εὐλογώτερον F : εὐτολμώτερον Pierson ‖ 24 ὁ μὲν οὖν
F : ὁ δὲ ἕτερος D'Or. : ὁ δ' εἰσελθὼν Jacobs ‖ 26 ζητοῦσα F : ποθοῦσα Rei.
(sed cf. 2.2.1) ‖ **p.10)** 1 ἀναπνοὴν susp. Cob. | καὶ F : εἶτα vel καὶ ⟨εὐθὺς⟩

APPARATVS CRITICVS ADDITICIVS

5 Jakob ‖ 4 ἐνεχθεὶς F : ἐλαθεὶς Rei. ‖ 11 post ὅλης, τῆς add. Her. ‖ 17 ἐ-
κλήρουν F (cf. A.T. 7.6.3) : ἐπλ- Cob. ‖ 18 πρὸς Ἑρμοκράτην F : περὶ
Ἑρμοκράτους Beck ‖ p.11) 1 post ὤφειλον, ἂν add. Cob. ‖ 3 θάψητέ Beck :
6 θάψετε ‖ 14 ἔθεσαν] ἀνέθεσαν Apogr. : ἔθεντο D'Or. ‖ 17 ἑαυτῷ F : αὐ-
Rea. | οὐδὲ F : σὺ δὲ Rei. ‖ 18 περιμένεις F (cf. 8.2.2) : ὑπομένεις Cob. post
Anon. Leid. ‖ 18–19 πιστεύεις F : -σεις Zankogiannes ‖ 26 post φέροντες,
τὰ add. Her. ‖ 27 καὶ del. Gasda ‖ p.12) 2 πολιτῶν F : πολυτελῶν Naber :
πλουσίων Schmidt ‖ 4 δὴ] δὲ ⟨καὶ⟩ Hirschig ‖ 6 ἐπηκολούθησεν secl. Her. ‖
7 συγκαταφλέξαι F : συνκαταθάψαι Schmidt ‖ 9–10 τούτων ... ἠκούετο post
7 ἀποκαλῶν (1.6.3) transp. Schmidt ‖ 15 ἐκ Λυκίας] post ἐξ ἀδικίας lac. ind.
Headlam, e. g. πλοῦτον συλλέγων vel πορίζων χρήματα vel πλεονεκτῶν, ἐπὶ ...
(sic) ‖ 16 ὑφορμοῦντας F : ἐφ- Cob. ‖ 17 συγκροτῶν F : συγκροτούμενον Rei. :
συγκροτήσας D'Or. ‖ 18 ἐπωφθάλμισε F : -μησε Cob. : -μίασε Her. ‖ 22 δ'
secl. Her. ‖ p.13) 13 ⟨πείθων)⟩ ⟨πείθειν⟩ vel ⟨διατείνειν⟩ post ἔφασαν D'Or. ‖
16 post ἄργυρον, Καλλιρρόης (sic) add. Schmidt | δικαιότερον] δικαιοτέρως
8 Rei. (vel γενέσθαι pro γένοιτ' ἂν) ‖ 23 ἀφήσεως] ἄρσεως D'Or. : αἰσθήσεως
Rei. : ἐγέρσεως Naber : ἐρεθίσεως Abresch ‖ p.14) 3 ante ἐγειρομένης, ὡς
add. Zankogiannes ‖ 8 ψόφον ἐποίει F : ψόφου ἐπῄει prop. Bl. ‖ 9 ὀσμή]
ἐκπνοή Jacobs : θυμηδία Naber : fort. ἡδονή Renehan ‖ 11 ἐκ τῆς F : νυκτὸς
Gasda (τὸν ante τάφον transp.) | ἀγωνίας] γωνίας Rei. (vel τὸν ante τάφον
transp.) : ἀωρίᾳ Gasda ‖ 12 ζῶ ⟨βοῶ⟩σα, καὶ] ζῶ σοι, Χαιρέα. vel ζῶ. σώζετε.
vel ζῶσά εἰμι. Rei. : ζῶσα τέθαμμαι, vel [ζῶσα] Her. : ὀλολύζουσα, καὶ Ber-
nard : κράζουσα καὶ βοῶσα Abresch : βοῶσα· (προσβοηθεῖτε pro βοηθεῖτε)
Naber : σώζετε, Hirschig : καὶ ζώῃ Anon. ap. Bernard ‖ 13 ἔτι F : ἤδη
Her. ‖ 15 κατώρυγμαι F : κατορώρυγμαι Her. ‖ 19 ἀλλ' ἤδη F : ἄλλου
9 ἤ- Mehler ‖ 23 ἐπέταξε F (cf. A.T. 4.13.1) : διέ- Cob. ‖ p.15) 4–5 τὰς
κώπας F : ταῖς -αις Her. ‖ 5 ἐπτερωμένας F : -νον Her. : ἀνεπτ- Zanko-
giannes : susp. Cob. ‖ 7 πληγὴ F : ἐπλήγη Borgogno ‖ 11 ἢ F : ἦ Rei.
dubit. ‖ 14 ὁ del. Zankogiannes ‖ 22 τὴν F : τινα Zankogiannes ‖ 22–23 ἐξ-
έτεινεν ἑαυτὴν F : ἐξένεγκεν ἑ- Zankogiannes : fort. ἐξέκλινεν [ἑ-] Her. ‖
10 p.16) 8 καὶ secl. Her. ‖ 22 πάντα F (cf. X.E. 3.5.5) : ταῦτα Naber ‖ 27 ἄ-
καιρε καὶ ἀνόητε F : -α καὶ -α Pierson ‖ p.17) 11–12 πλάσασθαι καὶ F : -ί τι
Bl. ‖ 13 post γλῶσσαν lac. indic. Gasda ‖ 14 ἵνα λάθωμεν del. Gasda | ὅτι]
ὥστε εἰ Gasda ‖ 15 περιάγωμεν F : περιαγά- Her. ‖ 19 ἀπολέσω F : -λῶ
Her. ‖ 20 post φόβον, τοῦ θανάτου add. Jakob ‖ 22 πλέωμεν F : εὐπλοῶμεν
11 Naber ‖ p.18) 3 ὀργιζομένην F : susp. Bl. (fort. φορτιζ- vel ἐπιφορτιζ-) ‖
13 ante πόλεις, εὐτελεῖς add. Schmidt : post πόλεις, πενιχρὰς Naber ‖ 17 κα-
τὰ F (cf. 1.9.4) : καὶ vel κἂν Rei. ‖ 18 μόνοι F : μόνοι ⟨γενόμενοι⟩ Her. :
μο⟨νούμε⟩νοι Schmidt ‖ 19 ὁρμῆσαι] ποιεῖσθαι Her. ‖ p.19) 3–4 αὐτόθεν
12 F : αὐτόθι Gasda (sed cum hiatu) ‖ 4 δὲ F : δὴ Her. : οὖν Rei. ‖ 8 μονὴν
F : ἀναπνοὴν Schmidt ‖ 10 φιλοκερδίας F : -δείας Cob. ‖ 11 διέδραμεν F :
ἀπέ- Schmidt ‖ 12 εἶτα F : ἔνθα Zankogiannes ‖ 26 διαδραμὼν F : ἀναδ-

APPARATVS CRITICVS ADDITICIVS

Schmidt ‖ **p.20)** 1 κεκλεισμένας] κεκλημένας Cob. ‖ 5–6 μελανειμονῶν F :
fort. μελανείμων Her. ‖ 21 θέλεις F : θέλοις D'Or. dubit. | κατασχεῖν F :
κατασχὲς Zankogiannes (pausa post θέλεις) ‖ **p.20)** 22–p.21) 1 ὑπολαμβά-
νεις χαρίσασθαι] ὑπολαμβάνοις. χαρίσαι Zankogiannes ‖ 1 ante ἀργυρώνητον,
τὴν add. Her. | post ἔχειν, ἢ add. Rei. ‖ 11 ⟨γενόμενον⟩] ⟨ὄντα⟩ Hirschig ‖    13
12 ἀνήγαγεν F : ἀπή- Cob. (sed cf. 3.7.3) ‖ **p.22)** 2 ὁ del. Heibges ‖ 3 post
ἐρημίᾳ, γινομένην add. Wifstrand ‖ 15 post ἀνύβριστον, οὖν add. Schmidt ‖
24 post ὑπελάμβανεν, ⟨τοιαῦτα βουλόμενον πείθειν⟩ Rei. ‖ 25 παλιγγενεσί-
ας] e. g. τῆς δὲ σὺν τοῖς πειραταῖς ταλαιπωρίας καίπερ τῆς πάλαι εὐγενείας
οὐκ ἀμνημονοῦσα Jakob ‖ **p.23)** 6 συγκαλυψαμένη F : ἐγκ- Naber ‖ 7 τάφου
F : σκάφους Naber ‖ 13 καταπεπληγμένων corr. edd. : καταπεπεπληγμένων    14
F ‖ 14 ἀνάστα F : fort. ἀνάστηθι Bl. ‖ 23 ὁ del. Heibges ‖ 24 καὶ ἐγώ F :
κἀγώ Her. ‖ **p.24)** 10 ἐπέσπεισε F : ἀπέ- Her. ‖ 11 †γινώσκεις†] διώκουσα
Richards : τίνα γινώσκουσα Schmidt : τίνος ἀκούσω Naber : τίνος ἡ δυσ⟨τυχὴς
φωνὴν ἀκούσομαι⟩ Praechter ‖ 12–13 οὐκ ἐπληρώθης F : οὐ πληρωθεῖσα
D'Or. ‖ 22 ἢ πάλιν λησταῖς F (sic) : παλλιληστ«αῖς Naber ‖ **p.25)** 2 ἀπό-
λωλά] ἀπολώλεκας Jakob | τοσούτω F (sic) : τοιούτῳ Rei. | διαζευχθεῖσα]
συζευχθεῖσα Zankogiannes : διαζευχθεῖσαν Jakob ‖ 3 πάθει] πλάτει Jacobs |
καὶ μετανοεῖς post παρακάθησαι transp. Schmidt

Liber secundus

**p.26)** 11 ante ἐναργῶς, ὄναρ add. Hirschig ‖ **p.27)** 2–3 ἐμπειρότατος F :    1
ἔμπειρος Naber ‖ 5 παριών] περιών Naber post Abresch ‖ 14 ἢ del. Cob. ‖
**p.28)** 2 καλῶς] κἀμὲ Cob. : καλῶ Jakob ‖ 5 ὥστε] ὡς Beck : post ὥστε lac.    2
(e. g. καὶ παρ' ἡμῖν) ind. Jakob ‖ 6 post ἄσιν, ὅσαι γὰρ κατὰ τὴν οἰκίαν
γυναῖκές εἰσιν add. Praechter ‖ 9–10 †ὥστε ... ἰδοῦσαι†] καὶ ἐνδεδυμένης
αὐτῆς θαυμάζουσαι τὸ πρόσωπον καὶ μᾶλλον ἀποδυσαμένης κατεπλάγησαν
ὅλον τὸ σῶμα ἰδοῦσαι Gasda (sic post ἐπιμελῶς ordine verborum mutato) :
ὥστε, ἐνδεδυμένης αὐτῆς θαυμάζουσαι τὸ πρόσωπον ὡς θεῖον, καὶ μᾶλλον
ἀποδυσαμένης κατεπλάγησαν ὡς ὅλην πρόσωπον δοκοῦσαι ἰδεῖν Bl. (post
ἐπιμελῶς quoque) : ὥστε, ἐνδεδυμένης αὐτῆς θαυμάζουσαι τὸ πρόσωπον ὡς
θεῖον, καὶ μᾶλλον ἀποδυσαμένης κατεπλάγησαν †πρόσωπον ἔδοξαν ἰδοῦσαι†
Renehan post Gasda et Bl. ‖ 10 ἰδοῦσαι] ἰδεῖν Hirschig : post ἰδοῦσαι Abresch
censet aliquot excidisse verba, fort. οὕτω ἀποδυσαμένης ὅλον πρόσωπον, sed
certe ἰδεῖν ἔδοξα | ὁ χρὼς γάρ F : καὶ γὰρ χρὼς Hirschig | εὐθὺς F : ἔρευθος
Rei. ‖ 16 συνεδέσμουν F : -μησαν Her. ‖ 16–17 προσήνεγκαν F : -κον Her. ‖
22 σαυτῆς F : σεαυτῆς Heibges ‖ **p.29)** 7 θεός, ἐμοί] θεὸς ⟨ἡ⟩ ἐμοὶ Her. ‖
18 καθημέραν F : καθ' ἡμέραν Cob. ‖ 19 βλεπομένης F : φαινομένης vel
γιγνομένης (sic) Gasda : ⟨ἑαυτῆς⟩ βλεπομένης Abresch ‖ **p.30)** 1 ῥητήν] ἔνην    3

169

⟨καὶ νέαν⟩ ἡμέραν vel ἔνην [ἡμέραν] D'Or. : τὴν Anon. Leid. ‖ **p.31)** 12 post
4  προσκυνεῖν, ἐθέλειν add. Cob. ‖ **p.32)** 7 ἐξαιρέτως Π²F : ἐξ αἱρέσεως Apo-
gr. ‖ 12 post εἴπῃ δὲ, ὅτι add. Her. ‖ 16 ὅλος δὲ ἦν F : ὁ νοῦς δ' ἦν ⟨αὐτῷ⟩
Cob. ‖ **p.33)** 3 ἀντέχεσθαι] ἀ- ⟨τῶν λογισμῶν⟩ Naber ‖ 8 γε F : οὖν Cob. ‖
14 τὴν αἰτίαν F : fort. τῆς αἰτίας Bl. ‖ 20 τὴν ἐμὴν ψυχήν Π²F : τὴν ψυχὴν
τὴν ἐμήν Cob. ‖ με καὶ F (vacat Π²) : με [καὶ] Her. ‖ **p.34)** 1–2 ἔμποιόν
πτηνόν, ὃν οὐκ] ἐμπόρων πτηνῶν ὃν οὐκ Her. ‖ 2 ἦλθεν] -θον Her. ‖ ἀπῆλθεν]
-θον Her. ‖ 7 ἀλλὰ F : ἀλλ' Cob. ‖ 9 εἱμαρμένης Π²F : -νοι Cob. ‖ 11 δ'
Π²F : del. Her. ‖ 11–12 καὶ ... ὁμιλίας] καὶ σεβασμιωτέραν ⟨ἀποφαίνειν⟩ ἢ
κατ' ἀνθρώπων ὁμιλίαν Her. ‖ 15 ⟨ὡς⟩ ἀποτυγχάνων] ⟨ἄνθρωπος⟩ τυγχάνεις
Rei. : αὖ που τυγχάνεις Beck : ἐπεὶ τυγχάνεις Anon. Leid. ‖ 18 λάβωμεν
5  ὑποψίαν F (vacat Π²) : βάλωμεν ⟨εἰς⟩ ὑ- Lucarini ‖ **p.35)** 16 θαρροῦσα F :
ταρβοῦσα Beck ‖ 18 πλεῖστον F : ⟨τὸ⟩ πλεῖστον Apogr. ‖ **p.36)** 4 πρὸς F :
εἰς Anon. Leid. ‖ 20 τάμά ... παρούσης] τὰ ... ἐστὶ τῆσδε π- Abresch : τὰ ...
⟨τῶν⟩ τῆς π- Anon. Leid. : [τὰ] ... π- Jakob ‖ 22 τὰ πρῶτα τοῖς] τὰ προτοῦ
τοῖς Her. : fort. τὰ πρότερον τοῖς Her. ‖ **p.37)** 6 τούτῳ F (sic) : τουτῳὶ Cob. ‖
8 μετείληφας F : μετειλεφυίας Naber ‖ 10 ἐᾶσαι] ante σῶμα, ἔν add. Ga-
sda ‖ 11 ἀπολέσεις F : ἀπολεῖς Her. ‖ 13 ἀνέπεμψε F : ἀπέ- Cob. ‖ σὲ F : δὲ
6  Apogr. ‖ **p.38)** 3 βεβίωταί] βεβούλευταί D'Or. ‖ 5–6 εἰ σὺ καὶ τὴν] τὴν om.
Apogr. : fort. εἰ, ⟨εἰ⟩ καὶ ⟨μὴ⟩ τὴν Bl. ‖ 9 ἐγκεχαραγμένον] fort. ἐπηρμένον
Jakob ‖ 16 εὔελπίς F : εὔελπί Naber ‖ 19 δή F : δέ Apogr. ‖ 20 post ἀλλὰ,
7  πάντα add. Zankogiannes ‖ 22 ἡμῖν F : ἐμήν Gasda ‖ **p.39)** 13 δὴ F : δὲ
Apogr. ‖ 20 προηνεχυριασμένη] fort. προεγκεχυριασμένη D'Or. ‖ **p.40)** 2 ἐρ-
ριμμένος] παρειμένος Her. ‖ 7 ταύτῃ F (sic) : ταυτῃὶ Cob. ‖ 11 ⟨ἂν⟩] ἂν pro
ἀνθρώπων Naber ‖ 19 καταπεσοῦσα F : προσπταίσασα Zankogiannes : fort.
8  καταπτήσσουσα Bl. ‖ **p.41)** 4 ante σέσωκεν, οὐχ οὕτω add. Beck : μᾶλλον
add. Anon. Leid. : pro ἢ, καὶ Borgogno ‖ πῶς F : πως D'Or. ‖ 6 τὸ del. Her. ‖
12 κατώρθωκεν F : -ωσεν Her. ‖ 21 ἂν secl. Borgogno ‖ **p.42)** 1–2 ἐν τάφῳ
9  F (sic) : τέκνον. τάφῳ Cob. : ἐν τάφῳ ⟨ἐτέθης⟩ Jakob ‖ 10 post γαστρός, ὅ τι
add. Abresch ‖ post ἐνέχυρον, ὅτι add. Abresch ‖ 20–21 πασῶν ἀσεβ⟨εστάτη,
μ⟩αίνῃ] Ἰάσων ἀσελγαίνει Bl. ‖ **p.43)** 2 ἀποκτείνῃ F (sic) : -νω Her. ‖ 9 post
10  ὅλης, τῆς add. Her. ‖ 18 τὸ ἄκαιρον τῆς βουλῆς οὐ παρέλιπεν] τὸ καιρόν
τῆς ἐπιβουλῆς οὐ παρῆκεν Cob. : τὸ εὔκαιρον τῆς ἐπιβουλῆς οὐ παρεῖδεν
Her. : τὸ εὔκαιρον τῆς βουλῆς ὑπέλαβεν Naber ‖ 19 ante τέκνον, τὸ add.
Her. ‖ 21 ante παιδίον, τὸ add. Her. ‖ 22 δοκῶν εἰ] δοκῶν· ἢ D'Or. : δοκῶν ἢ
prop. D'Or. ‖ **p.44)** 2 τἀληθῆ F : τὰ ἄριστα Cob. ‖ 7 κατειπεῖν F : κατερεῖν
Cob. ‖ 10 πρὸς σὲ F : πρός σε Reeve ‖ 18 δύνασαι F : δυνήσει Naber ‖
11  **p.45)** 12–13 ἀποφαίνομαι F : ἀποφανοῦμαι Naber ‖ 21 ἔκγονον F : ἔγγονον
Her. ‖ **p.46)** 5 ποιοῦμεν F : ποιῶμεν Her. ‖ 15–16 ὁμόσαντι πίστευσον]
ὄμοσον ἵν' ἀντιπιστεύσῃ Cob. : ὅπως μ' ἀντευποιήσῃς Her.

## Liber tertius

p.47) 6 διεκώλυσε F : -λυε Cob. ‖ 7 αὐτῶν secl. Cob. dubit. ‖ 17 ἐφ' F : **1**
ὑφ' Gasda ‖ 18–19 †τοσαύτη … ἄνδρα.†] post τοσαύτη, λύπη πάντων add.
Borgogno post Rei. et D'Or. : ante τοσαύτη, lac. stat. Her., sed hiatum servat :
pro τοσαύτη, τοιαύτη Beck, sed cf. κἀκεῖνη ‖ **p.48)** 16 ante φίλων, τῶν add.
Cob. ‖ 18 ante μὴ, δὲ add. Her. ‖ **p.49)** 5 ἔκγονον F : ἔγγ- Her. ‖ 15–16 εὐ- **2**
καταφρόνητόν F : -ός Rei. ‖ 21–22 ταχέως ἐγένετο. ⟨Τὸ⟩ μὲν οὖν] ταχέως.
ἐπετείνετο μᾶλλον Schmidt : pro ἐγένετο … ἐρωτικὸν, ἐγένετο. ⟨ὁ⟩ μὲν οὖν
⟨Διονύσιος … τὸ μὲν οὖν⟩ ἐρωτικὸν Cob. ‖ 21 post ταχέως, ὤμοσεν add. Rei. ‖
24–26 Διονύσιος … πάθους del. Gasda ‖ **p.50)** 5 ὀξύτατόν] -τάτη D'Or. ‖
12 ⟨λέγειν⟩] fort. ⟨εἰπεῖν⟩ Jakob : pro τὴν ἀλήθειαν, ἀληθεύειν Cob. : pro καὶ
… λῃστοῦ F, καὶ, κἂν πιστευθῶ, τὴν ἀλήθειαν, 'ὑποδοχεύς εἰμι λῃστοῦ' dist.
Bl. ‖ 15 ἐκδομένην F : ἐκ⟨δι⟩δομένην Cob. ‖ 21–22 πόλιν· μεγαλοπρεπῶς
F (exiguum spatium post πόλιν) : πόλιν καὶ μ- Apogr. ‖ 28 post ἦν, αὐτῷ
add. Naber (cum hiatu) ‖ **p.51)** 3 ἐκβαλοῦσα F : λαθοῦσα Naber : fort. ἑκὰς
λαθοῦσα Dawe ‖ 6 ὀμόσαι] ὄμνυμι D'Or. ‖ 12 δείματι F : θεάματι Apogr. :
θαύματι Rei. ‖ 24 post γένος, ἐκκαλεῖσθαι add. Dawe e. g. | τὸ κάλλος F : ὡς
κ- Borgogno ‖ 26 γαμεῖ F : γαμεῖται Gasda (sed cf. 6.6.4) ‖ 27 ἔρραινον F :
fort. ⟨ἐπ⟩έρραινον Bl. | βαδιζούσης F : -σῃ Zankogiannes ‖ **p.52)** 3 περιέχλει- **3**
σαν F : ἐπέχλ- Naber ‖ 5 προφάσει F : πρόφασιν Naber ‖ **p.53)** 1 οὐκ del.
Her. ‖ 5 ante δυστυχής, ὁ add. Her. ‖ 8 εὑρήσω F : εὑρήσειν Zankogiannes
(non addito ὅτι) ‖ 10 δύνωμαι] δέῃ μοι vel δέον ᾖ μοι Gasda ‖ **p.54)** 9 ὅτι] ὅθι
Rei. : ὅτ' ἦν Naber ‖ 12–13 τὸ δὲ ἄρα … ἔργον ἦν F (sic coni. Abresch, qui τὸ
δὲ ἄρα … ὀργὴν textum ab Apogr. receptum credidit Charitonis esse, et etiam
Rei.) : σὺ δὲ ὅρα … ὀργὴν Rei. ‖ 19 μὲν del. Her. ‖ 20 συγκεκαλυμμένος F :
ἐγ- Hirschig ‖ **p.55)** 3 δέδωκε F : ἔδωκε Naber ‖ 4 ante στολὴ, ἥ add. D'Or. ‖
5 post μόνη, ἐν add. Naber ‖ 8 ἀφεῖναι F : ἀφιέναι Her. ‖ 9 ἄνθρωπος F :
ἄνθρωπος Cob. (sed cf. 1.12.6) ‖ 12 φύγωσι F : φεύγωσι Zankogiannes ‖
15 ποῦ F : ποῖ Cob. ‖ 16 ἑαυτοῦ] -ὸν Rei. ‖ 18 post ἀδελφὸν, fort. ⟨πατρὸς⟩
Naber ‖ 19 κεφαλληνία F (sic) : fort. Καλυμνίᾳ D'Or. ‖ 20 ante ἐπέβην, εἶτ'
add. Zankogiannes ‖ **p.56)** 14 ποιήσασθαι F : ποιεῖσθαι Cob. | ἀνάκρισιν F : **4**
ἀνάπευσιν Rei. (haec vox in Graeca lingua non constat), qui codice non adhi-
bito in apogr. Cocchiano ἀνάκευσιν (sic) legebat ‖ 15 post οἶδεν, ἂν add. Ri-
chards ‖ 24 αὐτῆς del. Hirschig ‖ **p.57)** 2 ἐθεασάμην] ἐθαυμάσαμεν Naber ‖
13 εἰπέ· πρὸς F : ἐπὶ πατρὸς Naber ‖ 14 ante νεώς, τῆς add. Cob. ‖ 21 τὰ
πλήθη F : τῷ πλήθει Abresch ‖ 24 τὸ F : τοι Naber ‖ **p.58)** 6 καταβῆναι
F : ἀνα- Naber ‖ 9 πλέον F : πολὺ Zankogiannes ‖ 11 post ἀλλ', ὅμως add.
Naber ‖ 21 θνῄσκειν F : κτείνειν Cob. ‖ 26 ante στρατηγίας, τῆς add. Cob. ‖
27 ante τροπαίων, τῶν add. Cob. | post μοι, ταύτην add. Her. (sed cf. 3.8.2) ‖
28 αὐτῆς· F : αὐτῆς, ⟨ἵνα⟩ Naber ‖ **p.59)** 4–5 ἐπηκολούθησεν F : -σαν Her. ‖

5 16 τῆς πρεσβείας F : τῇ -ᾳ Zankogiannes ‖ 21–22 ἐσχάτῳ ... φερόμενος]
ἐσχατόγηρως καὶ νόσῳ φθειρόμενος D'Or. : ἐσχατόγηρως καὶ νόσῳ παρειμένος
Her. ‖ 23 ἀνακρεμάμενος F : ἐκκ- Cob. ‖ **p.60)** 1 ἐπίμεινον F : ἔτι μεῖνον
Apogr. : περίμεινον Her. ‖ 6–7 περιέρρηξε τὸ στῆθος καὶ προτείνουσα F :
περιερρήξατο, καὶ τὸ σ- προτείνουσα ⟨καὶ⟩ Bl. ‖ 12 post θάτερον, ἐλέσθαι
add. Borgogno (sed cf. 2.10.4, 5.6.9) | τὸ ... τὸ] τῷ μὴ ζητεῖν Καλλιρρόην
⟨ἑαυτὸν⟩ ἢ [τὸ] Abresch ‖ **p.61)** 4 ⟨...⟩] ⟨κόμισον⟩ vel ⟨ἐπάναγε⟩ D'Or. | δύ-
6 ναμαι F : δύνωμαι Rei. (sed cf. 3.1.8) ‖ 6 φορὸν] σοβαρὸν Jacobs ‖ 14 ὅπου
F : ὅποι Cob. ‖ **p.62)** 14 γενέσθαι F : γενήσεσθαι Cob. ‖ 15 ante δυστυχής, ὁ
add. Her. ‖ 15–16 κομίσασθαι F : κομιεῖσθαι Her. ‖ 17 πλουσίαν F : κυρίαν
Jakob ‖ 18 ⟨δου⟩λεύουσαν] ⟨μοι⟩χεύουσαν Apogr. ‖ 21 κινδυνεύσω F : -εύω
7 Her. ‖ **p.63)** 4 ante κοινὸν, ἢ add. Anon. Leid. ‖ 7 κατασκοπὴν F : -ῇ Her. ‖
13 λαβὼν F : λαχὼν anon. ap. D'Or. ‖ 19 ἤκουσεν F : ἤκουσε ⟨τὸ⟩ Bl. | καὶ
del. Her. | συνταραχθείσης] ἐγερθείσης Zankogiannes ‖ **p.64)** 6 διονύσιον F :
ἐνόμιζεν αὐτόν Schmidt ‖ 7 δυνατὸν F : ἐδύνατο Cob. ‖ 10 πλεῖον F : πλέον
Her. ‖ 12 ταῖς ἀληθείαις F : fort. τὸ ἀληθές Bl. ‖ 16 ναούς F : νεώς Her. ‖
8 19 ἐλευθερωθῆναι F : ἐλευθέραν ἀφεθῆναι Cob. ‖ 21 ἀσμένως F : ἄσμενος
Her. ‖ 27 ἀπίωμεν F : ἄπιμεν Cob. ‖ **p.65)** 6 post φιλῶ δὲ, καὶ add. Zan-
kogiannes ‖ 11 ἀνθῶν F : ἀνθέων Her. ‖ **p.66)** 1 ἀφείλω F : -λου Cob. (sed
cf. 3.10.7, 5.1.6, 6.2.9) ‖ 4 ἔκγονος F : ἔγγονος Her. ‖ 8 τίθημι F : οἴομαι
9 Gasda ‖ 18 τοῦτο F : fort. τόδε Slings ‖ **p.67)** 3 ἐγένετο secl. Hirschig ‖
5–6 περίεργός ἐστιν ὁ ἔρως F : περίεργόν ἐστιν ἔρως Her. ‖ 6 ἑαυτὸν F :
ἑαυτοῦ Lucarini (cf. X. Cyr. 1.1.4) ‖ 14 εἰσὶν F : ἦσαν Richards ‖ 22 ante
ἐκεῖνον, ἐπ' add. Zankogiannes ‖ **p.68)** 2 ἔχει σοι] λέγοις ἂν Schmidt ‖ 3 ἐ-
παγγελίαν F : ἀπ- Beck ‖ 19–20 νέφος ... Διονύσιος] ν- ... ⟨ἀφανισθὲν⟩ -ον
Abresch : νέφους ἢ σκότους ἀπεξέλυσεν τὴν ψυχὴν -ος Beck : ἀπεσκέδασε
pro ἀπεκάλυψε Cob. : ν- ἢ σκότος ⟨ταῦτα⟩ ἀπεσκέδασε τὴν ψυχὴν -ου ⟨ὃς⟩
Zankogiannes : ν- ... -ου Richards : ν- ἔσχατον ἀνεκάλυψε τῆς ψυχῆς -ος Bl. :
10 ν- ... τὴν ψυχὴν -ου Molinié ‖ 24 post ἐποίησας, ὅτι add. Beck ‖ **p.69)** 8 συνε-
κάλεσε πιστοτάτους] συνεκάλεσε [πεισθέντα] τοὺς Borgogno post Calderini :
συγκαλέσας εἰς ἓν ⟨ἡρώ⟩τα (vel ⟨ἀνηρώ⟩τα vel ⟨διηρώ⟩τα) τοὺς Arnott : fort.
συγκαλέσας διηρεύνα τοὺς vel. sim. Bl. ‖ 13 ante ὕδωρ, τὸ add. Cob. ‖ 16 ὅ-
που F : ὅποι Her. ‖ 19 μή τι ἄρα F (cf. 3.9.4) : μὴ ἄρα τι Jackson (cf. 4.1.2) ‖
**p.70)** 11 ἀφείλω F : -λου Cob. (sed cf. 3.8.7, 5.1.6, 6.2.9) ‖ 13 τίθημι F :
οἴομαι Gasda

## Liber quartus

1 **p.71)** 17 διαναστᾶσα] ἐξαναστᾶσα Her. ‖ 19 τοὺς αὖθις] τοὺς αὐτόθι Bl.
post D'Or. : τούτου αὐτόθι vel τοὺς ἀγροὺς vel τοῦ ἀθλίου αὐτόθι D'Or. :

ὡσαύτως Anon. Leid. ‖ **p.72**) 1 ἑαυτῷ F (sic) : αὐτῷ Heibges ‖ 10 ἠϊόνος
F : ἠόνος Her. ‖ 12 δὲ F : δὴ Bl. (sed cf. 6.3.5, etc.) ‖ 15 ἐκείνην F : κοινὸν
Rei. ‖ 19 δὴ F : δὲ Apogr. ‖ 21–22 οὐδὲ ... οὐδὲ F : οὔτε ... οὔτε Naber
(sed cf. 4.1.8) ‖ 23 post λελυμένη, μὲν add. Cob. ‖ **p.73**) 3 ante παῖδες,
οἱ δὶς add. Naber ‖ 8 παρούσης F : παριού- Naber ‖ 11 ἔθηκαν F : παρέ-
Cob. ‖ 19 τέθνηκε F : ἐτεθνήκει Cob. ‖ **p.74**) 7 μόνος del. Cob. ‖ 17 δρασμὸν   **2**
F (vacat Π¹): -μῷ Cob. (cf. 1.4.9), sed cum hiatu ‖ 18 ὑλάσσοντες] ⟨οἱ⟩
φυλάσσοντες Her. ‖ 21 οὐδὲ ... οὐδὲ F : ο[ Π¹ : οὔτε ... οὔτε Cob. (sed cf.
4.1.8) ‖ **p.75**) 14 τῆς ἐννοίας ἐκείνης F (vacat Π¹) : τῇ -ᾳ -ῃ Her. | καὶ
del. Her. ‖ 16 τολμήματος] λήματος Rei., Π¹ adhuc non reperto : δράματος
Her., eadem ratione ‖ **p.76**) 2 ante εἰδέναι, μὴ add. Dawe | μηδὲ Π¹F :
μηδὲν Naber ‖ 12 ἠρώτων F (vacat Π¹) : ἤροντο Gasda ‖ 16 ἀκούσας ὁ
F : ἀκούσας Apogr. ‖ **p.78**) 17 post κατέβαινε, ἀπὸ add. Cob. ‖ 18 πονηροῦ   **3**
F : πονήρου D'Or. (cf. LSJ s. v. μοχθηρός fin.) ‖ 23 χλαμύδας F : χλανίδας
Cob. | ante γνωρίμους, τοὺς add. Her. ‖ **p.79**) 6 post σε, fort. ⟨ἔφη⟩ Bl. (sed
cf. 3.6.3) ‖ 19 καθάπερ F : ἐνθάπερ Cob. ‖ 24 μένων] καμόντων Rei. ‖   **4**
24–25 μεταξὺ ... Διονυσίου] μετὰ Χαιρέαν τε καὶ Διονύσιον Jakob ‖ 26 τῆς
del. Cob. ‖ **p.80**) 1 post ἐξήλθετε, ἵνα add. Cob., sed cf. οὐδὲ ... οὐδὲ (4.1.8,
4.2.6) ‖ 11 secl. Her.] φιλανθρωπότερα· τότε ⟨χρυσὸς⟩ Μίλητος ἦν Molinié
post Jackson ‖ 14 γὰρ F : δὲ Her. ‖ 17 δέ F : δή Zankogiannes ‖ 24 μόνος
secl. Her. ‖ **p.81**) 3 ante τριήρη, τὴν add. Naber ‖ 20 ⟨Μιθριδάτης⟩] post   **5**
Ὑγίνῳ, ⟨εὐνούχων⟩ Naber ‖ **p.82**) 2 τὴν φωνήν F : τῇ -ῇ Cob. (sed cf. Hld.
9.25.3) ‖ 16 πεπόμφει F : ἐπ- Molinié : πέπομφε Her. ‖ 22 [δι'] ᾠδῆς διηχὲς
Schmidt : μετ' ᾠδῆς Jakob ‖ **p.83**) 6 μέντοι F : πάντως Schmidt ‖ 9 συνεὶς
F : συνιεὶς Rei. ‖ 23 ᾐτήσατο. μόνος ⟨...⟩] ᾐτήσατο μόνος. dist. Bl., qui cod.   **6**
male interpretatus est, ut vid. : μόνος del. Her. : ante μόνος, ⟨καὶ τυχὼν⟩
Abresch : ante μόνος, ⟨ὢν⟩ vel ⟨γενόμενος⟩ Anon. Leid. ‖ **p.84**) 4 ἀσμένως
F (cf. 1.12.10) : ἄσμενος D'Or. (cf. 5.9.2) ‖ 5 τάχα μὲν F (cf. 4.4.4.) : τὰ
μὲν Cob. : τάχα μέν ⟨τι⟩ Trzaskoma ‖ 7 ante ἐκάετο, καὶ add. Abresch | post
ἐκάετο, fort. ⟨ὑπὸ⟩ Rei. ‖ 9–10 τὸν δυνατὸν τρόπον F : τὸ δυνατὸν Cob. ‖
15 αὐτοῦ τὴν γυναῖκα F : τὴν γ- αὐτοῦ Jackson ‖ 20 ὁ del. Her. ‖ 25 ⟨τοὺς⟩]
⟨καὶ⟩ Bl. ‖ **p.85**) 2 ὁ secl. Her. ‖ 4 ἔχειν F : ἕξειν Zankogiannes ‖ 5 post
καταφρονήσεως, οὐκ ἀξίαν add. Lucarini ‖ 7 μὲν F in ras. : δὲ Cob. : γὰρ Bl. |
καὶ F : κατὰ Rei. | ἐν F : σὺν Zankogiannes ‖ 8 γενόμενοι F : -νον Jackson ‖
9 fort. ⟨τὴν⟩ καλλίστην Bl. ‖ 12 ἐπ' F : ἐπὶ ⟨τῷ⟩ D'Or. ‖ 14 καὶ del. Her. ‖
17 ἀποροῦντος F : ἀγνοοῦντος Cob. | τὴν αἰτίαν F : fort. τὸν αἴτιον Lucarini   **7**
(vid. paragraphi finem) ‖ 20 τοῦ F : τὸν Her. : del. Bl. ‖ 22 ante αἴτιον,
τούτων add. Cob. ‖ 23 ἐλευθερίαν F : -θέραν Slings ‖ 24 κρατήσεις τι ὧδε]
κ- ἐνθάδε Cob. : κ- τι ἐνθάδε Bl. post Cob. : κ- τάδε ("has regiones") Beck ‖
**p.86**) 1 ⟨φαύλους⟩] ⟨ἐνθάδε⟩ vel ⟨τῇδε⟩ Rei. ‖ 1–2 ἄλλως ⟨σε⟩ ἀθετήσειεν] ἄ-
ἀποβήσειεν Abresch : ἄ- ἀθετήσειας Gasda : ἁπλῶς ἀθ- Anon. Leid. : ὅλως

ἀτυχήσειας Zankogiannes : ἀλῶναι δεήσειεν Naber : τῷ πολέμῳ σφαλείης vel ἡττηθείης Cob. ‖ 11 κἂν ἐν F : καὶ ἐν vel κἂν [ἐν] D'Or. ‖ 18 προέτρεχε F : προέφθακε Jacobs ‖ 20 ὄνομα F : fort. ὄμμα Beck ‖ **p.87)** 3 ἀνήρ] pro [....] γάρ, [....] γὰρ ⟨ἀνὴρ⟩ Gasda : οἷα Rei. : ἄτε Cob. : ὡς Richards : fort. οἷα δὴ ἀνὴρ pro [....] γὰρ D'Or. ‖ 12 post ὅμοιον, ἦν add. Naber ‖ 13 ὅλης F : fort. ἄλλης Lucarini (sed cf. 8.8.6) ‖ 18 συρρακούσας F (sic) : Συρακουσῶν Her. ‖ 19 post τάφον, τὸν add. Cob.

# Liber quintus

1    **p.88)** 9 ante Χαιρέου, fort. ⟨τὸν⟩ Bl. ‖ 18 θάλασσαν F : -τταν Apogr. ‖ 20 μεθ' F : καθ' Gasda | ἤπειρός ἐστι F : ἦν πόλις Gasda ‖ **p.89)** 2 ἀφιλίας] ἔχθρας vel φυγῆς vel ξενίας D'Or. : δουλείας Rei. : θητείας Jacobs ‖ 4 ἐ-δίδους] ὅμως Cob. puncto post φυγαδεύεις sublato ‖ 5–6 παρακάθημαι F : παρεκαθήμην D'Or. ‖ 9–10 ἔτ' ἐλπίσω] οὖν ἐλ- Rei. : αὖ ἐλ- vel ἀπελπίσω D'Or. ‖ 14 post τινι, εἶναι add. Naber ‖ 21 post δυνήσεται, παρὰ βασιλεῖ add.

2    Naber ‖ **p.90)** 23 αὐτοῦ F : -ῷ Groeneboom (sed cf. 2.5.7) ‖ **p.91)** 1–2 τὸ ἔδαφος F : τοὔδαφος Her. ‖ 2 ἀμφοτέραις χερσὶ περιελὼν F : ἀ- (fort. -ρῃσι) χερσὶν ἑλὼν Her. ex Homeri codd. ‖ 4 κὰκ κεφαλῆς, χαρίεν edd. : κακκεφαλῆς χάριεν F ‖ 7 βλέπειν F : -πων Naber ‖ 8 φέρω F : -ων Naber ‖ 21 post ἐφυλάττου, μόλις add. Naber ‖ 24 post παρευδοκίμησε, τὸν Ἕλληνα add. Morel ‖ 26 τοὺς κινδύνους, οὐ F : τοῦ κινδύνου Cob. | post πόλεις, ὅλαι add. Cob. ‖

3    **p.92)** 8 οἰκείαις, ἃς] post ὃ καὶ (F), lac. indic. Jakob dubit. (e.g. ⟨ἐπίδοξόν ἐστιν ἡμῶν ἀποσβέσειν τὸ κάλλος⟩) ‖ 9 post πάντες, fort. ⟨τὰς Περσίδας⟩ Jakob ‖ 19 διεχέθησαν] διεσχέθ- Molinié : διηρέθ- vel διηνέχθ- D'Or. ‖ 21 ῥοδογούνη F : Ῥοδογύνη D'Or., sic semper ‖ **p.93)** 14–15 ὑπ' αἰδοῦς F : ὑπὸ δέους Naber ‖ 15 post αἰδοῦς, δὲ add. Gasda ‖ 20 αἰφνίδιον F : -ίως Beck ‖ 24 τῷ κρείττονι φέρειν F : τῇ κ- φ- vel τῷ κρύπτοντι δίφρῳ Schmidt ‖ **p.94)** 1–2 βα-σιλεὺς ... Διονύσιον F : in hac sententia lac. susp. Cob., e. g. ⟨ἐπὶ θύρας τὰς

4    βασιλέως⟩ ‖ 5 post μετά, τῆς add. Cob. ‖ 20 post ἔγραψε, δῆθεν add. Naber ‖ 21 οὐδέποτε F : οὐδέπω Gasda ‖ 22 πέπειστο F : ἐπ- Her. ‖ **p.95)** 2 τῷ del. Her., sed cf. 4.6.5, 4.7.1 ‖ 3 προσδοκίαν ... σπουδῆς F : -κίας ... -δήν Gasda ‖ 5 ἐξαίρετος F : -ρέτως Her. ‖ 7 βασιλεῖ F : ⟨ὁ⟩ βασιλέως Cob. | post ἑκάτερα δὲ, σὺν add. D'Or. (sive συνκαθήμενοι ante ἡγεμόνες) ‖ 7–8 ἀξι-ώμασι ... ἀρεταῖς F : ἀξιώματι καὶ ἀρετῇ ⟨διαπρέπουσι⟩ D'Or. ‖ 8 ταῖς ... ἡγεμόνων F : τοῖς ἀρεταῖς ὑπερέχουσιν ἡγεμόσι τῶν ἐθνῶν Jakob (cf. 6.8.4) ‖ 9 τοῦ θρόνου F : τὸν θρόνον Her. ‖ 14 ante φίλων, τῶν add. Cob. ‖ 21 ἀ-ναγνωσθείσης ... ἐπιστολῆς F : -σῶν δὲ τῶν -λῶν, vel -σης δὲ τῆς ⟨βασιλέως⟩

5    -λῆς Her. ‖ **p.96)** 6 ἀνδρός F : τἀνδρός Cob. ‖ 23 ἤκουεν F : -σεν Apogr. ‖ 25 ἐδυσχέραινε F : -ρανε Her. ‖ **p.97)** 5 γάρ] οἱ μὲν ... δικαστῇ post ῥημάτων

(lin.2) vel διαβολῶν (lin. 4) transp. Richards ‖ 12 ante ἐστεφανωμένην, καὶ add. Her. ‖ 21 ἐνέδυε F : -δυ D'Or. ‖ **p.98)** 1 μέχρις ἔξω F : μέχρι τεγῶν Naber ‖ 21 ante τις, καί secl. Her. ‖ 22 καὶ del. Hirschig ‖ **p.99)** 6 post **6** γάρ, ἂν add. Zankogiannes, sed cf. 5.10.6 ‖ 9 post λοιπόν, χρήσονται add. Her. ‖ 11 ταύτης F : -σί Cob. ‖ 12 προτέρου] πρότερον Jakob ‖ **p.100)** 1 ἄξιον ὄντα] εὐεξέλεγκτα ταῦτα Naber | κατέστησε] κατέδειξεν Zankogiannes : κατήλεγξε Jakob (lecto enim αἴτιον) ‖ 8 ἠλέγχθαι F : ἐλη- Cob. ‖ 16–17 εὐθὺς εἶχε F : εὐ- ἤτει Naber : εὐθύ⟨μω⟩ς εἶχε ⟨πρὸς⟩ Schmidt ‖ 17 ὁ del. Her. ‖ 23 βαρεῖ με F : βαρὺ μὲν Naber ‖ **p.101)** 2 post τίς, γὰρ add. Gasda ‖ 6 γα- **7** μηθείσης F : ἐγγυηθ- Naber ‖ 8 γραμμάτιον F : -τεῖον D'Or. ‖ 11 φησὶν F (cf. lin. 20) : φὴς Her. : φήσεις Zankogiannes ‖ 17 γραμμάτια F : -τεῖα Cob. : fort. -τίδια Her. ‖ 20 φησίν F (cf. lin. 11) : φὴς Her. : φήσεις Zankogiannes ‖ 21 διέφθειρας] -θορας Naber ‖ 27 ἀπολέσεις F : -λεῖς Her. ‖ **p.102)** 1–2 ἀφίσταται F : ἀφίστηται D'Or., legendo ἐμμένοι cum F ‖ 8–9 ἐπιθειάσας] ἐπιθειάζων Borgogno : ἐπὶ θειασμῷ vel ὑπὸ -οῦ Dawe ‖ 14 βασιλεῖ F : -εῦ Rei. | τίς F : πότερος vel ὁπότερος Gasda ‖ 20 ἐκεῖνο fort. delendum Her. ‖ **8** 20–21 ποῖος ... εἰσήγαγεν; F : hac in sententia ἂν est addendum Dawe ‖ 21 παράδοξον μῦθον οὕτως F : fort. οὕτω π- μ- Her. ‖ **p.103)** 3 ἂν del. Gasda ‖ 6 καὶ F : κἂν Cob. ‖ 7 προῆλθε F (cf. 2.7.2) : -θον Her. ‖ 9 μου secl. Cob. ‖ 11 ante ἑαυτήν, αὐτὴ add. Abresch (cum hiatu) ‖ 21 γὰρ ἦν F : fort. γάρ ἐστι Her. ‖ **p.104)** 9 ὑμᾶς del. Zankogiannes ‖ 12 ἀνδρὸς F : τἀνδρὸς Naber ‖ 15 ἐξώρμησε F : ὥρμ- Apogr. ‖ 16 ante εὐνοῦχοι, οἱ add. Naber ‖ **9** **p.105)** 2 κατεκλίθη F : -ίνη Cob. ‖ 8 διελύθημεν· F : διελύθημεν; Zankogiannes ‖ 11 post ἀφῶμεν, νῦν add. Schmidt ‖ 14 τοῦτο F : ταὐτὸ Schmidt | ante ἡμέραις, ἑτέραις vel ἐπιούσαις add. Schmidt ‖ 15 πολυανθρωποτέραν F : -τάτην Naber : ante -τέραν, στενωποῦ add. Praechter ‖ 26 ἐξεκάετο γὰρ F : fort. ἐξ- οὖν Rei. ‖ **p.106)** 4 γοῦν F : οὖν Apogr. ‖ 6 ante τάφον, τὸν add. **10** Naber ‖ 15 κατηγόρει] καταδικάζεται vel κατακρατεῖ Gasda ‖ **p.107)** 5 παραπέμψαι F : προπ- Rei. ‖ 6 ἧψε F : ἧπτε Rei. ‖ 8 εἰ F : ὅτ' Rei. ‖ 9 post γάρ, ἂν add. Cob. ‖ 13 ἠδεῖτο F : εἵλετο Naber (sed cf. 5.8.6) ‖ 15 post ἤδη, Καλλιρόη add. Her. ‖ 18 Ἰωνίας F : Ἰωνικῆς vel ⟨ἐν⟩ Ἰωνίᾳ Cob. ‖ 23 γὰρ F : δ' Cob. : δ' ἀρ' Zankogiannes ‖ **p.108)** 5 ὀδυρόμενος F : -άμενος Her. ‖ 7 σύ με F : fort. οὖ με Bl. (legendo ἐστέρησας)

## Liber sextus

**p.109)** 8 αὐτῷ del. Cob. | ἔθαψε F : ἔθυσε Zankogiannes ‖ 9 οὐκ (ante **1** ἀπελείφθη) F : del. Her. : ἀλλὰ Cob. : οὐδ' Zankogiannes ‖ 14 ὀφείλει F : ὤφειλε Her. | γνωστὸν] λῷστον Heyse : χρηστὸν vel melius πιστὸν (deleto εἰς) Her. ‖ 15 καὶ ante Διονυσίῳ transp. Bl. ‖ 16 ἐρρητόρευον edd. : ἐρητόρευον

F : ἐπηγόρευον Rei. ‖ 17 παρῇς F : προῇς Her. : πρόη Cob. ‖ 23 ante
Βαβυλῶνα, τὴν add. Cob. ‖ **p.110)** 6 συνεχῶς F : συχνῶς Zankogiannes ‖
10 ante νυκτὸς, τῆς add. Her. ‖ 12 ante πρηνής, δὲ del. Rei. ‖ 16 ὥραν ...
λοιπὸν F : ἡμέραν ... λοιπὴν (vel λοπιὸν) Schmidt ‖ 21 ἀγνοεῖς] ἀνανεύεις
Haupt : ἀγνεύεις Jacobs : ἀπόφης Gasda : λανθάνεις Naber ‖ 22 βλέπης F
2   (sic) : βλέψης Gasda ‖ **p.111)** 13 κάλλος τὸ πρῶτον F : κάλλους τὸ πέρας
Naber : κάλλους ἄωτον (vel κ- ⟨τὸ⟩ ἄ-) Dawe ‖ 15 μέγιστος F : ἥδιστος Schmi-
dt ‖ 20 ᾄδοντος F : ᾀδόντων Gasda ‖ **p.112)** 19 λέγει F : θέλει Her. : fort.
λέγεται Beck ‖ 21 ante οὐδὲ, καὶ add. Anon. Leid. ‖ **p.113)** 1 ἀφείλω F :
-λου Apogr. | συνοδίας F : συνουσίας Schmidt ‖ 2 εἰ δ᾽ οὖν, F : εἰθ᾽ οὖν D'Or. ‖
3   18–19 ἐπιβουλὴν ...” ⟨“ἐπιβουλὴν”)⟩ ἐπιβουλὴν ⟨ἐπιβουλευθῇς”⟩ D'Or. (lecto
ναὶ pro καὶ) : ἐπιβουλὴν ⟨κατὰ σοῦ ᾔσθησαι.” “ἐπιβουλεύομαι μὲν ἐπιβουλήν⟩
prop. Cob. ‖ **p.114)** 3 προσθεῖναι F : ⟨πέρας⟩ ἐπιθεῖναι Cob. ‖ 6 ἔτι γε μὴν
F : ἐσίγα μήν· Jacobs : τότε γε μὴν Gasda ‖ 9 χρυσός F (clare dispexit Guida
lucernam a Wood nominatam adhibens) : χρυσ[...] ⟨χρυσίον?⟩ dispexit Bl. ‖
12 ἐξουσία ... καταλύει del. Cob. ‖ 12–13 ἐξ οὐρανοῦ secl. Cob. ‖ 25 εὕρη-
ται F : εὕρηκας Rei. | ante φάρμακον, τὸ add. Cob. | **p.115)** 1 ante βαρβάροις,
παρὰ add. Cob. | τοῦτο F : ταὐτὸ Rei. ‖ 11 ἑαυτῷ] αὐτῷ Anon. Leid. : σὺ αὐτῷ
Zankogiannes ‖ 12 δὴ F : δὲ Apogr. ‖ 14 ἄβρωτον F : ἄσιτον Cob. dubit. ‖
15 δὲ F : δεῖ Zankogiannes (οὐ pro ἢ) | ⟨βέλτιον⟩] κρεῖττον prop. Sanz (cf.
1.11.3, 2.10.2) : ἄμεινον Rei. (nusquam ap. Ch.) : fort. κάλλιον Richards | βα-
4   σιλείοις F : βαλανείοις D'Or. ‖ 20 ὁ del. Her. | ante ἵππῳ, fort. ἐφ᾽ add. Bl. ‖
**p.116)** 10 αὐτοῦ] ἀϋτούντων Dawe (ἐκείνων pro ἐκεῖνος) ‖ 22 ἀστάθμητον]
ἀσθμάτων vel ἄσθματος D'Or. (πλῆρες intacto) ‖ **p.117)** 10 τῷ del. Her. ‖
14 μὴ F : μήτ᾽ Cob. ‖ 19 πρό⟨σκαιρον)⟩] παιδὸς Hilberg : καιρίαν Jakob :
⟨φαύλου⟩ πρά⟨γματος⟩ Cob. ‖ 20 ἅρμα βασιλικόν F : ἅπαντα τὰ βασιλικά Ga-
5   sda ‖ **p.118)** 5 καὶ del. Her. ‖ **p.119)** 1 τοῦ λόγου F : τῷ λόγῳ vel [τοῦ λόγου]
Dawe ‖ 10 ἀρέσῃς F (sic) : -σεις Her. ‖ 12 δὲ F : μὲν Apogr. ‖ 20–21 τὸν ...
6   κύριον ... δούλη F (sic) : τῷ ... κυρίῳ ... δούλην Beck ‖ **p.120)** 6 ἀλλὰ διελέχθη
F : ἀ- ⟨ὅμως⟩ δ- vel ἀ- δ- ⟨γε⟩ vel ἀ- δ- ⟨γοῦν⟩ Rei. ‖ 19 ἔγημα F : ἐγημάμην
Gasda (sed cf. 3.2.17) ‖ 22 τοῦ del. Her. ‖ **p.121)** 8 μηδὲ F : fort. μήπω
Bl. | post δύνασθαι, τῇ add. Apogr. ‖ 12 αὐτοὶ F : αὐτίκα Beck : ἄφνω Anon.
Leid. ‖ 16 post ἐποίησεν, e. g. ⟨ἡ δόξα τοῦ ἀληθοῦς, καὶ⟩ Rose, probato ⟨τῆς⟩
δόξης (Bl.) | δίκη F : fort. Τύχη Beck | δόξαι] δόξῃ ⟨στοργῆς⟩ vel ⟨σοφίας⟩ vel
⟨προνοίας⟩ vel ⟨φρονήσεως⟩ Rei. ‖ 17 ἀποστρέψαι F : ἀποτρ- Cob. | τὸν secl.
7   Her. ‖ 18 ἐλευθερῶσαι F : ἐλαφρῦναι Rei. ‖ **p.122)** 20–21 κατ⟨εμήνυ)σα]
κατ⟨ηγόρη)σα D'Or. : κατ⟨ήνε)σα vel κατ⟨έφη)σα Rei. ‖ **p.123)** 2–3 ἀπο-
θανεῖν θέλουσιν F : θ- ἀ- vel ἀ- ⟨οὐδὲ⟩ θ- Gasda ‖ 8 παρόντα ... βλέπω secl.
Naber ‖ 10 τοῦ del. Her. ‖ 17 ἢ ⟨ἐπι)σχεῖν] ᾗ σχεῖν Rei. : ἀσχημονεῖν vel
ἀσχάλλειν οὐ vel πάσχειν Abresch : ἢ ⟨παρα)σχεῖν Seiler : fort. ἢ ἀσκεῖν vel ᾗ
8   εἰκεῖν; D'Or. ‖ **p.124)** 3 τὸν del. Her. ‖ 5 τῆς secl. Dawe ‖ 15 post βασιλέα,
⟨τινὰ⟩ Anon. Leid. : ⟨ἕνα⟩ Beck, sed post ἐπιχωρίων ut vid. ‖ 19 αὐταῖς del.

Cob. | ὁ del. Her. ‖ 20 ante Πέρσαι, οἱ add. Her. ‖ 21 ante ὄναρ, τὸ add. Her. ‖ 26 ὁ βασιλεὺς F : β- ὁ Her. ‖ **p.125)** 4 ἀναβαλέσθαι F : ἀναβάλλεσθαι Rei. ‖ 5 πλεῖον F : πλέον Her. ‖ 18 ἑκάστους F : ἕκαστοι Rei. ‖ 20 ποῖα del. Hirschig ‖ 23 ὁ del. Her. ‖ **p.126)** 12 μοι καὶ F : μονονουχὶ Hirschig ‖ **p.127)** 10 βελτίονας F : ⟨ἐπὶ τὸ⟩ βέλτιον Cob. ‖ 11 ἐκεῖ ταχείας F : ὅτι τάχιστα Rei., qui ἐκεῖ τάχα codicis lectionem esse credebat

# Liber septimus

**p.128)** 5 καὶ del. Her. | μένει F : μενεῖ Cob. ‖ 12 ἀκέραιος] μάγειρος Rei. : Χαιρέαν (ὡς πρὸς pro ὥσπερ) Bernard ‖ 14 μένειν F : ⟨ἐπι)μένειν Hirschig | στρατήγημα del. Her. ‖ 18 ἀπέδωκε F : fort. ἀποδέδωκε Bl. ‖ 21 ξενοδόχε F : -όκε Her. ‖ 24 ἐπεπείσμην F : πεπ- Jackson ‖ **p.129)** 2 ἀποσφάζω F : -άξω Apogr. ‖ 3 προχέας F : προσχέας Her. ‖ 4 ἐδίκασεν ἐνταῦθα F : ἐδίκασεν ταῦτα Jackson (sic, melius ἐδίκασε) ‖ 10 βελτίων F : βέλτιον Jackson (pausa post γένοιτο) ‖ 13 ὑφ' ἡμῶν ante ὡρισμένων transp. Her. | ὑφ' F : fort. ὑπὲρ Bl. ‖ 17 post πῶς, ἂν add. Cob. ‖ 19 δυνάμεθα F : δυναίμεθα Cob. ‖ **p.130)** 3 λήψομαι F : ληψόμενοι Naber ‖ 4 ἐξορμήσαντες F : ὁρ- Apogr. ‖ 10 πρεσβευτῶν F : Περσῶν Naber ‖ 13 τὸν del. Her. ‖ 16 ante γυναῖκα, τὴν add. Her. ‖ **p.131)** 1 μὰν F : μὴν Her. ‖ 8 παιδείας F : -ᾳ D'Or. : ⟨ἐκ⟩ -ας Dawe ‖ 17 post πόλιν, ὅλην add. Naber | ante ὀχυρότητι, τῇ add. Her. ‖ **p.132)** 1 ante Τύριοι, οἱ add. Bl. | τῶν Αἰγυπτίων F : τὸν Αἰγύπτιον Hilberg ‖ 16 φιλῶν F : ὠφελῶν vel φυλάττων Schmidt ‖ **p.133)** 9 βασιλεὺς δὲ F : fort. ⟨ὁ⟩ δὲ β- Bl. ‖ 17 τοῦ del. Her. ‖ 19 ἡμᾶς F : ὑμᾶς Apogr. ‖ **p.134)** 8 post ὡς, τε add. Abresch : καὶ add. D'Or. ‖ 9 τοὺς μετὰ Ὀθρυάδου ἢ] τοὺς μετὰ μιθριδάτου ἢ F : secl. Rei. ‖ 10 τριακοσίους] del. Beck | ἀνευφημήσουσιν F : fort. secludendum D'Or., hiatus causa : ⟨οὐκ⟩ ἄνευ φήμης ὄντας prop. Bl. ‖ 13 ante βασιλέως, fort. ⟨τοῦ⟩ Bl. ‖ **p.135)** 4 ὁτιοῦν] οὔ τι Rei. : αὐτομόλους D'Or. ‖ 24 φονεύουσιν F : φεύγουσιν Cob. ‖ **p.136)** 8 ἀσεβῶ F : ἀσεβήσω Zankogiannes ‖ 12 περὶ F : ὑπὲρ D'Or. ‖ 16 ante ἡλικίαν, δι' add. Beck ‖ **p.137)** 17 ἐπιστᾶσα] fort. ἐπήκουσε vel ἐπεδάκρυσε Bl. ‖ 19 ἡ F : del. Cob. ‖ **p.138)** 1 οὐχ εὖρον] οὐκ ἐφ⟨ε⟩ρον Molinié, legens οὐκ ἔφρον (sic) in F ‖ 9 ἔχεις F : ἔχε Naber ‖ 13 ἔχθιστον ἐμοὶ F : ἔχθιστόν μοι Apogr. ‖ 19 οὐκ ἐστρατεύσατο F : οὐκέτι στρατεύσοιτο Naber ‖ **p.139)** 10 καὶ ἐν F : κἂν Jackson | post ἐν, μὲν add. Hirschig ‖ 21 ἀναγράφω F : -άφω Her. ‖ **p.140)** 2 αὐτὸς F : ἀεὶ Naber ‖ 9–10 ἀνετράπησαν F : ἀνεστράφησαν Gasda ‖ 10 ἃς F : τὰς Her. ‖ 23sq. πεπεισμέναι F : πεπυσμέναι D'Or. ‖ **p.141)** 10 post τοιοῦτον, lac. stat. Gasda ‖ 14 κεκλεισμένη F (sic) : ⟨παρα⟩κεκλεισμένη D'Or. ‖ 17 ⟨...⟩] pro ἀνδρεῖος ... ποιήσεται (F), ἀνδρεῖος. [ἀλλὰ] καὶ γυναῖκα ποιήσεται Zankogiannes : pro οὐ μόνον ... φιλογύναιος (F), ἀλλὰ καὶ γυναῖκα ποιήσεται.

1

9

2

3

4

5

6

φύσει γάρ ἐστιν ⟨οὐ μόνον φιλάνθρωπος ἀλλὰ καὶ⟩ φιλογύναιος Cob. ‖ 24 δότω
F : ⟨ἀπο⟩δότω Her. ‖ p.142) 13 προσῆγες F (cf. A.T. 4.6.4) : προσήνεγκες
Cob. (cf. 7.6.9, 7.6.12) | ἔφη F : φησί Cob. ‖ 16 ἐπαφρόδιτός ⟨τις⟩ Cob.

## Liber octavus

1     p.143) 12 ἀλλὰ ἔδοξε F : ἀλλ' ἀ⟨π⟩έδοξε Morel ‖ 13 διηλλάττετο F :
διήλλακτο Naber ‖ 14 τὸ κάλλιστον del. Cob. : τὸ del. Zankogiannes ‖
p.144) 6 ante δέσποτα, ὦ add. Her. ‖ 10 ante Καλλιρόης, τοῦ add. Zan-
kogiannes (i. e. τοῦ ἔρωτος) ‖ 18 συνεβόησαν F : ἀνεβ- Naber ‖ 25 post
μόλις, τὴν add. Beck ‖ p.145) 6 ἄνδρα F : ἀνδρῶν Naber (sed cf. 5.1.1) ‖

2     p.146) 7–8 ἐκβὰς δὲ F : ἐκβὰς δὴ Cob. ‖ 13 δὲ F : ἂν Anon. Leid. ‖ 14 κά-
λει F : ⟨εἰσ⟩κάλει Naber ‖ 23 εἶπε F : εἰπὲ Abresch ‖ p.147) 2 ἐπισταμέ-
νων F : fort. ἀφισταμένων Bl. | καὶ F : σοῦ Apogr. ‖ 3 ⟨βασιλέως⟩ χερσὶ]
χείροσι Dawe : κακοῖς Borgogno ‖ 4 ante τοῦ, ἐκ add. Cob. (sed cf. 8.2.5) ‖
6–7 τὴν βασιλέως· F : τοῦ β- Apogr. ‖ 16 καταπλεῖν] κατασχεῖν Gasda :
[κατα]πλεῖν Her. ‖ 22 αὐτῶν] αὐτὸν (F) del. Cob. ‖ 23 συναχθέντων F :
σφαχθέντων prop. Dawe ‖ p.148) 8 ἀσφαλῶς F : -λοῦς Her. ‖ 10 ἀπει-
λήμμεθα F : ἀπολελείμμεθα Rei. ‖ 11 τὸν del. Her. ‖ 16 γε] γὰρ Her. ‖
21 ἄγει] fort. ⟨ἂν⟩ ἀγάγοι Jakob ‖ p.149) 1 θεῶν ... προσλαμβανομένων F :
θέλοντας ὑμᾶς προσλαμβανόμενος Jakob ‖ 2 προσῆκεν F : προσήκει Cob. :

3     προσῆκον Rei. ‖ 8 καὶ στάτειραν F : ἢ Σ- Naber ‖ 11 γενέσθαι F : ⟨ἐγ⟩γ-
Cob. ‖ p.150) 7 εὐηργέτησας F : -ηκας Cob. ‖ 10 πέπαυται δὲ F : fort. π- δὴ
Rei., sed forsitan voluit scribere δὴ in sententia insequente ἀνίστασο δὲ (cf. app.
crit. ap. Rea.) ‖ 10–11 ἀνίστασο δέ F : ἀ- δὴ Rea., qui hanc lectionem per con-
fusionem cum πέπαυται δὲ (lin. 10) edidit, ubi Rei. π- δὴ prop. ‖ p.151) 8 φησὶ

4     F : ἔφη Bl. ‖ p.152) 1 ἀποστέλλειν F : -λλουσαν Cob. ‖ 3 ἀνεξικακεῖν F :
ἀμνησι- D'Or. : ἀλεξι- Apogr. ‖ 7 εὐχάριστον F : εὐχαρίστιον vel εὐχαριστίαν
Rei. (sed cf. 6.5.1) ‖ 10 εὐεργέτῃ χαίρειν F (sic) : permut. Jakob hiatus cau-
sa (sed cf. 8.5.13) | post σὺ γάρ, ⟨εὐεργέτης ἐμὸς⟩ Her. post Rei., qui hanc
lect. subintellegendam esse stat. : ⟨εὐεργέτης ἐμός, σὺ γὰρ⟩ Castiglioni (cf.
8.5.14) ‖ 11 ante μηδέν, ἵνα add. Naber ‖ 15 ὦν γάμου] ὃν γάμῳ Rei. : υἱὸν
γάμῳ Haupt ‖ 27 ἑλληνικοῖς F (sic) : Ἑλληνίοις Her. ‖ p.153) 2 ταῖς γυναι-
ξίν F : τὰ γύναια Jackson (sed γύναιον ap. Ch. contemptionem notat, cf. 5.3.1,
6.9.7) ‖ 11 πολλὴ] ἱκανὴ Schmidt : κακὴ Calderini (lectio a D'Or. iam reiec-
ta) ‖ 12 ἐκδέχεταί F : -έξεταί Naber ‖ 15 post τοσοῦτον, fort. ⟨γὰρ⟩ Bl. ‖

5     16 post στόλον, lac. stat. Gasda ‖ 22 †Χίον†] Χιὼν vel Αἰὼν Bl. : Λίβανον
Rei. : fort. Σιδῶνα Cob. ‖ p.154) 4 post θαλάσσης, δέοι διώκειν add. Cob. ‖
10–11 τις εὑρεθήσεται] τις ⟨ἕτερος⟩ ἐπιθήσεται Schmidt ‖ 14 ante εἰς, ὡς
add. Cob. (sed cf. 1.13.1) ‖ 17 ἑαυτήν F : αὐ- Heibges ‖ 18 ὁ δὲ βασιλεὺς F :

β- δὲ Her. ‖ **p.156)** 2 post εἴ, γενναῖος vel ἀνδρεῖος add. Beck ‖ **p.157)** 6 ἄξιον WF : ἀγαθὸν Gasda ‖ 8 ὁ del. Her. ‖ **p.158)** 8 ἀεὶ F : ἄνεμος Jacobs : ἀητής **6** Pierson ‖ 9 ἐπελαγίζετο F : ἐπελάγιζε Cob. : ἐπλοΐζετο Gasda ‖ 11 τριηράρχαις F : -χοις Her. (ut 7.5.11, sed cf. 8.2.7, 8.2.9) ‖ **p.159)** 11 δόξαι F : ⟨ἐν⟩ δόξῃ Zankogiannes : ἐξ Αἰγύπτου Naber ‖ 15 εἱλκύσθη F : ⟨ἀφ⟩ειλκύσθη Cob. ‖ 18 post ἀκοὰς, τῶν ἀκουόντων add. Her. ‖ **p.160)** 1 καὶ del. Her. ‖ 3 ταῖς WF : ⟨σὺν⟩ ταῖς Her. ‖ 6–7 ἐκεῖνο τὸ σχῆμα τὸ WF : ἐ- τὸ σ- ⟨ὅμοιον⟩ τῷ Naber : ⟨εἰκὼν⟩ ἐ- τὸ σ- τοῦ Schmidt ‖ 13 ἐπεκυλίοντο] ἐπεκελεύοντο Rei. : ἐπεκυλίνδοντο vel ἐπεκυλινδοῦντο vel ἐπεκλύζοντο D'Or. : ἐπεκυκλοῦντο Bernard ‖ 15 αὐταῖς] ἑαυτῆς Her. ‖ **p.161)** 9 ἀξιοῦμεν,] ἄξομεν Rei. : ἀξιοῦμεν **7** ⟨ἱέναι⟩ D'Or. ‖ **p.162)** 6 ἐρωτῶμεν F : ἐρωτώμενος Apogr. : secl. Gasda : fort. πρῶτον μὲν Bl. ‖ 11 χαλεπωτέραν F : -ρου Zankogiannes ‖ 16 post ἔπληξας, γὰρ add. D'Or. ‖ **p.163)** 6 ante ταῦτα, καὶ add. Her. ‖ 18 γὰρ F : ἄρ' Naber ‖ 20 ἔνδοξον Ἑλληνικόν. μὴ] ἔνδοξον secl. Her. : ἔνδοξον ἀλλὰ μὴ Naber ‖ 22 τότε F : τούτου Naber ‖ 23 μόνην] secl. Her. | εἰκόνα Καλλι- **8** ρόης F : Καλλιρρόης εἰκόνα Her. ‖ **p.164)** 26 ἔσωσεν F : ἐκώλυσεν Naber ‖ **p.165)** 9 οὖν F : ἂν Naber ‖ 15 ὑμέτερος F : ὕστερον Naber ‖ 26 ποιήσατε F : ποιήσασθη Hertlein ‖ **p.166)** 12 Τοσάδε ... συνέγραφα F : ⟨Χαρίτων Ἀφροδισιεὺς⟩ τοσάδε περὶ ⟨Χαιρέου καὶ⟩ Καλλιρρόης συνέγραφα D'Or.

# INDEX NOMINVM

Chaereas et Callirhoe exclusi sunt. * ad apparatum criticum refert. ** ad apparatum criticum additicium refert.

Achilles 1.1.3; 1.5.2

Actaeon 3.3.5*

Adrastus 2.1.6

Aegyptius, -i 6.8.2; 7.1.1; 7.3.1, 3; 7.4.4, 9; 7.5.8, 12, 14; 7.6.1–2, 5; 8.2.5, 9, 14; 8.3.7, 10, 12; 8.4.11; 8.5.2, 4; 8.6.4; 8.8.11, 14

Aegyptius custos 7.6.6, 9, 10; 8.1.6

— nuntius 8.2.1, 3, 5

— rex 7.1.4, 11; 7.2.2, 4, 6; 7.3.1, 4, 6, 8; 7.4.1, 5; 7.5.6, 9, 12, 14; 7.6.4; 8.1.1; 8.2.3, 10; 8.8.10

Aegyptus 6.8.1; 7.1.10; 7.5.7; 8.2.3; 8.5.1; 8.6.4; 8.6.6**; 8.8.8

Agrigentinus 1.2.4; 1.4.1; 1.5.3

Αἰών 8.5.2**

Alcibiades 1.1.3

Alcinous 2.5.11

Alexander (Paris) 8.1.3

Amphion 2.9.5

Aphrodisiensis 1.1.1 (vid. Chariton)

Aphrodite 1.1.2, 4, 7; 1.14.1; 2.2.5–8; 2.3.5–6, 9; 2.4.3, 10; 2.5.7, 12; 2.6.1; 3.2.5, 12–14, 17; 3.6.3–4; 3.8.2–3, 5–7; 3.9.1, 5; 3.10.6; 4.1.4; 4.4.9; 4.7.5; 5.1.1; 5.5.5, 7; 5.9.1; 5.10.1; 6.2.4; 7.5.1–2; 8.1.3; 8.2.7–8; 8.4.10; 8.6.11; 8.8.15

Aphrodite Parthenos 1.1.2*

Aphrodite Urania 1.1.2**

Aradus 7.4.13; 7.5.2; 7.6.2, 5; 8.1.1, 15; 8.2.3; 8.5.1–2, 7; 8.8.9

Areopagus 1.11.7

Ariadne 1.6.2; 3.3.5; 4.1.8; 8.1.2

Ariston 1.1.3; 1.3.1; 1.6.3; 3.5.4

Armenia 5.2.1

Artaxates (vel "eunuchus") 5.2.2, 6; 5.3.10; 6.2.2–3; 6.3.1, 3, 8; 6.4.7–8, 10; 6.5.2, 6, 10; 6.6.2, 6; 6.7.2–3, 5, 9–10, 13; 6.9.4–5; 8.5.6–7, 9

Artaxerxes (vel "[magnus] rex" vel "[Persarum] rex") 2.7.1; 4.1.8; 4.6.3, 5, 7; 4.7.3, 8; 5.1.2–3; 5.2.1–3, 6; 5.3.1, 5, 10; 5.4.5, 8, 12; 5.5.7; 5.6.1, 3–4, 8, 10–11; 5.7.1, 7, 10; 5.8.4, 6, 9; 5.9.1–3, 6–7; 5.10.8; 6.1.1, 6, 8, 11; 6.2.2, 4, 7, 10; 6.3.1, 5, 7, 8; 6.4.1, 4, 8–9; 6.5.5–7, 9–10; 6.6.1–2, 5–8; 6.7.3–4, 6–10, 12–13; 6.8.1, 3–4, 6; 6.9.1, 3–7; 7.1.1, 4, 6–7, 8, 10;

180

5.10.6, 10; 6.2.8, 11; 7.1.2, 7,
10; 7.3.5–6; 8.1.6, 9, 12–13;
8.2.1–2; 8.6.9; 8.7.8; 8.8.1, 3,
7, 12–13
Poseidon 3.5.9
Priamus 8.1.3*
Priene 4.5.2, 8; 5.6.8
Pronoia 3.3.10, 12; 3.4.7
Protesilaus 5.10.1

Rheginus 1.2.2
Rhodogoune 5.3.4, 6, 9; 7.5.5;
8.3.1, 8

Salamis 6.7.10
Scythia 2.9.3–4 (= Medea)
Semele 3.3.5
Seres 6.4.2
Sicilia, -ensis 1.1.2; 1.4.3; 1.10.3;
2.6.3; 2.9.5; 2.11.2; 3.1.6;
3.2.7; 3.3.8; 3.9.9; 4.3.1; 4.4.2;
5.1.1, 6; 6.5.7; 7.2.4; 7.3.7;
7.5.2, 8; 8.2.12; 8.6.1, 12
Sidon 7.4.11, 8.5.2**
Sparta 5.2.8; 8.2.12
Statira (vel "regina") 5.3.1–4;
5.8.9; 5.9.1–2, 5–7; 6.1.6, 8,
12; 6.3.4, 6; 6.5.6, 10; 6.6.2,
5–6, 8; 6.7.3–6; 6.9.4–5;
7.4.12; 7.6.4–6; 8.2.3;
8.3.1–3, 5–6, 8–10, 12;
8.4.3, 7–9; 8.5.2, 5–7, 9, 12;
8.8.6, 8–9
Susa 5.1.7
Sybaris, -arita 1.12.8; 2.1.9; 2.5.5
Syracusae, -anus 1.1.1–3, 13;
1.6.3, 5; 1.11.7; 1.13.9;
2.5.10; 3.2.8, 17; 3.3.2, 18;

3.4.9–10, 16; 3.5.2; 3.9.9;
4.1.5–6, 11; 4.2.12; 4.3.1, 3,
12; 4.7.8; 5.1.3, 6; 5.5.5;
5.7.5; 6.1.8; 6.2.9; 6.3.5;
6.6.3; 7.2.3; 7.3.8; 7.5.8,
8.2.12; 8.3.1; 8.4.6, 8, 10;
8.5.11; 8.6.2, 4, 10, 12;
8.7.10, 12; 8.8.7, 15
Syria 5.1.3; 6.8.2, 6; 7.1.10;
7.2.2; 7.4.11; 7.5.7 (vid. Coele
Syria)

Thermopylae 7.3.9
Theron 1.7.1–2, 6; 1.9.1, 5–6;
1.10.1, 8; 1.11.1, 6; 1.12.1–2,
6–8; 1.13.1–3, 6–7, 11;
1.14.1–3, 5–6, 8; 2.1.6;
2.5.10; 2.6.3; 3.2.8; 3.3.12,
16–17; 3.4.7, 12–13, 15, 18;
3.6.2; 4.3.2; 5.1.1, 5; 5.7.4;
6.6.3; 8.1.14; 8.7.7–8, 10
Theseus 3.3.5
Thetis 1.1.16; 3.3.6; 6.3.4
Thurinus 1.7.2 (vid.
Zenophanes)
Tyche 1.10.2; 1.14.7, 9;
2.8.3–4, 6; 3.3.8; 4.1.12;
4.4.2; 4.5.3; 4.7.3; 5.1.4;
5.5.2; 5.6.8*; 6.6.8**; 6.8.1;
8.3.5
Tyrus, -ius 6.4.2; 7.2.6–7;
7.3.1–5, 9; 7.4.2–3, 7, 9–11;
7.5.6; 8.1.14; 8.5.2; 8.6.7;
8.8.9

Urania 1.1.2** (= Aphrodite)

Xerxes 7.3.9